BEI GRIN MACHT SICH IHR WISSEN BEZAHLT

- Wir veröffentlichen Ihre Hausarbeit, Bachelor- und Masterarbeit

- Ihr eigenes eBook und Buch - weltweit in allen wichtigen Shops

- Verdienen Sie an jedem Verkauf

Jetzt bei www.GRIN.com hochladen und kostenlos publizieren

Maximilian van Laack

Cold IPOs - Rechtliche Gestaltungsformen und Probleme unter besonderer Berücksichtigung von SPACs

GRIN Verlag

Bibliografische Information der Deutschen Nationalbibliothek:

Die Deutsche Bibliothek verzeichnet diese Publikation in der Deutschen National-
bibliografie; detaillierte bibliografische Daten sind im Internet über http://dnb.d-
nb.de/ abrufbar.

Impressum:

Copyright © 2011 GRIN Verlag GmbH
Druck und Bindung: Books on Demand GmbH, Norderstedt Germany
ISBN: 978-3-656-16039-7

Dieses Buch bei GRIN:

http://www.grin.com/de/e-book/191250/cold-ipos-rechtliche-gestaltungsformen-
und-probleme-unter-besonderer

GRIN - Your knowledge has value

Der GRIN Verlag publiziert seit 1998 wissenschaftliche Arbeiten von Studenten, Hochschullehrern und anderen Akademikern als eBook und gedrucktes Buch. Die Verlagswebsite www.grin.com ist die ideale Plattform zur Veröffentlichung von Hausarbeiten, Abschlussarbeiten, wissenschaftlichen Aufsätzen, Dissertationen und Fachbüchern.

Besuchen Sie uns im Internet:

http://www.grin.com/

http://www.facebook.com/grincom

http://www.twitter.com/grin_com

DISSERTATION

Titel der Dissertation

Cold IPOs
Rechtliche Gestaltungsformen und Probleme
unter besonderer Berücksichtigung von SPACs

Verfasser

Dipl.-Jur. Maximilian van Laack

angestrebter akademischer Grad

Doktor der Rechtswissenschaften (Dr. iur.)

Wien, April 2011

Studienkennzahl lt. Studienblatt: A 083 101

Dissertationsgebiet lt. Studienblatt: Rechtswissenschaften

Betreuer: o. Univ.-Prof. Dr. Josef Aicher

Inhaltsverzeichnis

Abbildungsverzeichnis

Abkürzungsverzeichnis

aA	andere Ansicht
Abb	Abbildung
ABGB	Allgemeines Bürgerliches Gesetzbuch
Abs	Absatz
abzgl	abzüglich
AEUV	Vertrag über die Arbeitsweise der Europäischen Union
aF	alte Fassung
AG	Aktiengesellschaft
AG	Die Aktiengesellschaft (Zeitschrift)
AktG	Aktiengesetz
AktR	Aktienrecht
allg	allgemein
Art	Artikel
ARUG	Gesetz zur Umsetzung der Aktionärsrechterichtlinie
BaFin	Bundesanstalt für Finanzdienstleistungsaufsicht
BB	Betriebs Berater (Zeitschrift)
BCA	Business Combination Agreement
BGB	Bürgerliches Gesetzbuch
BGBl	Bundesgesetzblatt
BGH	(deutscher) Bundesgerichtshof
BGHZ	Entscheidungen des Bundesgerichtshofs in Zivilsachen
BörseG	Börsengesetz
BörsZulV	(deutsche) Börsenzulassungsverordnung
Bsp	Beispiel
bspw	beispielsweise
BStBl	Bundessteuerblatt
BT-Drs	Bundestagsdrucksache(n)
bzgl	bezüglich
bzw	beziehungsweise
ca	cirka

d	deutsche, -er, -es
D	Deutschland
dAktG	deutsches Aktiengesetz
DB	Der Betrieb (Zeitschrift)
dBörsG	deutsches Börsengesetz
dGmbHG	deutsches GmbHG
dh	das heißt
dHGB	deutsches HGB
diesbzgl	diesbezüglich
dKStG	deutsches KStG
DNotI	Deutsches Notarinstitut
DStR	Deutsches Steuerrecht (Zeitschrift)
dVwVfG	deutsches VwVfG
ecolex	Fachzeitschrift für Wirtschaftsrecht
EG	Europäische Gemeinschaft
ehem	ehemalige, -er, -es, -en
engl	englisch
ErbStG	Erbschaftsteuer- und Schenkungsteuergesetz
EStG	Einkommensteuergesetz
etc	et cetera
EU	Europäische Union
evtl	eventuell
EWG	Europäische Wirtschaftsgemeinschaft
f, ff	folgende; fortfolgende
FB	Finanz Betrieb (Zeitschrift)
FMA	Finanzmarktaufsicht
Fn	Fußnote
FWB	Frankfurter Wertpapier Börse
gem	gemäß
GesR	Gesellschaftsrecht
GesRZ	Der Gesellschafter (Zeitschrift für Gesellschafts- und Unternehmensrecht)
GewStG	Gewerbesteuergesetz
ggf	gegebenenfalls

GmbH	Gesellschaft mit beschränkter Haftung
GmbHG	GmbH Gesetz
hA	herrschende Ansicht
HGB	Handelsgesetzbuch
hM	herrschende Meinung
Hrsg	Herausgeber
HV	Hauptversammlung
idR	in der Regel
IFRS	International Accounting Standards
iHv	in Höhe von
insb	insbesondere
IPO	Initial Public Offering
IRZ	Zeitschrift für Internationale Rechnungslegung
iSd	im Sinne des/der
ISIN	International Securities Identification Number
iSv	im Sinne von
iVm	in Verbindung mit
Kap	Kapitel
KGaA	Kommanditgesellschaft auf Aktien
KMG	Kapitalmarktgesetz
KMR	Kapitalmarktrecht
KMRK	Kapitalmarktrechts-Kommentar
KoR	Zeitschrift für internationale und kapitalmarktorientierte Rechnungslegung (Zeitschrift)
KStG	Körperschaftssteuergesetz
M&A	Mergers & Acquisitions
Mio	Million(en)
Mrd	Milliarde(n)
MüKo	Münchner Kommentar
mwN	mit weiteren Nachweisen
NeuFöG	Neugründungsförderungsgesetz
NewCO	New Company
nF	neue Fassung
NJW	Neue Juristische Wochenzeitschrift (Zeitschrift)

Nr	Nummer
NYSE	New York Stock Exchange
NZG	Neue Zeitschrift für Gesellschaftsrecht (Zeitschrift)
ö	österreichisch
Ö	Österreich
öAktG	österreichisches Aktiengesetz
öAktR	österreichisches AktR
öGesR	österreichisches Gesellschaftsrecht
öKStG	österreichisches KStG
ÖStZ	Österreichische Steuer-Zeitung
öVwGH	österreichischer Verwaltungsgerichtshof
ProspektVO	Prospektverordnung
PwC	PricewaterhouseCooper
RdW	Das Recht der Wirtschaft (Zeitschrift)
RdW	Österreichisches Recht der Wirtschaft
RegBegr	Regierungsbegründung
RGZ	Entscheidungen des Reichsgerichts in Zivilsachen
Rn	Randnummer
RNotZ	Rheinische Notar-Zeitschrift
Rz	Randziffer
s	siehe
SE	Societas Europaea
sog	sogenannt, -e, -er, -es
SPAC	Special Purpose Acquisition Company
Tab	Tabelle
u	und
ÜbG	Übernahmegesetz
ÜbK	Übernahmekommission
ÜbR	Übernahmerecht
UGB	Unternehmensgesetzbuch
UmwG	Umwandlungsgesetz
UmwStG	Umwandlungssteuergesetz
USA	Vereinigte Staaten von Amerika
uU	unter Umständen

Var	Variante
vgl	vergleiche
VwVfG	Verwaltungsverfahrensgesetz
wbl	Wirtschaftsrechtliche Blätter (Zeitschrift)
WM	Wertpapier-Mitteilungen (Zeitschrift für Wirtschafts- und Bankrecht)
WpAIV	Verordnung zur Konkretisierung von Anzeige-, Mitteilungs- und Veröffentlichungspflichten sowie der Pflicht zur Führung von Insiderverzeichnissen nach dem Wertpapierhandelsgesetz
WpHG	(deutsches) Wertpapierhandelsgesetz
WpPG	Wertpapierprospektgesetz
WpÜG	(deutsches) Wertpapiererwerbs- und Übernahmegesetz
WpÜG-AngebotsVO	WpÜG-Angebotsverordnung
Z	Ziffer
zB	zum Beispiel
ZEV	Zeitschrift für Erbrecht und Vermögensnachfolge
ZHR	Zeitschrift für das gesamte Handels- und Wirtschaftsrecht
ZinsO	Zeitschrift für das gesamte Insolvenzrecht
ZIP	Zeitschrift für Wirtschaftsrecht (Deutschland)
Zit	zitiert

A. Einleitung

Der Weg an die Börse war für Unternehmen in Folge der Weltwirtschafts-
und Finanzmarktkrise lange Zeit versperrt.[1] So waren Anleger vielerorts
verunsichert und nicht bereit anstehende Neuemissionen zu zeichnen. Die
Folge: Die Börsenpläne vieler Unternehmen mussten entweder abgesagt[2]
oder zumindest auf unbestimmte Zeit verschoben[3] werden. Zwar scheint sich
das Klima für Börsengänge allmählich wieder zu verbessern,[4] die Stimmung
an den Märkten kann jedoch auch schnell wieder drehen, wie die
Auswirkungen der jüngsten Ereignisse in Japan zeigen.[5]

Der Zugang zum Kapitalmarkt ist für Unternehmen jedoch von
entscheidender Bedeutung. Dies gilt gerade auch in Zeiten, in denen es mit
der wirtschaftlichen Lage nicht zum Besten steht. Zudem kann eine plötzlich
eintretende Verschlechterung des Kapitalmarktumfelds auch einen bereits
kurz vor dem Abschluss stehenden Börsengang noch in letzter Minute zum
Scheitern bringen, was insbesondere im Hinblick auf die langwierige und
kostenintensive Vorbereitung eines Börsengangs eine erhebliche Zeit- und
Geldverschwendung bedeuten kann,[6] von dem daraus resultierenden
Imageschaden ganz zu schweigen.[7]

Vor diesem Hintergrund stellt sich für potentielle Börsenkandidaten die
Frage, ob ein Börsengang auch auf einem anderen Weg – unabhängig vom
jeweiligen Börsenklima – und mit der notwendigen Transaktionssicherheit

---

[1] So konnte die Deutsche Börse im Krisenjahr 2009 gerade einmal drei IPOs verzeichnen (vgl *Worch*, IPO-Marktanalyse, GoingPublic 11/10, 16 Tab 1).
[2] Vgl „Schott Solar – Börsengang abgesagt", BÖRSE ONLINE http://www.boerse-online.de/aktien/neuemissionen/:Schott-Solar--Boersengang-abgesagt/502772.html (6.1.2010); Hochtief-Tochter - Börsengang abgesagt: vgl http://www.focus.de/finanzen/news/hochtief-tochter-boersengang-abgesagt_aid_460022.html (18.4.2011).
[3] Vgl „Deutsche Bahn – Börsengang wegen Finanzkrise verschoben", FAZ.NET vgl http://www.faz.net/s/Rub58241E4DF1B149538ABC24D0E82A6266/Doc~EDB70B072006F4FEFA A19580A89F84664~ATpl~Ecommon~Scontent.html (18.4.2011).
[4] So konnten im Jahre 2010 schon über 10 IPOs an der Deutschen Börse beobachtet werden. Zudem hat sich die Stimmung des Marktes weiter verbessert (vgl *Worch*, IPO-Marktanalyse, GoingPublic 11/10, 16).
[5] Vgl „Börsengänge auf der Kippe", finanzen.net http://www.finanzen.net/nachricht/aktien/IPOs-Boersengaenge-auf-der-Kippe-1071372 (18.4.2011).
[6] Vgl *Sundermann/Seidel*, GoingPublic 2/09, 20.
[7] Vgl *Sundermann/Seidel*, GoingPublic 2/09, 20.

2

erreicht werden kann. Als Alternative kommt insofern ein sog **Cold IPO** in Betracht.

Hierbei wird das an die Börse strebende Unternehmen nicht selbst an die Börse gebracht, sondern schlüpft vielmehr in eine bereits börsennotierte und in der Regel nicht (mehr) operativ tätige Gesellschaft[8]. Auf diesem Wege kann nicht nur ein erheblicher Zeit- und Kostenvorteil, sondern vielmehr auch die in Frage stehende Unabhängigkeit vom Kapitalmarktumfeld und die daraus resultierende Transaktionssicherheit erreicht werden. So gelangte beispielsweise auch der Leistungselektronikspezialist *AEG Power Solutions* mittels eines *Cold IPO* zu einem Zeitpunkt (September 2009) an die Börse[9], als der Kapitalmarkt noch tief in der Krise steckte und ein regulärer IPO mit großer Wahrscheinlichkeit nicht möglich gewesen wäre.[10] Die für einen Börsengang typische Kapitalzufuhr wurde dabei dadurch gewährleistet, dass als Börsenvehikel ein sogenannter SPAC[11] (*Germany 1 Acquisition Limited*) herangezogen wurde, welcher typischerweise über umfangreiche Barreserven verfügt.

Aber auch ein *Cold IPO* mittels eines vermögenslosen Börsenvehikels kann unter Umständen von Vorteil sein.[12] Dies gilt zB dann, wenn es den Eigentümern des Börsenkandidaten zunächst nur um die Erlangung der Börsennotierung geht und sich aufgrund des schlechten Börsenumfelds keine Bank finden lässt, die sich bereit erklärt, eine einfache Notierungsaufnahme zu begleiten.[13] Als Beispiel für ein solches Vorgehen kann hier der *Cold IPO* der damals im Bereich regenerativer Energien tätigen *Reinecke + Pohl Solare Energien GmbH* mittels der als Börsenvehikel dienenden *BK Grundbesitz & Beteiligungs AG* genannt werden.

---

[8] Beispiele für ein solches Vorgehen gibt es zu Genüge (vgl Abbildung 1).
[9] Vgl Pressemitteilung der *AEG Power Solutions* vom 14.9.2009 http://www.aegps.com/aeg/export/sites/aegpowersolutions/en/investor/investor_news/downloads/0 90910-AEGPS-closingDEF-English1___3.pdf (18.4.2011).
[10] Vgl unter Fn 1.
[11] Hierbei handelt es sich um börsennotierte Gesellschaften, die im Rahmen eines regulären Börsengangs finanzielle Mittel aufnehmen, um im Anschluss daran einem nicht börsennotierten Unternehmen einen *Cold IPO* zu ermöglichen (vgl ausführlich unter F).
[12] Vgl unter C.IV.4.
[13] Vgl *Philipp Moffat* in Knop/Mühlhaus, Small Caps 244.

Ein *Cold IPO* stellt also insbesondere in wirtschaftlich schlechten Zeiten eine ernst zu nehmende Alternative zum regulären Börsengang dar. Grund genug sich mit den im Rahmen von *Cold IPOs* auftretenden juristischen Fragestellungen einmal genauer zu befassen. Ein dahin gehender Versuch soll mit der vorliegenden Arbeit unternommen werden. Die Darstellung konzentriert sich dabei insbesondere auf die rechtlichen Erscheinungs- und Gestaltungsformen von *Cold IPOs* und den in diesem Zusammenhang bestehenden gesellschafts- und kapitalmarktrechtlichen Fragen in Deutschland und Österreich,[14] wobei sich aufgrund der gleichen europarechtlichen Vorgaben im Kapitalmarktrecht und den – sich im Wesentlichen entsprechenden – gesellschaftsrechtlichen Regelungen kaum Unterschiede ergeben und deshalb eine gemeinsame Darstellung erfolgen kann.

---

[14] Nach Auskunft der Wiener Börse konnten in Österreich bisher keine *Cold IPOs* beobachtet werden. Die Darstellung ist insofern rein theoretischer Natur.

4

Abbildung 1: Praxisbeispiele für erfolgreich durchgeführte Cold IPOs

Börsenkandidat	Geschäfts- tätigkeit	Börsennotierte Zielgesellschaft	Geschäfts- tätigkeit	Neue börsennotierte Gesellschaft
Carl Zeiss Ophthalmic Systems AG	Augenheilkunde	Asclepion Meditec AG	Augenheilkunde	Carl Zeiss Meditec AG
Reinecke + Pohl Solare Energien GmbH	Erneuerbare Energien	BK Grundbesitz & Beteiligungs AG	Keine (früher Immobilien)	Reinecke + Pohl Sun Energy AG
AEG Power Solutions	Spezialist für Leistungs- elektronik	Germany 1 Acquisition Limited (SPAC)	Keine (Vorrats- gesellschaft)	3W Power Holdings
ElringKlinger GmbH	Automobil- zulieferer	Ziegelwerke Ludwigsburg AG	Keine (früher Hersteller von Dachziegeln / Beteiligungs- gesellschaft)	ElringKlinger AG
Marseille- Kliniken AG	Betreiber von Pflegeeinrich- tungen	Tonwaren- industrie Wiesloch AG	Keine (früher Hersteller von Dachziegeln)	Marseille- Kliniken AG
Broadnet GmbH	Dienstleister für Telekom- munikation	Mediascape Communications AG	Dienstleister für Telekom- munikation	Broadnet Mediascape Communications AG
Bet-at-home.com Entertainment AG	Internetwetten	Artus Capital AG	Keine (Vorratsgesellsch aft)	Bet-at-home AG
cash.life AG	An- und Verkauf von Lebens- versicherungen	ADV.Orga AG	Keine (früher IT- Beratung / Vermögens- verwaltung)	cash.life AG

B. Gang der Darstellung

Zur Einführung in die Thematik werden zunächst die verschiedenen Formen eines Börsengangs dargestellt (C.I.). Ferner werden die im Zusammenhang mit *Cold IPOs* relevanten Begriffe (C.II), die grundsätzlichen Vorteile einer Börsennotierung (C.III) sowie die speziellen Vor- (C.IV) und Nachteile (C.V) eines *Cold IPOs* besprochen.

In Kapitel D der vorliegenden Arbeit werden dann die einzelnen Verfahrensschritte des *Cold IPOs* und die damit einhergehenden rechtlichen Fragen aufgezeigt (D), wobei sich die rechtliche Betrachtung insbesondere auf die gesellschafts- und kapitalmarktrechtliche Zulässigkeit der regelmäßig als Börsenvehikel dienenden Mantelgesellschaften (D.I.2), den im Zuge eines *Cold IPOs* typischerweise erfolgenden Kontrollerwerb am Börsenvehikel (D.II) und die verschiedenen Arten der Einbringung des Börsenkandidaten in das Börsenvehikel (D.IV) konzentriert.

Unter E werden dann ausgewählte gesellschafts- und kapitalmarktrechtliche Probleme thematisiert. Aus gesellschaftsrechtlicher Sicht stellt sich insbesondere die Frage nach den Auswirkungen der BGH-Rechtsprechung zur Mantelverwendung auf einen *Cold IPO* (E.I). In kapitalmarktrechtlicher Hinsicht stellt sich zunächst die Frage, inwieweit die Börsenzulassungsvoraussetzungen mittels eines *Cold IPOs* umgangen werden und welche Konsequenzen eine etwaige Umgehung nach sich zieht (E.II). Zudem soll geklärt werden, ob im Zuge eines *Cold IPO* die Pflicht zur Abgabe eines Übernahmeangebots entsteht (E.III). Darüber hinaus soll untersucht werden, ob das börsennotierte Vehikel im Vorfeld des *Cold IPOs* eine Ad-hoc-Meldung veröffentlichen muss und inwieweit sich eine entsprechende Veröffentlichung auf die Umsetzung der Transaktion auswirkt (E.III). Schließlich wird auf die Frage eingegangen, ob und unter welchen Voraussetzungen es im Zuge eines *Cold IPO* zu übernahmerechtlichen Nachzahlungspflichten kommen kann (E.VI.)

Abschließend werden unter F die bereits eingangs erwähnten SPACs thematisiert. Dabei werden zunächst die typischen Wesensmerkmale eines SPACs und der Ablauf einer SPAC-Transaktion dargestellt (F.I). In rechtlicher Hinsicht stellt sich bei einem SPAC insbesondere die Frage, ob ein solcher in Deutschland und Österreich zur Börse zugelassen werden kann (F.III). Ferner soll geklärt werden ob sich die spezifischen Merkmale einer SPAC-Gesellschaft auch mittels einer deutschen bzw österreichischen Aktiengesellschaft abbilden lassen (F.IV).

C. Grundlegendes

I. Wege an die Börse

Grundsätzlich gibt es drei verschiedene Möglichkeiten ein Unternehmen an die Börse zu bringen. So kann das Unternehmen zum einen im Zuge eines IPOs (klassischer Börsengang) an die Börse gebracht werden. Zum anderen kann eine reine Börsenzulassung auch mittels eines einfachen *Listings* oder eines *Cold IPOs* erreicht werden.

1. IPO

Unter einem IPO (*Initial Public Offering*) versteht man das erstmalige öffentliche Angebot von Aktien einer Aktiengesellschaft[15] in Verbindung mit der erstmaligen Zulassung dieser Aktien zum Handel an einer Börse.[16] Dabei können sowohl bereits existierende Aktien als auch neue Aktien, die im Rahmen einer im Vorfeld stattfindenden Kapitalerhöhung geschaffen wurden, angeboten werden.[17] In der Praxis wird zumeist eine Kombination beider Varianten gewählt. Es werden also bereits existierende und neue Aktien angeboten.[18]

2. Listing

Von einem einfachen *Listing* oder auch *Börsengang light* wird gesprochen, wenn ein bereits in der Rechtsform der Aktiengesellschaft geführtes Unternehmen die Notierungsaufnahme seiner Aktien an einer Börse beantragt.[19] Im Gegensatz zum IPO werden der Öffentlichkeit keine Aktien zur Zeichnung angeboten, sondern es erfolgt lediglich eine Handelszulassung des bereits vorhandenen Aktienkapitals.[20] Die Zulassung

---

[15] Bzw einer KGaA oder SE. Die folgende Darstellung konzentriert sich jedoch auf die klassische Aktiengesellschaft.
[16] Vgl *Ries* in *Grunewald/Schlitt*, Kapitalmarktrecht[2] § 2 I.
[17] Vgl *Ries* in *Grunewald/Schlitt*, Kapitalmarktrecht[2] § 2 I.
[18] Vgl *Ries* in *Grunewald/Schlitt*, Kapitalmarktrecht[2] § 2 I.
[19] Vgl *Schanz*, Börseneinführung[3] § 14 Rz 30; *Bösl*, FB 2003, 298. Vereinzelt wird dagegen auch der Begriff „*IPO-Light*" verwendet (vgl *Winkel/Zeiss*, GoingPublic 5/07, 50). Dies ist jedoch abzulehnen, da keine Aktien angeboten werden und damit kein *Offering* vorliegt (vgl *Schanz*, Börseneinführung[3] § 14 Rz 30 Fn 52).
[20] Vgl *Schanz*, Börseneinführung[3] § 14 Rz 30.

kann dabei für verschiedene Börsensegmente[21] beantragt werden. Erfolgreich ist ein Antrag jedoch nur, wenn die Zulassungsvoraussetzungen des entsprechenden Börsensegments erfüllt werden.[22]

3. Cold IPO

Im Gegensatz zum regulären IPO oder einem einfachen *Listing* beantragt das an die Börse strebende Unternehmen bei einem *Cold IPO*[23] nicht selbst die Börsenzulassung seiner Aktien, sondern nutzt die Zulassung einer bereits börsennotierten Gesellschaft.[24] Es handelt sich also um einen indirekten Börsengang. Dieser wird dadurch erreicht, dass das an die Börse strebende Unternehmen in die börsennotierte Gesellschaft eingebracht wird.[25] Die Einbringung des Börsenkandidaten wird dabei typischerweise mittels einer Übernahme- oder Verschmelzungstransaktion (*M&A-Transaktion*) erreicht.[26] Hierbei kann es im Einzelfall zu Abgrenzungsproblemen im Vergleich zu herkömmlichen *M&A*-Transaktionen kommen. Das entscheidende Merkmal eines *Cold IPO* ist dabei darin zu sehen, dass die börsennotierte Zielgesellschaft den Geschäftsbetrieb, den Unternehmensgegenstand und die äußere Erscheinungsform des Börsenkandidaten übernimmt und die (ehemaligen) Eigentümer des Börsenkandidaten im Zuge der Transaktion regelmäßig[27] die Kontrolle über die börsennotierte Zielgesellschaft erlangen. Im Ergebnis bleiben sie also Anteilseigner ihres nun börsennotierten Unternehmens. Vereinzelt wird auch vertreten, dass ein einfaches *Listing* ebenfalls eine Form des indirekten Börsengangs sei.[28] Dies ist jedoch abzulehnen. Schließlich wird bei einem einfachen *Listing* die Börsennotierung nicht indirekt über ein Börsenvehikel sondern direkt durch die Beantragung einer Börsenzulassung erreicht.

---

[21] ZB an der Frankfurter Wertpapierbörse für den Freiverkehr oder den regulierten Markt. An der Wiener Börse für den amtlichen Handel, geregelten Freiverkehr oder den dritten Markt.
[22] Vgl zu den einzelnen Börsenzulassungsvoraussetzungen unter E.II.1.
[23] Der Begriff *Cold IPO* ist streng genommen ungenau. Schließlich werden bei dieser Transaktion ebenfalls keine Aktien angeboten, so dass kein *Offering* vorliegt. Von daher müsste eigentlich eher von einem *Cold Listing* bzw *Kalten Listing* (so zB *Heidelbach* in *Schwark/Zimmer*, KMRK[4] § 32 BörsG Rz 20 ff) gesprochen werden.
[24] Vgl *Schanz*, Börseneinführung[3] § 14 Rz 34; *Schroth*, WERTPAPIER 16/06, 24.
[25] Vgl *Schanz*, Börseneinführung[3] § 14 Rz 36.
[26] Vgl unter D.IV.
[27] Im Falle von SPACs kommt es jedoch teilweise auch zu einem kompletten Ausstieg der Eigentümer des Börsenkandidaten (vgl unter F.II.2).
[28] Vgl *Bösl*, FB 2003, 298.

II. Begriffserklärungen

Die Nutzung einer börsennotierten Gesellschaft als Vehikel für den Börsengang eines nicht notierten Unternehmens wird weder in der Literatur noch in der Praxis unter einheitlicher Bezeichnung präsentiert.[29] Neben dem Begriff des *Cold IPOs*[30] bzw *indirekten Börsengangs*[31] werden für diesen Vorgang vielmehr auch andere Bezeichnungen verwendet. So wird unter anderem auch von einem *Kalten Listing*[32], *indirekten IPO*[33], *indirekten Going Public*[34], *Börsengang durch die Hintertür*[35] oder *Backdoor IPO* gesprochen. Ferner werden in diesem Zusammenhang auch die Begriffe *Reverse Merger*[36], *Reverse IPO*[37], *Reverse Takeover*[38], *Reverse Acquisition*[39] oder auch *Börsenmanteltransaktion*[40], *Mantel-Börsengang* und *Mantelkauf*[41] verwendet, wobei diese genau genommen für Spezialfälle des indirekten Börsengang stehen, so dass deren Verwendung nur in bestimmten Konstellationen zutreffend ist. Im Folgenden sollen die wichtigsten Bezeichnungen genauer erläutert werden.

1. Reverse Merger

Unter einem *Reverse Merger* wird im eigentlichen Sinne eine Transaktion verstanden, bei der zwei Gesellschaften miteinander verschmolzen werden, wobei der Wert der übertragenden Gesellschaft den Wert der aufnehmenden Gesellschaft übersteigt.[42] Im Gegensatz zu einer typischen Verschmelzungstransaktion handelt es sich bei der aufnehmenden Gesellschaft also nicht um die wirtschaftlich stärkere und damit höher

---

[29] So auch *Bournet*, Reverse Takeover, 32.
[30] Vgl *Sundermann/Seidel*, GoingPublic 2/09, 20; *Schanz*, Börseneinführung[3] § 14 Rz 34; *Bösl*, FB 2003, 297; *Schroth*, WERTPAPIER 16/06, 24; „Böse Verletzung droht", BÖRSE ONLINE Sonderausgabe: Richtig spekulieren 1/10, 45.
[31] Vgl *Schanz*, Börseneinführung[3] § 14 Rz 34; *Bösl*, FB 2003, 297.
[32] Vgl *Heidelbach* in *Schwark/Zimmer*, KMRK[4] § 32 BörsG Rz 20; *Grub/Streit*, BB 2004, 1405.
[33] Vgl *Bösl*, FB 2003, 297.
[34] Vgl *Nadler*, FB 2001, 38.
[35] Vgl *Seppelfricke/Seppelfricke*, BB 2002, 365; *Just*, ZIP 2009, 1698.
[36] Vgl *Seppelfricke/Seppelfricke*, FB 2001, 581; *Luschin/Warzecha/Salcher*, Der Gang an die Börse 55.
[37] Vgl *Vater*, DB 2002, 2445; *Renzenbrink/Holzner*, NZG 2003, 200; *Bösl*, FB 2003, 298; *Neuroth*, Finance 12/01, 24; *Schanz*, Börseneinführung[3] § 14 Rz 34; *Scherer*, GoingPublic 3/05, 22; *Hettich*, GoingPublic 2006, 118.
[38] Vgl *Bournet*, Reverse Takeover, 32; *Labbé*, GoingPublic 1/02, 94.
[39] Vgl *Weiser*, KoR 11/05, 489.
[40] Vgl *Lenz/Hasselbring*, Die Bank 2001, 872.
[41] Vgl *Bösl*, FB 2003, 301; *Nadler*, FB 2001, 38.
[42] Vgl *Seppelfricke/Seppelfricke*, FB 2001, 581; *Vater*, DB 2002, 2445; *Aha*, BB 2001, 2227; *Seyferth/Vater*, M&A Review 2002, 326.

10

bewertete Gesellschaft.[43] Vor diesem Hintergrund muss auch der Begriffsbestandteil *Reverse*[44] verstanden werden.[45] Ein *Reverse Merger* stellt also im Hinblick auf die Bewertungsrelation der zu verschmelzenden Einheiten den umgekehrten Fall einer typischen Verschmelzung dar. Wichtig ist hierbei, dass die aufnehmende Gesellschaft aufgrund dieser Bewertungsrelation im Zuge der Verschmelzung mittels einer Kapitalerhöhung mehr Anteile emittieren muss als bisher vorhanden sind, wobei diese den bisherigen Eigentümern der übertragenden Gesellschaft als Gegenleistung für die Übertragung ihres Unternehmens zugeteilt werden. Im Ergebnis verfügen die neuen Gesellschafter über die Mehrheit der Gesellschaftsanteile (> 50%), was zur Folge hat, dass die Kontrolle über die fusionierte Gesellschaft auf sie übergeht. Die Umsetzung eines *Reverse Merger* wird in rechtlicher Hinsicht in der Regel durch eine Verschmelzung durch Aufnahme[46] oder eine Sachkapitalerhöhung[47] erreicht.[48]

In der Praxis wird diese Technik in der Regel für die Durchführung eines indirekten Börsengangs herangezogen. Dabei wird der Börsenkandidat auf eine börsennotierte Mantelgesellschaft oder eine noch aktive börsennotierte Gesellschaft, die im Vergleich zum Börsenkandidaten niedriger bewertet ist, verschmolzen.[49] Durch die Verschmelzung wird der Börsenkandidat Teil der börsennotierten Gesellschaft und erreicht somit auf indirektem Weg den Börsengang. Die bisherigen Eigentümer des Börsenkandidaten erhalten im Gegenzug Aktien an der fusionierten Gesellschaft. Aufgrund der Bewertungsrelation halten sie im Ergebnis eine Mehrheitsbeteiligung an der

---

[43] Vgl *Seppelfricke/Seppelfricke*, FB 2001, 585.
[44] Engl für umgekehrt.
[45] Vgl *Seppelfricke/Seppelfricke*, FB 2001, 585.
[46] Vgl unter D.IV.2.
[47] Vgl unter D.IV.1.
[48] Vgl *Seppelfricke/Seppelfricke*, FB 2001, 585; *Vater*, DB 2002, 2445; *Luschin/Warzecha/Salcher*, Der Gang an die Börse 56. Wobei es sich bei einer Kapitalerhöhung gegen Sacheinlage im rechtlichen Sinne eigentlich nicht um eine Verschmelzung handelt. Eine solche kann jedoch im Anschluss daran folgen (vgl unter D.IV.1.d).
[49] Teilweise wird ein *Reverse Merger* nur dann angenommen, wenn es sich bei der aufnehmenden Gesellschaft um eine noch aktive Gesellschaft handelt (vgl *Just*, ZIP 2009, 1698; *Bösl*, FB 2003, 298). Dies ist jedoch abzulehnen. Schließlich liegen die Tatbestandsvoraussetzungen eines *Reverse Mergers* (vor allem die Bewertungsrelation) auch bzw insbesondere bei der Verschmelzung auf eine Mantelgesellschaft vor (vgl *Seyferth/Vater*, M&A Review 2002, 326; *Feldman/Dresner*, Reverse Mergers 20; *Seppelfricke/Seppelfricke*, FB 2001, 583). Die Unternehmenslosigkeit der Mantelgesellschaft kann insofern keine Auswirkung auf die Annahme eines *Reverse Merger* haben.

fusionierten und börsennotierten Gesellschaft, die den Geschäftsbetrieb der erloschenen Gesellschaft fortführt.

Ein *Reverse Merger* wird vor diesem Hintergrund häufig auch als eine Transaktion verstanden, bei der ein größeres nicht börsennotiertes Unternehmen auf ein kleineres börsennotiertes Unternehmen bzw dessen Rechtsträger verschmolzen wird, um damit den Börsengang des nicht notierten Unternehmens zu erreichen.[50]

2. Reverse Takeover

Ein *Reverse Merger* wird gelegentlich auch als *Reverse Takeover* (bzw *Reverse Acquisition*) bezeichnet.[51] Teilweise wird der *Reverse Takeover*[52] jedoch auch von einem *Reverse Merger* abgegrenzt. Demnach soll ein *Reverse Takeover* nur dann vorliegen, wenn ein höher bewertetes Unternehmen durch ein niedriger bewertetes Unternehmen übernommen wird,[53] wobei im Gegensatz zu einem *Reverse Merger* das größere Unternehmen nicht auf das kleinere verschmolzen wird, sondern als Tochtergesellschaft rechtlich erhalten bleibt.[54] Dies wird in der Regel durch eine Sacheinlage der Geschäftsanteile des höher bewerteten Unternehmens erreicht. Aufgrund der umgekehrten Bewertungsrelation müssen auch bei einem *Reverse Takeover* im Zuge der Übernahme mittels einer Kapitalerhöhung mehr Anteile der übernehmenden Gesellschaft ausgegeben werden als bisher vorhanden sind. Dies hat zur Folge, dass die ehemaligen Eigentümer der größeren Gesellschaft im Ergebnis die Kontrolle über die Muttergesellschaft erlangen,[55] wobei die Muttergesellschaft 100% der Anteile an der übernommenen Gesellschaft hält.

---

[50] Vgl *Seppelfricke/Seppelfricke*, FB 2001, 581; *Vater*, DB 2002, 2445; *Seppelfricke/Seppelfricke*, BB 2002, 365; *Lenz/Hasselbring*, Die Bank 2001, 873; *Aha*, BB 2001, 2227; *Krauel*, Börsen-Zeitung vom 26.3.02, 14; *Seyferth/Vater*, M&A Review 2002, 326; *Luschin/Warzecha/Salcher*, Der Gang an die Börse 56; *Feldman/Dresner*, Reverse Mergers 20.
[51] Zur synonymen Verwendung des Begriffes *Reverse Acquisition* vgl *Vater*, DB 2002, 2445; Zur synonymen Verwendung des Begriffes *Reverse Takeover* vgl *Bournet*, Reverse Takeover 32; *Renzenbrink/Holzner*, NZG 2003, 200 Fn 3; *Nowotny*, wbl 2001, 382.
[52] Im Folgenden soll nur der Begriff des *Reverse Takeover* verwendet werden, wobei der Begriff *Reverse Acquisition* grundsätzlich die gleiche Bedeutung hat.
[53] Vgl *Seyferth/Vater*, M&A Review 2002, 326; *Bournet*, Reverse Takeover, 32; *Weiser*, KoR 11/05, 489.
[54] Vgl *Bournet*, Reverse Takeover, 32; *Weiser*, KoR 11/05, 489.
[55] Vgl *Labbé*, GoingPublic 1/02, 94.

Handelt es sich bei der übernehmenden bzw werdenden Muttergesellschaft zudem um eine börsennotierte Gesellschaft, kann wie beim *Reverse Merger* ein indirekter Börsengang erreicht werden,[56] wobei der Börsenkandidat im Ergebnis nicht unmittelbar an der Börse notiert, sondern mittelbar über die Muttergesellschaft.

3. Reverse IPO

Unter einem *Reverse IPO* wird in der Regel ein indirekter Börsengang bezeichnet, der mittels eines *Reverse Mergers* bzw *Reverse Takeover* erreicht wird.[57] Darüber hinaus wird der Tatbestand des *Reverse IPO* teilweise noch weiter eingeschränkt, wobei insbesondere auf die Beschaffenheit der als Börsenvehikel dienenden Zielgesellschaft abgestellt wird. So geht *Bösl* nur dann von einem *Reverse IPO* aus, wenn als Börsenvehikel eine noch aktive Gesellschaft herangezogen wird.[58] *Steinbach* hält dagegen einen *Reverse IPO* nur dann für gegeben, wenn es sich bei der Zielgesellschaft um eine Mantelgesellschaft handelt, die über ein gewisses Barvermögen (sog Cash Shell) verfügt.[59] Teilweise wird der Begriff des *Reverse IPO* jedoch auch allgemein im Sinne eines *Cold IPO* verstanden, so dass auch indirekte Börsengänge ohne vorliegende *Reverse-Konstellation* als *Reverse IPO* bezeichnet werden.[60]

4. Börsenmanteltransaktion

Unter den Bezeichnungen *Börsenmanteltransaktion*, *Mantel-Börsengang* oder *Mantelkauf* werden dagegen ausschließlich solche indirekte Börsengänge verstanden, bei denen als Zielgesellschaft eine börsennotierte Mantelgesellschaft[61] herangezogen wird.[62] Indirekte Börsengänge unter der

---

[56] Vgl *Bournet*, Reverse Takeover 32; *Weiser*, KoR 11/05, 489; *Labbé*, GoingPublic 1/02, 94.
[57] Vgl *Vater*, DB 2002, 2445; *Renzenbrink/Holzner*, NZG 2003, 200 Fn 3; *Schanz*, Börseneinführung³ § 14 Rz 36; *Bösl*, FB 2003, 298; *Neuroth*, Finance 12/01, 24; *Hettich*, GoingPublic 2006, 118.
[58] Vgl *Bösl*, FB 2003, 298. Wohl auch *Lenz/Hasselbring*, Die Bank 2001, 873.
[59] Vgl *Steinbach*, GoingPublic Corporate Finance & Private Equity Guide 2009, 29. Handelt es sich bei der Zielgesellschaft dagegen um ein operativ tätiges Unternehmen muss ihm zufolge von einem *Cold IPO* gesprochen werden. Bei der Verwendung eines SPAC hält er ferner die Verwendung des Begriffes *indirektes IPO* für zutreffend.
[60] Vgl *Scherer*, GoingPublic 3/05, 22.
[61] Vgl unter D.I.

13

Verwendung von noch unternehmerisch aktiven Gesellschaften können daher nicht unter diese Bezeichnungen gefasst werden.

5. Stellungnahme

Im weiteren Verlauf dieser Arbeit werden – zwecks einer besseren Übersicht – vorwiegend die Begriffe Cold IPO (indirekter Börsengang) bzw Reverse Merger verwendet. Inhaltlich werden unter einem indirekten Börsengang bzw Cold IPO dabei im Folgenden (definitionsgemäß) solche Transaktionen verstanden, bei denen ein Unternehmen eine börsennotierte Gesellschaft als Börsenvehikel nutzt, wobei es in diesem Zusammenhang egal ist, ob es sich bei der börsennotierten Zielgesellschaft um eine Mantelgesellschaft oder noch aktive Gesellschaft handelt. Darüber hinaus ist es für die Annahme eines Cold IPO vorliegend unerheblich, welche Bewertungsrelation zwischen dem Börsenkandidaten und der Zielgesellschaft vorliegt.

Als Reverse Merger sollen dagegen solche indirekte Börsengänge bezeichnet werden, bei denen ein Börsenkandidat mittels einer Verschmelzung oder Sachkapitalerhöhung in eine niedriger bewertete Zielgesellschaft (Reverse-Konstellation) eingebracht wird, wobei es insofern keine Rolle spielt, ob der Börsenkandidat als Tochtergesellschaft rechtlich erhalten bleibt oder komplett auf die Zielgesellschaft verschmolzen wird. Ferner ist es für die Annahme eines Reverse Merger vorliegend unerheblich, ob es sich bei der Zielgesellschaft um eine Mantelgesellschaft oder noch aktive Gesellschaft handelt.

[62] Vgl Lenz/Hasselbring, Die Bank 2001, 872; Nadler, FB 2001, 38; Bösl, FB 2003, 301; Schanz, Börseneinführung[3] § 14 Rz 34; Winkel/Zeiss, GoingPublic 5/07, 52 Tab 1.

III.   Allgemeine Vorteile einer Börsennotierung

Das Hauptmotiv für den Börsengang eines Unternehmens ist in der Erschließung des Kapitalmarkts zu sehen.[63] So kann ein börsennotiertes Unternehmen den Kapitalmarkt dauerhaft als Finanzierungsquelle nutzen, indem es zB im Zuge eines IPO oder einer späteren Kapitalerhöhung neues Kapital aufnimmt. Dies gilt grundsätzlich auch für einen indirekten Börsengang, wobei mangels einer Kapitalzufuhr zum Zeitpunkt des Börsengangs frisches Kapital nur im Zuge einer später stattfindenden Kapitalerhöhung generiert werden kann.[64] Darüber hinaus existieren zahlreiche weitere Gründe, die für die Börsennotierung eines Unternehmens sprechen.

- So erhöht sich durch die Börsennotierung in der Regel der **Bekanntheitsgrad** des Unternehmens, wodurch sich die Stellung des Unternehmens gegenüber seinen Kunden, Auftraggebern, Lieferanten, Mitarbeitern etc verbessern kann.[65]

- Ferner sind die Anteile eines notierten Unternehmens leichter handelbar (Fungibilität), da sie jederzeit über die Börse veräußert oder erworben werden können.[66] Dies ist insbesondere auch für Altaktionäre interessant, die ihre Beteiligung veräußern wollen. So ergibt sich für diese nicht nur im Rahmen des IPO, sondern vielmehr auch im Anschluss daran eine dauerhafte Ausstiegsmöglichkeit (Exit).[67]

- Motivation der Mitarbeiter: Darüber hinaus ermöglicht eine Börsennotierung die Aufsetzung von Beteiligungs- und Aktienoptions-

---

[63] Vgl *Gutschlag/Nespethal*, GoingPublic 12/03, 10; *Ries* in *Grunewald/Schlitt*, Kapitalmarktrecht[2] § 2 I; *Seppelfricke/Seppelfricke*, FB 2001, 582; *Luschin/Warzecha/Salcher*, Der Gang an die Börse 1.
[64] Bzw durch andere Finanzierungsinstrumente (zB Wandelanleihen; vgl auch unter F.IV.6).
[65] Vgl *Ries* in *Grunewald/Schlitt*, Kapitalmarktrecht[2] § 2 I; *Seppelfricke/Seppelfricke*, FB 2001, 582; *Luschin/Warzecha/Salcher*, Der Gang an die Börse 6; *Gutschlag/Nespethal*, GoingPublic 12/03, 11.
[66] Vgl *Ries* in *Grunewald/Schlitt*, Kapitalmarktrecht[2] § 2 I; *Seppelfricke/Seppelfricke*, FB 2001, 582; *Luschin/Warzecha/Salcher*, Der Gang an die Börse 2; *Gutschlag/Nespethal*, GoingPublic 12/03, 10.
[67] Vgl *Seppelfricke/Seppelfricke*, FB 2001, 582; *Luschin/Warzecha/Salcher*, Der Gang an die Börse 3; *Gutschlag/Nespethal*, GoingPublic 12/03, 10.

Programmen, wodurch zusätzliche Anreize für Mitarbeiter geschaffen werden können.[68]

- Durch eine Börsennotiz werden M&A-Transaktionen deutlich erleichtert. Insbesondere können die Aktien des notierten Unternehmens als Akquisitionswährung verwendet werden.[69]

- Höhere Bewertung: Empirische Studien haben zudem ergeben, dass börsennotierte Unternehmen aufgrund der besseren Handelbarkeit ihrer Anteile häufig signifikant höher bewertet werden als nicht notierte Unternehmen.[70]

- Steigende Kreditwürdigkeit: Eine Börsennotierung führt dazu, dass viele Banken die Beleihungsgrenze erhöhen, da börsennotierte Unternehmen als kreditwürdiger gelten.[71]

---

[68] Vgl *Seppelfricke/Seppelfricke*, FB 2001, 582; *Luschin/Warzecha/Salcher*, Der Gang an die Börse 3.
[69] Vgl *Seppelfricke/Seppelfricke*, FB 2001, 582; *Fleischer*, Creditreform 9/00, 14; *Luschin/Warzecha/Salcher*, Der Gang an die Börse 6.
[70] Vgl *Seppelfricke/Seppelfricke*, FB 2001, 582.
[71] Vgl *Lenz/Hasselbring*, Die Bank 2001, 4; *Gutschlag/Nespethal*, GoingPublic 12/03, 11.

IV. Vorteile und Motive eines Cold IPO

Nachdem die allgemeinen Vorteile einer Börsennotierung kurz dargestellt wurden, werden im Folgenden die spezifischen Motive für die Durchführung eines indirekten Börsengangs bzw die damit einhergehenden Vorteile aufgezeigt.

1. Umgehung der Börsenzulassungsvoraussetzungen

Als einer der wesentlichen Vorteile eines indirekten Börsengangs – und damit auch als Motiv für dessen Durchführung – wird häufig die Möglichkeit der Umgehung der Börsenzulassungsvoraussetzungen angesehen.[72] Die Umgehungsabsicht bezieht sich dabei insbesondere auf solche Regelungen, die die wirtschaftliche Börsenreife des Börsenkandidaten sicherstellen sollen.[73] Im Einzelnen handelt es sich um Vorschriften, die eine bestimmte Mindestbestandsdauer[74] bzw wirtschaftliche Größe des Börsenkandidaten fordern. Ein indirekter Börsengang kann daher für solche Unternehmen interessant sein, die diese Voraussetzungen nicht oder zumindest noch nicht erfüllen. Zu denken ist in diesem Zusammenhang insbesondere an junge Gründungs- oder Wachstumsunternehmen (zB *Start-Ups*), die zur Finanzierung ihres Geschäftsmodells Kapital über die Börse aufnehmen wollen.[75] Darüber hinaus wird teilweise auch die Umgehung der im Rahmen der Börsenzulassung bestehenden Prospektpflicht angestrebt.[76] Dies ist darauf zurück zuführen, dass die Erstellung eines Wertpapierprospekts mit einem sehr hohen zeitlichen und finanziellen Aufwand verbunden ist, so dass sich mittels einer Umgehung in der Regel eine wesentliche Zeit-[77] und Kostenersparnis[78] erreichen lässt.

---

[72] Vgl *Nadler*, FB 2001, 41; *Grub/Streit*, BB 2004, 1405; *Lenz/Hasselbring*, Die Bank 2001, 873; *Schanz*, Börseneinführung[3] § 14 Rz 41; *Winkel/Zeiss*, GoingPublic 5/07, 52; *Bösl*, FB 2003, 301; *Schellenberger*, Aktienkultur & BVH-News 1/97, 10; *Schroth*, WERTPAPIER 16/06, 24.

[73] Vgl *Nadler*, FB 2001, 41.

[74] Vgl *Nadler*, FB 2001, 41; *Lenz/Hasselbring*, Die Bank 2001, 873.

[75] Vgl *Nadler*, FB 2001, 41; *Hock/Meier*, Der große Mantelaktien-Report 14 http://www.amiculum.de/Diverse-Archiv.html (18.4.2011).

[76] Vgl *Schroth*, WERTPAPIER 16/06, 24; *PwC*, "Cold IPO" und die Anforderungen des Kapitalmarkts http://www.pwc.de/de/kapitalmarktorientierte-unternehmen/cold-ipo-und-die-anforderungen-des-kapitalmarkts.jhtml (18.4.2011); So wohl auch *Sundermann/Seidel*, GoingPublic 2/09, 22.

[77] Vgl unter C.IV.5.

[78] Vgl unter C.IV.6.

Inwieweit die Börsenzulassungsvoraussetzungen tatsächlich mittels eines indirekten Börsengangs umgangen werden können und welche Konsequenzen sich daraus ergeben, ist jedoch fraglich und wird an anderer Stelle noch ausführlich diskutiert.[79]

2. Umwandlung in Aktiengesellschaft entbehrlich

Ein weiterer Vorteil eines indirekten Börsengangs ist darin zu sehen, dass im Vorfeld des Börsengangs keine Umwandlung des Börsenkandidaten in eine Aktiengesellschaft oder eine sonstige kapitalmarktfähige Gesellschaftsform (KGaA oder SE) erfolgen muss.[80] Schließlich wird der Börsenkandidat bei einem indirekten Börsengang in eine börsennotierte Gesellschaft eingebracht und beantragt nicht selbst seine Börsenzulassung. Folglich muss er selbst keine kapitalmarktfähige Rechtsform aufweisen. Relevant wird dieser Vorteil aber nur dann, wenn der Börsenkandidat nicht sowieso schon über eine kapitalmarktfähige Gesellschaftsform verfügt. Dies ist beispielsweise dann der Fall, wenn es sich beim Börsenkandidaten um eine GmbH handelt. Der Aufwand der Umwandlung der GmbH in eine Aktiengesellschaft kann somit vermieden werden.[81]

3. Befreiung von der Marktmacht der emissionsbegleitenden Banken

Bei einem regulären IPO muss der Börsenkandidat zunächst eine emissionsbegleitende Bank für die Durchführung des Börsengangs gewinnen. Dies wird in der Regel aber nur dann möglich sein, wenn der Börsenkandidat über eine entsprechende Börsenreife – also insbesondere über eine attraktive *Equity Story*[82], Wachstumspotenzial und eine daraus resultierende Marktakzeptanz – verfügt.[83]

---

[79] Vgl unter E.II.
[80] Vgl *Nadler*, FB 2001, 40; *Schellenberger*, Aktienkultur & BVH-News 1/97, 10.
[81] *Nadler*, FB 2001, 40; *Schellenberger*, Aktienkultur & BVH-News 1/97, 10.
[82] Unter *Equity Story* versteht man die Darstellung der Unternehmensgeschichte anhand von Produkten und Ergebnissen, um eine Emission zu platzieren (vgl *Korts/Korts*, Der Weg zur börsennotierten Aktiengesellschaft[2] 318).
[83] Vgl *Nadler*, FB 2001, 41; *Schanz*, Börseneinführung[3] § 14 Rz 41; *Knop/Mühlhaus*, Small Caps 236.

18

Mittels eines indirekten Börsengangs besteht jedoch die Möglichkeit die diesbezüglichen Anforderungen der Banken zu umgehen.[84] Der Börsenkandidat befreit sich auf diesem Wege quasi von der Markmacht der emissionsbegleitenden Banken.[85] Dieser Effekt des indirekten Börsengangs kann dabei insbesondere für junge Gründungs- und Wachstumsunternehmen und auch für etablierte Unternehmen von Vorteil sein, deren Geschäftsmodell oder *Equity Story* unterschätzt wird und damit – zumindest aus Sicht der Banken – nicht die erforderliche Marktakzeptanz aufweist.[86]

Ein Praxisbeispiel hierfür stellt der *Cold IPO* der *cash.life AG* mittels der als Börsenvehikel dienenden *ADV.Orga AG* dar.[87] So gelang diesem jungen Unternehmen trotz seines neuartigen Geschäftsmodells (An- und Verkauf von Lebensversicherungen) auf diesem Wege der Gang an die Börse. Ein regulärer Börsengang wäre in diesem Fall wahrscheinlich nicht möglich gewesen. Schließlich gelangen im regulären Verfahren grundsätzlich nur solche Unternehmen an die Börse, deren Geschäftsmodell von der Masse der Anleger und Investoren richtig eingeschätzt werden kann bzw dessen Funktionieren bereits unter Beweis gestellt wurde.[88]

Nichtsdestotrotz muss jedoch auch das mittels eines indirekten Börsengangs an die Börse gelangte Unternehmen über die erforderliche Börsenreife verfügen bzw diese im weiteren Verlauf unter Beweis stellen, um die Vorteile der Börsennotierung nutzen zu können.[89] So wird es in der Regel nur börsenreifen Unternehmen gelingen, nach dem indirekten Börsengang neue finanzielle Mittel im Rahmen einer Kapitalerhöhung zu beschaffen.[90]

---

[84] Vgl *Schanz*, Börseneinführung³ § 14 Rz 41; *Nadler*, FB 2001, 41; *Lenz/Hasselbring*, Die Bank 2001, 873.
[85] Vgl *Nadler*, FB 2001, 41; *Schanz*, Börseneinführung³ § 14 Rz 43.
[86] So wohl auch *Seppelfricke/Seppelfricke*, FB 2001, 582; *Fleischer*, Creditreform 9/00, 14; ablehnend dagegen *Seyferth/Vater*, M&A Review 2002, 326 f.
[87] Vgl *Hock/Meier*, Der große Mantelaktien-Report 31 http://www.amiculum.de/Diverse-Archiv.html (18.4.2011).
[88] Vgl *Hock/Meier*, Der große Mantelaktien-Report 32 http://www.amiculum.de/Diverse-Archiv.html (18.4.2011).
[89] Vgl *Seppelfricke/Seppelfricke*, M&A Review 2002, 451 f; *Seppelfricke/Seppelfricke*, FB 2001, 584; *Bösl*, FB 2003, 298.
[90] Vgl *Seppelfricke/Seppelfricke*, M&A Review 2002, 451.

4. Unabhängigkeit vom Marktumfeld

Als weiterer Vorteil eines indirekten Börsengangs wird häufig auch dessen Unabhängigkeit vom Kapitalmarktumfeld angeführt.[91] So soll mittels eines indirekten Börsengangs jederzeit – unabhängig vom jeweils herrschenden Börsenklima – ein Börsengang erreicht werden können.

Dies ist insbesondere dann von Vorteil, wenn der Börsengang zu einer Zeit durchgeführt werden soll, zu der die Aufnahmebereitschaft der Kapitalmärkte aufgrund eines mäßigen Börsenklimas kaum oder gar nicht vorhanden ist.[92] Schließlich wird ein regulärer IPO mit Kapitalerhöhung in einer solchen Phase nicht oder nur mit einem erheblichen Abschlag auf den Börsenwert möglich sein.[93] Zu beachten ist jedoch, dass dieser Vorteil grundsätzlich nur die Erlangung der Börsenzulassung betrifft. Die Durchführung einer anschließenden Kapitalerhöhung dürfte in einem solchen Marktumfeld dagegen ebenfalls schwierig sein,[94] was den genannten Vorteil gegenüber dem regulären IPO wieder reduzieren dürfte. Nichtsdestotrotz kann ein indirekter Börsengang in einer solchen Situation sinnvoll sein. So kann sich der Börsenkandidat durch die Erlangung der Börsenzulassung zunächst in Stellung bringen, um dann in einem zweiten Schritt – bei Aufhellung des Börsenklimas – eine Kapitalerhöhung durchzuführen.[95] Der Vollzug der Kapitalerhöhung des gelisteten Unternehmens dürfte dann regelmäßig weniger Zeit in Anspruch nehmen als die Durchführung eines regulären IPOs.[96] Dies hat den Vorteil, dass die Reaktionszeit des Börsenkandidaten verkürzt wird und infolgedessen der optimale Emissionszeitpunkt schnell und flexibel ausgewählt werden kann.[97]

---

[91] Vgl *Bösl*, FB 2003, 298; *Feldman/Dresner*, Reverse Mergers 25; *Selzner*, ZHR 174 (2010), 352; *PwC*, "Cold IPO" und die Anforderungen des Kapitalmarkts http://www.pwc.de/de/kapitalmarktorientierte-unternehmen/cold-ipo-und-die-anforderungen-des-kapitalmarkts.jhtml (18.4.2011).

[92] Vgl *Seppelfricke/Seppelfricke*, FB 2001, 582; *Selzner*, ZHR 174 (2010), 352; *Feldman/Dresner*, Reverse Mergers 25; *Luschin/Warzecha/Salcher*, Der Gang an die Börse 56; *Krauel*, Börsen-Zeitung vom 26.3.02, 14.

[93] Vgl *Bösl*, FB 2003, 297 f; *Neuroth*, Finance 12/01, 24; *Blättchen/Nespethal*, VentureCapital 2003, 66.

[94] Vgl *Neuroth*, Finance 12/01, 26.

[95] Vgl *Bösl*, FB 2003, 298; *Neuroth*, Finance 12/01, 26.

[96] Vgl *Neuroth*, Finance 12/01, 26; *Bösl*, FB 2003, 298.

[97] Vgl *Neuroth*, Finance 12/01, 26; *Bösl*, FB 2003, 298; *Schanz*, Börseneinführung[3] § 14 Rz 42; *Nadler*, FB 2001, 40 f; *Seppelfricke/Seppelfricke*, FB 2001, 582.

20

Aber auch in Zeiten, in denen ein positives Börsenklima herrscht, kann ein indirekter Börsengang von Vorteil sein. Dies ist insbesondere dann der Fall, wenn eine Vielzahl von Unternehmen an die Börse drängt und es infolgedessen zu einem Neuemissions-Stau kommt.[98] Unter Umständen kann es dann schwierig werden eine emissionsbegleitende Bank zu finden, die noch über ausreichende Kapazitäten für die Durchführung eines IPOs bzw *Listing*s verfügt.[99] Zu beachten ist allerdings, dass auch in einer solchen Phase mit einer verstärkten Nachfrage nach börsennotierten Zielgesellschaften zu rechnen ist[100], so dass das Angebot an passenden Börsenvehikeln unter Umständen knapp ausfallen könnte.

5. Zeitersparnis

Einer der wesentlichen Vorteile des indirekten Börsengangs wird ferner in der – im Vergleich zum regulären IPO – schnelleren Durchführbarkeit und der daraus resultierenden Zeitersparnis gesehen.[101]

So wird ein traditioneller IPO von der Auswahl des Emissionsberaters und der Konsortialbanken über die Erstellung des Emissionskonzepts, des Business-Plans, der *Equity Story*, der *Due Diligence* und des Prospekts bis hin zur Durchführung der Marketingaktivitäten, der Kapitalerhöhung sowie der Börsenzulassung in der Regel ein Zeitraum von 6-10[102] teilweise sogar 24 Monaten[103] beanspruchen.[104] Ein indirekter Börsengang soll dagegen innerhalb einiger Wochen realisiert werden können.[105]

---

[98] Vgl „Einsatz für Super-Mantel", Welt am Sonntag vom 23.5.1999; *Fleischer*, Creditreform 9/00, 14.
[99] Vgl *Philipp Moffat* im Interview in *Knop/Mühlhaus*, Small Caps 245.
[100] Vgl *Fleischer*, Creditreform 9/00, 14. Dies kann jedoch auch in einem schlechten Marktumfeld der Fall sein (vgl „Börsenmäntel wegen der IPO-Flaute stark gefragt", Börsen-Zeitung vom 14.12.2001).
[101] Vgl *Seppelfricke/Seppelfricke*, FB 2001, 582; *Fleischer*, Creditreform 9/00, 14; *Selzner*, ZHR 174 (2010), 352; *Feldman/Dresner*, Reverse Mergers 24; *Winkel/Zeiss*, GoingPublic 5/07, 51; *Nadler*, FB 2001, 40; *Schanz*, Börseneinführung[3] § 14 Rz 41 f; *Sundermann/Seidel*, GoingPublic 2/09, 22; *Lenz/Hasselbring*, Die Bank 2001, 873; *Luschin/Warzecha/Salcher*, Der Gang an die Börse 56. Grundsätzlich ablehnend dagegen *Neuroth*, Finance 12/01, 25; *Bösl*, FB 2003, 302; *Seyferth/Vater*, M&A Review 2002, 326 f.
[102] Vgl *Seppelfricke/Seppelfricke*, FB 2001, 582.
[103] Vgl *Lenz/Hasselbring*, Die Bank 2001, 873.
[104] Zu den einzelnen Verfahrensschritten beim *IPO* vgl *Ries* in *Grunewald/Schlitt*, Kapitalmarktrecht[2] § 2; *Luschin/Warzecha/Salcher*, Der Gang an die Börse 18 ff.
[105] *Seppelfricke/Seppelfricke*, FB 2001, 582; *Sundermann/Seidel*, GoingPublic 2/09, 22; *Lenz/Hasselbring*, Die Bank 2001, 873; *Luschin/Warzecha/Salcher*, Der Gang an die Börse 56. Teilweise wird der indirekte Börsengang jedoch für zeitintensiver erachtet (vgl *Neuroth*, Finance 12/01, 25; *Bösl*, FB 2003, 302; *Seyferth/Vater*, M&A Review 2002, 326 f).

Oft wird hierbei jedoch nicht berücksichtigt, dass der indirekte Börsengang nicht mit einem öffentlichen Angebot von Aktien und einem damit verbundenen Kapitalzufluss einhergeht, sondern lediglich die Erlangung der Börsennotierung umfasst.[106] Da die Zeitintensivität beim regulären IPO jedoch maßgeblich auf die Neuemission von Aktien und die dafür erforderlichen Maßnahmen zurückzuführen ist[107], macht ein direkter Vergleich allerdings nur dann Sinn, wenn man den Zeitaufwand für eine – an den indirekten Börsengang – anschließende Barkapitalerhöhung mit in die Bewertung des Zeitaufwands einbezieht.[108]

Ein Zeitvorteil ergibt sich dabei insoweit, dass bei einem indirekten Börsengang keine Börsenzulassung erfolgt und die damit verbundenen Voraussetzungen nicht erfüllt werden müssen. Zu denken ist dabei insbesondere an die zeitintensive Erstellung eines Prospekts[109] oder an eine unter Umständen erforderliche Umwandlung des Börsenkandidaten in eine Aktiengesellschaft oder eine sonstige kapitalmarktfähige Gesellschaftsform[110].

Andererseits ist auch ein indirekter Börsengang mit einem gewissen Zeitaufwand verbunden. So kann sich insbesondere die Suche nach einem geeigneten Börsenvehikel als sehr zeitintensiv herausstellen.[111] Aber auch die Umsetzung des indirekten Börsengangs nimmt Zeit in Anspruch.[112] Zwar ist eine Durchführung im Idealfall in wenigen Wochen möglich, im Einzelfall kann es jedoch zu erheblichen Verzögerungen kommen. Zu denken ist in diesem Zusammenhang beispielsweise an Anfechtungsklagen[113] oder ein ausgelöstes Pflichtübernahmeverfahren[114].

---

[106] Zum fehlenden Kapitalzufluss beim *indirekten Börsengang* vgl *Lenz/Hasselbring*, Die Bank 2001, 874; *Nadler*, FB 2001, 42; *Seppelfricke/Seppelfricke*, FB 2001, 584; *Schanz*, Börseneinführung[3] § 14 Rz 42; *Bösl*, FB 2003, 302; *Seyferth/Vater*, M&A Review 2002, 326 f.
[107] Vgl *Schanz*, Börseneinführung[3] § 14 Rz 42.
[108] Ansonsten wäre ein Vergleich mit einem einfachen *Listing* geeigneter.
[109] Vgl *Seppelfricke/Seppelfricke*, M&A Review 2002, 451 f. Zu beachten ist jedoch, dass eine Prospektpflicht im Zuge eines indirekten Börsengangs nicht in jedem Fall besteht (vgl unter E.II).
[110] Vgl unter C.IV.2.
[111] Vgl *Schanz*, Börseneinführung[3] § 14 Rz 42; *Lenz/Hasselbring*, Die Bank 2001, 874; *Bösl*, FB 2003, 302.
[112] Vgl *Bösl*, FB 2003, 302; wohl auch *Schanz*, Börseneinführung[3] § 14 Rz 42.
[113] So auch *Seyferth/Vater*, M&A Review 2002, 326 f. Im Einzelnen vgl unter D.IV.1.e) und D.IV.2.c).
[114] So auch *Schanz*, Börseneinführung[3] § 14 Rz 42. Im Einzelnen vgl unter E.III.

22

Inwieweit sich eine im Anschluss an den indirekten Börsengang stattfindende Barkapitalerhöhung schneller durchführen lässt, ist fraglich.[115] Zwar dürfte die Durchführung einer Kapitalerhöhung einer bereits börsennotierten Gesellschaft grundsätzlich weniger Zeit in Anspruch nehmen als eine Kapitalerhöhung im Rahmen eines IPO. Dies gilt insbesondere dann, wenn die Kapitalerhöhung nur von den bisherigen Aktionären der börsennotierten Gesellschaft gezeichnet wird. Sollen dagegen außenstehende Investoren – insbesondere auch Privatanleger – für die Zeichnung der Kapitalerhöhung gewonnen werden, dürften im Vorfeld – wie beim klassischen IPO – ebenfalls entsprechende Vorbereitungsmaßnahmen und Marketingaktivitäten nötig sein, um ein vergleichbares Ergebnis zu erzielen,[116] wobei hierfür wiederum die Unterstützung einer Bank erforderlich werden dürfte.[117] Dies dürfte im Ergebnis dazu führen, dass sich der durch den indirekten Börsengang erzielte Zeitvorteil zumindest reduziert.[118] Per Saldo kommt es also nicht zu einer wesentlichen Zeitersparnis.

Anders verhält es sich, wenn die börsennotierte Zielgesellschaft (Börsenvehikel) über ausreichende Barreserven verfügt.[119] In einem solchen Fall ist eine an den indirekten Börsengang anschließende Kapitalerhöhung entbehrlich. Schließlich können die Barmittel im weiteren Verlauf zur Finanzierung des Börsenkandidaten genutzt werden.[120] Im Endeffekt wird auf diesem Wege dasselbe Ergebnis erzielt wie bei einem IPO - nämlich der Börsengang des Börsenkandidaten zuzüglich des Kapitalzuflusses. Folglich ist auch ein direkter Vergleich mit einem IPO hinsichtlich des Zeitaufwands angebracht. Hierbei dürfte der indirekte Börsengang in der Regel die wesentlich schnellere Variante darstellen, was sich insbesondere auf die Umgehung der Börsenzulassungsvoraussetzungen sowie das Ausbleiben einer anschließenden Platzierung von Aktien und den damit verbundenen Aufwand zurückführen lässt.[121]

---

[115] Ablehnend *Seppelfricke/Seppelfricke*, FB 2001, 584.
[116] So wohl auch *Seyferth/Vater*, M&A Review 2002, 326 f; *Seppelfricke/Seppelfricke*, FB 2001, 584; *Schanz*, Börseneinführung[3] § 14 Rz 42.
[117] Vgl *Schanz*, Börseneinführung[3] § 14 Rz 42.
[118] Vgl *Schanz*, Börseneinführung[3] § 14 Rz 42.
[119] Vgl *Schanz*, Börseneinführung[3] § 14 Rz 42; *Selzner*, ZHR 174 (2010), 352.
[120] So auch *Winkel/Zeiss*, GoingPublic 5/07, 52;
[121] Im Ergebnis wohl zustimmend *Schanz*, Börseneinführung[3] § 14 Rz 42.

Ein ideales Börsenvehikel für einen indirekten Börsengang stellt insofern ein SPAC dar.[122] SPACs verfügen in der Regel über hohe Cashreserven, die im Anschluss an den indirekten Börsengang zur (Wachstums-) Finanzierung des Börsenkandidaten genutzt werden können.[123]

Ob und inwieweit der indirekte Börsengang tatsächlich schneller durchführbar ist, kann nicht allgemeingültig beantwortet werden, sondern ist vielmehr vom konkreten Einzelfall abhängig.

6. Kostenersparnis

Des Weiteren soll ein indirekter Börsengang im Vergleich zum IPO auch kostengünstiger sein.[124]

Ein IPO ist in der Regel mit nicht unerheblichen Kosten verbunden.[125] So dürften sich die finanziellen Aufwendungen für Bankprovisionen, Finanzkommunikation, Rechtsberatung, Prospekterstellung, *Due Diligence*, *Comfort Letter*, Emissionsberatung, *Road-show*, Umwandlung in eine börsenfähige Gesellschaftsform, Börsenzulassung, etc in der Regel auf 4 – 10 % des Emissionsvolumens belaufen,[126] wobei dieser prozentuale Anteil mit zunehmenden Emissionsvolumen tendenziell niedriger ausfällt.[127] Bei einem Emissionsvolumen in Höhe von 50 Mio € dürften die Gesamtkosten beispielsweise ca 7% des Emissionsvolumens betragen, was einem Gesamtkostenaufwand von ca 3,5 Mio € entsprechen würde.[128]

---

[122] Vgl *Selzner*, ZHR 174 (2010), 352.
[123] Vgl hierzu im Einzelnen unter F.
[124] Vgl *Seppelfricke/Seppelfricke*, FB 2001, 582; *Fleischer*, Creditreform 9/00, 14; *Selzner*, ZHR 174 (2010), 352; *Feldman/Dresner*, Reverse Mergers 23; *Winkel/Zeiss*, GoingPublic 5/07, 51; *Nadler*, FB 2001, 40; *Schanz*, Börseneinführung³ § 14 Rz 41 f; *Sundermann/Seidel*, GoingPublic 2/09, 22; *Lenz/Hasselbring*, Die Bank 2001, 873; *Luschin/Warzecha/Salcher*, Der Gang an die Börse 56; wohl auch *Bösl*, FB 2003, 302. Kritisch dagegen *Neuroth*, Finance 12/01, 25; *Seyferth/Vater*, M&A Review 2002, 326 f.
[125] Vgl *Lenz/Hasselbring*, Die Bank 2001, 873.
[126] Im Einzelnen zu den verschiedenen Kostenblöcken und den Gesamtkosten des IPO vgl *Bösl*, Real Estate Magazin 3/07, 29 ff; *Gutschlag/Nespethal*, GoingPublic 12/03, 11.
[127] Vgl hierzu *Bösl*, Real Estate Magazin 3/07, 30.
[128] Vgl hierzu *Bösl*, Real Estate Magazin 3/07, 30; *Gutschlag/Nespethal*, GoingPublic 12/03, 11.

Im Vergleich dazu fallen bei einem indirekten Börsengang regelmäßig Kosten für den Erwerb der Kontrollmehrheit[129] an der Zielgesellschaft, die Erstellung von Bewertungsgutachten, Berater und die Ausrichtung einer Hauptversammlung an,[130] wobei diese in Abhängigkeit von der jeweiligen Transaktionsvariante variieren können.[131] Die Gesamtkosten dürften jedoch in der Regel deutlich unter 1 Mio € liegen.[132] Ferner entfallen insbesondere die Börsenzulassungsgebühren[133], die Kosten für die Erstellung eines Prospekts[134] und die unter Umständen anfallende Umwandlung[135] des Börsenkandidaten in eine kapitalmarktfähige Rechtsform.

Zu berücksichtigen ist jedoch auch an dieser Stelle, dass dieser Kostenvorteil im Wesentlichen darauf zurück zu führen ist, dass bei einem indirekten Börsengang kein öffentliches Angebot von Aktien stattfindet.[136] Schließlich machen die damit verbundenen Aufwendungen – insbesondere die Bankprovisionen – den Großteil der im Rahmen eines IPO anfallenden Kosten aus.[137]

Wie bei der Beurteilung des Zeitvorteils, sollte daher auch bei der Beurteilung des Kostenvorteils die regelmäßig an den indirekten Börsengang anschließende Kapitalerhöhung mit einbezogen werden. Da diese – wie bereits dargestellt – wohl im vergleichbaren Umfang vermarktet werden muss, dürften auch die damit verbundenen finanziellen Aufwendungen den

---

[129] Vgl Die Kosten für den Erwerb einer Kontrollmehrheit an einer börsennotierten Mantelgesellschaft dürften insbesondere in Abhängigkeit von Angebot und Nachfrage, der Qualität des Börsensegments und der Höhe der zu erwerbenden Beteiligung (idR ≥ 75%) in etwa zwischen 200.000 € und 1 Mio € liegen, wobei evtl vorhandenes Vermögen noch hinzugerechnet werden muss. Ausführlich zur Bewertung von Börsenmänteln und den preisbildenden Faktoren vgl Mantel-Aktien-Infodienst, Ausgabe 3 vom 7.6.2008 S 3-5 http://www.amiculum.de/MAI-Archiv.html (18.4.2011). Die Kosten für den Kontrollerwerb an einer noch aktiven Gesellschaft dürften dagegen regelmäßig höher Ausfallen. Schließlich wird auch der (der Beteiligungshöhe entsprechende) Anteil am Unternehmen mit erworben.

[130] Vgl in etwa *Bösl*, FB 2003, 302. Nur auf den Kontrollerwerb bezugnehmend vgl *Lenz/Hasselbring*, Die Bank 2001, 874; *Schanz*, Börseneinführung[3] § 14 Rz 42; *Nadler*, FB 2001, 42.

[131] Zu den einzelnen Transaktionsvarianten vgl unter D.IV.

[132] *Seppelfricke/Seppelfricke* gehen zB bei einem *indirekten Börsengang* ohne vorgeschalteten Kontrollerwerb von Kosten iHv ca 100.000 € aus (vgl FB 2001, 582). Eine *indirekter Börsengang* via Börsenmantel (inklusive Kontrollerwerb) soll dagegen für ca 350.000 € möglich sein (vgl Kostenüberblick der *advantec Management AG* http://www.advantec.net/Documents/Prsentationen/Praesentation_Boersen_AG.pdf (18.4.2011)).

[133] Vgl *Seppelfricke/Seppelfricke*, FB 2001, 582.

[134] Vgl *Seppelfricke/Seppelfricke*, FB 2001, 582.

[135] Vgl *Nadler*, FB 2001, 40.

[136] Vgl *Schanz*, Börseneinführung[3] § 14 Rz 42; *Bösl*, FB 2003, 302.

[137] Vgl *Schanz*, Börseneinführung[3] § 14 Rz 42; *Bösl*, FB 2003, 302. Zur Gewichtung der einzelnen Kostenpositionen vgl *Bösl*, Real Estate Magazin 3/07, 30.

Kostenvorteil zumindest relativieren.[138] Anders verhält es sich jedoch, wenn die börsennotierte Zielgesellschaft über so viel Barvermögen verfügt, dass sich eine Kapitalerhöhung erübrigt (so zB bei SPACs). In einem solchen Fall dürfte mittels eines indirekten Börsengang ein deutlicher Kostenvorteil erzielt werden.[139]

Zu beachten ist ferner, dass bei einem indirekten Börsengang unter Umständen ein Pflichtübernahmeverfahren ausgelöst werden kann, was zu einem erheblichen Anstieg der Transaktionskosten führen kann.[140] Insbesondere kann es in diesem Zusammenhang auch zu Nachzahlungspflichten kommen.[141]

Ob und inwieweit der indirekter Börsengang tatsächlich kostengünstiger durchführbar ist, kann ebenfalls nicht allgemeingültig beantwortet werden, sondern ist vielmehr vom konkreten Einzelfall abhängig.

7. Exkurs: Nutzung von Verlustvorträgen

Früher war die Möglichkeit der steuerlichen Nutzung von Verlustvorträgen der börsennotierten Zielgesellschaft ein zusätzliches Motiv für die Durchführung eines indirekten Börsengangs.[142] So bestand die Möglichkeit steuerliche Verlustvorträge der Zielgesellschaft mit den Gewinnen der eingebrachten Gesellschaft zu verrechnen und somit eine Steuerersparnis zu erreichen.[143] Die Nutzbarkeit der Verlustvorträge einer Kapitalgesellschaft[144] für ein neu eingebrachtes oder gegründetes Unternehmen im Anschluss an den (zu diesem Zwecke erfolgten) Erwerb ihrer Geschäftsanteile (sog Mantelkauf[145]) wurde jedoch vom Gesetzgeber im Laufe der Zeit sehr

---

[138] Vgl *Schanz*, Börseneinführung³ § 14 Rz 42; *Seyferth/Vater*, M&A Review 2002, 326 f.
[139] Vgl *Selzner*, ZHR 174 (2010), 352.
[140] So auch *Schanz*, Börseneinführung³ § 14 Rz 42. Im Einzelnen vgl unter E.III.2. und E.V.3.b).
[141] Vgl hierzu unter E.VI.
[142] Vgl *Schellenberger*, Aktienkultur & BVH-News 01/97, 10 f; *Fleischer*, Creditreform 9/00, 14; *Lenz/Hasselbring*, Die Bank 2001, 873; *Nadler*, FB 2001, 40; *Hock/Meier*, Der große Mantelaktien-Report 15 http://www.amiculum.de/Diverse-Archiv.html (18.4.2011).
[143] Vgl *Schellenberger*, Aktienkultur & BVH-News 01/97, 10 f; *Nadler*, FB 2001, 40.
[144] Das Problem der Nutzung von Verlustvorträgen war dabei insbesondere auch bei Gesellschaften mbH relevant (vgl *Jung*, Registergerichtliche Prüfung und Haftungsfragen bei der Mantel- und Vorrats-GmbH 7).
[145] Außerhalb des Steuerrechts wird der Begriff des Mantelkaufs jedoch anders verstanden (vgl unter D.II.1.).

eingeschränkt, so dass eine Verrechnung nur noch in Ausnahmefällen möglich ist.[146] Der Grund für diese Einschränkung lag dabei darin, den Handel mit Verlustgesellschaften zu unterbinden.

Im Folgenden wird zunächst die Entwicklung der steuerrechtlichen Behandlung des Mantelkaufs dargestellt werden. Dann wird die Nutzbarkeit von Verlustvorträgen im Rahmen eines *Cold IPO* unter Zugrundelegung der aktuellen Rechtslage erörtert.

a)   Steuerrechtliche Behandlung des Mantelkaufs

Ermöglicht wurde die Nutzung der Verlustvorträge durch die Aufhebung der lange Zeit geltenden Rechtsprechung des BFH, nach der die Nutzung der Verlustvorträge einer (Mantel-) Gesellschaft ausgeschlossen war, wenn neue Gesellschafter die Gesellschaft zwecks der Wiederaufnahme – des zuvor eingestellten – Geschäftsbetriebs erwarben (Verlust der wirtschaftlichen Identität).[147] So entschied der BFH, dass es für die Nutzbarkeit eines Verlustvortrags fortan nur noch auf die rechtliche Identität der betroffenen Gesellschaft ankommen sollte.[148] Die Nutzung des Verlustvortrags war demnach sogar dann möglich, wenn die Gesellschafterstruktur und der Unternehmensgegenstand der Gesellschaft geändert wurden. Der daraus resultierende Handel mit – über entsprechende Verlustvorträge verfügenden –Mantelgesellschaften war jedoch unerwünscht, so dass mit Einführung des § 8 Abs 4 dKStG aF[149] das Erfordernis der wirtschaftlichen Identität für die Nutzung der Verlustvorträge wieder hergestellt wurde.[150] Demnach war eine Nutzung der Verlustvorträge bzw die Annahme der wirtschaftlichen Identität dann ausgeschlossen, wenn die Gesellschaft ihren ursprünglichen Geschäftsbetrieb eingestellt hatte, mindestens 75% der Gesellschaftsanteile auf neue Gesellschafter übertragen wurden und im Anschluss der Geschäftsbetrieb mit überwiegend neuem Betriebsvermögen wieder

---

[146] Vgl im Folgenden unter C.IV.7.a).
[147] Vgl zu einzelnen Rechtsprechungsnachweisen und zur allg Rechtsentwicklung des Mantelkaufs *Neyer*, Der Mantelkauf 27 ff.
[148] BFH vom 29.10.1986, 202/82 und I R 318-319/83, BStBl II 1987, 310; vgl auch *Neyer*, Der Mantelkauf 28.
[149] Einführung durch das Steuerreformgesetz 1990 (v 25.7.1988, BGBl 1988 I, 1093).
[150] Vgl *Neyer*, Der Mantelkauf 28 f; *Vater*, DB 2002, 2449 f.

aufgenommen wurde,[151] wobei diese Regelung später noch verschärft wurde, indem die Quote der Anteilsübertragung auf 50% herabgesetzt wurde und nun auch die Fortführung des Geschäftsbetriebs mit überwiegend neuem Betriebsvermögens – neben der Wiederaufnahme – zu einem Verlust der wirtschaftlichen Identität führen sollte.[152]

Im Rahmen der Unternehmenssteuerreform 2008 wurde § 8 Abs 4 dKStG aF jedoch durch § 8c dKStG ersetzt.[153] Nach dieser neuen Regelung ist für die Nutzung der Verlustvorträge allein das Kriterium der Anteilsübertragung maßgeblich.[154] So ist die Nutzung des Verlustvortrags bei Anteilsübertragungen in Höhe von 25% bis 50% quotal und bei Übertragungen von mehr als 50% der Geschäftsanteile im vollen Umfang ausgeschlossen,[155] wobei diese Regelung im Rahmen des *Bürgerentlastungsgesetzes Krankenversicherung* durch Einführung einer Sanierungsklausel (§ 8c Abs 1a dKStG) wieder entschärft wurde.[156] Zu weiteren Lockerungen kam es im Zuge des *Wachstumsbeschleunigungsgesetzes.*[157] So wurden insbesondere die zeitlichen Beschränkungen des § 8c Abs 1a dKStG aF hinsichtlich der Verlustnutzung aufgehoben.[158] In seiner aktuellen Fassung sieht § 8c Abs 1a dKStG demnach vor, dass ein Verlustabzug auch dann möglich ist, wenn zwar ein Anteilserwerb (>25%) vorliegt, dieser aber zum Zwecke der Sanierung des Geschäftsbetriebs der Gesellschaft erfolgt, wobei die wesentlichen Betriebsstrukturen der Gesellschaft erhalten bleiben müssen (§ 8c Abs 1a S 3 dKStG).[159] Die Annahme einer Sanierung (und damit auch die Verlustnutzung) ist jedoch gemäß § 8c Abs 1a S 4 dKStG ausgeschlossen, wenn die Gesellschaft ihren Geschäftsbetrieb zum Zeitpunkt des Beteiligungserwerbs im Wesentlichen eingestellt hat oder nach dem

---

[151] Vgl *Neyer*, Der Mantelkauf 29.
[152] Vgl *Neyer*, Der Mantelkauf 29.
[153] Vgl *Neyer*, Der Mantelkauf 30.
[154] Vgl *Neyer*, Der Mantelkauf 30.
[155] Vgl *Neyer*, Der Mantelkauf 34 ff.
[156] Vgl *Sistermann/Brinkmann*, DStR 2009, 1453.
[157] Vgl *Herzig/Bohn*, DStR 2009, 2341.
[158] Vgl *Herzig/Bohn*, DStR 2009, 2341.
[159] Vgl ausführlich *Sistermann/Brinkmann*, DStR 2009, 1453 ff.

28

Beteiligungserwerb ein Branchenwechsel innerhalb eines Zeitraums von fünf Jahren erfolgt.[160]

Eine ähnliche Entwicklung hinsichtlich der Nutzung von Verlustvorträgen war auch in Österreich zu beobachten. So versagte der öVwGH die Nutzung von Verlustvorträgen zunächst bei fehlender wirtschaftlicher Vergleichbarkeit der Gesellschaft, lehnte diesen Ansatz jedoch in der Folge mangels gesetzlicher Deckung ab.[161] Vielmehr stellte er stattdessen – wie der BFH – nur noch auf die rechtliche Identität ab.[162] Dies führte analog zur Entwicklung in Deutschland zur Einführung des § 8 Abs 4 Z 2 öKStG.[163] Dabei kommt es für die Möglichkeit des Verlustabzugs – wie bei § 8 Abs 4 dKStG aF – auf den Erhalt der wirtschaftlichen Identität der Gesellschaft an. Die Nutzung des Verlustvortrags ist demnach dann ausgeschlossen, wenn wesentliche Änderungen der organisatorischen und wirtschaftlichen Struktur im Zusammenhang mit einer wesentlichen Veränderung der Gesellschafterstruktur vorliegen, wobei auch § 8 Abs 4 Z 2 öKStG ein Sanierungsprivileg vorsieht.[164]

b)   Verlustabzug beim Cold IPO

Inwieweit die Verlustvorträge der börsennotierten Zielgesellschaft im Rahmen eines *Cold IPO* genutzt werden können, ist jedoch fraglich. In Deutschland dürfte dies grundsätzlich nicht möglich sein. Schließlich kommt es im Zuge eines *Cold IPO* typischerweise zu einer Übertragung[165] von mehr als 50% der Aktien auf die Eigentümer des Börsenkandidaten, so dass die Nutzung der Verlustvorträge gemäß § 8c dKStG ausgeschlossen ist.[166] Zudem dürfte die Sanierungsklausel gemäß § 8c Abs 1a dKStG in der Regel nicht eingreifen, da als Zielgesellschaft bevorzugt eine Mantelgesellschaft

---

[160] Die Europäische Kommission sieht in dieser Sanierungsklausel eine Beihilfe, die mit den europarechtlichen Vorgaben nicht vereinbar ist. Infolgedessen hat sie das Verfahren nach Art 108 Abs 2 AEUV eingeleitet (vgl Amtsblatt der Europäischen Union vom 8. April 2010).
[161] Vgl *Massoner*, Der Mantelkauf im Abgabenrecht 12.
[162] Vgl *Massoner*, Der Mantelkauf im Abgabenrecht 12.
[163] Vgl *Massoner*, Der Mantelkauf im Abgabenrecht 12.
[164] Vgl im Einzelnen *Massoner*, Der Mantelkauf im Abgabenrecht 27 ff.
[165] Vgl unter D.II.
[166] Zwar noch zu § 8 Abs 4 dKStG aF, aber im Ergebnis wohl zustimmend *Seppelfricke/Seppelfricke*, FB 2001, 592; *Vater*, DB 2002, 2450.

(also eine Gesellschaft, die ihren Geschäftsbetrieb bereits eingestellt hat[167]) verwendet wird und der *Cold IPO* typischerweise mit einem Branchenwechsel einhergeht.

Eine Nutzung der Verlustvorträge ist im Einzelfall jedoch dann denkbar, wenn es den Initiatoren des indirekten Börsengangs gelingt, eine sanierungsbedürftige börsennotierte Zielgesellschaft ausfindig zu machen, die noch über einen Geschäftsbetrieb verfügt, welcher derselben Branche – wie der des Börsenkandidaten – zugeordnet werden kann.[168] Weiterhin muss es möglich sein, die wesentlichen Betriebsstrukturen der Zielgesellschaft im Zuge des indirekten Börsengangs zu erhalten.

Ähnlich dürfte es sich auch in Österreich verhalten. Eine Nutzung der Verlustvorträge der Zielgesellschaft im Rahmen eines indirekten Börsengangs dürfte gemäß § 8 Abs 4 Z 2 öKStG regelmäßig ausgeschlossen sein. Schließlich führt die Neuausrichtung der Zielgesellschaft und der Gesellschafterwechsel in der Regel zum Verlust der wirtschaftlichen Identität. Zudem gilt das Sanierungsprivileg nur dann, wenn die Neuausrichtung mit dem Ziel der Erhaltung eines wesentlichen Teiles betrieblicher Arbeitsplätze erfolgt. Dies wird jedoch gerade im Hinblick auf einen klassischen *Cold IPO* mittels einer börsennotierten Mantelgesellschaft schwierig sein, da diese Zielgesellschaften in der Regel nur noch über Verwaltungspersonal verfügen, welches im Zuge der Neuausrichtung typischerweise ausgetauscht wird.[169]

8. Sonstige Vorteile

Darüber hinaus können bei einem *Cold IPO* unter Umständen noch weitere Vorteile vorliegen. So können sich im Zuge der Zusammenführung des

---

[167] Vgl unter D.I.1.
[168] So auch *Seppelfricke/Seppelfricke*, FB 2001, 592; *Vater*, DB 2002, 2450. Diese hielten eine solche Konstellation insbesondere nach dem Zusammenbruch des *Neuen Markts* für möglich. Schließlich gab es zu dieser Zeit viele sanierungsbedürftige Unternehmen, die als Börsenvehikel für andere Unternehmen aus derselben Branche hätten dienen können, wobei für die Verlustnutzung § 8 Abs 4 dKStG aF maßgeblich gewesen wäre.
[169] Vgl unter D.III.

Börsenkandidaten und der Zielgesellschaft zB Synergieeffekte ergeben.[170]
Dies gilt zumindest dann, wenn die börsennotierte Zielgesellschaft noch über
ein Unternehmen verfügt. Ein weiterer Vorteil kann – wie bereits dargestellt –
ferner dann vorliegen, wenn die Zielgesellschaft noch über Cash-Reserven
oder sonstiges Vermögen verfügt, welches nach der Einbringung des
Börsenkandidaten für dessen (Wachstums-) Finanzierung verwendet werden
kann.[171] Zudem wird häufig angeführt, dass das Management des
Börsenkandidaten bei einem *Cold IPO* im Hinblick auf die Vorbereitung und
Organisation des Börsengangs weniger in Anspruch genommen wird als bei
einem gewöhnlichen IPO, so dass sich insofern eine Entlastung ergibt.[172]

Ferner kann sich der Börsenkandidat unter Umständen auch den Namen
(Firma) und die damit verbundene Reputation einer Zielgesellschaft zu Nutze
machen.[173] Dies gilt insbesondere dann, wenn es sich bei der
Zielgesellschaft um ein traditionsreiches Unternehmen handelt, welches eine
lange Gesellschaftshistorie vorweisen kann,[174] wobei zu beachten ist, dass
sich ein solcher Vorteil nur im Hinblick auf solche Zielgesellschaften ergeben
kann, die vor der Durchführung des *Cold IPO* bereits als operativ tätige
Gesellschaft existiert haben. Im Falle von Zielgesellschaften, die lediglich auf
Vorrat gegründet werden, um zu einem späteren Zeitpunkt als Börsenvehikel
genutzt werden zu können, trifft dieser Vorteil demnach nicht zu.

9. Cold IPO versus Listing

Fraglich ist ferner, ob die Vorteile eines *Cold IPO* auch gegenüber einem
reinen *Listing* bestehen. Schließlich kann das Ergebnis eines *Cold IPO* –
eine einfache Börsenzulassung – grundsätzlich auch durch ein reines *Listing*
erreicht werden.[175] Im Hinblick auf die Transaktionskosten und den
Zeitaufwand dürften sich bei einem *Cold IPO* im Vergleich zu einem *Listing*
(wenn überhaupt) nur geringfügige Vorteile ergeben. Schließlich resultieren
die wesentlichen Kosten und der Zeitaufwand im Rahmen eines

---

[170] Vgl *Neuroth*, Finance 12/01, 25.
[171] Vgl *Neuroth*, Finance 12/01, 25; *Winkel/Zeiss*, GoingPublic 5/07, 52.
[172] Vgl *Feldman/Dresner*, Reverse Mergers 27.
[173] Vgl *Lehder*, Vorrats- und Mantelgesellschaften 15.
[174] Vgl *Winkel/Zeiss*, GoingPublic 5/07, 52.
[175] Vgl *Schanz*, Börseneinführung³ § 14 Rz 45; *Bösl*, FB 2003, 298.

31

Börsengangs grundsätzlich aus dem öffentlichen Angebot von Aktien. Ein solches liegt jedoch auch bei einem *Listing* nicht vor. Ein Vorteil eines *Cold IPO* gegenüber einem *Listing* ergibt sich jedoch insofern, als auch bei einem *Listing* die Börsenzulassungsvoraussetzungen erfüllt werden müssen, unter Umständen eine Umwandlung in eine Aktiengesellschaft erfolgen muss sowie eine Abhängigkeit vom Marktumfeld[176] und den emissionsbegleitenden Banken besteht. Ferner können bei einem *Listing* mangels der Verwendung eines Börsenvehikels auch nicht die damit verbundenen Vorteile (Synergieeffekte, Nutzung der Reputation, Nutzung der Verlustvorträge und Cash-Reserven) genutzt werden.

Ein weiterer Vorteil ist darin zu sehen, dass die im Rahmen eines *Cold IPO* herangezogene Zielgesellschaft in der Regel über eine breite Aktionärsbasis verfügt, die zur (Mit-) Finanzierung zukünftiger Kapitalerhöhungen genutzt werden kann und einen liquiden Aktienhandel ermöglicht. Im Rahmen eines einfachen *Listing* kann eine derartige Streuung dagegen regelmäßig nicht erreicht werden, da eine solche grundsätzlich nur über umfangreiche Bankenkonsortien im Rahmen eines IPO aufgebaut werden kann.[177]

---

[176] So weigern sich Banken in schlechten Börsenzeiten oftmals ein *Listing* zu begleiten (vgl *Philipp Moffat* im Interview in *Knop/Mühlhaus*, Small Caps 244).
[177] Vgl *Winkel/Zeiss*, GoingPublic 5/07, 52.

V. Nachteile

Im Folgenden sollen die – teilweise bereits angesprochenen – Nachteile eines *Cold IPO* kurz dargestellt werden. Ein wesentlicher Nachteil ist dabei darin zu sehen, dass dem Börsenkandidaten im Rahmen eines indirekten Börsengangs grundsätzlich keine finanziellen Mittel zu fließen.[178] Etwas anderes gilt jedoch dann, wenn die Zielgesellschaft über entsprechende Barreserven verfügt (zB im Falle von SPACs).

Des Weiteren bestehen im Hinblick auf die Zielgesellschaft diverse Haftungsrisiken. Zu denken ist dabei an Altlasten der Zielgesellschaft (wie zB Umweltbelastungen oder Forderungs- und Pensionsansprüche), die auf die neuen Anteilseigner des Börsenvehikels übergehen können.[179] Ferner kann ein *Cold IPO* unter Umständen als Mantelverwendung qualifiziert werden, woraus ebenfalls diverse Haftungsrisiken resultieren können.[180]

Zudem kann sich ein schlechtes Image der Zielgesellschaft auch im Anschluss an den indirekten Börsengang weiterhin negativ auswirken.[181] Dies wird insbesondere dann relevant, wenn als Börsenvehikel eine Gesellschaft herangezogen wird, die bereits insolvent war jedoch zum Zwecke der Wiederverwertung saniert wurde.[182]

Darüber hinaus müssen die Initiatoren eines *Cold IPO* zunächst eine geeignete Zielgesellschaft ausfindig machen, was mit einem erheblichen Rechercheaufwand verbunden sein kann.[183] In finanzieller Hinsicht muss ferner berücksichtigt werden, dass bei einem indirekten Börsengang idR ein Kontrollerwerb an der Zielgesellschaft erfolgt.[184] Die hierfür anfallenden Kosten können die Transaktion erheblich verteuern.[185]

---

[178] Vgl *Lenz/Hasselbring*, Die Bank 2001, 874; *Fleischer*, Creditreform 9/00, 14.
[179] Vgl *Lenz/Hasselbring*, Die Bank 2001, 874; *Fleischer*, Creditreform 9/00, 14.
[180] Vgl unter E.I.3.c)ac) und E.I.3.d)ac).
[181] Vgl *Lenz/Hasselbring*, Die Bank 2001, 874; *Schanz*, Börseneinführung³ § 14 Rz 35; *Fleischer*, Creditreform 9/00, 14.
[182] Vgl *Lenz/Hasselbring*, Die Bank 2001, 874; *Fleischer*, Creditreform 9/00, 14.
[183] Vgl *Lenz/Hasselbring*, Die Bank 2001, 874.
[184] Vgl *Lenz/Hasselbring*, Die Bank 2001, 874; *Fleischer*, Creditreform 9/00, 14.
[185] Vgl *Fleischer*, Creditreform 9/00, 14.

Ferner kann im Zuge eines indirekten Börsengangs auch ein Übernahmeverfahren[186] ausgelöst werden, welches die Transaktion zusätzlich verteuern kann. Dies gilt insbesondere dann, wenn im Anschluss an das Übernahmeverfahren eine Nachbesserungspflicht ausgelöst wird.[187]

Außerdem existiert bei einigen Transaktionsvarianten des indirekten Börsengangs auch das Risiko, dass es zu Anfechtungsklagen kommt, welche nicht nur zu Verzögerungen, sondern auch zu einem endgültigen Scheitern der Transaktion führen können.[188]

---

[186] Vgl unter E.III.
[187] Vgl unter E.VI.
[188] Vgl *Lenz/Hasselbring*, Die Bank 2001, 874. Vgl auch unter D.IV.1.e) bzw D.IV.2.c).

D. Verfahrensschritte beim Cold IPO

Ein indirekter Börsengang lässt sich in der Regel in die folgenden Verfahrensschritte einteilen:

• Identifizierung einer börsennotierten Zielgesellschaft (Vehikel)

• Aktienerwerb zur Erlangung der Kontrolle über die Zielgesellschaft

• Neuausrichtung der Zielgesellschaft

• Einbringung des Börsenkandidaten in die Zielgesellschaft

Im Folgenden werden die einzelnen Verfahrensschritte und die damit verbundenen rechtlichen Fragestellungen ausführlich dargestellt.

I. Identifikation einer börsennotierten Zielgesellschaft

Wie bereits dargestellt zeichnet sich ein indirekter Börsengang im Gegensatz zu einem regulären IPO bzw einem *Listing* dadurch aus, dass der Börsenkandidat nicht selbst seine Börsenzulassung beantragt, sondern die Zulassung einer bereits börsennotierten Gesellschaft nutzt. Vor diesem Hintergrund muss im Rahmen eines *Cold IPO* zunächst eine börsennotierte Gesellschaft ausfindig gemacht werden. Die Identifikation und der Zugang zu einer solchen Gesellschaft (Zielgesellschaft) stellt dabei die Grundvoraussetzung für die Durchführung eines indirekten Börsengangs dar.[189]

Als Zielgesellschaft kommt dabei sowohl eine börsennotierte Mantelgesellschaft als auch eine noch unternehmerisch aktive Gesellschaft in Betracht,[190] wobei die Heranziehung einer noch unternehmerisch aktiven Gesellschaft in der Regel nur dann Sinn macht, wenn nicht nur Interesse an

---

[189] Vgl *Schanz*, Börseneinführung³ § 14 Rz 39; *Lenz/Hasselbring*, Die Bank 2001, 874 f.
[190] Vgl *Schanz*, Börseneinführung³ § 14 Rz 34; *Seyferth/Vater*, M&A Review 2002, 326; *Bösl*, FB 2003, 298.

der Erlangung der Börsenzulassung, sondern darüber hinaus auch am Unternehmen der Zielgesellschaft besteht. Ein solches kann zum Beispiel vorliegen, wenn sich der Börsenkandidat und das Unternehmen der Zielgesellschaft im Hinblick auf ihre unternehmerischen Aktivitäten ergänzen und ein Zusammenschluss aus wirtschaftlicher Sicht daher sinnvoll erscheint.[191] Ein weiteres Motiv für die Heranziehung einer noch aktiven Gesellschaft kann ferner in der unter Umständen möglichen Nutzung ihrer Verlustvorträge bestehen.[192]

Besteht dagegen lediglich ein Interesse an der Erlangung einer Börsenzulassung – wovon bei einem *Cold IPO* in der Regel auszugehen ist – macht die Verwendung einer noch unternehmerisch aktiven Zielgesellschaft grundsätzlich keinen Sinn. Schließlich muss das noch vorhandene Unternehmen der Zielgesellschaft im weiteren Verlauf der Transaktion eingestellt bzw verkauft werden. Dies ist jedoch mit zusätzlichem Aufwand verbunden, der die an sich schon komplexe Transaktion des indirekten Börsengangs zusätzlich erschwert.[193] Eine börsennotierte Mantelgesellschaft ist daher grundsätzlich besser für die Durchführung eines indirekten Börsengangs geeignet.[194] Dies dürfte nicht zuletzt der Grund dafür sein, dass für *Cold IPOs* in der Praxis häufig auf Mantelgesellschaften zurückgegriffen wird.[195]

In rechtlicher Hinsicht bietet die Identifikation einer börsennotierten Zielgesellschaft keine Anknüpfungspunkte. Schließlich handelt es sich hierbei um einen rechtlich nicht qualifizierbare Handlung. Rechtliche

---

[191] Vgl *Schanz*, Börseneinführung³ § 14 Rz 35; *Neuroth*, Finance 12/01, 25; *Bösl*, FB 2003, 298; *Seppelfricke/Seppelfricke*, FB 2001, 583; *Krauel*, Börsen-Zeitung vom 26.3.2002, 14. Beispiele hierfür sind der indirekte Börsengang der *Broadnet GmbH* mittels der noch aktiven *Mediascape Communications AG* (vgl hierzu *Seppelfricke/Seppelfricke*, BB 2002, 365) oder der indirekte Börsengang der *Carl Zeiss Ophthalmic Systems AG* mittels der noch aktiven *Asclepion Meditec AG* (vgl unter D.IV.2).

[192] Vgl *Seppelfricke/Seppelfricke*, FB 2001, 583. Wobei dies grundsätzlich auch bei einer Mantelgesellschaft in Betracht kommt.

[193] Zu denken ist in diesem Zusammenanhang insbesondere auch an zusätzliche Transaktionskosten. So muss beispielsweise das operative Geschäft bei einem etwaigen vorgeschalteten Kontrollerwerb an Zielgesellschaft mit bezahlt werden (so wohl auch *Schanz*, Börseneinführung³ § 14 Rz 39, der die Verwendung börsennotierten Mantelgesellschaft aus Kostengründen vorzieht).

[194] Vgl *Schanz*, Börseneinführung³ § 14 Rz 39.

[195] Ein Überblick zu indirekten Börsengängen unter der Verwendung von börsennotierten Mantelgesellschaften findet sich bei *Hock/Meier*, Der große Mantelaktien-Report: http://www.amiculum.de/Diverse-Archiv.html (18.4.2011).

Anknüpfungspunkte können sich jedoch im Hinblick auf die börsennotierte Zielgesellschaft ergeben. Dies ist zumindest dann der Fall, wenn es sich bei der Zielgesellschaft um eine börsennotierte Mantelgesellschaft handelt. Dabei stellt sich insbesondere die Frage, wie eine börsennotierte Mantelgesellschaft rechtlich zu beurteilen ist. Aufgrund der Bedeutung von börsennotierten Mantelgesellschaften im Rahmen von indirekten Börsengängen, erfolgt im Folgenden eine rechtliche Würdigung dieser Erscheinungsform.

1. Börsennotierte Mantelgesellschaft

Unter einer Mantelgesellschaft wird allgemein eine Kapitalgesellschaft[196] verstanden, die über kein Unternehmen verfügt und somit keine wirtschaftliche Tätigkeit ausübt.[197] Grundsätzlich müssen zwei Erscheinungsformen einer Mantelgesellschaft unterschieden werden. Zum einen gibt es Mantelgesellschaften, die zu einem früheren Zeitpunkt unternehmerisch bzw wirtschaftlich aktiv waren, ihre operative Tätigkeit jedoch mittlerweile eingestellt haben. Zum anderen gibt es auch Mantelgesellschaften, die nie eine unternehmerische Tätigkeit ausgeübt haben und schon seit ihrer Gründung (sog Vorrats- oder Mantelgründung) unternehmenslos sind. Letztere werden häufig auch als Vorratsgesellschaften bezeichnet.[198] Verfügt eine Mantelgesellschaft zudem über eine Börsenzulassung, liegt konsequenterweise eine börsennotierte Mantelgesellschaft vor.

---

[196] Zur Mantelgesellschaft in Form einer Personengesellschaft vgl *Kober*, Sonderformen des Beteiligungskaufes: der Mantelkauf 25. Die Untersuchung beschränkt sich jedoch im Folgenden auf Kapitalgesellschaftsmäntel.

[197] Vgl *Hüffer*, AktG⁹ § 23 Rz 25; *Braunfels* in *Heidel*, AktR KMR² § 23 AktG Rz 26; zum öRecht vgl *Auer*, wbl 2001, 246; *Gaggl*, ecolex 2007, 36. Früher wurde zudem auch die Vermögenslosigkeit der Gesellschaft als zusätzliches Tatbestandsmerkmal gefordert (vgl *Kober*, Sonderformen des Beteiligungskaufes: der Mantelkauf 46; mwN vgl *Lehder*, Vorrats- und Mantelgesellschaften Fn 20).

[198] Dabei handelt es sich in der Regel um eine terminologische Abgrenzung, die lediglich die unterschiedliche Vorgeschichte verdeutlichen soll (vgl *Rohles-Puderbach*, RNotZ 2006, 274). Teilweise wird jedoch aufgrund der idR besseren Kapitalausstattung der Vorratsgesellschaft (im Vergleich zur gebrauchten Mantelgesellschaft) eine unterschiedliche rechtliche Behandlung gefordert (vgl *Schaub*, NJW 2003, 2126). Dies ist jedoch nicht zwingend der Fall, so sind auch Konstellationen denkbar, bei denen eine Vorratsgesellschaft über eine schlechtere Kapitalausstattung verfügt. Eine unterschiedliche Rechtsqualität von Mantel- und Vorratsgesellschaften ist daher abzulehnen. Daraus folgt, dass sie zumindest rechtlich gleich zu behandeln sind (vgl *Schmidt*, NJW 2004, 1346; *Lehder*, Vorrats- und Mantelgesellschaften 65; *Braunfels* in *Heidel*, AktR KMR² § 23 AktG Rz 26 Fn 80).

37

Unter einer börsennotierten Mantelgesellschaft (sog Börsenmantel[199]) ist daher eine kapitalmarktfähige und unternehmenslose Kapitalgesellschaft zu verstehen, deren Aktien zum Handel an einer Börse zugelassen sind.[200] Analog zu den nicht börsennotierten Mantelgesellschaften müssen auch bei Börsenmänteln zwei Erscheinungsformen unterschieden werden. So gibt es zum einen börsennotierte Mantelgesellschaften, die zu einem früheren Zeitpunkt unternehmerisch aktiv waren, jedoch mittlerweile keine operative Tätigkeit mehr ausüben (sog gebrauchte Börsenmäntel).[201] Diese entstehen aus ehemals aktiven Gesellschaften, die entweder ihren Geschäftsbetrieb verkauft[202] bzw ausgegliedert haben oder ihre operative Tätigkeit im Zuge der Durchführung eines Insolvenzverfahrens[203] bzw einer Auflösung einstellen mussten.

Zum anderen gibt es auch Börsenmäntel, die nie eine unternehmerische Tätigkeit ausgeübt haben, sondern als Vorratsgesellschaften an die Börse gebracht wurden (sog ungebrauchte Börsenmäntel bzw synthetische Börsenmäntel).[204] Dabei handelt es sich in der Regel um einfache Vorratsgesellschaften, die im Rahmen eines *Listings* an die Börse gebracht werden. Einen Spezialfall stellen insofern SPACs dar. Hierbei handelt es sich ebenfalls um Vorratsgesellschaften. Diese werden allerdings nicht durch ein einfaches *Listing*, sondern im Rahmen eines regulären IPOs an die Börse gebracht.[205]

---

[199] Zur Verwendung des Begriffes vgl *Schander/Schinogl*, ZinsO 1999, 203 f;
[200] Vgl hierzu *Nadler*, FB 2001, 39; *Sundermann/Seidel*, GoingPublic 2/09, 20 oder auch *Lenz/Hasselbring*, Die Bank 2001, 872; *Winkel/Zeiss*, GoingPublic 5/07, 50; *Bösl*, FB 2003, 301. Wobei diese den Begriff des Börsenmantels enger definieren, so dass börsennotierte Vorratsgesellschaften (zumindest dem Wortlaut nach) nicht erfasst werden. Wie bereits dargestellt handelt es sich jedoch bei Vorratsgesellschaften ebenfalls um Mantelgesellschaften, so dass eine börsennotierte Vorratsgesellschaft konsequenterweise auch eine börsennotierte Mantelgesellschaft bzw einen Börsenmantel darstellt.
[201] Vgl hierzu *Nadler*, FB 2001, 39; *Lenz/Hasselbring*, Die Bank 2001, 872; *Hock/Meier*, Mantelaktien-Report 11 f http://www.amiculum.de/Diverse-Archiv.html (18.4.2011); *Winkel/Zeiss*, GoingPublic 5/07, 50; *Bösl*, FB 2003, 301.
[202] Vgl *Schanz*, Börseneinführung[3] § 14 Rz 39; *Nadler*, FB 2001, 39;
[203] Vgl *Schanz*, Börseneinführung[3] § 14 Rz 39; *Nadler*, FB 2001, 39; *Schander/Schinogl*, ZinsO 1999, 203; *Weber*, ZinsO 2001, 385; *Grub/Streit*, BB 2004, 1405.
[204] Vgl *Sundermann/Seidel*, GoingPublic 2/09, 22. Bei diesem Typ des Börsenmantels handelt es sich noch um ein relativ neues Phänomen. Dies dürfte der Grund dafür sein, dass per definitionem börsennotierte Vorratsgesellschaften teilweise nicht als Börsenmantel verstanden werden.
[205] Vgl unter F.I.1.

38

2. Die Zulässigkeit börsennotierter Mantelgesellschaften

Bei der Beurteilung der Zulässigkeit einer börsennotierten Mantelgesellschaft müssen zunächst zwei Fragenkomplexe unterschieden werden. Zum einen geht es aus gesellschaftsrechtlicher Sicht um die grundsätzliche Zulässigkeit einer Mantelgesellschaft. Zum anderen stellt sich aus kapitalmarktrechtlicher Sicht die Frage, ob sich die Unternehmenslosigkeit einer Mantelgesellschaft auf ihre Börsenzulassung auswirkt.

a) Gesellschaftsrechtliche Sicht

Im Hinblick auf die Zulässigkeit von Mantelgesellschaften bestehen grundsätzlich keine Bedenken.[206] Auch die Gründung einer Mantelgesellschaft ist heute grundsätzlich anerkannt.[207] Dies gilt zumindest dann, wenn die Vorratsgründung offen gelegt wird. Eine so genannte offene Vorratsgründung liegt vor, wenn sich aus dem Unternehmensgegenstand der Vorratsgesellschaft erkennen lässt, dass sich die Gesellschaft nicht in unternehmerischer Form betätigen will, sondern ihre Aktivität auf die „Verwaltung des eigenen Vermögens" beschränkt.[208] Anders verhält es sich, wenn die Vorratsgründung nicht offen gelegt wird und lediglich ein fiktiver oder zumindest derzeit nicht ernstlich gewollter Unternehmensgegenstand angegeben wird.[209] In einem solchen Fall wird von einer verdeckten Vorratsgründung gesprochen.[210] Eine solche ist unzulässig.[211] Die Angabe des fiktiven Unternehmensgegenstands führt zur Gesamtnichtigkeit der Satzung und damit zur Nichtigkeit der Gesellschaftsgründung insgesamt.[212]

---

[206] Eine Mantelgesellschaft erlischt auch nicht automatisch aufgrund ihrer Inaktivität oder etwaiger Vermögenslosigkeit (vgl hierzu mit ausführlichen Darstellungen zu dieser Problematik *Lehder*, Vorrats- und Mantelgesellschaften 26 ff und zur öRechtslage *Auer*, wbl 2001, 246).

[207] Früher wurden Mantelgründungen jedoch überwiegend als unzulässig angesehen. Dies wurde dabei entweder mit dem Vorliegen eines Scheingeschäfts oder der Umgehung der gesellschaftsrechtlichen Gründungsvorschriften begründet (vgl *Pentz* in MüKo AktG³ § 23 Rz 89)

[208] Vgl zur Zulässigkeit der „offenen Vorratsgründung" BGH in NJW 1992, 1824; *Pentz* in MüKo AktG³ § 23 Rz 91; *Hüffer*, AktG⁹ § 23 Rz 26; zum österreichischem Recht vgl *Doralt/Diregger* in MüKo AktG³ § 23 Rz 214; *Jabornegg* in Jabornegg/Strasser, AktG⁴ § 17 Rz 19; *Auer*, wbl 2001, 247.

[209] Vgl *Pentz* in MüKo AktG³ § 23 Rz 91.

[210] Vgl *Pentz* in MüKo AktG³ § 23 Rz 91.

[211] Vgl *Hüffer*, AktG⁹ § 23 Rz 26; BGH in NJW 1992, 1824; *Pentz* in MüKo AktG³ § 23 Rz 91; *Hüffer*, AktG⁹ § 23 Rz 26; zum österreichischem Recht vgl *Doralt/Diregger* in MüKo AktG³ § 23 Rz 214; *Jabornegg* in Jabornegg/Strasser, AktG⁴ § 17 Rz 19; *Auer*, wbl 2001, 247.

[212] Vgl *Pentz* in MüKo AktG³ § 23 Rz 91. Die Frage, ob die Nichtigkeit aus der Nichterfüllung gesetzlicher Gründungsvorschriften, dem Vorliegen eines Scheingeschäfts oder dem Verstoß gegen ein gesetzliches Verbot folgt, ist streitig (vgl hierzu *Pentz* in MüKo AktG³ § 23 Rz 91; zur Rechtslage in Österreich *Auer*, wbl 2001, 250)

b)   Kapitalmarktrechtliche Sicht

Zu klären ist ferner inwieweit sich die Unternehmenslosigkeit einer Mantelgesellschaft auf die Börsenzulassung auswirkt. Dabei geht es zum einen um die Frage, ob ein *Listing* einer Mantelgesellschaft rechtlich möglich ist. Zum anderen ist fraglich, wie eine Gesellschaft zu behandeln ist, die zwar zum Zeitpunkt der Börsenzulassung noch über ein Unternehmen verfügt, dieses jedoch im Nachhinein einstellt oder verkauft. Schließlich könnten beide Konstellationen insbesondere aus Gründen des Anlegerschutzes problematisch sein. So handelt es sich bei Börsenmänteln idR um marktenge Spekulationsobjekte, die häufig heftigen Kursschwankungen ausgesetzt sind und daher eine Gefahr für die Funktionsfähigkeit des Börsenhandels darstellen.

aa)   Listing

Ein *Listing* einer Mantelgesellschaft ist insbesondere im Hinblick auf § 3 BörsZulV bzw §§ 66a Abs 1 Z 3, 68 Abs 1 Z 3 BörseG problematisch. Nach diesen Vorschriften darf ein Unternehmen grundsätzlich nur dann zum Börsenhandel zugelassen werden, wenn es eine Mindestbestandsdauer von drei Jahren[213] vorweisen kann.[214] Hieraus kann gefolgert werden, dass eine Zulassung grundsätzlich nur dann möglich ist, wenn überhaupt ein Unternehmen vorliegt. Dies ist bei einer Mantelgesellschaft jedoch gerade nicht der Fall, so dass die Zulassung einer solchen Gesellschaft prinzipiell nicht in Frage kommt. Inwieweit die Zulassung eines SPACs trotzdem möglich ist, wird an späterer Stelle besprochen.[215]

ab)   Nachträglicher Eintritt der Unternehmenslosigkeit

Fraglich ist, wie sich ein nachträglicher Eintritt der Unternehmenslosigkeit auswirkt. Das deutsche BörsG sieht in einem solchen Fall keine

---

[213] Für die Zulassung zum geregelten Freiverkehr in Ö ist jedoch eine Mindestbestandsdauer von einem Jahr ausreichend (vgl § 68 Abs 1 Z 3 BörseG).
[214] Vgl *Groß*, Kapitalmarktrecht[4] BörsZulV § 3 Rz 4 f; für Ö vgl *Kalss/Oppitz/Zollner*, Kapitalmarktrecht I § 12 Rz 34 ff; gleichwohl der Wortlaut der §§ 66a Abs 1 Z 3, 68 Abs 1 Z 3 BörseG eigentlich auf die Mindestbestandsdauer der zuzulassenden Aktiengesellschaft abstellt.
[215] Vgl hierzu unter F.III.

automatische Beendigung der Börsenzulassung vor.[216] In Betracht kommt jedoch ein Widerruf der Börsenzulassung.

(1) Widerruf nach dBörsG

Ein solcher könnte gemäß § 39 Abs 1 Alt 1 BörsG erfolgen.[217] Hierfür müsste ein ordnungsgemäßer Börsenhandel auf Dauer nicht mehr gewährleistet und aus diesem Grunde bereits eine Einstellung des Handels der Aktien (§ 25 Abs 1 Z 2 BörsG) erfolgt sein. Die Einstellung der Börsennotierung ist jedoch aufgrund des gravierenden Eingriffs in das Verfügungsrecht der Aktionäre erst dann möglich, wenn die Gesellschaft über kein Vermögen mehr verfügt.[218] Dies gilt selbst dann, wenn sich die Gesellschaft bereits im Insolvenzverfahren befindet und der Geschäftsbetrieb im Zuge dessen bereits eingestellt wurde (Unternehmenslosigkeit). Die Einstellung der Börsennotierung darf in diesem Fall erst dann erfolgen, wenn das Insolvenzgericht die Vermögenslosigkeit der notierten Gesellschaft festgestellt hat.[219] Folglich ist ein Widerruf auch nur dann möglich, wenn die börsennotierte Gesellschaft vermögenslos ist.[220] Hieraus folgt im Ergebnis, dass ein Widerruf gemäß § 39 Abs 1 Alt 1 BörsG[221] der Börsenzulassung allein aus Gründen der Unternehmenslosigkeit nicht möglich ist.

(2) Widerruf nach dVwVfG

Ein Widerruf der Börsenzulassung käme ferner gemäß § 49 Abs 2 Z 3 VwVfG in Betracht.[222] Nach dieser Vorschrift kann ein rechtmäßiger begünstigender Verwaltungsakt widerrufen werden, wenn die Behörde auf Grund nachträglich eingetretener Tatsachen berechtigt wäre, den Verwaltungsakt nicht zu erlassen, und wenn ohne den Widerruf das

---

[216] So wohl auch *Grub/Streit*, BB 2004, 1404.
[217] Vgl allg hierzu *Groß*, Kapitalmarktrecht[4] BörsG § 39 Rz 7.
[218] Vgl *Weber*, ZinsO 2001, 388; *Schander/Schinogl*, ZinsO 1999, 203.
[219] Vgl *Schander/Schinogl*, ZinsO 1999, 203; *Weber*, ZinsO 2001, 388; *Grub/Streit*, BB 2004, 1404.
[220] Vgl *Weber*, ZinsO 2001, 388; *Grub/Streit*, BB 2004, 1398 u 1404. Etwas anderes kann uU jedoch dann gelten, wenn eine erhebliche Reduzierung des Streubesitzes vorliegt und daher ein ordnungsgemäßer Börsenhandel auf Dauer nicht mehr gewährleistet ist (vgl unter E.III.2).
[221] Ein Widerruf gemäß § 39 Abs 1 Alt 2 BörsG kommt ebenfalls nicht in Betracht. Schließlich liegt keine Nichterfüllung einer Zulassungsfolgepflicht vor.
[222] Allg zum Widerruf der Börsenzulassung nach dem VwVfG vgl mwN *Groß*, Kapitalmarktrecht[4] BörsG § 39 Rz 6.

öffentliche Interesse gefährdet würde. Fraglich ist allerdings, ob diese Voraussetzungen vorliegen, wenn eine börsennotierte Gesellschaft nachträglich unternehmenslos wird. Zwar handelt es sich bei der Börsenzulassung um einen rechtmäßigen begünstigenden Verwaltungsakt.[223] Ferner ist dieser nur deshalb erteilt worden, weil die Gesellschaft zum Zeitpunkt der Zulassung über ein Unternehmen verfügt hat.[224] Insofern liegt auch mit dem Wegfall des Unternehmens der nachträgliche Eintritt einer Tatsache vor, der die Behörde berechtigt hätte, die Zulassung nicht zu erteilen. Eine Gefährdung des öffentlichen Interesses ohne den Widerruf der Börsenzulassung ist jedoch in diesem Fall nicht anzunehmen. Vielmehr dürfte aufgrund des gravierenden Eingriffs in das Verfügungsrecht der Aktionäre auch hier das Interesse an der Aufrechterhaltung der Börsenzulassung überwiegen.

(3)   Widerruf nach öBörseG

Das österreichische **BörseG** sieht zwar ebenfalls keine automatische Beendigung der Börsenzulassung bei nachträglich eintretender Unternehmenslosigkeit vor. Gemäß § 64 Abs 5 BörseG[225] ist eine Börsenzulassung jedoch zu widerrufen, wenn eine Zulassungserfordernis nachträglich entfällt.[226] Insofern könnte mit dem Eintritt der Unternehmenslosigkeit vorliegend ein Wegfall der Zulassungsvoraussetzungen gemäß § 66a Abs 1 Z 3 BörseG (bzw § 68 Abs 1 Z 3 BörseG) angenommen werden. Schließlich darf ein Unternehmen danach nur dann zum Börsenhandel zugelassen werden, wenn es eine bestimmte Mindestbestandsdauer vorweisen kann. Woraus – wie bereits dargestellt – hervorgeht, dass (zumindest) überhaupt ein Unternehmen vorliegt. Wird eine ordnungsgemäß zugelassene Gesellschaft später unternehmenslos, ist darin konsequenterweise ein nachträglicher Wegfall

---

[223] Vgl *Grub/Streit*, BB 2004, 1397.
[224] Dies geht insbesondere aus § 3 BörsZulV hervor. Danach können nur Unternehmen zugelassen werden, die eine Mindestbestandsdauer von 3 Jahren vorweisen können (vgl *Groß*, Kapitalmarktrecht⁴ BörsZulV § 12 Rz 5). Das Vorliegen eines Unternehmens ist also zwingend erforderlich (vgl hierzu auch im Folgenden zur öRechtslage).
[225] Diese Vorschrift bezieht sich grundsätzlich nur auf im amtlichen Handel zugelassene Aktien. Sie gilt aber über § 66 Abs 8 BörseG auch im geregelten Freiverkehr.
[226] Vgl *Kalss/Oppitz/Zollner*, Kapitalmarktrecht I § 25 Rz 6.

einer Zulassungsvoraussetzung zu sehen. Da es sich bei § 64 Abs 5 BörseG ferner nicht um eine Ermessensvorschrift handelt[227], muss die Börsenzulassung in einem solchen Fall grundsätzlich widerrufen werden,[228] wobei der börsennotierten Gesellschaft unter Umständen vorher eine angemessene Frist zur Wiederherstellung des gesetzlichen Zustands gesetzt werden kann.[229] Etwas anderes kann unter Umständen dann gelten, wenn durch den Widerruf die Interessen der Anleger gefährdet werden.[230] In einem solchen Falle wird dem Börsenunternehmen – entgegen dem Wortlaut der Vorschrift – ausnahmsweise Ermessen eingeräumt.[231] Vorliegend sollte daher insbesondere im Hinblick auf das Interesse der (Anteilsinhaber) Anleger an der Fortsetzung der Handelsmöglichkeit von einem Widerruf abgesehen werden.

3. Zwischenergebnis

Die Identifizierung einer börsennotierten Zielgesellschaft stellt die Grundvoraussetzung für die Durchführung eines *Cold IPO* dar.

Als Zielgesellschaft kommt sowohl eine börsennotierte Mantelgesellschaft als auch eine noch unternehmerisch aktive Gesellschaft in Betracht.

Unter einer Mantelgesellschaft wird idR eine unternehmenslose Kapitalgesellschaft verstanden.

Es müssen zwei Erscheinungsformen der Mantelgesellschaft unterschieden werden. Zum einen gibt es Mantelgesellschaften, die zu einem früheren Zeitpunkt unternehmerisch bzw wirtschaftlich aktiv waren, ihre operative Tätigkeit jedoch mittlerweile eingestellt haben. Zum anderen gibt es auch Mantelgesellschaften, die nie eine unternehmerische Tätigkeit ausgeübt haben und schon seit ihrer Gründung (sog Vorrats- oder Mantelgründung) unternehmenslos sind.

---

[227] Vgl *Kalss/Oppitz/Zollner*, Kapitalmarktrecht I § 25 Rz 10.
[228] Dies würde nach Auskunft der Wiener Börse in einem solchen Fall auch so gehandhabt werden.
[229] Vgl § 64 Abs 5 S 2 BörseG (vgl *Kalss/Oppitz/Zollner*, Kapitalmarktrecht I § 25 Rz 13).
[230] Vgl *Kalss/Oppitz/Zollner*, Kapitalmarktrecht I § 25 Rz 10.
[231] Vgl *Kalss/Oppitz/Zollner*, Kapitalmarktrecht I § 25 Rz 10.

Ist eine Mantelgesellschaft zum Handel an einer Börse zugelassen, spricht man von einer börsennotierten Mantelgesellschaft bzw einem Börsenmantel.

Aus gesellschaftsrechtlicher Sicht sind Mantelgesellschaften zulässig. Die Gründung einer Mantelgesellschaft ist jedoch nur dann zulässig, wenn sich aus dem Unternehmensgegenstand der Vorratsgesellschaft entnehmen lässt, dass sich die Gesellschaft nicht in unternehmerischer Form betätigen will, sondern ihre Aktivität auf die „Verwaltung des eigenen Vermögens" beschränkt.

Aus kapitalmarktrechtlicher Sicht stößt das *Listing* einer Mantelgesellschaft grundsätzlich auf Bedenken. Hierauf wird zu einem späteren Zeitpunkt genauer eingegangen.[232]

Ferner stellt sich aus kapitalmarktrechtlicher Sicht die Frage, welche Folgen der Eintritt der Unternehmenslosigkeit für eine gelistete Gesellschaft hat.

Eine automatische Beendigung der Börsenzulassung aufgrund der Unternehmenslosigkeit einer Gesellschaft kommt weder nach deutschem noch nach österreichischem Recht in Betracht.

Ein Widerruf der Börsenzulassung aufgrund der Unternehmenslosigkeit kommt in Deutschland weder nach dem BörsG noch nach dem VwVfG in Betracht.

In Österreich hat ein Widerruf der Börsenzulassung bei Eintritt der Unternehmenslosigkeit grundsätzlich zu erfolgen. Schließlich ist darin ein nachträglicher Wegfall einer Börsenzulassungsvoraussetzung zu sehen, welcher gemäß § 64 Abs 5 BörseG zwingend einen Widerruf nach sich zieht. Etwas anderes kann unter Umständen dann gelten, wenn durch den Widerruf die Interessen der Anleger gefährdet werden. Vorliegend sollte daher insbesondere im Hinblick auf das Interesse der Anteilsinhaber an der Fortsetzung der Handelsmöglichkeit von einem Widerruf abgesehen werden.

---

[232] Vgl unter F.III.

44

II. Erwerb einer Kontrollmehrheit an der Zielgesellschaft

Einen wesentlichen Bestandteil im Rahmen eines indirekten Börsengangs stellt in der Regel der Erwerb der Aktienmehrheit[233] an der börsennotierten Zielgesellschaft durch den Börsenkandidaten bzw dessen Eigentümer dar.[234] Der Grund für dieses Vorgehen besteht darin, die Kontrolle über die Zielgesellschaft zu erlangen, um die für die Umstrukturierung und die Einbringung des Börsenkandidaten erforderlichen gesellschaftsrechtlichen Maßnahmen durchsetzen zu können.[235] In der Regel wird dabei versucht, eine qualifizierte Mehrheit am Grundkapital der Zielgesellschaft (Anteil der Stimmrechte ≥ 75%) zu erlangen, um eine transaktionsfreundliche Basis zu schaffen.[236] Mit einer solchen Mehrheit können dann im weiteren Verlauf, erforderliche Hauptversammlungsbeschlüsse problemlos gefasst werden.[237] Bei bestimmten Varianten des indirekten Börsengangs ist ein vorgeschalteter Anteilserwerb aus transaktionstechnischen Gründen sogar zwingend erforderlich, um die Beteiligung der vormaligen Eigentümer des Börsenkandidaten an ihrem nun börsennotierten Unternehmen aufrechtzuerhalten.[238]

Unter Umständen kann der Erwerb einer Kontrollmehrheit an der Zielgesellschaft im Rahmen eines indirekten Börsengangs jedoch auch entbehrlich sein.[239] Dies ist der Fall, wenn eine ausreichende Mehrheit der Aktionäre der börsennotierten Zielgesellschaft der Durchführung des indirekten Börsengangs und den damit verbundenen gesellschaftsrechtlichen

---

[233] Es handelt sich dabei um einen Beteiligungserwerb vgl hierzu allg *Stengel* in *Semler/Stengel* UmwG[2] § 2 Rz 51 f.
[234] Vgl *Schanz*, Börseneinführung[3] § 14 Rz 37; *Nadler*, FB 2001, 40; *Seppelfricke/Seppelfricke*, FB 2001, 585; *Neuroth*, Finance 12/01, 25; *Renzenbrink/Holzner*, NZG 2003, 200. *Bösl* hält dagegen ein solches Vorgehen nur bei einem indirekten Börsengang unter der Verwendung eines Börsenmantels für geboten (vgl *Bösl*, FB 2003, 301). Bei einem indirekten Börsengang unter der Verwendung einer noch aktiven Zielgesellschaft (mittels Verschmelzung oder Sachkapitalerhöhung) hält er es jedoch weder für üblich noch notwendig (vgl *Bösl*, FB 2003, 300).
[235] Vgl *Seppelfricke/Seppelfricke*, FB 2001, 585; *Neuroth*, Finance 12/01, 25; *Bösl*, FB 2003, 301; *Nadler*, FB 2001, 40
[236] Vgl *Bournet*, Reverse Takeover 98; *Neuroth*, Finance 12/01, 25; *Nadler*, FB 2001, 40. *Renzenbrink/Holzner* halten dagegen schon einen Erwerb von 30% der Stimmrechte für ausreichend (vgl NZG 2003, 200 Fn 11).
[237] Vgl *Bösl*, FB 2003, 301.
[238] So bspw bei der Einbringung des Börsenkandidaten durch Verkauf an die Zielgesellschaft (vgl unter D.IV.3.b)) oder durch Sacheinlage ohne Ausgabe neuer Aktien (vgl unter D.IV.4.a)).
[239] Dies gilt jedoch nur für solche Transaktionsvarianten, in deren Rahmen neue Aktien ausgegeben werden (vgl unter D.IV.1. und D.IV.2.).

Maßnahmen positiv gegenüber steht.[240] Eine solche Konstellation liegt idealerweise bei einem indirekten Börsengang unter der Verwendung eines SPAC vor.[241] Ansonsten kommt es bei der Verwendung von Börsenmänteln nur selten zur Entbehrlichkeit des vorgeschalteten Aktienerwerbs. Schließlich liegt die Kontrollmehrheit an solchen Gesellschaften in der Regel in den Händen von Mantelhändlern[242], deren primäres Interesse üblicherweise darin besteht, ihre Mehrheitsbeteiligung gewinnbringend zu verkaufen.[243] Ein Interesse daran als Aktionär weiterhin in der Gesellschaft zu verweilen und deren Neuausrichtung zuzustimmen, besteht dagegen in der Regel nicht.[244]

Bei einem indirekten Börsengang unter der Verwendung einer noch aktiven Zielgesellschaft findet in der Regel kein vorgeschalteter Kontrollerwerb statt.[245] Falls sich von Durchführung des indirekten Börsengangs jedoch nicht genügend Altaktionäre überzeugen lassen, macht auch hier ein vorgeschalteter Kontrollerwerb Sinn.[246]

Zu beachten ist ferner, dass die Kontrollmehrheit bzw die für ihre Erlangung erforderlichen Aktien auch direkt von den einzelnen Aktionären – und nicht mittels eines Paketerwerbs über einen Mantelhändler – erworben werden können. Gegebenenfalls kann zu diesem Zwecke auch ein freiwilliges Übernahmeangebot (§§ 29 ff WpÜG / §§ 4 ff ÜbG) an die ausstehenden Aktionäre der Zielgesellschaft abgegeben werden.[247]

---

[240] Vgl *Neuroth*, Finance 12/01, 25; *Schanz*, Börseneinführung[3] § 14 Rz 37 Fn 61.
[241] Vgl hierzu unten F.I.3.
[242] Der Handel mit Börsenmänteln wird in D zB von folgenden Unternehmen betrieben: *Carthago Capital Consulting AG* http://www.carthago.de/index.php?id=54 (18.4.2011); *CFO AG* http://www.cfo-ag.de/index.php (18.4.2011); *advantec Management AG* http://www.advantec.net/ (18.4.2011); *XIAG SPAC Invest AG* http://www.xi-ag.ch/index.html (18.4.2011); *MInaya Capital AG* http://www.minaya-capital.de/unternehmen.html (18.4.2011).
[243] Vgl *Bösl*, FB 2003, 301.
[244] Vgl *Bösl*, FB 2003, 301. Teilweise verbleiben die Mantelhändler jedoch auch als Minderheitsaktionäre in der Mantelgesellschaft und stehen dem neu auszurichtenden Unternehmen in allen Kapitalmarktfragen weiterhin tatkräftig zur Seite (vgl *Fleischer*, Creditreform 9/00, 14).
[245] Vgl *Bösl*, FB 2003, 300; *Seppelfricke/Seppelfricke*, FB 2001, 585.
[246] Vgl *Seppelfricke/Seppelfricke*, FB 2001, 585; *Neuroth*, Finance 12/01, 25.
[247] Vgl *Renzenbrink/Holzner*, NZG 2003, 200. Vgl jedoch zu den daraus uU resultierenden negativen Folgen unter E.III.2.

1. Mantelkauf

Fraglich ist, ob es sich beim Erwerb[248] der Kontrollmehrheit um einen sog Mantelkauf handelt. Unter einem Mantelkauf wird grundsätzlich der Erwerb sämtlicher Geschäftsanteile an einer unternehmenslosen Kapitalgesellschaft – also einer Mantelgesellschaft – verstanden.[249] Der Begriff des Mantelkaufs umfasst dabei nicht nur das Verpflichtungsgeschäft, also den Kaufvertrag über die Geschäftsanteile, sondern auch deren Übertragung.[250]

Im Hinblick auf die Frage, ob der Erwerb der Kontrollmehrheit an der Zielgesellschaft einen Mantelkauf darstellt, lässt sich somit zunächst feststellen, dass ein solcher beim Erwerb der Aktien einer noch aktiven Gesellschaft zumindest nicht vorliegt. Schließlich mangelt es in diesem Fall bereits am Vorliegen einer Mantelgesellschaft. Anders verhält es sich, wenn es sich bei der Zielgesellschaft um eine Mantelgesellschaft handelt. Die Annahme eines Mantelkaufs liegt hier nahe. Schließlich werden in einem solchen Fall Geschäftsanteile an einer unternehmenslosen (Mantel-) Gesellschaft erworben. Auch die Tatsache, dass im Rahmen des Kontrollerwerbs nicht sämtliche Aktien erworben werden, sondern regelmäßig nur eine qualifizierte Mehrheit aufgebaut wird, ändert daran nichts. Für die Annahme eines Mantelkaufs reicht es nämlich aus, wenn der Erwerber so viele Anteile an der Mantelgesellschaft erwirbt, dass er im Stande ist, die Satzung oder den Gesellschaftsvertrag aufgrund seiner Beteiligung abzuändern.[251] Der Kontrollerwerb an einer börsennotierten Mantelgesellschaft im Rahmen eines indirekten Börsengangs ist demnach als Mantelkauf zu qualifizieren.[252]

---

[248] Der Kauf von Gesellschaftsanteilen insbesondere auch von Aktien stellt einen Rechtskauf dar (vgl *Klumpp* in *Beisel/Klumpp*, Der Unternehmenskauf[6] Kap 4 Rz 7; *Berger* in *Jauernig*, Bürgerliches Gesetzbuch[13] § 453 Rz 16). Zur Übereignung der Aktien vgl eingehend *Eder*, NZG 2004, 107.

[249] Vgl *Pentz* in MüKo AktG[3] § 23 Rz 93; *Schmidt*, Gesellschaftsrecht[4] § 4 III 71.Teilweise wird unter dem Begriff des Mantelkaufs – über den Kauf der Geschäftsanteile der Mantelgesellschaft hinaus – auch deren Verwendung als Rechtsträger für ein neues Unternehmen gefasst (Vgl *Hüffer*, AktG[9] § 23 Rz 27).

[250] Vgl *Lehder*, Vorrats- und Mantelgesellschaften 5; *Heerma*, Mantelverwendung 2.

[251] Vgl *Kober*, Sonderformen des Beteiligungskaufes: der Mantelkauf, 20.

[252] Im Ergebnis wohl zustimmend *Nadler*, FB 2001, 38.

47

2. Rechtsfolgen des Mantelkaufs

Fraglich ist, ob an den Mantelkauf Rechtsfolgen geknüpft sind. Früher wurde der Mantelkauf wegen der Umgehung der gesellschaftsrechtlichen Gründungsvorschriften für nichtig erachtet.[253] Die Nichtigkeit wurde dabei zum einen mit dem Verstoß gegen die guten Sitten (§ 138 BGB), zum anderen mit dem Verstoß gegen ein Verbotsgesetz (§ 134 BGB) begründet.[254] Heute wird der Mantelkauf jedoch grundsätzlich als zulässig angesehen.[255] Dies ist auch konsequent. Schließlich macht es keinen Sinn, auf der einen Seite Mantelgesellschaften als zulässig zu erklären und auf der anderen Seite deren Kauf bzw Verkauf verhindern zu wollen.[256] Zudem geht die Gefahr der Umgehung gesellschaftsrechtlicher Gründungsvorschriften nicht direkt vom Mantelkauf, sondern vielmehr von der späteren Verwendung der Mantelgesellschaft als Rechtsträger für ein neues Unternehmen (sog Mantelverwendung) aus.[257] Das Problem der Umgehung der Gründungsvorschriften wird daher heute richtigerweise auf die Mantelverwendung verlagert.[258] Dies betrifft auch die Frage nach den etwaigen Rechtsfolgen. Der Mantelkauf ist demnach zulässig und zieht auch keine Rechtsfolgen nach sich.

3. Zwischenergebnis

Der Kontrollerwerb an der börsennotierten Zielgesellschaft (idR Stimmrechte ≥ 75%) stellt idR einen wesentlichen Bestandteil im Rahmen eines *Cold IPO* dar.

Sinn und Zweck des Kontrollerwerbs ist es, die im Zuge des *Cold IPO* erforderlichen Hauptversammlungsbeschlüsse fassen zu können. Bei bestimmten Varianten eines indirekten Börsengangs ist der Kontrollerwerb aus transaktionstechnischen Gründen sogar zwingend erforderlich.

---

[253] Vgl *Pentz* in MüKo AktG³ § 23 Rz 94.
[254] Vgl mwN *Pentz* in MüKo AktG³ § 23 Rz 94; *Lehder*, Vorrats- und Mantelgesellschaften 29 ff.
[255] Vgl *Pentz* in MüKo AktG³ § 23 Rz 94; *Schmidt*, Gesellschaftsrecht⁴ § 4 III 71.
[256] Vgl *Schmidt*, NJW 2004, 1346; *Schmidt*, Gesellschaftsrecht⁴ § 4 III 71.
[257] Vgl dazu ausführlich unter E.I.1.
[258] Vgl *Schmidt*, NJW 2004, 1347.

Der Kontrollerwerb ist unter Umständen entbehrlich, wenn eine ausreichende Mehrheit der Aktionäre der börsennotierten Zielgesellschaft der Durchführung des indirekten Börsengangs und den damit verbundenen gesellschaftsrechtlichen Maßnahmen positiv gegenüber steht. Dies ist idR bei noch aktiven Zielgesellschaften und SPACs der Fall.

Die Kontrollmehrheit an einem Börsenmantel wird idR von einem Mantelhändler erworben.

Der Kontrollerwerb an einer Zielgesellschaft kann auch im Zuge eines freiwilligen Übernahmeangebots erfolgen.

Der Erwerb der qualifizierten Mehrheit ($\geq$ 75%) an einer börsennotierten Mantelgesellschaft im Rahmen eines *Cold IPO* stellt einen Mantelkauf dar.

Ein Mantelkauf wird mittlerweile als zulässig erachtet und zieht keine Rechtsfolgen nach sich.

III. Neuausrichtung

Ein wesentlicher Bestandteil des *Cold IPOs* stellt zudem die Neuausrichtung der Zielgesellschaft dar. Diese umfasst typischerweise mehrere Maßnahmen:

- Änderung der Firma der Zielgesellschaft (IdR wird der Name des Börsenkandidaten übernommen).[259]

- Übernahme des Unternehmensgegenstands des Börsenkandidaten.[260]

- Verlegung des Gesellschaftssitzes (IdR an den ursprünglichen Unternehmenssitz des Börsenkandidaten).[261]

- Auswechslung der Organmitglieder (IdR Neubesetzung mit Vertretern des Börsenkandidaten).[262]

- Die Einbringung des Börsenkandidaten.[263]

Die Firma, der Sitz und der Unternehmensgegenstand der Gesellschaft stellen jeweils Bestandteile der Satzung dar.[264] Eine Änderung der Satzung richtet sich nach § 179 dAktG / § 145 ff öAktG.[265] Demnach bedarf eine Satzungsänderung eines Hauptversammlungsbeschlusses, der mindestens eine Mehrheit von drei Vierteln des bei der Beschlussfassung vertretenen

---

[259] Vgl *Vater*, DB 2002, 2445; *Seyferth/Vater*, M&A Review 2002, 326; *Bösl*, FB 2003, 299; Präsentation: Der schnelle Weg zur Börse mit einem Börsenmantel der advantec Beteiligungskapital AG & Co. KGaA http://www.advantec.net/Documents/Prsentationen/Praesentation_Boersen_AG.pdf (18.4.2011).
[260] Vgl *Bösl*, FB 2003, 299.
[261] Vgl Präsentation: Der schnelle Weg zur Börse mit einem Börsenmantel der advantec Beteiligungskapital AG & Co. KGaA http://www.advantec.net/Documents/Prsentationen/Praesentation_Boersen_AG.pdf (18.4.2011).
[262] Vgl Präsentation: Der schnelle Weg zur Börse mit einem Börsenmantel der advantec Beteiligungskapital AG & Co. KGaA http://www.advantec.net/Documents/Prsentationen/Praesentation_Boersen_AG.pdf (18.4.2011).
[263] Vgl Präsentation: Der schnelle Weg zur Börse mit einem Börsenmantel der advantec Beteiligungskapital AG & Co. KGaA http://www.advantec.net/Documents/Prsentationen/Praesentation_Boersen_AG.pdf (18.4.2011). Vgl im Einzelnen hierzu im Folgenden unter D.IV.
[264] Vgl § 23 Abs 3 dAktG / § 17 öAktG.
[265] Vgl im Einzelnen *Hüffer*, AktG[9] § 179 Rz 4 ff; *Kalss* in *Kalss/Nowotny/Schauer*, ÖGesR[6] Rz 3/51 ff.

Grundkapitals erfordert.[266] Die Einberufung der hierfür erforderlichen Hauptversammlung kann dabei gemäß § 122 dAktG / § 105 Abs 3 öAktG auch auf Verlangen der Eigentümer des Börsenkandidaten einberufen werden. Dies gilt zumindest dann, wenn diese im Vorfeld bereits eine Kontrollmehrheit an der Zielgesellschaft erworben haben.[267] Andernfalls kann die Einberufung nur dann erfolgen, wenn sich der Vorstand[268] (bzw die Aktionäre[269]) der Zielgesellschaft – zB im Rahmen einer entsprechenden Einigung – dazu bereit erklärt (bzw erklären). Im Rahmen der einberufenen Hauptversammlung können ferner die neuen Aufsichtsratsmitglieder gewählt werden[270], welche im Anschluss daran den neuen Vorstand bestellen[271]. Darüber hinaus können die im Rahmen der Einbringung des Börsenkandidaten erforderlichen Hauptversammlungsbeschlüsse getroffen werden.

---

[266] Vgl § 179 Abs 2 dAktG / § 146 Abs 1 öAktG. Wobei grundsätzlich auch eine andere Kapitalmehrheit in der Satzung festgelegt werden kann. Dies gilt jedoch nicht für die Änderung des Unternehmensgegenstands (vgl § 179 Abs 2 S 2 dAktG / § 146 Abs 1 S 2 öAktG).

[267] Schließlich ist hierfür erforderlich, dass sie selbst an der Zielgesellschaft beteiligt sind. Obwohl hierfür ein 5%-iger Anteil bereits ausreichen würde (§ 122 Abs 1 dAktG / § 105 Abs 3 öAktG).

[268] Gemäß § 121 Abs 2 dAktG / § 105 Abs 1 öAktG.

[269] Ebenfalls gemäß § 122 Abs 1 dAktG / § 105 Abs 3 öAktG.

[270] Vgl §§ 101, 119 Abs 1 Z 1 dAktG / § 87 Abs 1 öAktG.

[271] Vgl § 84 dAktG / § 75 öAktG.

51

IV. Einbringungsvarianten

Den Kern des *Cold IPO* stellt die Einbringung des an die Börse strebenden Unternehmens in die börsennotierte Zielgesellschaft dar.[272] In der Literatur und in praxisorientierten Publikationen werden verschiedene Vorgehensweisen für die Einbringung des Börsenkandidaten vorgeschlagen:

- Die Einbringung des Börsenkandidaten in die börsennotierte Zielgesellschaft als Sacheinlage im Rahmen einer Kapitalerhöhung.[273]

- Die Verschmelzung des Börsenkandidaten auf die börsennotierte Zielgesellschaft.[274]

- Der Erwerb des Börsenkandidaten durch die börsennotierte Zielgesellschaft unter der Verwendung von Barmitteln.[275]

- Die Einbringung des Börsenkandidaten in die börsennotierte Zielgesellschaft durch eine Sacheinlage ohne Anteilsgewährung.[276]

Im Folgenden werden die einzelnen Einbringungsvarianten genauer beleuchtet. Dabei werden insbesondere die jeweiligen Verfahrensschritte und die damit im Zusammenhang stehenden rechtlichen Fragen besprochen.

---

[272] Vgl *Schanz*, Börseneinführung³ § 14 Rz 36.
[273] Vgl *Schanz*, Börseneinführung³ § 14 Rz 36; *Renzenbrink/Holzner*, NZG 2003, 200; *Blättchen/Nespethal*, VentureCapital 2003, 68; *Winkel/Zeiss*, GoingPublic 5/07, 52; *Bösl*, FB 2003, 299; *Neuroth*, Finance 12/01, 24; *Sundermann/Seidel*, GoingPublic 2/09, 20; *Seppelfricke/Seppelfricke*, FB 2001, 585; *Seppelfricke/Seppelfricke*, BB 2002, 366; *Lenz/Hasselbring*, Die Bank 2001, 875; *Schellenberger*, Aktienkultur & BVH-News 1/97, 10; *Vater*, DB 2002, 2445; *Krauel*, Börsen-Zeitung vom 26.3.02, 14; *Luschin/Warzecha/Salcher*, Der Gang an die Börse 56; *Hettich* hält darüber hinaus sogar eine Sachkapitalerhöhung unter Ausnutzung eines genehmigten Kapitals für möglich (vgl *Hettich*, GoingPublic 2006, 118).
[274] Vgl *Heidelbach* in *Schwark/Zimmer*, KMRK⁴ § 32 BörsG Rz 21; *Schanz*, Börseneinführung³ § 14 Rz 36; *Nadler*, FB 1/2001, 40; *Renzenbrink/Holzner*, NZG 2003, Fn 3; *Blättchen/Nespethal*, VentureCapital 2003, 66; *Winkel/Zeiss*, GoingPublic 5/07, 52; *Bösl*, FB 2003, 299; *Neuroth*, Finance 12/01, 24; *Seppelfricke/Seppelfricke*, FB 2001, 585; *Seppelfricke/Seppelfricke*, BB 2002, 366; *Hettich*, GoingPublic 2006, 118; *Lenz/Hasselbring*, Die Bank 2001, 875; *Vater*, DB 2002, 2445; *Krauel*, Börsen-Zeitung vom 26.3.02, 14; *Luschin/Warzecha/Salcher*, Der Gang an die Börse 56.
[275] Vgl *Heidelbach* in *Schwark/Zimmer*, KMRK⁴ § 32 BörsG Rz 22; *Winkel/Zeiss*, GoingPublic 5/07, 52; *Sundermann/Seidel*, GoingPublic 2/09, 20; *Lenz/Hasselbring*, Die Bank 2001, 875; *Hock/Meier*, Der große Mantelaktien-Report 14 http://www.amiculum.de/Diverse-Archiv.html (18.4.2011); vgl auch Allgemeine Informationen Carthago Capital Consulting AG http://www.carthago.de/index.php?id=63#id01 (18.4.2011).
[276] *Hock/Meier*, Der große Mantelaktien-Report 13 http://www.amiculum.de/Diverse-Archiv.html (18.4.2011).

1. Kapitalerhöhung mit Sacheinlage

Eine Möglichkeit das an die Börse strebende Unternehmen in die Zielgesellschaft einzubringen besteht in der Durchführung einer Sachkapitalerhöhung (§§ 182, 183 dAktG / §§ 149, 150 öAktG).[277] Dabei werden in der Regel die Gesellschaftsanteile (sog *Share Deal*)[278] des Börsenkandidaten im Rahmen einer Kapitalerhöhung als Sacheinlage in die börsennotierte Zielgesellschaft eingebracht.[279] Im Gegenzug erhalten die Anteilseigner der nicht notierten Gesellschaft Aktien der Zielgesellschaft.[280] Entscheidend für die Anzahl der neu auszugebenen Aktien ist hierbei die relative Bewertung beider Gesellschaften.[281] Die bisherigen Eigentümer des Börsenkandidaten erhalten demnach als Gegenwert – der Bewertungsrelation entsprechend – Anteile an der notierten Gesellschaft. Um die Ausgabe weiterer Aktien und eine damit verbundene Barkapitalerhöhung zu vermeiden wird zudem das Bezugsrecht der Altaktionäre der börsennotierten Zielgesellschaft ausgeschlossen.[282]

Ein vorangehender Kontrollerwerb ist bei dieser Einbringungsvariante nicht zwingend erforderlich. Schließlich wird den Eigentümern des Börsenkandidaten schon allein durch die Ausgabe der neuen Aktien die Aufrechterhaltung ihrer bisherigen Beteiligung am Börsenkandidaten ermöglicht. Liegt ferner eine *Reverse-Konstellation* vor, erlangen sie durch

---

[277] Vgl *Schanz*, Börseneinführung[3] § 14 Rz 36; *Renzenbrink/Holzner*, NZG 2003, 200; *Blättchen/Nespethal*, VentureCapital 2003, 68; *Winkel/Zeiss*, GoingPublic 5/07, 52; *Bösl*, FB 2003, 299; *Neuroth*, Finance 12/01, 24; *Sundermann/Seidel*, GoingPublic 2/09, 20; *Seppelfricke/Seppelfricke*, FB 2001, 585; *Seppelfricke/Seppelfricke*, BB 2002, 366; *Lenz/Hasselbring*, Die Bank 2001, 875; *Schellenberger*, Aktienkultur & BVH-News 1/97, 10; *Vater*, DB 2002, 2445; *Krauel*, Börsen-Zeitung vom 26.3.02, 14; *Luschin/Warzecha/Salcher*, Der Gang an die Börse 56.

[278] Vgl *Bösl*, FB 2003, 299; *Neuroth*, Finance 12/01, 24; *Krauel*, Börsen-Zeitung vom 26.3.02, 14. So wohl auch *Schanz*, Börseneinführung[3] § 14 Rz 36; *Blättchen/Nespethal*, VentureCapital 2003, 68; *Seppelfricke/Seppelfricke*, GoingPublic 3/02, 95. Möglich ist theoretisch auch eine Einbringung der einzelnen Vermögenswerte des Unternehmens (*Asset Deal*). Dies dürfte jedoch mit einem erheblichen Aufwand verbunden sein. Insbesondere muss in einem solchen Fall wohl ein Haupt- bzw Gesellschafterversammlungsbeschluss erfolgen (zB nach der „Holzmüller"/„Gelatine"-Rechtsprechung des BGH (vgl unter F.IV.3.d)) oder (vgl unter D.IV.3.e)) gemäß § 179a Abs 1 dAktG bzw § 237 Abs 1 öAktG). Dies gilt zumindest dann, wenn es sich beim Börsenkandidaten um eine AG oder GmbH handelt.

[279] Vgl *Blättchen/Nespethal*, VentureCapital 2003, 68; *Neuroth*, Finance 12/01, 24.; *Luschin/Warzecha/Salcher*, Der Gang an die Börse 56. So auch in Abbildung 2 und Abbildung 3.

[280] Genau genommen werden die Aktien der Mantelgesellschaft hier als Akquisitionswährung verwendet. Die Einbringung durch Sacheinlage stellt dabei eine mögliche transaktionsform der Akquisition durch Aktientausch dar. Zu den weiteren Transaktionsstrukturen des Aktientauschs vgl *Picot* in *Picot/Mentz/Seydel*, VII C Rz 265.

[281] Vgl *Aha*, BB 2001, 2228.

[282] Vgl *Seppelfricke/Seppelfricke*, FB 2001, 585; *Vater*, DB 2002, 2445.

die Transaktion auch die Kontrollmehrheit. Der Kontrollerwerb ist jedoch nur dann entbehrlich, wenn die notwendigen Hauptversammlungsbeschlüsse von den Altaktionären mitgetragen werden.[283]

Abbildung 2: Transaktionsablauf bei Sachkapitalerhöhung

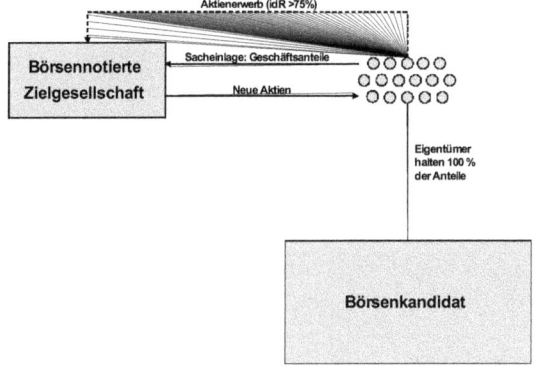

---

[283] Vgl bereits unter D.II.

Abbildung 3: Transaktionsergebnis bei Sachkapitalerhöhung

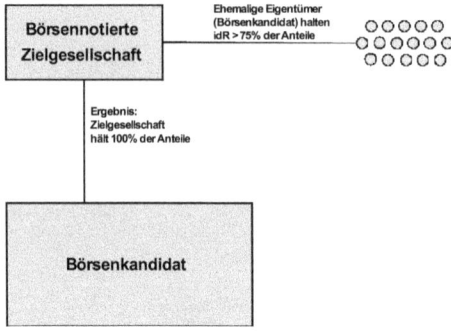

a)   Vorbereitungsphase

In der Vorbereitungsphase geht es insbesondere darum, den genauen Ablauf der Sachkapitalerhöhung festzulegen. Dies geschieht in der Regel im Rahmen einer sog Einlagenvereinbarung. Darüber hinaus wird bei der Einlage von Unternehmen zum Zwecke der Übernahme regelmäßig auch ein *Business Combination Agreements* (BCA) verfasst.

aa)   Einlagevereinbarung

Zunächst wird zwischen den Eigentümern des Börsenkandidaten und der Zielgesellschaft eine Sacheinlagenvereinbarung hinsichtlich des Börsenkandidaten getroffen. Hierbei handelt es sich um einen schuldrechtlichen Vertrag, der die genauen Modalitäten der Kapitalerhöhung, insbesondere die Verpflichtung der Eigentümer des Börsenkandidaten gegenüber der Zielgesellschaft ihr Unternehmen als Sacheinlage einzubringen und dafür neue Aktien zu zeichnen, enthält,[284] wobei diese

---

[284] Vgl *Hüffer*, AktG[9] § 183 Rz 6;

Vereinbarung unter der Bedingung des entsprechenden Hauptversammlungsbeschlusses steht.[285]

ab) Business Combination Agreement

Da sich die Zielgesellschaft im Rahmen des Einlagevertrags weder verpflichten kann, den für die Sachkapitalerhöhung erforderlichen Hauptversammlungsbeschluss durch die Aktionäre fassen zu lassen, noch dazu befugt ist, den Sacheinlegern (= Eigentümer des Börsenkandidaten) den Bezug der neu entstehenden Aktien zu zusichern[286], wird von Letzteren darüber hinaus der Abschluss eines verbindlichen *Business Combination Agreements* (BCA) zwischen den beteiligten Parteien verlangt, welches insbesondere auch von der Mehrheit der Aktionäre (idR ≥ 75%) der Zielgesellschaft unterzeichnet wird.[287] Im Rahmen des BCA können die für die Transaktion notwendigen gesellschaftsrechtlichen Maßnahmen rechtsverbindlich strukturiert werden.[288] Insbesondere kann sich die Aktionärsmehrheit darin verpflichten, die Sachkapitalerhöhung unter Ausschluss der Bezugsrechte im Rahmen der Hauptversammlung zu beschließen.[289] Darüber hinaus werden im Rahmen des BCA üblicherweise noch die weiteren Modalitäten der Kapitalerhöhung (insb das Umtauschverhältnis) und des Einbringungsvertrags geregelt.[290] Insbesondere verpflichtet sich der Vorstand zur Einberufung der Hauptversammlung und zur Vornahme aller zur Eintragung der Kapitalerhöhung erforderlichen Maßnahmen.[291] Ferner kann im Rahmen des BCA bereits die Neubesetzung des Aufsichtsrats vereinbart werden,[292] wobei eine diesbezügliche Verpflichtung nur von Seiten der Aktionärsmehrheit eingegangen werden kann.[293] Gleiches gilt auch für die sonstigen Neuausrichtungsmaßnahmen im Rahmen eines *Cold IPO*, wobei die

---

[285] Vgl *Hüffer*, AktG[9] § 183 Rz 6; zur öRechtslage vgl *Kalss* in *Kalss/Nowotny/Schauer*, ÖGesR[6] Rz 3/744.
[286] Vgl § 187 Abs 2 dAktG / § 154 Abs 2 öAktG.
[287] Vgl *Aha*, BB 2001, 2225.
[288] Vgl *Aha*, BB 2001, 2225.
[289] Vgl *Aha*, BB 2001, 2225.
[290] Vgl *Aha*, BB 2001, 2225.
[291] Vgl *Aha*, BB 2001, 2225.
[292] Vgl *Aha*, BB 2001, 2229.
[293] Vgl *Aha*, BB 2001, 2229.

Bestellung von neuen Vorstandsmitgliedern nur unverbindlich vereinbart werden kann, da diese allein dem Aufsichtsrat obliegt.[294]

Ein BCA wird jedoch regelmäßig dann entbehrlich sein, wenn im Vorfeld der Einbringung bereits eine Kontrollmehrheit erworben wurde. Schließlich sind die Eigentümer des Börsenkandidaten in diesem Fall auch Mehrheitsaktionäre der Zielgesellschaft und daher im Stande die im Rahmen des *Cold IPO* erforderlichen Maßnahmen selbst zu treffen. Eine diesbezügliche (Selbst-) Verpflichtung wäre in diesem Zusammenhang überflüssig.

b)   Beschluss- und Durchführungsphase

Im Anschluss daran wird die Kapitalerhöhung durch Sacheinlage unter Ausschluss des Bezugsrechts[295] der (Alt-)Aktionäre von der Hauptversammlung der börsennotierten Zielgesellschaft beschlossen.[296] Der Beschluss kommt gemäß § 186 Abs 3 S 2 dAktG / § 153 Abs 3 S 2 öAktG nur mit einer Mehrheit zustande, die mindestens ¾ des bei der Beschlussfassung vertretenen Grundkapitals beträgt.[297]

Im Beschluss muss der Gegenstand der Sacheinlage – also das einzubringende Unternehmen bzw dessen Anteile – , die Person bzw die Anteilseigner von der bzw denen die Gesellschaft das einzubringende Unternehmen erwirbt (=Eigentümer des Börsenkandidaten) sowie bei Nennbetragsaktien der Nennbetrag und bei Stückaktien die Anzahl der bei der Sacheinlage zu gewährenden Aktien festgesetzt werden (§ 183 Abs 1 S 1 dAktG / § 150 Abs 1 S 1 öAktG).[298]

[294] Vgl *Aha*, BB 2001, 2230.
[295] Gemäß §§ 182 Abs 1, 183 Abs 1, 186 Abs 3 dAktG / §§ 149 Abs 1, 150 Abs 1, 153 Abs 3 öAktG.
[296] *Seppelfricke/Seppelfricke*, FB 2001, 587; *Seppelfricke/Seppelfricke*, BB 2002, 366; *Neuroth*, Finance 12/01, 24; *Blättchen/Nespethal*, VentureCapital 2003, 66; *Luschin/Warzecha/Salcher*, Der Gang an die Börse 56.
[297] Vgl *Hüffer*, AktG[9] § 186 Rz 21; zur öRechtslage vgl *Kalss* in *Kalss/Nowotny/Schauer*, ÖGesR[6] Rz 3/758; *Peifer* in MüKo AktG[2] § 186 Rz 144. Ein einfache Stimmenmehrheit muss zudem auch gegeben sein (Vgl *Hüffer*, AktG[9] § 133 Rz 13; zur öRechtslage vgl *Kalss* in *Kalss/Nowotny/Schauer*, ÖGesR[6] Rz 3/758).
[298] Vgl *Hüffer*, AktG[9] § 183 Rz 9; Darüber hinaus fordert das öAktG (§ 150 Abs 1 S 1) noch die Festsetzung des Ausgabebetrags der Aktien (vgl *Peifer* in MüKo AktG[2] § 183 Rz 91; *Kalss* in *Kalss/Nowotny/Schauer*, ÖGesR[6] Rz 3/743).

Der Beschluss darf ferner nur gefasst werden, wenn die Einbringung der Sacheinlage (§ 183 Abs 1 S 2 dAktG / § 150 Abs 1 S 2 öAktG)[299] und die Ausschließungsabsicht hinsichtlich der Bezugsrechte (§ 186 Abs 4 S 1 dAktG / § 153 Abs 4 S 1 öAktG)[300] ausdrücklich und ordnungsgemäß bekannt gemacht worden sind und der Hauptversammlung ein schriftlicher Bericht des Vorstands vorliegt, der den Grund für den Ausschluss darlegt und eine Begründung des vorgeschlagenen Ausgabebetrags enthält (§ 186 Abs 4 S 2 dAktG / § 153 Abs 4 S 2 öAktG).[301]

Darüber hinaus muss durch unabhängige Sachverständige grundsätzlich überprüft werden, ob der Wert des Börsenkandidaten dem geringsten Ausgabebetrag der im Gegenzug gewährten Aktien erreicht (§ 183 Abs 3 S 1 dAktG / § 150 Abs 3 öAktG).[302]

Im Anschluss daran erfolgt die Anmeldung des Hauptversammlungsbeschluss zum Handelsregister bzw Firmenbuch (§ 184 Abs 1 S 1 dAktG / § 151 Abs 1 S 1 öAktG). Der Anmeldung ist dabei insbesondere der Bericht über die Prüfung der Sacheinlagen beizufügen (§ 184 Abs 1 S 2 dAktG / § 151 Abs 1 S 2 öAktG). Dabei wird durch das zuständige Register- bzw Firmenbuchgericht (§ 183 Abs 3 S 2 dAktG / § 151 Abs 3 öAktG) insbesondere überprüft, ob der Wert des Börsenkandidaten bzw dessen Anteile tatsächlich den geringsten Ausgabebetrag der im Gegenzug gewährten Aktien erreicht.[303]

Daraufhin erfolgt die Zeichnung der neuen Aktien durch die Eigentümer des Börsenkandidaten (§ 185 dAktG / § 152 öAktG). Nach der Leistung der Sacheinlage (§ 188 Abs 2 S 1 / § 155 Abs 2 S 1)[304] – also der Übertragung

---

[299] Vgl *Hüffer*, AktG[9] § 183 Rz 10; zur öRechtslage vgl *Peifer* in MüKo AktG[2] § 183 Rz 97; *Kalss* in *Kalss/Nowotny/Schauer*, ÖGesR[6] Rz 3/743. Wobei nach dAktG auch die Festsetzungen bekanntgemacht werden müssen.

[300] Vgl *Hüffer*, AktG[9] § 186 Rz 22; zur öRechtslage vgl *Peifer* in MüKo AktG[2] § 186 Rz 145.

[301] Vgl *Hüffer*, AktG[9] § 186 Rz 23; zur öRechtslage vgl *Kalss* in *Kalss/Nowotny/Schauer*, ÖGesR[6] Rz 3/759.

[302] Vgl *Hüffer*, AktG[9] § 183 Rz 16 f; zur öRechtslage vgl *Kalss* in *Kalss/Nowotny/Schauer*, ÖGesR[6] Rz 3/744.

[303] Vgl im Einzelnen zur dRechtslage *Hüffer*, AktG[9] § 183 Rz 16 –18; sowie zur öRechtslage *Peifer* in MüKo AktG[2] § 183 Rz 106 – 111 und § 184 Rz 45f.

[304] Nach öRechtslage sind Sacheinlagen bereits vor der Anmeldung voll zu erbringen (vgl *Peifer* in MüKo AktG[2] § 188 Rz 66). Nach dRechtslage muss die Leistung der Sacheinlage innerhalb einer

des Börsenkandidaten auf die Zielgesellschaft – wird die Durchführung der Erhöhung des Grundkapitals zur Eintragung in das Handelsregister bzw Firmenbuch angemeldet (§ 188 dAktG / § 155 öAktG). Mit der Eintragung der Durchführung der Kapitalerhöhung ist das Grundkapital erhöht (§ 189 dAktG / § 156 öAktG) und die neuen Mitgliedschaften sind entstanden. Gemäß § 191 dAktG / § 158 öAktG können nun die neuen Aktien ausgegeben werden.

c) Ausschluss der Bezugsrechte

Im Folgenden soll geklärt werden, ob der Ausschluss der Bezugsrechte im Rahmen eines indirekten Börsengangs mittels einer Kapitalerhöhung durch Sacheinlage grundsätzlich zulässig ist. Gemäß § 186 Abs 1 dAktG / § 153 Abs 1 öAktG hat grundsätzlich jeder Aktionär einer Aktiengesellschaft einen Anspruch auf Zuteilung eines seinem Anteil am bisherigen Grundkapital entsprechenden Teils der im Zuge einer Kapitalerhöhung neu entstandenen Aktien. Hiermit soll gewährleistet werden, dass jeder Aktionär trotz der Kapitalerhöhung seine bisherige Beteiligungs- und Stimmrechtsquote aufrechterhalten kann und keine Verwässerung seiner Beteiligung eintritt.[305]

Im Rahmen eines indirekten Börsengangs mittels einer Sachkapitalerhöhung ist es jedoch in der Regel unerwünscht, den (Alt-) Aktionären ein Bezugsrecht zu gewähren.[306] Schließlich dient die Kapitalerhöhung allein der Einbringung des Börsenkandidaten, so dass die neu entstehenden Aktien ausschließlich den vorherigen Eigentümern des Börsenkandidaten als Gegenleistung für ihre Einlage zugeteilt werden sollen. Die Ausgabe neuer Aktien an die Altaktionäre wird dagegen nicht angestrebt.[307]

Frist von fünf Jahren seit Eintragung der Durchführung der Kapitalerhöhung erfolgen (*Peifer* in MüKo AktG[2] § 188 Rz 20).

[305] Vgl *Hüffer*, AktG[9] § 186 Rz 1ff; *Picot* in *Picot/Mentz/Seydel*, VII C Rz 70; zur öRechtslage vgl *Kalss* in *Kalss/Nowotny/Schauer*, ÖGesR[6] Rz 3/748; *Rieder/Huemer*, Gesellschaftsrecht, 334.

[306] Vgl *Blättchen/Nespethal*, VentureCapital 2003, 68; *Bösl*, FB 2003, 299; *Neuroth*, Finance 12/01, 24; *Seppelfricke/Seppelfricke*, FB 2001, 585; *Seppelfricke/Seppelfricke*, BB 2002, 366; *Vater*, DB 2002, 2445; *Renzenbrink/Holzner*, NZG 2003, 201; *Luschin/Warzecha/Salcher*, Der Gang an die Börse 56; aA vgl Allgemeine Informationen Carthago Capital Consulting AG http://www.carthago.de/index.php?id=63#id01 (18.4.2011).

[307] Vgl *Seppelfricke/Seppelfricke*, FB 2001, 585; *Luschin/Warzecha/Salcher*, Der Gang an die Börse 56.

59

Aufgrund des schwerwiegenden Eingriffs in die Mitgliedschaftsrechte der Aktionäre bedarf ein Ausschluss der Bezugsrechte einer sachlichen Rechtfertigung.[308] Eine solche ist gegeben, wenn

- der Ausschluss der Bezugsrechte einem Zweck dient, der im Interesse der Gesellschaft liegt,

- zur Erreichung des beabsichtigten Zweckes geeignet und

- erforderlich ist, dh dass der angestrebte Zweck nicht auf eine andere, schonendere Weise erreicht werden kann, und

- unter Abwägung der Interessen der Gesellschaft auf der einen Seite und der Nachteile der ausgeschlossen Aktionäre auf der anderen Seite verhältnismäßig ist.[309]

Im Folgenden soll festgestellt werden, ob die oben dargestellten Voraussetzungen für die Rechtfertigung des Bezugsrechtsausschlusses bei der Einbringung des Börsenkandidaten im Rahmen eines *Cold IPO* grundsätzlich gegeben sind. Dabei wird davon ausgegangen, dass es sich bei dem Börsenkandidaten um ein wirtschaftlich gesundes und profitabel operierendes Unternehmen handelt.

aa)   Zweck des Bezugsrechtsausschlusses

Der Ausschluss der Bezugsrechte im Rahmen eines *Cold IPO* mittels einer Kapitalerhöhung gegen Sacheinlage kann aus verschiedenen Gründen erfolgen. In diesem Zusammenhang ist zunächst entscheidend, ob die Eigentümer des Börsenkandidaten bereits an der Zielgesellschaft beteiligt sind.

---

[308] Vgl BGH NJW 1978, 1316 (Kali & Salz); *Hüffer*, AktG[9] § 186 Rz 25; *Peifer* in MüKo AktG[2] § 186 Rz 71; zum öAktG vgl *Kalss* in *Kalss/Nowotny/Schauer*, ÖGesR[6] Rz 3/761; *Peifer* in MüKo AktG[2] § 186 Rz 151. Eine sachliche Rechtfertigung ist allerdings dann entbehrlich, wenn alle Aktionäre dem Ausschluss zu stimmen (vgl *Hüffer*, AktG § 186 Rz 25; zum öAktG vgl *Peifer* in MüKo AktG[2] § 186 Rz 152)
[309] Vgl BGH NJW 1978, 1316 (Kali & Salz); *Hüffer*, AktG[9] § 186 Rz 25; *Peifer* in MüKo AktG[2] § 186 Rz 72; zum öAktG vgl *Kalss* in *Kalss/Nowotny/Schauer*, ÖGesR[6] Rz 3/761.

Liegt keine Beteiligung vor, ist der Ausschluss der Bezugsrechte grundsätzlich erforderlich. Schließlich sollen die Eigentümer des Börsenkandidaten im Zuge der Sachkapitalerhöhung als „neue" Aktionäre hinzukommen, so dass die bisherige Beteiligung der Altaktionäre in Höhe von 100% des Grundkapitals logischerweise nicht aufrechterhalten werden kann.[310] Der Bezugsrechtsausschluss dient in dieser Konstellation also dem Zweck, den Eigentümern des Börsenkandidaten als neuen Aktionären einen Zugang zur Gesellschaft zu gewähren.

Gehören dagegen die Eigentümer des Börsenkandidaten bereits dem Kreis der Altaktionäre der Zielgesellschaft an – was aufgrund des regelmäßig im Vorfeld der Sachkapitalerhöhung stattfindenden Kontrollerwerbs der Fall ist – dient der Ausschluss der Bezugsrechte in erster Linie dem Zweck, eine kompensierende Barkapitalerhöhung zu vermeiden[311] oder den bereits im Zuge des Kontrollerwerbs erlangten Anteil der Eigentümer des Börsenkandidaten an der Zielgesellschaft weiter zu erhöhen. Schließlich werden die neu auszugebenen Aktien durch den Bezugsrechtsausschluss ausschließlich diesen zugeteilt, womit sich nur ihr Anteil erhöht und der Anteil der Altaktionäre weiter verwässert wird.

Der Zweck des Bezugsrechtsausschluss müsste ferner im Interesse der Zielgesellschaft liegen. Die Aufnahme von neuen Aktionären, die Vermeidung einer kompensierenden Barkapitalerhöhung sowie die weitere Anteilsaufstockung an der Zielgesellschaft dienen letztlich (jeweils) dem Zweck, die Durchführung eines *Cold IPO* zu ermöglichen. Der *Cold IPO* müsste –vorliegend – also im Interesse der Zielgesellschaft liegen.

Bei einer Mantelgesellschaft dürfte dies regelmäßig der Fall sein. Schließlich wird diese im Zuge des indirekten Börsengangs mit einem neuen operativ tätigen Unternehmen ausgestattet und verliert somit den Status der

---

[310] So wohl auch *Kirchner/Sailer*, NZG 2002, 310.
[311] Vgl *Vater*, DB 2002, 2445.

Unternehmenslosigkeit. Diese wirtschaftliche (Wieder-) Belebung dürfte dabei zweifelsohne im Interesse einer Mantelgesellschaft liegen.

Fraglich ist allerdings, ob ein *Cold IPO* auch im Interesse einer noch aktiven Zielgesellschaft liegt. Dies kann nicht allgemeingültig beantwortet werden. Vielmehr muss auf den Einzelfall abgestellt werden, wobei ein Interesse der Zielgesellschaft insbesondere dann anzunehmen ist, wenn sich das Unternehmen der Zielgesellschaft und der einzubringende Börsenkandidat wirtschaftlich ergänzen.

ab)   Geeignetheit des Bezugsrechtsausschlusses

Ferner müsste der Ausschluss der Bezugsrechte zur Erreichung des Zwecks geeignet sein. Durch den Bezugsrechtsausschluss kann sowohl die Aufnahme von neuen Aktionären also auch die Vermeidung einer kompensierenden Barkapitalerhöhung und die weitere Anteilsaufstockung an der Zielgesellschaft ermöglicht werden. Hinsichtlich der Geeignetheit des Bezugsrechtsausschlusses ergeben sich somit keine Bedenken.

ac)   Erforderlichkeit

Fraglich ist allerdings, ob der Bezugsrechtsauschluss zur Erreichung des Zwecks auch erforderlich ist. Es ist also insbesondere danach zu fragen, ob nicht eine andere – im Hinblick auf das Bezugsrecht der Altaktionäre – schonendere Vorgehensweise existiert, die es den Eigentümern des Börsenkandidaten gleichermaßen ermöglicht, den *Cold IPO* ihres Unternehmens zu erreichen.

(1)   Keine Beteiligung an der Zielgesellschaft

Im Falle, dass die Eigentümer des Börsenkandidaten nicht bereits zum Kreis der Altaktionäre der Zielgesellschaft gehören, dient der Ausschluss der Bezugsrechte – wie bereits dargestellt – primär dem Zweck, diese als Neuaktionäre in die Zielgesellschaft aufzunehmen. Der bisherige Anteil der Altaktionäre (iHv 100%) kann insofern denklogisch nicht aufrechterhalten werden.[312] Der Ausschluss der Bezugsrechte der Altaktionäre ist in dieser Konstellation also zwingend erforderlich.

Ferner kommt als schonendere Vorgehensweise auch kein Erwerb des Börsenkandidaten durch die börsennotierte Zielgesellschaft unter Einsatz von Barmitteln in Betracht.[313] Dies hätte zwar den Vorteil, dass die bisherigen Stimmrechts- und Beteiligungsquoten unberührt blieben. Zu beachten ist jedoch, dass ein solches Vorgehen als Transaktionsvariante für einen *Cold IPO* nur dann in Frage kommt, wenn die Eigentümer des Börsenkandidaten bereits an der Zielgesellschaft beteiligt sind. Schließlich haben die Eigentümer des Börsenkandidaten im Rahmen eines *Cold IPO* kein Interesse daran, ihre Anteile am Börsenkandidaten an die Zielgesellschaft – an der sie selbst nicht beteiligt sind – zu verkaufen, sondern wollen vielmehr den Börsengang ihres Unternehmens unter Aufrechterhaltung einer (indirekten) Beteiligung erreichen.

Der Ausschluss der Bezugsrechte ist in dieser Konstellation also insgesamt als erforderlich anzusehen.

(2)   Bestehende Beteiligung

Fraglich ist allerdings wie die Erforderlichkeit des Bezugsrechtausschlusses zu beurteilen ist, wenn die Eigentümer des Börsenkandidaten im Vorfeld der Sachkapitalerhöhung bereits eine Beteiligung an der Zielgesellschaft aufgebaut haben und somit ebenfalls dem Kreis der Altaktionäre angehören.

Für die Durchführung eines *Cold IPO* ist der Ausschluss der Bezugsrechte in diesem Fall eigentlich nicht zwingend erforderlich. So kann dieser auch ohne Ausschluss der Bezugsrechte mittels einer gemischten Kapitalerhöhung erreicht werden. Schließlich kommt eine gemischte Kapitalerhöhung immer dann in Betracht, wenn die Erbringer der Sacheinlage bereits zum

---

[312] So wohl auch *Kirchner/Sailer*, NZG 2002, 310.
[313] Zum Erwerb unter Verwendung von Barmitteln als mildere Vorgehensweise vgl allgemein *Hüffer*, AktG[9] § 186 Rz 34; *Kirchner/Sailer*, NZG 2002, 308.

63

Aktionärskreis der betroffenen Gesellschaft gehören.[314] Bei einer gemischten Kapitalerhöhung[315] wird neben der Sachkapitalerhöhung auch eine kompensierende Barkapitalerhöhung beschlossen. Zweck eines solchen Vorgehens ist es, den außenstehenden Aktionären die Möglichkeit zu geben, durch Zeichnung der Barkapitalerhöhung ihre bisherigen Beteiligungs- und Stimmrechtsquoten aufrecht zu erhalten und eine Verwässerung ihrer Anteile zu vermeiden.[316]

Zu beachten ist jedoch, dass eine gemischte Kapitalerhöhung zusätzlichen Aufwand bedeutet und dass der Ausschluss der Bezugsrechte im Rahmen *Cold IPO* – wie bereits dargestellt – gerade dem Zweck dient, eine zusätzliche Barkapitalerhöhung und den damit verbundenen Aufwand zu vermeiden. Der *Cold IPO* mittels einer gemischten Kapitalerhöhung ist vor diesem Hintergrund nicht im gleichen Maße geeignet.

Als in gleichem Maße geeignetes – jedoch im Hinblick auf die Verwässerung der Altaktionäre schonenderes – Mittel kommt ferner der Erwerb des Börsenkandidaten unter Einsatz von Barmitteln in Betracht. Aus transaktionstechnischer Sicht kommt diese Variante des *Cold IPO* vorliegend grundsätzlich in Frage. Schließlich können die Eigentümer des Börsenkandidaten aufgrund ihrer bereits bestehenden Beteiligung an der Zielgesellschaft ihr Unternehmen an diese verkaufen, ohne ihre Beteiligung – die mittelbar durch ihre Anteile an der Zielgesellschaft erhalten bleibt – aufzugeben. Zu beachten ist allerdings, dass diese Transaktionsvariante nur

---

[314] Vgl *Hüffer*, AktG[9] § 186 Rz 34; *Kirchner/Sailer*, NZG 2002, 310.
[315] Im Falle eines indirekten Börsengangs mittels einer Sacheinlage könnte eine gemischte Kapitalerhöhung folgendermaßen gestaltet werden: Die Höhe der kombinierten Kapitalerhöhung müsste so festgesetzt werden, dass der prozentuale Anteil der Sacheinlage an der gesamten Kapitalerhöhung dem prozentualen Anteil der im Vorfeld aufgebauten Beteiligung an der Zielgesellschaft entspricht. Der prozentuale Anteil der Bareinlage an der gesamten Kapitalerhöhung müsste dagegen dem prozentualen Anteil der Restaktionäre an der Zielgesellschaft entsprechen. Im Ergebnis würde sich nach der Durchführung der Kapitalerhöhung an den Beteiligungsverhältnissen also nichts ändern (so auch *Kirchner/Sailer*, NZG 2002, 310; im Einzelnen zur Durchführung einer gemischten Kapitalerhöhung vgl *Aha*, BB 2001, 2227). Alternativ können auch zwei Kapitalerhöhungen (Sach- und Barkapitalerhöhung) vorgenommen werden, wobei ein sog gekreuzter Bezugsrechtsausschluss erfolgen muss (vgl *Aha*, BB 2001, 2226).
[316] Vgl *Aha*, BB 2001, 2226. Wobei sich im Falle eines *Reverse Merger* die Frage stellt, ob nicht schon von einem faktischen Bezugsrechtsausschluss ausgegangen werden muss. Schließlich kann es aufgrund der *Reverse-Konstellation* dazu kommen, dass die kompensierende Barkapitalerhöhung ein Vielfaches der von den außenstehenden Aktionären gehaltenen Aktien ausmacht, was zur Folge hat, dass die finanzielle Last des Verwässerungsausgleichs in keinem Verhältnis zum ursprünglichen Investment mehr steht. Dies ist jedoch zu verneinen (vgl *Aha*, BB 2001, 2227).

dann in Frage kommt, wenn die Zielgesellschaft über ausreichende finanzielle Mittel verfügt, den Börsenkandidaten zu übernehmen. Dies dürfte jedoch aufgrund der typischerweise im Rahmen eines *Cold IPO* vorliegenden *Reverse-Konstellation* in der Regel nicht möglich sein.[317]

Ferner kommen ein käuflicher Erwerb des Börsenkandidaten sowie eine gemischte Kapitalerhöhung als mildere Mittel schon dann nicht in Betracht, wenn die Aufrechterhaltung der bisherigen Beteiligungs- und Stimmrechtsquoten überhaupt nicht vorgesehen ist. Dies ist insbesondere dann der Fall, wenn der bereits bestehende Anteil der Eigentümer des Börsenkandidaten an der Zielgesellschaft im Zuge der Sachkapitalerhöhung unter Ausschluss der Bezugsrechte noch erhöht werden soll, um zB eine bestimmte Beteiligungsquote zu erreichen. Zur Erreichung dieses Zwecks wären der käufliche Erwerb des Börsenkandidaten bzw eine gemischte Kapitalerhöhung insofern nicht in gleichem Maße geeignet.

Im Ergebnis muss die Erforderlichkeit des Ausschluss der Bezugsrechte dann angenommen werden, wenn es sich (1) bei den Eigentümern des Börsenkandidaten um Außenstehende handelt, die im Zuge des *Cold IPO* als Neuaktionäre in die Zielgesellschaft aufgenommen werden sollen, (2) eine gemischte Kapitalerhöhung vermieden werden soll oder (3) die Beteiligungsquote der Eigentümer des Börsenkandidaten im Zuge eines *Reverse Merger* noch ausgebaut werden soll.

ad) Interessenabwägung / Verhältnismäßigkeit

Abschließend ist zu klären, ob der Ausschluss der Bezugsrechte der Altaktionäre unter Abwägung der Interessen der Zielgesellschaft auf der einen Seite und der Nachteile der ausgeschlossen Aktionäre auf der anderen Seite verhältnismäßig ist. Es muss also überprüft werden, ob der mit dem Bezugsrechtsauschluss verbundene Nachteil für die Gesellschafter nicht außer Verhältnis zu dem für die Gesellschaft erstrebten Vorteil steht.

---

[317] Vgl unter D.IV.3.c).

Bei einem *Cold IPO* unter Verwendung eines Börsenmantels wird einer unternehmenslosen nicht mehr operativ tätigen Gesellschaft durch die Einbringung eines Unternehmens quasi neues Leben eingehaucht. Dass dies grundsätzlich im Interesse einer Mantelgesellschaft liegt, wurde bereits festgestellt. Der Nachteil der ausgeschlossenen Aktionäre ist dagegen in der Verwässerung ihrer bisherigen Stimmrechts- und Beteiligungsquote zu sehen.

Fraglich ist allerdings, welcher der beiden Aspekte vorliegend überwiegt. Zwar stellt das Bezugsrecht der Aktionäre im Rahmen einer Kapitalerhöhung ein sehr bedeutsames Aktionärsrecht dar. Es ist jedoch zu bedenken, dass die Aktionäre vorliegend keine Anteile an einem aktiven Unternehmen, sondern lediglich an einem unternehmenslosen Gesellschaftsmantel halten. Es kann also davon ausgegangen werden, dass sie ebenfalls ein Interesse an der Reaktivierung der Mantelgesellschaft haben. Schließlich werden sie im Zuge der Neuausrichtung (wieder) zu Teilhabern eines wirtschaftlich aktiven Unternehmens und profitieren dabei insbesondere auch in finanzieller Hinsicht. Zu denken ist insofern zB an Dividendenerträge und potentielle Kursgewinne. Vor diesem Hintergrund dürften die Altaktionäre den relativen Beteiligungs- und Stimmrechtsverlust also gut verkraften. Der Ausschluss der Bezugsrechte wäre insofern also verhältnismäßig.

Anders verhält es sich, wenn als Zielgesellschaft ein noch aktives Unternehmen herangezogen wird. Wie bereits dargestellt ist das Interesse der Zielgesellschaft an einem indirekten Börsengang in einem solchen Fall insbesondere dann anzunehmen, wenn sich das Unternehmen der Zielgesellschaft und der Börsenkandidat wirtschaftlich ergänzen. Inwieweit dieses Interesse das Interesse der Altaktionäre an der Aufrechterhaltung ihrer Stimmrechts- und Beteiligungsquote überwiegt, kann jedoch nicht allgemeingültig beantwortet werden. Vielmehr muss auch hier auf den jeweiligen Einzelfall abgestellt werden. Ein überwiegendes Interesse ist jedoch insbesondere dann denkbar, wenn sich aus dem Zusammenschluss der beiden Unternehmen Synergieeffekte ergeben, von denen mittelbar auch die Aktionäre der Zielgesellschaft profitieren.[318] Ferner ist von einem überwiegenden Interesse auszugehen, wenn sich die Zielgesellschaft kurz vor der Insolvenz befindet und dieser Zustand durch die Einbringung des Börsenkandidaten abgewendet werden kann.[319]

Im Ergebnis ist also festzuhalten, dass der Ausschluss der Bezugsrechte im Rahmen eines *Cold IPO* grundsätzlich geeignet, erforderlich und verhältnismäßig ist.[320] Der Ausschluss der Bezugsrechte ist demnach in der Regel sachlich gerechtfertigt.

d) Nachfolgende Verschmelzung

Wie bereits angesprochen werden bei einem indirekten Börsengang mittels einer Sachkapitalerhöhung in der Regel die Geschäftsanteile des Börsenkandidaten in die Zielgesellschaft eingebracht.[321] Dies hat zur Folge, dass der Börsenkandidat bzw dessen Rechtsträger als juristische Person erhalten bleibt.[322] Im Ergebnis entsteht also zunächst eine doppelstöckige Struktur, bei der der Börsenkandidat bzw dessen Rechtsträger eine 100%-ige Tochtergesellschaft der börsennotierten Zielgesellschaft wird.[323] Genau genommen wird hierdurch keine unmittelbare Börsennotierung des Börsenkandidaten erreicht. Um eine rechtliche Einheit zu schaffen, wird der Börsenkandidat daher regelmäßig in einem zweiten Schritt im Rahmen eines sog *Upstream Merger*[324] auf die Zielgesellschaft verschmolzen.[325] Dies ist jedoch nicht zwingend. So kann die Aufrechterhaltung einer doppelstöckigen Struktur auch von Vorteil sein. Dies ist beispielsweise dann der Fall, wenn seitens des Börsenkandidaten bzw seines Rechtsträgers noch Gewährleistungsansprüche abzuwickeln sind oder dieser über spezielle

---

[318] Wohl auch *Seppelfricke/Seppelfricke*, FB 2001, 587.
[319] Wohl auch *Seppelfricke/Seppelfricke*, FB 2001, 587.
[320] Im Ergebnis zustimmend *Seppelfricke/Seppelfricke*, FB 2001, 587f; *Vater*, DB 2002, 2445 Fn 6.
[321] Vgl *Bösl*, FB 2003, 299; *Neuroth*, Finance 12/01, 24; *Krauel*, Börsen-Zeitung vom 26.3.02, 14. So wohl auch *Schanz*, Börseneinführung[3] § 14 Rz 36; *Blättchen/Nespethal*, VentureCapital 2003, 68; *Seppelfricke/Seppelfricke*, GoingPublic 3/02, 95.
[322] Vgl *Blättchen/Nespethal* in *Wiedemann* 599; *Krauel*, Börsen-Zeitung vom 26.3.02, 14. So wohl auch *Schanz*, Börseneinführung[3] § 14 Rz 36; *Bösl*, FB 2003, 299; *Neuroth*, Finance 12/01, 24; *Seppelfricke/Seppelfricke*, GoingPublic 3/02, 95.
[323] Vgl *Krauel*, Börsen-Zeitung vom 26.3.02, 14; *Schanz*, Börseneinführung[3] § 14 Rz 36.
[324] Zum rechtlichen Verfahren beim *Upstream Merger* vgl unter D.IV.3.f).
[325] Vgl *Bösl*, FB 2003, 299; *Schanz*, Börseneinführung[3] § 14 Rz 36; *Krauel*, Börsen-Zeitung vom 26.3.02, 14; *Blättchen/Nespethal*, VentureCapital 2003, 68; *Blättchen/Nespethal* in *Wiedemann* 600.

Rechte verfügt, die im Zuge der einer Verschmelzung nicht übertragbar sind aber dennoch erhalten werden sollen.[326]

e)   Anfechtungsrisiko

Problematisch kann bei einem indirekten Börsengang mittels einer Sachkapitalerhöhung unter Umständen die Anfechtung des Kapitalerhöhungsbeschlusses werden.[327]

aa)   Anfechtung nach dAktG

So kann ein Sachkapitalerhöhungsbeschluss unter Ausschluss der Bezugsrechte nach deutschem Aktienrecht insbesondere gemäß § 255 Abs 2 dAktG analog[328] mit dem Grund angefochten werden, dass die auf die neu ausgegeben Aktien geleistete Sacheinlage nicht dem Wert der Mitgliedschaft entspricht.[329] Möglich ist eine Anfechtung gemäß §§ 255 Abs 1 iVm 243 Abs 1 dAktG auch dann, wenn der Bezugsrechtsausschluss sachlich nicht gerechtfertigt ist.[330]

Wird eine Anfechtungsklage erhoben, ist die Eintragung des Sachkapitalerhöhungsbeschluss in das Handelsregister unter Umständen blockiert.[331] In einem solchen Fall ist die Umsetzung des indirekten Börsengangs bis zur gerichtlichen Entscheidung über die Anfechtungsklage nicht möglich.[332] Es sei denn, die Registersperre kann in einem Freigabeverfahren gemäß § 246 a dAktG durch Gerichtsbeschluss durchbrochen werden.[333] Ist die Anfechtungsklage begründet, führt dies zur

---

[326] Vgl *Seppelfricke/Seppelfricke*, GoingPublic 3/02, 95.

[327] Vgl *Bösl*, FB 2003, 299; *Neuroth*, Finance 12/01, 26.

[328] Zur Begründung der analogen Anwendung bei Sachkapitalerhöhungen vgl *Hüffer*, AktG[9] § 255 Rz 11.

[329] Vgl *Hüffer*, AktG[9] § 255 Rz 1f; *Aha*, BB 2001, 2226.

[330] Vgl *Hüffer*, AktG[9] § 255 Rz 3; *Aha*, BB 2001, 2226.

[331] Vgl *Hüffer*, AktG[9] § 243 Rz 53; *Aha*, BB 2001, 2226.

[332] Vgl *Bösl*, FB 2003, 299; Als Praxisbeispiel ist in diesem Zusammenhang der indirekte Börsengang der *Broadway Musical Management GmbH* (BMM) zu nennen. Diese sollte in den Börsenmantel der ehemaligen *Hegener & Glaser AG* eingebracht werden, welche im Anschluss als *Stella Entertainment AG* firmieren sollte. Die Eintragung wurde jedoch über ein halbes Jahr blockiert, da fünf Aktionäre eine Anfechtungsklage gegen den Kapitalerhöhungsbeschluss erhoben hatten (vgl *Neuroth*, Finance 12/01, 26; *Hock/Meier*, Der große Mantelaktien-Report 102 f http://www.amiculum.de/Diverse-Archiv.html (18.4.2011)).

[333] Vgl *Hüffer*, AktG[9] § 246a Rz 12.

68

Nichtigkeit des Kapitalerhöhungsbeschlusses.[334] Womit die Kapitalerhöhung und damit auch der indirekte Börsengang endgültig gescheitert sind.

ab) Anfechtung nach öAktG

Auch nach österreichischem Recht kann ein Sachkapitalerhöhungsbeschluss unter Ausschluss der Bezugsrechte gemäß § 195 Abs 1 öAktG mit dem Grund angefochten werden, dass die auf die neu ausgegeben Aktien geleistete Sacheinlage nicht dem Wert der Mitgliedschaft entspricht.[335] Darüber hinaus kommt eine Anfechtung gemäß § 195 Abs 1 öAktG auch dann in Betracht, wenn der Bezugsrechtsausschluss sachlich nicht gerechtfertigt ist.[336]

ac) Missbrauch des Anfechtungsrechts

Im Rahmen von *Cold IPOs* kommt es häufig zu einem Missbrauch des Anfechtungsrechts.[337] Dabei treten insbesondere sog Berufskläger in Erscheinung, die das Instrument der Anfechtungsklage als Druck- und Erpressungsmittel nutzen. Hierbei wird zunächst versucht, die im Zuge der Neuausrichtung erforderlichen Hauptversammlungsbeschlüsse durch die Erhebung einer Anfechtungsklage zu blockieren, um sich in einem zweiten Schritt die Rücknahme der Klage gegen die Gewährung von Vermögensvorteilen abkaufen zu lassen.[338] Ein solches Vorgehen kann zu erheblichen Verzögerungen oder sogar zum endgültigen Scheitern des *Cold IPO* führen.

---

[334] Vgl *Hüffer*, AktG[9] § 248 Rz 4.
[335] Vgl *Hüffer* in MüKo AktG[2] § 255 Rz 24. Der Anfechtungsgrund ist dabei in einem (Gesetzes-) Verstoß gegen den Gleichbehandlungsgrundsatz (§ 53 a öAktG) zu sehen (vgl *Hüffer* in MüKo AktG[2] § 255 Rz 24 iVm § 243 Rz 153).
[336] Vgl *Peifer* in MüKo AktG[2] § 186 Rz 170.
[337] Vgl *Hock/Meier*, Der große Mantelaktien-Report 15 http://www.amiculum.de/Diverse-Archiv.html (18.4.2011)).
[338] Vgl ausführlich zu dieser Problematik *Hüffer*, AktG[9] § 245 Rz 22 ff; für Ö vgl *Kalss* in *Kalss/Nowotny/Schauer*, ÖGesR[6] Rz 3/663.

f)   Genehmigtes Kapital

Fraglich ist, ob die Einbringung des Börsenkandidaten auch durch eine Sachkapitalerhöhung unter Ausnutzung eines genehmigten Kapitals der Zielgesellschaft erfolgen kann.[339] Unter einem genehmigten Kapital (§ 202 Abs 1 dAktG / § 169 Abs 1 öAktG) wird die zeitlich begrenzte Ermächtigung des Vorstands verstanden, das Grundkapital der Gesellschaft mit Zustimmung des Aufsichtsrats[340] bis zu einem bestimmten Betrag durch Ausgabe neuer Aktien gegen Einlagen zu erhöhen.[341] Die Ermächtigung muss dabei entweder in der Satzung der Gesellschaft vorgesehen sein (§ 202 Abs 1 dAktG / § 169 Abs 1 öAktG) oder nachträglich durch eine Satzungsänderung[342] herbeigeführt werden (§ 202 Abs 2 dAktG / § 169 Abs 2 öAktG). Sinn und Zweck des genehmigten Kapitals ist dabei, einer Gesellschaft bei der Kapitalbeschaffung und bei Unternehmenszusammenschlüssen zusätzliche Bewegungsfreiheit zu gewähren.[343] So kann das Grundkapital schnell und flexibel durch die Verwaltung der Gesellschaft erhöht werden, ohne dass der schwerfällige und kostenintensive Apparat der Hauptversammlung in Gang gesetzt werden muss.[344] Ferner besteht mangels Hauptversammlungsbeschlusses auch kein Anfechtungsrisiko.[345]

Im Hinblick auf die Frage, ob die Einbringung des Börsenkandidaten im Rahmen eines genehmigten Kapitals erfolgen kann, ist zunächst festzustellen, dass dies (überhaupt) nur dann in Frage kommt, wenn die Zielgesellschaft über eine entsprechende Satzungsermächtigung verfügt.[346] Diese muss dabei insbesondere die Erhöhung des Grundkapitals gegen Sacheinlage (§ 205 Abs 1 dAktG / § 172 öAktG) und (idealerweise) die Möglichkeit des Bezugsrechtsausschlusses durch den Vorstand (§ 203 Abs 2 dAktG / § 170 Abs 2 öAktG) vorsehen.

---

[339] So etwa *Hettich*, GoingPublic 2006, 118; *Winkel/Zeiss*, GoingPublic 5/07, 52.
[340] Vgl § 203 Abs 3 S 2 dAktG bzw § 169 Abs 3 S 2 öAktG.
[341] Vgl *Hüffer*, AktG[9] § 202 Rz 2; zum öAktG vgl *Kalss* in *Kalss/Nowotny/Schauer*, ÖGesR[6] Rz 3/789.
[342] Die Satzungsänderung bedarf dabei eines Mehrheitsbeschlusses der Hauptversammlung, der mindestens ¾ des bei der Beschlussfassung vertretenen Grundkapitals umfasst (vgl § 202 Abs 2 S 2 dAktG/ § 169 Abs 2 S 2 öAktG).
[343] Vgl *Bayer* in MüKo AktG[2] § 202 Rz 1; *Picot* in *Picot/Mentz/Seydel*, VII C Rz 174.
[344] Vgl *Bayer* in MüKo AktG[2] § 202 Rz 1; *Picot* in *Picot/Mentz/Seydel*, VII C Rz 174; zum öAktG vgl *Bayer* in MüKo AktG[2] § 202 Rz 121.
[345] Vgl *Aha*, BB 2001, 2226.
[346] Vgl *Aha*, BB 2001, 2226; *Hettich*, GoingPublic 2006, 118; *Neuroth*, Finance 12/01, 25.

Zu klären ist allerdings, wie sich § 202 Abs 3 S 1 dAktG bzw § 169 Abs 3 S 1 öAktG auf die Durchführbarkeit der Einbringung im Rahmen eines genehmigten Kapitals auswirkt. So sehen diese Vorschriften sinngemäß vor, dass der Nennbetrag des genehmigten Kapitals nicht höher sein darf als die Hälfte des zur Zeit der Ermächtigung vorhandenen Grundkapitals. Mit anderen Worten darf der Anteil der durch die Einlage des Börsenkandidaten neu entstehenden Aktien nach der Kapitalerhöhung höchstens 1/3 des gesamten Grundkapitals betragen. Dieses Erfordernis dürfte bei der Durchführung eines indirekten Börsengangs im Rahmen eines genehmigten Kapitals in der Regel zu Problemen führen.[347] Dies lässt sich vor allem damit erklären, dass bei einem indirekten Börsengang der Börsenkandidat in der Regel einen höheren Unternehmenswert aufweist als die Zielgesellschaft (sog *Reverse-Konstellation*). Dies gilt insbesondere dann, wenn es sich bei der Zielgesellschaft um eine Mantelgesellschaft handelt. Die Einbringung des Börsenkandidaten kann aufgrund dieser Bewertungsrelation daher nur erfolgen, wenn die Zielgesellschaft mittels einer Kapitalerhöhung mehr Aktien ausgibt als bisher insgesamt vorhanden sind.[348] Da das Grundkapital im Rahmen eines genehmigten Kapitals gemäß § 202 Abs 3 S 1 dAktG bzw § 169 Abs 3 S 1 öAktG jedoch nur um 50% erhöht werden darf, scheidet diese Vorgehensweise für die Einbringung des Börsenkandidaten bei einem indirekten Börsengang in der Regel aus.[349]

g)   Zwischenergebnis

Eine Einbringungsvariante im Rahmen eines *Cold IPO* besteht darin, den Börsenkandidaten als Sacheinlage im Zuge Kapitalerhöhung in die börsennotierte Zielgesellschaft einzubringen, wobei in der Regel die Geschäftsanteile des Börsenkandidaten eingebracht werden (*Share Deal*).

Im Vorfeld der Sachkapitalerhöhung wird dabei eine Einlagenvereinbarung zwischen den Eigentümern des Börsenkandidaten und der Zielgesellschaft getroffen, welche die Modalitäten der Kapitalerhöhung regelt.

---

[347] Vgl *Neuroth*, Finance 12/01, 25; *Aha*, BB 2001, 2226.
[348] Vgl *Weiser*, KoR 11/05, 489.
[349] Vgl *Neuroth*, Finance 12/01, 25; *Aha*, BB 2001, 2225; vgl auch Allgemeine Informationen Carthago Capital Consulting AG http://www.carthago.de/index.php?id=63#id01 (18.4.2011).

Darüber hinaus kommt es häufig zum Abschluss eines *Business Combination Agreements* zwischen den Eigentümern des Börsenkandidaten, der Zielgesellschaft und den Mehrheitsaktionären, welches die für den Zusammenschluss notwendigen gesellschaftsrechtlichen Maßnahmen rechtsverbindlich strukturiert. Dabei verpflichten sich die Mehrheitsaktionäre insbesondere dazu, die für die Umsetzung der Kapitalerhöhung erforderlichen Hauptversammlungsbeschlüsse zu treffen.

Die Kapitalerhöhung durch Sacheinlage wird unter Ausschluss des Bezugsrechts der (Alt-) Aktionäre von der Hauptversammlung der börsennotierten Zielgesellschaft beschlossen. Der Beschluss bedarf dabei einer Mehrheit, die mindestens ¾ des bei der Beschlussfassung vertretenen Grundkapitals beträgt.

Der Ausschluss der Bezugsrechte im Rahmen eines *Cold IPO* dürfte in der Regel sachlich gerechtfertigt sein.

Durch die Sacheinlage der Geschäftsanteile des Börsenkandidaten wird dieser zunächst zu einer 100%-igen Tochtergesellschaft der Zielgesellschaft (doppelstöckige Struktur). Es besteht jedoch die Möglichkeit die Tochter- auf die Muttergesellschaft zu verschmelzen (sog *Upstream Merger*).

Zudem besteht bei einer Sachkapitalerhöhung das Risiko, dass der Kapitalerhöhungsbeschluss mit der Begründung angefochten wird, dass die auf die neu ausgegeben Aktien geleistete Sacheinlage nicht dem Wert der Mitgliedschaft entspricht oder der Bezugsrechtsausschluss sachlich nicht gerechtfertigt ist.

Die Ausnutzung eines bestehenden genehmigten Kapitals der Zielgesellschaft zur Einbringung des Börsenkandidaten kommt aufgrund der in der Regel vorliegenden *Reverse-Konstellation* nicht in Betracht. Schließlich darf das Grundkapital unter Ausnutzung eines genehmigten Kapitals nur um maximal 50% erhöht werden.

2. Verschmelzung durch Aufnahme

Eine weitere Möglichkeit den Börsenkandidaten in die börsennotierte Zielgesellschaft einzubringen besteht darin, diesen auf die Zielgesellschaft zu verschmelzen.[350] Dies wird durch eine Verschmelzung durch Aufnahme gemäß § 2 Nr 1 UmwG / § 219 Nr 1 öAktG erreicht.[351] Im Zuge der Verschmelzung wird das gesamte Vermögen der nicht börsennotierten operativ tätigen Gesellschaft als Ganzes mit allen Rechten und Pflichten einschließlich der Verbindlichkeiten auf die Zielgesellschaft übertragen.[352] Die Anteilseigner der übertragenden Gesellschaft erhalten hierfür im Gegenzug Aktien der übernehmenden (Ziel-) Gesellschaft,[353] wobei diese erst durch eine Kapitalerhöhung geschaffen werden müssen.[354] Liegt zudem eine *Reverse-Konstellation* vor, ist vom klassischen Fall eines *Reverse Merger* auszugehen.[355]

Ein vorangehender Kontrollerwerb ist bei dieser Transaktionsvariante aus denselben Gründen entbehrlich wie bei einer Einbringung mittels einer Sachkapitalerhöhung.[356]

Ein Praxisbeispiel für diese Transaktionsvariante stellt der *Cold IPO* der *Carl Zeiss Ophthalmic Systems AG* (Börsenkandidat) dar.[357] So wurde diese mittels einer Verschmelzung durch Aufnahme in die börsennotierte *Asclepion Meditec AG* (Zielgesellschaft) eingebracht, wobei die ehemaligen Eigentümer des Börsenkandidaten (*Carl Zeiss Gruppe*) aufgrund der vorliegenden

---

[350] Vgl *Heidelbach* in *Schwark/Zimmer*, KMRK[4] § 32 BörsG Rz 21; *Schanz*, Börseneinführung[3] § 14 Rz 36; *Nadler*, FB 2001, 40; *Renzenbrink/Holzner*, NZG 2003, Fn 3; *Blättchen/Nespethal*, VentureCapital 2003, 66; *Winkel/Zeiss*, GoingPublic 5/07, 52; *Bösl*, FB 2003, 299; *Neuroth*, Finance 12/01, 24; *Seppelfricke/Seppelfricke*, FB 2001, 585; *Seppelfricke/Seppelfricke*, BB 2002, 366; *Hettich*, GoingPublic 2006, 118; *Lenz/Hasselbring*, Die Bank 2001, 875; *Vater*, DB 2002, 2445; *Krauel*, Börsen-Zeitung vom 26.3.02, 14; *Luschin/Warzecha/Salcher*, Der Gang an die Börse 56.

[351] Vgl *Seppelfricke/Seppelfricke*, FB 2001, 585; *Nadler*, FB 2001, 40; *Luschin/Warzecha/Salcher*, Der Gang an die Börse 56. Allgemein zu dieser Verschmelzungsvariante vgl *Stengel* in *Semler/Stengel* UmwG[2] § 2 Rz 23 ff oder zur öRechtslage vgl *Kalss* in *Kalss/Nowotny/Schauer*, ÖGesR[6] Rz 3/956 ff.

[352] Vgl *Bösl*, FB 2003, 299; *Nadler*, FB 2001, 40; *Seppelfricke/Seppelfricke*, BB 2002, 366; *Blättchen/Nespethal*, VentureCapital 2003, 66.

[353] Vgl *Schanz*, Börseneinführung[3] § 14 Rz 40; *Bösl*, FB 2003, 299; *Nadler*, FB 2001, 40; *Seppelfricke/Seppelfricke*, BB 2002, 366; *Blättchen/Nespethal*, VentureCapital 2003, 66.

[354] Vgl *Heidelbach* in *Schwark/Zimmer*, KMRK[4] § 32 BörsG Rz 21; *Bösl*, FB 2003, 299; *Blättchen/Nespethal*, VentureCapital 2003, 66.

[355] Vgl *Nadler*, FB 2001, 40; *Schanz*, Börseneinführung[3] § 14 Rz 40.

[356] Vgl unter D.IV.1.

[357] Vgl ausführlich *Blättchen/Götz*, FB 2002, 666; *Blättchen/Nespethal* in *Wiedemann* 600.

Reverse-Konstellation im Zuge der Verschmelzung eine Mehrheitsbeteiligung in Höhe von 76% an der aus der Transaktion hervorgegangenen börsennotierten *Carl Zeiss Meditec AG* erhielten. Die Durchführung eines *Cold IPO* war dabei für die Eigentümer der *Carl Zeiss Ophthalmic Systems AG* in zweierlei Hinsicht von Vorteil. So gelang es ihnen zum einen, ihr Unternehmen in einem schwierigen Marktumfeld an die Börse zu bringen[358], zum anderen ergaben sich im Hinblick auf die zu verschmelzenden Einheiten erhebliche Synergieeffekte. Schließlich waren beide Unternehmen im Bereich der Augenheilkunde tätig, so dass Synergien sowohl im Hinblick auf Forschung und Entwicklung als auch im Hinblick auf Marketing und Vertrieb genutzt werden konnten.[359]

Im Folgenden sollen die wesentlichen Verfahrensschritte der Verschmelzung durch Aufnahme dargestellt werden.[360]

Abbildung 4: Transaktionsablauf bei Verschmelzung

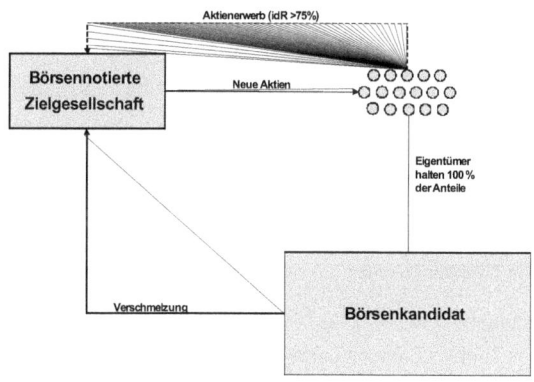

[358] Vgl *Blättchen/Götz*, FB 2002, 666.
[359] Vgl *Blättchen/Götz*, FB 2002, 666; *Blättchen/Nespethal* in *Wiedemann* 601.
[360] Eine ausführliche Darstellung des Ablaufs einer Verschmelzung findet sich bei *Temme* in *Picot/Mentz/Seydel*, X A Rz 5; zur öRechtslage vgl *Kalss* in *Kalss/Nowotny/Schauer*, ÖGesR[6] Rz 3/956 ff.

Abbildung 5: Transaktionsergebnis bei Verschmelzung

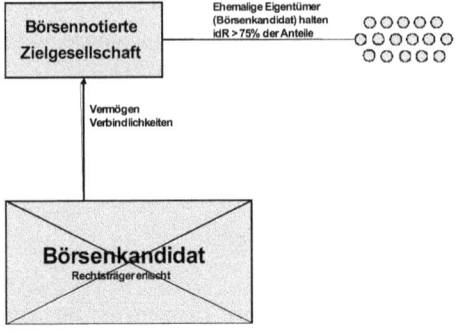

a) Verfahrensschritte

Der Verschmelzungsprozess lässt sich dabei grundsätzlich in drei Phasen einteilen: Die Vorbereitung der Verschmelzungsbeschlüsse, die Beschlussfassung durch die Anteilsinhaber bzw Gesellschafter der beteiligten Rechtsträger sowie den Vollzug der Verschmelzung.[361]

aa) Vorbereitungsphase

In der Vorbereitungsphase wird zunächst zwischen dem Vorstand der Zielgesellschaft und dem vertretungsberechtigten Organ des Börsenkandidaten – zB dem Geschäftsführer der GmbH[362] – ein Verschmelzungsvertrag abgeschlossen (§ 4 Abs 1 UmwG). Der Mindestgehalt des Verschmelzungsvertrags ergibt sich aus § 5 Abs 1 UmwG. Der wichtigste Regelungsgegenstand des Verschmelzungsvertrags

---

[361] Vgl Stengel in Semler/Stengel UmwG[2] § 2 Rz 55; ebenso die öRechtslage vgl Kalss in Kalss/Nowotny/Schauer, ÖGesR[6] Rz 3/956.
[362] Im weiteren Verlauf dieser Arbeit wird hinsichtlich der Verschmelzung als Börsenkandidat eine GmbH angenommen.

stellt dabei die Übertragung des Vermögens des Börsenkandidaten auf die Zielgesellschaft und die Festlegung der den Anteilsinhabern des Börsenkandidaten im Gegenzug zu gewährenden Aktien an der Zielgesellschaft dar.[363] Der Vertrag bedarf zu seiner Wirksamkeit der notariellen Beurkundung (§ 6 UmwG) und der Zustimmung der Anteilseignerversammlungen der beteiligten Rechtsträger (§ 13 UmwG).[364] Die Zustimmung kann auch vor Vertragsschluss erfolgen. In einem solchen Fall muss jedoch gemäß § 4 Abs 2 UmwG vor der Zustimmung ein Vertragsentwurf erstellt werden.

Um den Gesellschaftern der beteiligten Rechtsträger eine sachgerechte Entscheidung über den Verschmelzungsvertrag zu ermöglichen, müssen der Vorstand der Zielgesellschaft und der Geschäftsführer des Börsenkandidaten ferner einen Verschmelzungsbericht erstellen (§ 8 UmwG)[365], in dem die Verschmelzung, der Verschmelzungsvertrag (bzw dessen Entwurf) das Umtauschverhältnis sowie eine eventuelle Barabfindung wirtschaftlich und rechtlich zu erläutern und zu begründen sind.[366]

Desweiteren muss der Verschmelzungsvertrag bzw dessen Entwurf durch einen oder mehrere Sachverständige (Verschmelzungsprüfer) insbesondere im Hinblick auf die Angemessenheit des Umtauschverhältnisses der Geschäftsanteile geprüft werden (§ 9 Abs 1 UmwG).[367] Das Ergebnis der Prüfung ist in einem schriftlichen Bericht (Prüfungsbericht) festzuhalten (§ 12 UmwG).

Der Verschmelzungsvertrag (bzw dessen Entwurf), der Verschmelzungsbericht sowie der Prüfungsbericht[368] sind den Gesellschaftern des Börsenkandidaten spätestens zusammen mit der

---

[363] Vgl dazu allg *Schröer* in *Semler/Stengel* UmwG² § 4 Rz 1.
[364] Vgl *Schröer* in *Semler/Stengel* UmwG² § 4 Rz 1.
[365] Vgl *Blättchen/Nespethal*, VentureCapital 2003, 66; *Bösl*, FB 2003, 299. Allg zum Verschmelzungsbericht vgl *Schanz*, Börseneinführung³ § 4 Rz 56; *Gehling* in *Semler/Stengel* UmwG² § 8 Rz 2.
[366] Vgl *Schanz*, Börseneinführung³ § 4 Rz 56.
[367] Vgl *Zeidler* in *Semler/Stengel* UmwG² § 9 Rz 2; *Schanz*, Börseneinführung³ § 4 Rz 57.
[368] Die Übermittlung des Prüfungsberichts kann dem Wortlaut des § 47 UmwG zwar nicht entnommen werden. Ein diesbzgl Pflicht wird jedoch allg angenommen (vgl *Reichert* in *Semler/Stengel* UmwG² § 47 Rz 8; *Stratz* in *Schmitt/Hörtnagl/Stratz* UmwG, UmwStG⁵ § 47 Rz 1).

Einberufung der Gesellschafterversammlung, die über die Zustimmung beschließen soll, zu übermitteln (§ 47 UmwG). Darüber hinaus ist die Gesellschafterversammlung § 49 UmwG entsprechend vorzubereiten.

Zudem muss der Verschmelzungsvertrag (bzw dessen Entwurf) vor der Einberufung der Hauptversammlung der Zielgesellschaft in deren Handelsregister eingetragen werden (§ 61 UmwG) und zur Einsicht der Aktionäre mit den in § 61 Abs 1 UmwG genannten Unterlagen (Verschmelzungsbericht, Prüfungsbericht, Jahresabschlüsse, etc) in den Geschäftsräumen der Zielgesellschaft ausgelegt werden.

Weiterhin muss seitens der Zielgesellschaft auch die Kapitalerhöhung parallel zur Verschmelzung vorbereitet werden.[369]

ab) Beschlussphase

Der Verschmelzungsvertrag wird nur wirksam, wenn die Anteilsinhaber der Zielgesellschaft und des Börsenkandidaten diesem durch Beschluss (Verschmelzungsbeschluss) zustimmen (§ 13 Abs 1 UmwG). Im Falle der Zielgesellschaft ist für die Zustimmung ein Hauptversammlungsbeschluss erforderlich.[370] Dieser bedarf einer Mehrheit, die mindestens ¾ des bei der Beschlussfassung vertretenen Grundkapitals umfasst (§ 65 Abs 1 UmwG).[371] Beim Börsenkandidaten erfolgt die Zustimmung zum Verschmelzungsverstrag im Rahmen der Gesellschafterversammlung, wobei mindestens eine Mehrheit von ¾ der abgegebenen Stimmen erforderlich ist (§ 50 UmwG).

Da die Verschmelzung des Börsenkandidaten auf die Zielgesellschaft einer Kapitalerhöhung bedarf, muss darüber hinaus im Rahmen der Hauptversammlung der Zielgesellschaft ein Beschluss über die Erhöhung des Grundkapitals gegen Sacheinlage gemäß §§ 182 Abs 1, 183 Abs 1

---

[369] Vgl *Stengel* in *Semler/Stengel* UmwG² § 2 Rz 58.
[370] Zur Durchführung der Hauptversammlung bei einer Aktiengesellschaft vgl § 64 UmwG.
[371] Vgl *Bösl*, FB 2003, 299; *Blättchen/Nespethal*, VentureCapital 2003, 66.

dAktG erfolgen.[372] Die Voraussetzungen dieses Kapitalerhöhungsbeschlusses entsprechen dem regulären Verfahren,[373] wobei kein Beschluss über den Ausschluss der Bezugsrechte gefasst werden muss. Dies rührt daher, dass das Bezugsrecht der Aktionäre bei einer Kapitalerhöhung im Zuge einer Verschmelzung von Gesetzes wegen ausgeschlossen ist (§ 69 Abs 1 UmwG).[374]

ac) Vollzug der Verschmelzung

Im Anschluss an die Beschlussphase müssen der Vorstand der Zielgesellschaft und der Geschäftsführer des Börsenkandidaten die Verschmelzung im jeweiligen Handelsregister anmelden (§ 16 Abs 1 UmwG), wobei den Anmeldungen die in § 17 UmwG genannten Anlagen beizufügen sind.

Daraufhin erfolgt die Eintragung der Verschmelzung in die jeweiligen Handelsregister, wobei die Verschmelzung erst mit der Eintragung im Handelsregister des Sitzes der Zielgesellschaft wirksam wird (§ 19 Abs 1 UmwG).[375]

Zu beachten ist allerdings, dass die Eintragung der Verschmelzung nur erfolgen darf, wenn die Durchführung der Kapitalerhöhung bereits im Handelsregister eingetragen ist (§ 66 UmwG)[376] und dem Registergericht bekannt ist, dass sich die neu entstandenen Aktien im Besitz eines Treuhänders befinden (§ 71 Abs 1 UmwG)[377]. Für die Durchführung der Kapitalerhöhung gilt dabei grundsätzlich das bereits oben beschriebene Verfahren,[378] wobei § 69 Abs 1 UmwG erhebliche Verfahrenserleichterungen vorsieht.[379]

---

[372] Vgl *Stengel* in *Semler/Stengel* UmwG[2] § 2 Rz 61; *Stratz* in *Schmitt/Hörtnagl/Stratz* UmwG, UmwStG[5] § 69 Rz 21 f.
[373] Vgl unter D.IV.1.b).
[374] Vgl *Stratz* in *Schmitt/Hörtnagl/Stratz* UmwG, UmwStG[5] § 69 Rz 10.
[375] Vgl *Stengel* in *Semler/Stengel* UmwG[2] § 2 Rz 67.
[376] Vgl *Stengel* in *Semler/Stengel* UmwG[2] § 2 Rz 68.
[377] Vgl *Stratz* in *Schmitt/Hörtnagl/Stratz* UmwG, UmwStG[5] § 71 Rz 3.
[378] Vgl unter D.IV.1.
[379] nicht anzuwenden sind demnach §§ 182 Abs 4, 184 Abs 2, 185, 186, 187 Abs 1, 188 Abs 2 u 3 Nr 1 dAktG; vgl im Einzelnen *Stratz* in *Schmitt/Hörtnagl/Stratz* UmwG, UmwStG[5] § 69 Rz 7-11.

Mit der Eintragung in das Register der Zielgesellschaft treten die in § 20 Abs 1 UmwG geregelten Rechtsfolgen der Verschmelzung ein.[380] Im Wesentlichen sind dies:

- Das Vermögen des Börsenkandidaten geht einschließlich der Verbindlichkeiten auf die Zielgesellschaft über (§ 20 Abs 1 Nr 1 UmwG).

- Der Rechtsträger des Börsenkandidaten erlischt (§ 20 Abs 1 Nr 2 UmwG).

- Die Gesellschafter des Börsenkandidaten werden Aktionäre der Zielgesellschaft, indem sie die im Rahmen der Kapitalerhöhung neu entstandenen Aktien kraft Gesetzes (§ 20 Abs 1 Nr 3 UmwG) erwerben.[381]

b)   Verschmelzung nach öAktG

Das Verfahren bei einer Verschmelzung durch Aufnahme gemäß § 219 Nr 1 öAktG entspricht im Wesentlichen dem Verfahren nach deutschem UmwG. In der Vorbereitungsphase müssen der Vorstand der Zielgesellschaft und der Geschäftsführer[382] des Börsenkandidaten zunächst ein Verschmelzungsvertrag gemäß § 220 öAktG abschließen bzw einen entsprechenden Entwurf verfassen.[383] Ferner müssen sie einen Verschmelzungsbericht erstellen, in dem die voraussichtlichen Folgen der Verschmelzung, der Verschmelzungsvertrag und insbesondere das Umtauschverhältnis rechtlich und wirtschaftlich erläutert und begründet werden müssen (§ 220a öAktG).[384] Eine Prüfung des Verschmelzungsvertrags bzw des Entwurfs – insbesondere hinsichtlich der Angemessenheit des Umtauschverhältnisses – durch externe Verschmelzungsprüfer muss ebenfalls erfolgen und in einem Bericht festgehalten werden (§ 220b öAktG). Darüber hinaus muss – im Unterschied

---

[380] Vgl *Stengel* in *Semler/Stengel* UmwG² § 2 Rz 67.
[381] Vgl *Kübler* in *Semler/Stengel* UmwG² § 20 Rz 74.
[382] Vgl § 234 Abs 2 S 2 iVm § 220 Abs 1 öAktG.
[383] Vgl im Einzelnen *Kalss* in *Kalss/Nowotny/Schauer*, ÖGesR⁶ Rz 3/956 f.
[384] Vgl *Kalss* in *Kalss/Nowotny/Schauer*, ÖGesR⁶ Rz 3/959.

zur deutschen Rechtslage – eine Prüfung der beabsichtigten Verschmelzung auf der Grundlage des Verschmelzungsberichts und des Prüfungsberichts durch den Aufsichtsrat der übertragenden Gesellschaft erfolgen (§ 220c öAktG).[385] Weiterhin müssen der Verschmelzungsvertrag, der Verschmelzungsbericht und der Prüfungsbericht den Anteilseignern der beteiligten Rechtsträger nach Maßgabe des § 221a öAktG zugänglich gemacht werden.[386] Ferner muss auch die Kapitalerhöhung der Zielgesellschaft vorbereitet werden.

Im Rahmen der Beschlussphase muss dem Verschmelzungsvertrag im Rahmen der Hauptversammlung der Zielgesellschaft und der Generalversammlung[387] des Börsenkandidaten durch Beschluss zugestimmt werden (§ 221 Abs 1 öAktG). Der Beschluss bedarf dabei einer Mehrheit, die mindestens ¾ des bei der Beschlussfassung vertretenen Grundkapitals (§ 221 Abs 2 öAktG) bzw ¾ der abgegebenen Stimmen in der Generalversammlung[388] umfasst. Darüber hinaus muss die Hauptversammlung der Zielgesellschaft eine Kapitalerhöhung gegen Sacheinlage gemäß §§ 149 Abs 1, 150 Abs 1 öAktG beschließen,[389] wobei ebenfalls kein Bezugsrechtausschluss beschlossen werden muss (§ 223 Abs 1 öAktG).

In der Vollzugsphase müssen der Vorstand der Zielgesellschaft und der Geschäftsführer des Börsenkandidaten die Verschmelzung gemäß § 225 Abs 1 S 1 öAktG mit den in § 225 Abs 1 S 2 öAktG genannten Unterlagen bei dem jeweils zuständigen Firmenbuchgericht anmelden.[390] Die Eintragung der Verschmelzung erfolgt für alle beteiligten Gesellschaften durch das für die Zielgesellschaft zuständige Firmenbuchgericht (§ 225a Abs 1 S 1 öAktG).[391] Gleichzeitig muss auch der Beschluss über die Kapitalerhöhung

---

[385] Vgl *Kalss* in *Kalss/Nowotny/Schauer*, ÖGesR[6] Rz 3/961.
[386] Vgl *Kalss* in *Kalss/Nowotny/Schauer*, ÖGesR[6] Rz 3/962.
[387] Vgl § 234 Abs 2 S 2 iVm § 221 Abs 1 öAktG.
[388] Erfordernis bei einer GmbH.
[389] Vgl *Kalss* in *Kalss/Nowotny/Schauer*, ÖGesR[6] Rz 3/967. Zum Verfahren vgl unter D.IV.1.
[390] Vgl *Kalss* in *Kalss/Nowotny/Schauer*, ÖGesR[6] Rz 3/968.
[391] Vgl *Kalss* in *Kalss/Nowotny/Schauer*, ÖGesR[6] Rz 3/969.

und deren Durchführung[392] eingetragen werden, wobei die Eintragung erst erfolgen darf, wenn sich die neu entstandenen Aktien im Besitz eines Treuhänders befinden und dies dem Firmenbuchgericht der Zielgesellschaft angezeigt wurde (§ 225a Abs 2 öAktG).

Mit der Eintragung der Verschmelzung treten im Wesentlichen die folgenden Rechtsfolgen ein: Das Vermögen des Börsenkandidaten einschließlich der Verbindlichkeiten geht auf die Zielgesellschaft über (§ 225a Abs 2 Nr 1 öAktG). Der Rechtsträger des Börsenkandidaten erlischt (§ 225a Abs 2 Nr 2 öAktG). Die vormaligen Gesellschafter des Börsenkandidaten werden Aktionäre der Zielgesellschaft (§ 225a Abs 2 Nr 3 öAktG).

c)   Anfechtungsrisiko

Auch bei einem *Cold IPO* mittels einer Verschmelzung durch Aufnahme ist von einem Anfechtungsrisiko auszugehen. So können der Kapitalerhöhungs- und Verschmelzungsbeschluss nach den allgemeinen Vorschriften angefochten werden.

aa)   Anfechtung nach dAktG

Insbesondere können die Aktionäre der übernehmenden Gesellschaft (Zielgesellschaft) den Kapitalerhöhungs- und Verschmelzungsbeschluss mit der Begründung anfechten, dass das Umtauschverhältnis überhöht sei (§ 255 Abs 2 dAktG (analog) / § 243 Abs 1 dAktG).[393] Eine Anfechtung wegen eines sachlich nicht gerechtfertigten Bezugsrechtsausschluss gemäß § 255 Abs 1 iVm § 243 Abs 1 dAktG kommt dagegen nicht in Betracht. Schließlich ist der Ausschluss bei einer Verschmelzung durch Aufnahme gesetzlich angeordnet.

---

[392] Die Durchführung der Kapitalerhöhung erfolgt nach dem unter D.IV.1 dargestellten Verfahren, wobei § 223 Abs 1 öAktG erhebliche Erleichterungen vorsieht. So sind die §§ 149 Abs 4, 151 Abs 2, 152, 153, 154 Abs 1, 155 Abs 2 und Abs 3 Z 1 nicht anzuwenden.
[393] Vgl *Kirchner/Sailer*, NZG 2002, 311; *Gehling* in *Semler/Stengel* UmwG[2] § 14 Rz 17. Dieser Anfechtungsgrund ist zwar nicht ausdrücklich geregelt, er ergibt sich jedoch im Umkehrschluss aus § 14 Abs 2 UmwG (vgl ebenfalls *Gehling* in *Semler/Stengel* UmwG[2] § 14 Rz 17).

81

Bezüglich der Risiken und Folgen der Anfechtungsklage kann auf die im Zusammenhang mit der Sachkapitalerhöhung verfassten Darstellungen verwiesen werden.[394]

Zu beachten ist allerdings, dass bei einer Verschmelzung durch Aufnahme die Klagemöglichkeiten der Anteilsinhaber der übertragenden Gesellschaft eingeschränkt sind, um wirtschaftlich nachteilige Verzögerungen zu vermeiden.[395] So darf eine Anfechtungsklage nicht darauf gestützt werden, dass das Umtauschverhältnis der Anteile zu niedrig bemessen ist oder dass die Mitgliedschaft am übernehmenden Rechtsträger keine ausreichende Gegenleistung für die Aufgabe der Anteile am übertragenden Rechtsträger darstellt (§ 14 Abs 2 UmwG).[396] Die Anteilsinhaber des übertragenden Rechtsträgers können jedoch vom übernehmenden Rechtsträger einen Ausgleich durch bare Zuzahlung verlangen, wobei die angemessene Zuzahlung auf Antrag durch das zuständige Gericht nach den Vorschriften des Spruchverfahrensgesetzes bestimmt wird (§ 15 Abs 1 UmwG).

ab)   Anfechtung nach öAktG

In Österreich ist die Anfechtung der Verschmelzungs- und Kapitalerhöhungsbeschlüsse im Rahmen einer Verschmelzung durch Aufnahme aufgrund einer nicht angemessenen Festlegung des Umtauschverhältnisses oder allfälliger barer Zuzahlungen bzw aufgrund von bestimmten Informationsmängeln gemäß § 225 b öAktG ebenfalls ausgeschlossen,[397] wobei die Vorschrift im Unterschied zur deutschen Rechtslage auch das Anfechtungsrecht der Aktionäre der aufnehmenden Gesellschaft (Zielgesellschaft) ausschließt.

Die Anteilsinhaber der beteiligten Rechtsträger können jedoch – wie nach deutschem Recht – gemäß § 225 c Abs 1 öAktG vom übernehmenden Rechtsträger einen Ausgleich durch bare Zuzahlung verlangen, wobei die

---

[394] Vgl unter D.IV.1.e).
[395] Vgl *Bösl*, FB 2003, 299.
[396] Vgl *Gehling* in *Semler/Stengel* UmwG² § 14 Rz 3.
[397] Vgl *Kalss* in *Kalss/Nowotny/Schauer*, ÖGesR⁶ Rz 3/974; *Diregger* in *Doralt/Nowotny/Kalss*, AktG § 195 Rz 107 ff.

angemessene Zuzahlung auf Antrag durch das zuständige Gericht im Zuge eines außerstreitigen Verfahrens nach § 225 c ff öAktG bestimmt wird.[398]

d) Zwischenergebnis

Eine weitere Möglichkeit, den Börsenkandidaten in die Zielgesellschaft einzubringen, besteht darin, diesen auf die börsennotierte Zielgesellschaft zu verschmelzen.

Hierfür muss ein Verschmelzungsvertrag zwischen den beteiligten Rechtsträgern abgeschlossen werden. Dieser wird jedoch nur wirksam, wenn die Anteilsinhaber der Zielgesellschaft und des Börsenkandidaten diesem durch Beschluss (Verschmelzungsbeschluss) zustimmen. Zudem muss die Durchführung einer Sachkapitalerhöhung beschlossen werden.

Im Zuge der Verschmelzung erlischt der Rechtsträger des Börsenkandidaten. Im Gegenzug werden dessen ehemalige Eigentümer zu Anteilseignern der Zielgesellschaft.

Ist der Börsenkandidat zudem höher bewertet als die Zielgesellschaft, was in der Regel der Fall ist, kann mit einer Verschmelzung durch Aufnahme ein *Reverse Merger* erreicht werden. Vor diesem Hintergrund kann auch auf einen vorgeschalteten Kontrollerwerb verzichtet werden.

Zu beachten ist ferner, dass auch bei einer Verschmelzung ein Anfechtungsrisiko besteht. So können die Aktionäre der börsennotierten Zielgesellschaft in Deutschland, den Verschmelzungs- und Kapitalerhöhungsbeschluss mit der Begründung anfechten, dass das Umtauschverhältnis überhöht sei. Dies gilt jedoch nicht für Anteilsinhaber der übertragenden Gesellschaft. Sie können allerdings vom übernehmenden Rechtsträger einen Ausgleich durch bare Zuzahlung verlangen. Letzteres gilt auch in Österreich und zwar nicht nur für die Anteilsinhaber der

---

[398] Vgl *Kalss* in *Kalss/Nowotny/Schauer*, ÖGesR⁶ Rz 3/974.

83

übertragenden Gesellschaft sondern auch für die Aktionäre der börsennotierten Zielgesellschaft.

3. Kauf

Eine weitere Möglichkeit den Börsenkandidaten in die börsennotierte Zielgesellschaft einzubringen besteht im Erwerb des einzubringenden Unternehmens durch die Zielgesellschaft unter Einsatz von Barmitteln.[399]

Abbildung 6: Transaktionsablauf bei Kauf

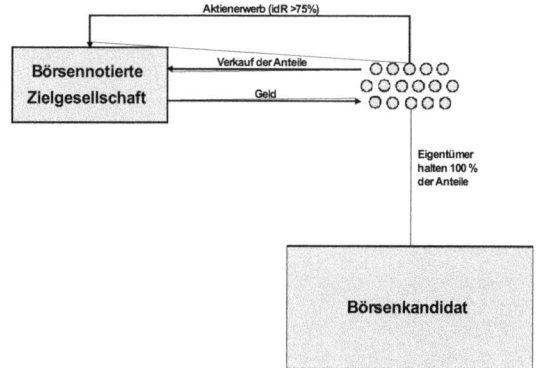

[399] Vgl Heidelbach in Schwark/Zimmer, KMRK[4] § 32 BörsG Rz 22; Winkel/Zeiss, GoingPublic 5/07, 52; Sundermann/Seidel, GoingPublic 2/09, 20; Lenz/Hasselbring, Die Bank 2001, 875; Hock/Meier, Der große Mantelaktien-Report 14 http://www.amiculum.de/Diverse-Archiv.html (18.4.2011); vgl auch Allgemeine Informationen Carthago Capital Consulting AG http://www.carthago.de/index.php?id=63#id01 (18.4.2011).

Abbildung 7: Transaktionsergebnis bei Kauf

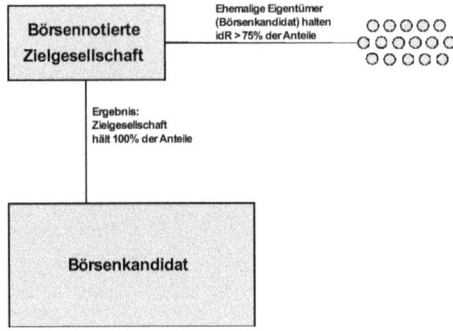

a) Asset Deal / Share Deal

Der Erwerb des Börsenkandidaten kann dabei grundsätzlich auf zwei unterschiedlichen Wegen erfolgen. So besteht zum einen die Möglichkeit alle zum Börsenkandidaten gehörenden Vermögensgegenstände bzw Wirtschaftsgüter (Sachgegenstände, Rechte, etc) inklusive der Verbindlichkeiten zu erwerben. Diese Variante des Unternehmenserwerbs wird auch als *Asset Deal*[400] bzw Singularsukzession bezeichnet.[401] Zum anderen kann der Unternehmenserwerb auch durch einen sog *Share Deal*[402] erfolgen.[403] Hierbei werden nicht die einzelnen Vermögensgegenstände des Börsenkandidaten sondern dessen Gesellschaftsanteile erworben,[404] wobei der Börsenkandidat – wie im Fall Sachkapitalerhöhung durch Einlage von Geschäftsanteilen[405] – zunächst eine 100%-ige Tochtergesellschaft der

---

[400] Zu beachten ist aber auch hier, dass uU ein Hauptversammlungs- bzw Gesellschafterversammlungsbeschluss notwendig ist (vgl unter Fn 3).

[401] Vgl hierzu *Klumpp* in *Beisel/Klumpp*, Unternehmenskauf[6] Kap 4 Rz 23; *Picot* in *Picot/Mentz/Seydel*, I C Rz 53.

[402] Vgl allg zum *Share Deal Klumpp* in *Beisel/Klumpp*, Unternehmenskauf[6] Kap 4 Rz 7 ff; *Picot* in *Picot/Mentz/Seydel*, I C Rz 53.

[403] So auch in Abbildung 6 und Abbildung 7.

[404] So wohl auch *Heidelbach* in *Schwark/Zimmer*, KMRK[4] § 32 BörsG Rz 22.

[405] Vgl unter D.IV.1.d).

Zielgesellschaft wird, die in einem zweiten Schritt durch einen *Upstream Merger* auf ihre Muttergesellschaft verschmolzen werden kann.[406]

b) Vorgeschalteter Beteiligungskauf

Anders als im Fall der Verschmelzung durch Aufnahme oder der Sachkapitalerhöhung werden die Eigentümer des Börsenkandidaten bei dieser Transaktionsvariante im Zuge der Einbringung nicht automatisch an der Zielgesellschaft beteiligt. Schließlich findet keine Kapitalerhöhung statt, in deren Rahmen ihnen neue Aktien als Gegenleistung zugeteilt werden können, vielmehr erhalten sie für den Verkauf ihres Unternehmens lediglich Barmittel. Da die Eigentümer des Börsenkandidaten jedoch in der Regel[407] nicht am Verkauf ihres Unternehmens interessiert sind, sondern unter der Aufrechterhaltung ihrer Beteiligung am Börsenkandidaten lediglich dessen indirekten Börsengang erreichen wollen, ist der vorgeschaltete Erwerb einer Beteiligung an der Zielgesellschaft – nicht nur aus Gründen der Kontrollerlangung[408] – zwingend erforderlich.[409]

Dies lässt sich damit erklären, dass die Eigentümer des Börsenkandidaten aufgrund ihrer im Vorfeld aufgebauten Beteiligung an der Zielgesellschaft auch nach der Durchführung der Transaktion noch an ihrem Unternehmen beteiligt sind. Schließlich haben sie dieses an die Zielgesellschaft und damit auch – zumindest mittelbar – an sich selbst verkauft. Im Ergebnis kann auf diesem Wege also ein indirekter Börsengang unter Aufrechterhaltung der Beteiligung am Börsenkandidaten erreicht werden.

c) Finanzierung

Voraussetzung für die vorliegende Transaktionsvariante ist ferner, dass die Zielgesellschaft über ein entsprechendes Barvermögen verfügt, um den Kauf

---

[406] Vgl *Heidelbach* in *Schwark/Zimmer*, KMRK[4] § 32 BörsG Rz 22.
[407] Etwas anderes kann uU bei SPACs gelten (vgl bereits Fn 27).
[408] Vgl unter D.II.
[409] So wohl auch *Sundermann/Seidel*, GoingPublic 2/09, 20; *Winkel/Zeiss*, GoingPublic 5/07, 52; *Lenz/Hasselbring*, Die Bank 2001, 875.

des Börsenkandidaten zu finanzieren.[410] Dies dürfte aufgrund der bei einem indirekten Börsengang typischerweise vorliegenden *Reverse-Konstellation* in der Regel nicht der Fall sein, so dass die für den Erwerb des Börsenkandidaten erforderlichen finanziellen Mittel zunächst durch Kredite[411] oder eine Kapitalerhöhung beschafft werden müssen. Es sind jedoch auch Konstellationen denkbar, bei denen die Zielgesellschaft über ausreichende Barmittel verfügt. In solchen Fällen liegt konsequenterweise keine *Reverse-Konstellation* vor. Schließlich muss alleine das Barvermögen der Zielgesellschaft schon den Wert des Börsenkandidaten erreichen. Eine solche Konstellation ist insbesondere bei SPACs denkbar.[412] Diese verfügen aufgrund des im Vorfeld durchgeführten IPO in der Regel über ein immenses Barvermögen[413]. Problematisch dürfte hierbei allerdings der Beteiligungserwerb an der Zielgesellschaft werden, da dieser in einem solchen Fall mit einem erheblichen finanziellen Aufwand verbunden wäre. Dies ist darauf zurück zu führen, dass der Wert der Zielgesellschaft – und damit auch der Kaufpreis für eine Kontrollmehrheit an dieser – aufgrund des hohen Barvermögens in der Regel sehr hoch ausfallen wird.

d) Verdeckte Sacheinlage

Führt die Zielgesellschaft zur Finanzierung der Übernahme des Börsenkandidaten eine Barkapitalerhöhung durch, stellt sich ferner die Frage, ob darin eine verdeckte Sacheinlage zu sehen ist.[414]

Unter einer verdeckten Sacheinlage wird allgemein ein Vorgang verstanden, bei dem eine Bareinlage mit einem Rechtsgeschäft zwischen der Kapitalgesellschaft und dem einlegenden Gesellschafter derart verbunden ist, dass dieser bei wirtschaftlicher Betrachtungsweise als Sacheinlage zu

---

[410] Vgl *Hock/Meier*, Der große Mantelaktien-Report 14 http://www.amiculum.de/Diverse-Archiv.html (18.4.2011).
[411] Vgl *Hock/Meier*, Der große Mantelaktien-Report 14 http://www.amiculum.de/Diverse-Archiv.html (18.4.2011).
[412] Vgl unter F.
[413] IdR in dreistelliger Millionenhöhe (vgl unter F.I.)
[414] Vgl hierzu *Seppelfricke/Seppelfricke*, FB 2001, 588.

bewerten ist.[415] Ein Fall einer verdeckten Sacheinlage liegt dabei auch dann vor, wenn ein Aktionär einer AG im Rahmen einer Kapitalerhöhung eine Bareinlage leistet und die dadurch eingenommenen Geldmittel von der AG zum Erwerb einer dem einlegenden Aktionär gehörenden Sache verwendet werden.[416] Aus Sicht des eilegenden Aktionärs kommt es in dieser Konstellation zu einem Rückfluss seiner Bareinlage. Dieser Einlagenrückfluss stellt dabei eines der entscheidenden Merkmale der verdeckten Sacheinlage dar.[417]

Zur Beantwortung der Frage, ob der oben genannte Vorgang als verdeckte Sacheinlage zu qualifizieren ist, müssen verschiedene Konstellationen unterschieden werden. Geht man zunächst von dem Fall aus, dass die Kapitalerhöhung der Zielgesellschaft durch die Eigentümer des Börsenkandidaten (mit-) gezeichnet wird und mit den dadurch eingenommenen Barmitteln der Börsenkandidat erworben wird, liegt eine verdeckte Sacheinlage vor. Schließlich zeichnen sie die Barkapitalerhöhung und erhalten die dadurch eingelegten Barmittel im Zuge des Verkaufs des Börsenkandidaten wieder zurück. Es kommt also zu einem Rückfluss der Bareinlage, so dass bei wirtschaftlicher Betrachtungsweise eigentlich eine Kapitalerhöhung gegen (Sach-) Einlage des Börsenkandidaten vorliegt. Anders verhält es sich, wenn die Kapitalerhöhung ausschließlich durch Dritte – also nicht am Börsenkandidaten beteiligte – gezeichnet wird. In diesem Fall liegt keine verdeckte Sacheinlage vor. Schließlich kommt es im Zuge des Erwerbs des Börsenkandidaten nicht zu einem Rückfluss der im Rahmen der Kapitalerhöhung eingenommenen Barmittel, da diese nicht von den Gesellschaftern des Börsenkandidaten eingelegt wurden.

Liegt eine verdeckte Sacheinlage vor, ist diese wie eine reguläre Sacheinlage zu behandeln. Mangels der Einhaltung des hierfür

---

[415] Vgl hierzu die durch das ARUG neu eingeführte Legaldefinition in § 27 Abs 3 S 1 dAktG; sowie *Hüffer*, AktG[9] § 27 Rz 25; *Peifer* in MüKo AktG[2] § 183 Rz 17; zur öRechtslage vgl *Kalss* in *Kalss/Nowotny/Schauer*, ÖGesR[6] Rz 3/218.

[416] Vgl *Peifer* in MüKo AktG[2] § 183 Rz 21; *Hüffer*, AktG[9] § 183 Rz 15a iVm § 27 Rz 25.

[417] Der Einlagenrückfluss stellt eine zwingende Tatbestandsvoraussetzung der verdeckten Sacheinlage dar (vgl BGH NJW 2007, 3285).

88

erforderlichen Verfahrens ist die Sacheinlage jedoch unwirksam.[418] Dies hat zur Folge, dass die Bareinlageverpflichtung der Eigentümer des Börsenkandidaten immer noch besteht und noch beglichen werden muss, wobei sie im Gegenzug von der Zielgesellschaft die Herausgabe ihrer Einlage (Börsenkandidat) verlangen können.[419]

e) Hauptversammlungsbeschluss

Fraglich ist ferner, ob der Erwerb des Börsenkandidaten der Zustimmung der Hauptversammlung der Zielgesellschaft bedarf.[420] Eine solche Zustimmungspflicht könnte sich zB aus § 179a Abs 1 dAktG bzw § 237 Abs 1 öAktG ergeben.

Gemäß § 179a Abs 1 dAktG bedarf ein Vertrag durch den sich eine Aktiengesellschaft verpflichtet ihr gesamtes Vermögen[421] zu übertragen – außer in den durch das UmwG geregelten Fällen – zu seiner Wirksamkeit eines Hauptversammlungsbeschlusses.[422] Der Zustimmungsbeschluss erfordert dabei eine qualifizierte Mehrheit iSd § 179 Abs 2 dAktG.[423] Sinn und Zweck der Vorschrift ist es, die Aktionäre vor unangemessener Vertragsgestaltung zu schützen.[424] Eine ähnliche Regelung sieht § 237 Abs 1 öAktG vor. Demnach bedarf die Übertragung des ganzen Gesellschaftsvermögens einer Aktiengesellschaft ebenfalls eines Zustimmungsbeschlusses der Hauptversammlung mit qualifizierter Mehrheit.[425]

---

[418] Vgl *Langenbucher*, Aktien- und Kapitalmarktrecht § 2 Rz 25; zur öRechtslage vgl *Kalss* in *Kalss/Nowotny/Schauer*, ÖGesR[6] Rz 3/219.

[419] Vgl *Langenbucher*, Aktien- und Kapitalmarktrecht § 2 Rz 26; zur öRechtslage vgl *Kalss* in *Kalss/Nowotny/Schauer*, ÖGesR[6] Rz 3/219.

[420] So zB *Philipp Moffat* im Interview in *Knop/Mühlhaus*, Small Caps 247; aA *Winkel/Zeiss*, GoingPublic 5/07, 52.

[421] Die Vorschrift greift allerdings schon dann, wenn nur unwesentliches Vermögen in der AG zurückbleibt. Für die Bewertung der Unwesentlichkeit ist dabei insbesondere darauf abzustellen, ob die AG mit dem zurückbehaltenen Vermögen ihren in der Satzung festgelegten bisherigen Unternehmensgegenstand weiterverfolgen kann, wenn auch in eingeschränktem Umfang (vgl *Hüffer*, AktG[9] § 179a Rz 5).

[422] Vgl *Hüffer*, AktG[9] § 179a Rz 1.

[423] Vgl *Hüffer*, AktG[9] § 179a Rz 8.

[424] Vgl *Hüffer*, AktG[9] § 179a Rz 1.

[425] Vgl *Stein* in MüKo AktG[2] § 179a Rz 90; *Bachner* in *Doralt/Nowotny/Kalss*, AktG § 237 Rz 1 ff.

Im vorliegenden Fall lässt sich vor diesem Hintergrund also feststellen, dass eine Zustimmung der Hauptversammlung der Zielgesellschaft zumindest dann notwendig ist, wenn die für den Kauf eingesetzten Barmittel dem ganzen Gesellschaftsvermögen der Zielgesellschaft oder zumindest einem wesentlichen Teil dessen entsprechen. Zur Beurteilung des Zustimmungserfordernisses muss dabei auf den konkreten Einzelfall abgestellt werden.

Darüber hinaus kann sich das Zustimmungserfordernis der Hauptversammlung auch aus der analogen Anwendung der Nachgründungsvorschriften aufgrund der BGH-Rechtsprechung zur Mantelverwendung ergeben.[426] Eine ungeschriebene Hauptversammlungszuständigkeit nach der „Holzmüller" und „Gelatine" Rechtsprechung des BGH kommt allerdings nicht in Betracht.[427]

f)   Upstream Merger

Wird der Erwerb des Börsenkandidaten durch die Zielgesellschaft mittels eines *Share Deals* vollzogen, entsteht zunächst eine doppelstöckige Gesellschaftsstruktur, wobei der Börsenkandidat bzw dessen Rechtsträger eine 100%-ige Tochter der Zielgesellschaft wird.[428] Es besteht jedoch die Möglichkeit den Börsenkandidaten in einem zweiten Schritt auf die Zielgesellschaft zu verschmelzen.[429] Die Verschmelzung des Börsenkandidaten auf die Zielgesellschaft wird dabei ebenfalls durch eine Verschmelzung durch Aufnahme (§ 2 Nr 1 UmwG / § 219 Nr 1 öAktG) erreicht[430], wobei es sich im Unterschied zum bereits oben dargestellten Fall der Verschmelzung um einen sog *Upstream Merger* handelt. Ein solcher liegt vor, wenn eine 100%-ige Tochtergesellschaft (vorliegend der

---

[426] Vgl ausführlich unter E.I.3.b)ab). Wobei auch eine direkte Anwendung der Nachgründungsvorschriften in Betracht kommt. Dies gilt zumindest dann, wenn der Erwerb des Börsenkandidaten innerhalb von zwei Jahren seit der der rechtlichen Neugründung der Zielgesellschaft erfolgt.

[427] Vgl ausführlich unter F.IV.3.d).

[428] Wohl auch *Heidelbach* in *Schwark/Zimmer*, KMRK[4] § 32 BörsG Rz 22.

[429] Wohl auch *Heidelbach* in *Schwark/Zimmer*, KMRK[4] § 32 BörsG Rz 22.

[430] Vgl *Blättchen/Nespethal* in *Wiedemann* 600.

Börsenkandidat) auf ihre Muttergesellschaft (vorliegend die Zielgesellschaft) verschmolzen wird.[431]

Das rechtliche Verfahren beim *Upstream Merger* entspricht grundsätzlich dem regulären Verfahren[432] bei der Verschmelzung durch Aufnahme. Es kommt jedoch zu wesentlichen Verfahrenserleichterungen. Diese sind dabei vor allem auf die Tatsache zurückzuführen, dass den Gesellschaftern der übertragenden Gesellschaft bei einem *Upstream Merger* im Gegenzug für die Übertragung keine Anteile an der übernehmenden Gesellschaft gewährt werden müssen.[433] Schließlich fällt der Anspruch der Muttergesellschaft als alleinige Gesellschafterin der übertragenden Tochtergesellschaft auf Gewährung von Anteilen an der übernehmenden Gesellschaft (also an sich selbst) mit der Verpflichtung der Gewährung dieser Anteile zusammen und erlischt daher wegen Konfusion.[434] Es findet also kein Anteilstausch statt.[435] Ein Verschmelzungsbericht (§ 8 Abs 3 S 1 Alt 2 UmwG)[436] und eine Überprüfung des Verschmelzungsvertrags durch Verschmelzungsprüfer (§ 9 Abs 2 UmwG)[437] ist daher nicht erforderlich.[438] Ferner können die den Anteilstausch betreffenden Angaben[439] im Verschmelzungsvertrag entfallen (§ 5 Abs 2 UmwG).[440] Darüber hinaus ist ein Verschmelzungsbeschluss der Mutter- bzw Zielgesellschaft gemäß § 62 Abs 1 UmwG grundsätzlich entbehrlich.[441] Gleiches gilt für die Durchführung einer Kapitalerhöhung, wobei eine solche schon von Gesetzes wegen ausgeschlossen ist (§ 68 Abs 1 Nr 1 UmwG).[442]

---

[431] Vgl hierzu *Schröer* in *Semler/Stengel* UmwG[2] § 5 Rz 128ff; *Schröer* in *Haritz/Menner* UmwStG[3] § 13 Rz 17; *Klingberg* in *Blümich* EStG, KStG, GewStG[104] § 13 UmwStG Rz 17.
[432] Vgl unter D.IV.2.
[433] Vgl *Schröer* in *Semler/Stengel* UmwG[2] § 5 Rz 128.
[434] Vgl *Schröer* in *Semler/Stengel* UmwG[2] § 5 Rz 128.
[435] Vgl *Schröer* in *Semler/Stengel* UmwG[2] § 5 Rz 128; für Ö vgl *Kalss* in *Kalss/Nowotny/Schauer*, ÖGesR[6] Rz 3/973.
[436] Vgl *Gehling* in *Semler/Stengel* UmwG[2] § 8 Rz 73 f.
[437] Vgl *Zeidler* in *Semler/Stengel* UmwG[2] § 9 Rz 49; *Stratz* in *Schmitt/Hörtnagl/Stratz* UmwG, UmwStG[5] § 9 Rz 7.
[438] Vgl *Diekmann* in *Semler/Stengel* UmwG[2] § 62 Rz 7; *Schröer* in *Semler/Stengel* UmwG[2] § 5 Rz 128. Zum öRecht vgl *Rieder/Huemer*, Gesellschaftsrecht 383; *Kalss* in *Kalss/Nowotny/Schauer*, ÖGesR[6] Rz 3/973.
[439] § 5 Abs 1 Nr 2 bis 5 UmwG.
[440] Vgl *Schröer* in *Semler/Stengel* UmwG[2] § 5 Rz 128.
[441] Vgl *Stratz* in *Schmitt/Hörtnagl/Stratz* UmwG, UmwStG[5] § 62 Rz 1.
[442] Vgl *Stratz* in *Schmitt/Hörtnagl/Stratz* UmwG, UmwStG[5] § 68 Rz 5.

91

g) Zwischenergebnis

Eine weitere Einbringungsvariante im Rahmen eines *Cold IPO* stellt der Erwerb des einzubringenden Unternehmens durch die Zielgesellschaft unter Einsatz von Barmitteln dar.

Dabei können zum einen alle zum Börsenkandidaten gehörenden Vermögensgegenstände erworben werden (*Asset Deal*). Zum anderen können auch sämtliche Gesellschaftsanteile des Börsenkandidaten übernommen werden (*Share Deal*).

Im letzteren Fall entsteht zunächst eine doppelstöckige Gesellschaftsstruktur, wobei die Möglichkeit besteht, den Börsenkandidaten in einem zweiten Schritt mittels eines sog *Upstream Mergers* auf die Zielgesellschaft zu verschmelzen.

Aus transaktionstechnischen Gründen ist es grundsätzlich erforderlich, dass die Eigentümer des Börsenkandidaten im Vorfeld der Übernahme des Börsenkandidaten eine Kontrollmehrheit an der Zielgesellschaft erwerben. Ansonsten können sie die Beteiligung an ihrem Unternehmen im Zuge des *Cold IPO* nicht aufrechterhalten.

Problematisch ist jedoch, dass die börsennotierte Zielgesellschaft aufgrund der regelmäßig[443] vorliegenden *Reverse-Konstellation* nicht über ausreichende Mittel verfügt, den Erwerb zu finanzieren. Es besteht jedoch die Möglichkeit die Übernahme durch die Aufnahme von Fremd- oder Eigenkapital zu finanzieren.

In letzterem Fall muss eine Barkapitalerhöhung durchgeführt werden, wobei sich hier das Problem der verdeckten Sacheinlage ergibt, wenn diese durch die Eigentümer des Börsenkandidaten mitgezeichnet wird.

Ferner muss beachtet werden, dass der Erwerb des Börsenkandidaten immer dann eines Hauptversammlungsbeschlusses bedarf, wenn die hierfür

---

[443] Etwas anderes kann für SPACs gelten.

eingesetzten Barmittel dem ganzen Gesellschaftsvermögen der Zielgesellschaft oder zumindest einem wesentlichen Teil dessen entsprechen. Darüber hinaus kann sich das Zustimmungserfordernis der Hauptversammlung auch aus der analogen Anwendung der Nachgründungsvorschriften aufgrund der BGH-Rechtsprechung zur Mantelverwendung ergeben.

93

4. Sacheinlage ohne Anteilsgewährung

Darüber hinaus kann der Börsenkandidat auch im Rahmen einer Sacheinlage ohne Anteilsgewährung in die Zielgesellschaft eingebracht werden.[444] Ein Beispiel für diese Transaktionsvariante stellt der indirekte Börsengang der *Reinecke + Pohl Solare Energien GmbH* mittels der als Börsenvehikel dienenden *BK Grundbesitz & Beteiligungs AG* dar.[445] So erfolgte die Einlage der *Reinecke + Pohl Solare Energien GmbH* in die *BK Grundbesitz & Beteiligungs AG* ohne Gegenleistung. Insbesondere wurde seitens der *BK Grundbesitz & Beteiligungs AG* keine Kapitalerhöhung durchgeführt, so dass die Eigentümer der *Reinecke + Pohl Solare Energien GmbH* im Gegenzug für ihre Einlage keine Aktien erhielten.[446]

Abbildung 8: Transaktionsablauf bei Sacheinlage ohne Anteilsgewährung

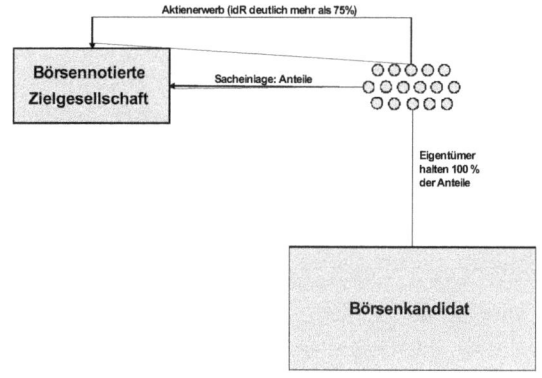

---

[444] Dies kann wiederum in Form eines *Asset* oder *Share Deals* (vgl Abbildung 8 und Abbildung 9) erfolgen (vgl hierzu D.IV.3.a)).
[445] Vgl bereits unter A.
[446] Vgl Ad-hoc-Mitteilung der *BK Grundbesitz & Beteiligungs AG* gemäß § 15 WpHG vom 9.2.2005 http://www.finanzen.net/nachricht/DGAP-Ad-hoc-BK-Grundbesitz-Beteiligungs-AG-9683 (18.4.2011); vgl auch *Hock/Meier*, Der große Mantelaktien-Report 13 http://www.amiculum.de/Diverse-Archiv.html (18.4.2011).

Abbildung 9: Transaktionsergebnis bei Sacheinlage ohne Anteilsgewährung

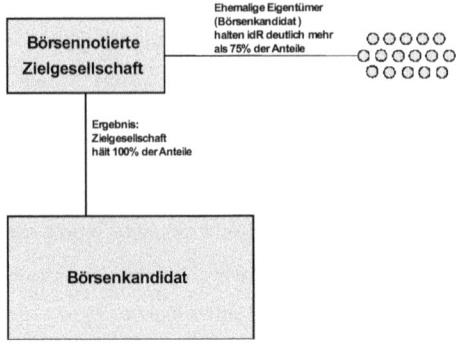

a)   Anteilserwerb an der Zielgesellschaft

Voraussetzung für diese Einbringungsvariante ist zunächst, dass es den Eigentümern des einzubringenden Unternehmens im Vorfeld der Einbringung gelingt, eine Beteiligung an der börsennotierten Zielgesellschaft aufzubauen. Dabei geht es – wie bei der Einbringung unter Einsatz von Barmitteln – nicht allein um die Erlangung der Kontrolle an der Zielgesellschaft, sondern darüber hinaus auch darum, den Eigentümern des Börsenkandidaten weiterhin eine Beteiligung an ihrem Unternehmen zu ermöglichen.[447] Schließlich kann diesen – mangels einer Kapitalerhöhung – kein Zugang zur Zielgesellschaft mittels der Gewährung neuer Aktien verschafft werden.

Typischerweise wird dabei der Erwerb eines möglichst hohen Anteils an der börsennotierten Zielgesellschaft angestrebt,[448] wobei eine gewisse Streuung

---

[447] Vgl unter D.IV.3.b).

[448] Vgl *Hock/Meier*, Der große Mantelaktien-Report 13 http://www.amiculum.de/Diverse-Archiv.html (11.05.2010). Eine Ausnahme von diesem Grundsatz stellt der *indirekte Börsengang* der *Camera Work AG* dar (vgl unter D.IV.6). So wurden im Vorfeld nur ca 50% an der Zielgesellschaft (*Nordhäuser Tabakfabriken AG*) erworben (*Hock/Meier*, Der große Mantelaktien-Report 28 http://www.amiculum.de/Diverse-Archiv.html (11.05.2010)).

und Liquidität der Aktien weiterhin gewährleistet sein muss, um insbesondere einen Widerruf der Börsenzulassung zu vermeiden.[449] Der Grund für dieses Vorgehen lässt sich vor allem damit erklären, dass der Börsenkandidat bei dieser Transaktionsvariante zu 100% auf die Zielgesellschaft übertragen wird, was aus Sicht der Eigentümer des Börsenkandidaten einen Beteiligungs- und Stimmrechtsverlust an ihrem Unternehmen zur Folge hat. Schließlich sind diese nach dem Abschluss der Transaktion nur noch über ihren Anteil an der Zielgesellschaft, der aufgrund des erforderlichen Streubesitzes weniger als 100% beträgt, am Börsenkandidaten beteiligt. Das Ausmaß des Beteiligungs- und Stimmrechtsverlustes korreliert dabei mit der Höhe des (Rest-) Streubesitzes der börsennotierten Zielgesellschaft.[450] Erwerben die Eigentümer des Börsenkandidaten zum Beispiel einen 90%-igen Anteil an der börsennotierten Zielgesellschaft (= Streubesitz iHv 10%) und bringen sie ihr Unternehmen mittels der vorliegenden Transaktionsvariante in diese ein, halten sie nach Abschluss der Transaktion effektiv nur noch 90% am Börsenkandidaten, so dass ihr Beteiligungs- und Stimmrechtsverlust im Ergebnis 10% beträgt.

Da der Beteiligungsverlust seitens der Eigentümer des Börsenkandidaten jedoch insbesondere auch eine Vermögenseinbuße bedeutet, sind diese in der Regel bestrebt, den Beteiligungsverlust durch den Erwerb eines möglichst hohen Anteils an der börsennotierten Zielgesellschaft in Grenzen zu halten. Die Höhe des zu erwerbenden Anteils an der Zielgesellschaft sollte jedoch insbesondere im Hinblick auf den Erhalt eines liquiden Börsenhandels genau bedacht werden. Im Falle des indirekten Börsengangs der *Reinecke + Pohl Solare Energien GmbH* erwarben ihre Eigentümer im Vorfeld der Einbringung zum Beispiel 83% der Anteile an der *BK Grundbesitz & Beteiligungs AG*.[451] Hierdurch konnte der Beteiligungsverlust auf ein akzeptables Ausmaß begrenzt werden, ohne dass der Streubesitz bzw die Liquidität der Aktien zu sehr eingeschränkt wurde.

---

[449] Vgl unter E.III.2.

[450] So wohl auch *Hock/Meier*, Der große Mantelaktien-Report 13 http://www.amiculum.de/Diverse-Archiv.html (18.4.2011).

[451] Vgl *Hock/Meier*, Der große Mantelaktien-Report 36 http://www.amiculum.de/Diverse-Archiv.html (18.4.2011).

96

Als Zielgesellschaft wird bei dieser Variante des *Cold IPO* in der Regel eine börsennotierte Mantelgesellschaft verwendet, was nicht zuletzt darauf zurückzuführen ist, dass sich ein hoher Anteilerwerb bei einer noch operativen Zielgesellschaft aus Kostengründen nur schwer umsetzen lässt. Schließlich verfügt eine solche noch über ein Unternehmen, was in der Regel zu einem hohen Kaufpreis der zu erwerbenden Beteiligung führen dürfte. So handelte es sich beispielsweise auch bei der *BK Grundbesitz & Beteiligungs AG* um eine börsennotierte Mantelgesellschaft.[452]

b) Vorteile

Für diese Einbringungsvariante spricht vor allem dessen schnelle Durchführbarkeit. So muss beispielsweise keine Hauptversammlung einberufen werden. Zudem müssen keine aufwendigen Bewertungsgutachten erstellt werden. Ferner wird bei dieser Variante das Grundkapital nicht erhöht, so dass auch keine neuen Aktien ausgegeben werden müssen. Folglich muss auch kein Prospekt für neu ausgegebene Aktien erstellt werden, was zu einem zusätzlichen Aufwand führen würde. Ob sich aufgrund der ersparten Aufwendungen auch Kostenvorteile ergeben, bleibt – insbesondere im Hinblick auf den unterschiedlich ausfallenden Vermögensverlust – vom Einzelfall abhängig.

c) Rechtliche Aspekte

In rechtlicher Hinsicht stellt sich bei einer Sacheinlage ohne Anteilsgewährung insbesondere die Frage nach deren Rechtsgrund. Dies soll im Folgenden diskutiert werden. Zunächst soll allerdings eine begriffliche Einordnung dieser Einbringungsvariante erfolgen.

aa) Begriff

Die Sacheinlage ohne Anteilsgewährung wird vor allem im Bilanz- und Steuerrecht thematisiert. Dort wird sie in Abgrenzung zur sog offenen

---

[452] Vgl *Scherer*, GoingPublic 3/05, 22.

Einlage häufig als verdeckte Einlage[453] bezeichnet. Unter offenen Einlagen werden dabei Vermögensmehrungen zu Gunsten einer Gesellschaft gegen Gewährung von Anteilen an dieser Gesellschaft verstanden.[454] Gemeint sind hiermit die im Gesellschaftsrecht geregelten Einlagevarianten. Also insbesondere solche Einlagen, die im Rahmen einer Gesellschaftsgründung oder einer Kapitalerhöhung erfolgen.[455] Bei verdeckten Einlagen handelt es sich dagegen um Vermögensmehrungen zu Gunsten der Gesellschaft, für die der Zuwendende (idR ein Gesellschafter)[456] keine Gegenleistung in Form von Geschäftsanteilen erhält.[457] Die Einlage also unentgeltlich erfolgt,[458] wobei auch solche Fälle als verdeckte Einlage qualifiziert werden, bei denen zwar ein Entgelt als Gegenleistung für die Einlage gewährt wird, dieses jedoch unangemessen niedrig ist – also nicht dem verkehrsüblichen Gegenwert entspricht.[459]

Hat die empfangende Gesellschaft mehrere Mitglieder (bzw Gesellschafter) und wird die verdeckte Einlage nur von einem bzw einzelnen Gesellschafter(n) vorgenommen, so dass die Zuwendung nicht mit der Beteiligungsquote korrespondiert, wird häufig auch von einer disquotalen Einlage gesprochen.[460] Diese Konstellation liegt – wie bereits dargestellt – auch bei der vorliegenden Einbringungsvariante des *Cold IPO* vor. Schließlich muss zu Gunsten der Aufrechterhaltung eines liquiden

---

[453] Auf Grund der begrifflichen Ähnlichkeit darf die verdeckte Einlage nicht mit dem bereits oben beschriebenen Vorgang der verdeckten bzw verschleierten Sacheinlage (vgl unter D.IV.3.d)) verwechselt werden (so auch *Strnad*, NZG 2004, 31 Fn 1; *Winnefeld* in *Winnefeld* Bilanz-Handbuch[4] Kap C Rz 420).

[454] Vgl *Strnad*, NZG 2004, 28; *Rödl* in *Wabnitz/Janovsky*, Handbuch des Wirtschafts- u. Steuerstrafrechts[3] Kap 19 Rz 74 f; *Ellrott/Brendt* in Beck'scher Bilanz-Kommentar[7] § 255 HGB Rz 144.

[455] Offene Einlagen werden daher auch als gesellschaftsrechtliche Einlagen bezeichnet (vgl *Birle* in Beck'sches Steuer- und Bilanzrechtslexikon „verdeckte Einlagen" Rz 7).

[456] Die Zuwendung kann auch von einer dem Gesellschafter nahe stehenden Person oder einem Dritten erbracht werden (vgl *Birle* in Beck'sches Steuer- und Bilanzrechtslexikon „verdeckte Einlagen" Rz 9).

[457] Vgl *Strnad*, NZG 2004, 28; *Ellrott/Brendt* in Beck'scher Bilanz-Kommentar[7] § 255 HGB Rz 144 u 162; *Birle* in Beck'sches Steuer- und Bilanzrechtslexikon „verdeckte Einlagen" Rz 8; *Menner* in *Haritz/Menner*, UmwStG[3] § 20 Rz 191; *Rödl* in *Wabnitz/Janovsky*, Handbuch Wirtschafts- u. Steuerstrafrechts[3] Kap 19 Rz 76 f; *Förschle/Taetzner* in Beck'scher Bilanz-Kommentar[7] § 272 HGB Rz 400; Sowie die ständige Rechtsprechung des BFH (vgl hierzu nur BFH, NZG 2006, 75). Für Ö vgl *Bertl/Hirschler*, ÖStZ 1997, 284.

[458] Vgl *Winnefeld* in *Winnefeld* Bilanz-Handbuch[4] Kap C Rz 419.

[459] Vgl *Winnefeld* in *Winnefeld* Bilanz-Handbuch[4] Kap C Rz 421. Für Ö vgl *Bertl/Hirschler*, ÖStZ 1997, 284. So geschehen beim *indirekten Börsengang* der *Camera Work AG* (vgl unter D.IV.6).

[460] Vgl *Birnbaum*, ZEV 2009, 125; *Marenbach*, DStR 2006, 1919; *Groh*, DStR 1999, 1050; *Tolksdorf*, DStR 2010, 423.

98

Börsenhandels und der Vermeidung eines Widerrufs der Börsenzulassung
ein gewisser Streubesitz vorliegen.

ab) Rechtsgrund

In rechtlicher Hinsicht stellt sich zunächst die Frage nach dem Rechtsgrund
(*causa*) der Sacheinlage ohne Anteilsgewährung (bzw verdeckten Einlage).

(1) Causa societatis

Dabei wird überwiegend davon ausgegangen, dass dieser in der
(Gesellschafts-) Mitgliedschaft (*causa societatis*) und der daraus
resultierenden (Zweck-) Förderungspflicht in Bezug auf die Gesellschaft zu
sehen ist.[461] Hiergegen ist jedoch einzuwenden, dass eine
mitgliedschaftliche Pflicht zur Zuwendung von Vermögensvorteilen nur in
äußerst seltenen Ausnahmefällen entstehen kann.[462] Schließlich müssen die
Gesellschafter vor unvorhersehbaren Risiken geschützt werden.[463] Dies wird
auch dadurch deutlich, dass der Gesetzgeber eine Festsetzung von
Nachschusspflichten im Gesellschaftsvertrag bzw in der Satzung fordert.[464]
Im Umkehrschluss kann eine Zuwendungspflicht, die nicht aus einer
vorherigen Vereinbarung im Gesellschaftsvertrag bzw der Satzung
hervorgeht, nicht einfach aus der Mitgliedschaft hergeleitet werden.[465] Die
Mitgliedschaft ist daher lediglich als Grund bzw Motiv oder Veranlassung für
die Zuwendung zu verstehen.[466] Einen Rechtsgrund für diese stellt sie
jedoch nicht dar.[467]

---

[461] Vgl *Marenbach*, DStR 2006, 1921; *Groh*, DStR 1999, 1051; BGH, NZG 2006, 543; *Koch* in MüKo BGB[5] § 516 Rz 98; *Mansel* in Jauernig, BGB[13] § 516 Rz 22. Für Ö vgl *Bertl/Hirschler*, ÖStZ 1997, 284; *Renner* in Quantschnigg/Renner/Schellmann/Stöger, Die Körperschaftsteuer - KStG 1988, § 8 KStG Rz 28.
[462] So auch *Strnad*, NZG 2004, 30.
[463] So auch *Strnad*, NZG 2004, 30.
[464] So auch *Strnad*, NZG 2004, 30. Ein Beispiel hierfür stellt die Nachschusspflicht gemäß § 26 dGmbHG dar.
[465] So wohl auch *Strnad*, NZG 2004, 30.
[466] So auch *Strnad*, NZG 2004, 30.
[467] So auch *Strnad*, NZG 2004, 30.

99

(2) Schenkung

Als Rechtsgrund für eine verdeckte Einlage kommt allerdings eine vertragliche Vereinbarung zwischen der Gesellschaft und dem einlegenden Gesellschafter in Betracht, in der sich dieser zur unentgeltlichen Zuwendung verpflichtet.[468] Fraglich ist allerdings wie diese zivilrechtlich einzuordnen ist.[469] Naheliegend erscheint insoweit die Qualifizierung als Schenkung im Sinne der §§ 516 ff BGB (bzw §§ 938 ff ABGB).[470] Die Schenkung setzt eine Zuwendung, durch die der Zuwendende entreichert und der Zuwendungsempfänger bereichert wird, sowie eine Einigung über die Unentgeltlichkeit der Zuwendung voraus.[471] Zu klären ist, ob diese Voraussetzungen im Rahmen einer verdeckten Sacheinlage vorliegen. Dies wird teilweise unter Hinweis darauf verneint, dass beim zuwendenden Gesellschafter keine Entreicherung eintritt. Schließlich wird die aus der Zuwendung resultierende Vermögensminderung durch die gleichzeitig eintretende Wertsteigerung seiner Gesellschaftsanteile kompensiert.[472] Per Saldo soll das Vermögen des Gesellschafters also unverändert bleiben. Hiergegen ist jedoch einzuwenden, dass eine Wertsteigerung der Gesellschaftsanteile bzw ein Ausgleich der Wertminderung nicht zwingend eintritt.[473] Dies gilt insbesondere dann, wenn der Zuwendende – wie im vorliegenden Fall – nicht alleiniger Gesellschafter der empfangenden Gesellschaft ist (disquotale Einlage).[474]

Ferner wird gegen die Qualifikation als Schenkung angeführt, dass die verdeckte Einlage nicht unentgeltlich erfolgt. Schließlich stehen der Zuwendung die Förderung des Gesellschaftszwecks und die damit verbundene Vermehrung des auf die Gesellschaftsanteile entfallenden

---

[468] Eine solche lag auch beim indirekten Börsengang der *Reinecke + Pohl Solare Energien GmbH* vor: „*Die BK Grundbesitz & Beteiligungs AG hat mit ihren Mehrheitsaktionären einen Vertrag über die Einlage der Reinecke + Pohl Solare Energien GmbH, Hamburg, in die Gesellschaft geschlossen. Die Einlage erfolgt als Zuschuss ohne Gegenleistung in das Kapital der Gesellschaft.*" (vgl Ad-hoc-Mitteilung der *BK Grundbesitz & Beteiligungs AG* gemäß § 15 WpHG vom 9.2.2005 http://www.finanzen.net/nachricht/DGAP-Ad-hoc-BK-Grundbesitz-Beteiligungs-AG-9683 (18.4.2011)).
[469] Vgl hierzu ausführlich *Strnad*, NZG 2004, 28 ff.
[470] So zB *Strnad*, NZG 2004, 29; *Förschle/Taetzner* in Beck'scher Bilanz-Kommentar[7] § 272 HGB Rz 400; aA vgl *Groh*, DStR 1999, 1051; *Koch* in MüKo BGB[5] § 516 HGB 98.
[471] Vgl *Gehrlein* in Beck'scher Online-Kommentar BGB[Ed18] § 516 Rz 2; *Koch* in MüKo BGB[5] § 516 Rz 5 ff.
[472] Vgl RGZ 59, 423; *Groh*, DStR 1999, 1051;
[473] Vgl hierzu die Beispielfälle bei *Strnad*, NZG 2004, 30.
[474] So auch *Strnad*, NZG 2004, 30.

Gewinnes (Erfolgsteilhabe) als Gegenleistung gegenüber.[475] Hiergegen spricht jedoch, dass die Erfolgsteilhabe kein Entgelt im eigentlichen Sinne darstellt. Schließlich ist ihr späterer Eintritt keineswegs sicher und allenfalls als mittelbarer Reflex anzusehen.[476] Insbesondere kommt dem Zuwendenden kein Gegenanspruch im Hinblick auf den späteren Eintritt zu. Die Zuwendung ist daher objektiv unentgeltlich.[477]

Im Ergebnis ist daher – zumindest zivilrechtlich[478] – von einer Schenkung auszugehen.[479]

(3) Mantelverwendung

Ein Rechtsgrund für die Sacheinlage ohne Anteilsgewährung kann ferner im Rahmen einer Mantelverwendung entstehen. So sind die Verwender einer Mantelgesellschaft auf Grund der Rechtsprechung des BGH verpflichtet, ein nicht oder nicht mehr vollständig vorhandenes Grund- bzw Stammkapital der Gesellschaft wieder aufzubringen.[480] Da ein indirekter Börsengang häufig unter der Verwendung einer Mantelgesellschaft durchgeführt wird und ein solcher Fall – wie noch zu zeigen sein wird – als Mantelverwendung zu qualifizieren ist[481], kann einer unter Umständen bestehenden Wiederaufbringungspflicht auch durch die Einlage des Börsenkandidaten nachgekommen werden,[482] wobei der auf den Streubesitz entfallende Anteil am wiederaufzubringenden Grundkapital in der Regel durch die Einlage mit aufgebracht wird.[483] Eine solche Konstellation lag auch beim indirekten Börsengang der *Reinecke + Pohl Solare Energien GmbH* vor. So diente die Einlage der *Reinecke + Pohl Solare Energien GmbH* in den Börsenmantel

---

[475] Vgl RGZ 59, 423; *Gebel* in *Troll/Gebel/Jülicher*, ErbStG[40] § 7 Rz 182.
[476] Vgl *Strnad*, NZG 2004, 30.
[477] *Strnad*, NZG 2004, 30. Dies hat auch der dGesetzgeber mittlerweile erkannt (vgl § 6 Abs 5 S 3 EstG).
[478] Im **Steuerrecht** wird die Annahme einer Schenkung dagegen überwiegend verneint. Teilweise wird eine Schenkung bei einer disquotalen Einlage jedoch im Hinblick auf die nicht einlegenden Gesellschafter angenommen. Dies soll zumindest dann gelten, wenn es sich bei diesen um Angehörige der einlegenden Gesellschafter handelt und eine Werterhöhung ihrer Anteile beabsichtigt ist (vgl *Marenbach*, DStR 2006, 1921).
[479] So auch *Strnad*, NZG 2004, 29.
[480] Vgl hierzu ausführlich unter E.I.3.
[481] Vgl unter E.
[482] Zur Einbringung von Sachvermögen im Rahmen der Mantelverwendung vgl unter E.I.3.b)aa).
[483] Vgl *Hock/Meier*, Der große Mantelaktien-Report 14 13 http://www.amiculum.de/Diverse-Archiv.html (18.4.2011).

der *BK Grundbesitz & Beteiligungs AG* nicht nur der Durchführung des indirekten Börsengangs sondern gleichzeitig auch der Wiederherstellung des Grundkapitals der Zielgesellschaft.[484]

Ob es sich bei dieser Variante der Sacheinlage ohne Anteilsgewährung um eine verdeckte Einlage handelt, ist jedoch fraglich. Schließlich basiert die Wiederaufbringungspflicht einerseits auf der analogen Anwendung der Kapitalaufbringungspflicht im Rahmen der Gesellschaftsgründung, was für die Einordnung als offene Einlage sprechen würde. Andererseits werden bei dieser Vorgehensweise keine neuen Geschäftsanteile ausgegeben, so dass sie strukturell eher einer verdeckten Einlage entspricht. Die Relevanz dieser Frage betrifft jedoch lediglich die begriffliche Einordnung, so dass vorliegend auf eine Entscheidung verzichtet wird. Vielmehr soll im weiteren Verlauf allgemein von einer Sacheinlage ohne Anteilsgewährung gesprochen werden.

Ein wesentlicher Unterschied ergibt sich jedoch in bilanzieller Hinsicht. So dient die Einlage im Rahmen der Mantelverwendung der Wiederherstellung des Grundkapitals. Sie erfolgt also in das gezeichnete Kapital[485] und ist insofern gebunden. Wohingegen eine verdeckte Einlage in der Regel als Zuschuss in die (nichtgebundene) Kapitalrücklage[486] erfolgt.[487]

---

[484] Vgl Ad-hoc-Mitteilung der *BK Grundbesitz & Beteiligungs AG* gemäß § 15 WpHG vom 22.12.2004 http://www.colexon.de/content/de/_news/020_adhoc_massages/2004/041222_uebernahme_solare nergiegeschaeft.php?pl=626&bstart=60 (18.4.2011). Wobei wie bereits ausgeführt (vgl Fn 468) auch eine vertragliche Vereinbarung im Hinblick auf die Einlage getroffen wurde, so dass genau genommen zwei Rechtsgründe für die Übertragung vorlagen.
[485] Gemäß § 272 Abs 1 dHGB bzw § 229 Abs 1 UGB.
[486] Gemäß § 272 Abs 2 Z 4 dHGB bzw § 229 Abs 2 Z 5 UGB.
[487] Vgl *Loose/Maier* in *Lüdike/Sistermann*, Unternehmenssteuerrecht § 17 Rz 15; *Förschle/Taetzner* in Beck'scher Bilanz-Kommentar[7] § 272 HGB Rz 405.

d)   Zwischenergebnis

Die vierte Möglichkeit den Börsenkandidaten in die Zielgesellschaft einzubringen besteht in einer Sacheinlage ohne Anteilsgewährung.

In rechtlicher Hinsicht wird dieser Vorgang als verdeckte Einlage bezeichnet. Genau genommen handelt es sich um eine sog disquotale Einlage, da die Einlage (Börsenkandidat) nicht von allen Aktionären sondern nur den Eigentümern des Börsenkandidaten erbracht wird, die sich im Vorfeld der Einbringung an der Zielgesellschaft beteiligt haben.

Für die Eigentümer des Börsenkandidaten bedeutet die disquotale Einlage einen Vermögens- und Beteiligungsverlust, den sie allerdings in Kauf nehmen müssen, um einen liquiden Aktienhandel zu gewährleisten und einen Widerruf der Börsenzulassung zu vermeiden. Es wird jedoch in der Regel versucht, den Vermögens- und Beteiligungsverlust durch den Erwerb eines möglichst hohen Anteils an der Zielgesellschaft zu kompensieren, wobei dieser ebenfalls zwingend erforderlich ist, um die Aufrechterhaltung ihrer Beteiligung zu gewährleisten.

Als Rechtsgrund für die verdeckte Einlage kommt grundsätzlich eine Schenkung in Betracht. Darüber hinaus kann ein Rechtsgrund für eine Sacheinlage ohne Anteilsgewährung auch im Rahmen einer Mantelverwendung entstehen. So sind die Verwender einer Mantelgesellschaft auf Grund der Rechtsprechung des BGH verpflichtet, ein nicht oder nicht mehr vollständig vorhandenes Grund- bzw Stammkapital der Gesellschaft wieder aufzubringen, wobei dies auch durch die Einlage des Börsenkandidaten erfolgen kann.

5.   Alternative Transaktionsvarianten

Teilweise werden unter einem *Cold IPO* auch solche Transaktionen verstanden, bei denen zwar keine Einbringung in die börsennotierte Gesellschaft (die eigentliche Zielgesellschaft) stattfindet, der gewünschte Effekt eines indirekten Börsengangs – die Börsennotierung des Börsenkandidaten – jedoch trotzdem herbeigeführt werden soll. Zu nennen sind in diesem Zusammenhang:

- Die Verschmelzung der börsennotierten Gesellschaft auf den Börsenkandidaten.[488]

- Die Verschmelzung der börsennotierten Gesellschaft sowie des Börsenkandidaten auf eine dritte neu gegründete Gesellschaft.[489]

- Die Einbringung beider Gesellschaften in eine neu gegründete Gesellschaft mittels einer Kapitalerhöhung gegen Sacheinlage.[490]

a)   Verschmelzung auf die nicht notierte Gesellschaft

Teilweise wird davon ausgegangen, dass ein indirekter Börsengang auch durch die Verschmelzung der börsennotierten Gesellschaft auf die nicht notierte Gesellschaft (Börsenkandidat) möglich sein soll.[491] Bei der Verschmelzung handelt es sich dabei ebenfalls um eine Verschmelzung durch Aufnahme,[492] wobei im Unterschied zum bereits oben dargestellten Sachverhalt der Börsenkandidat als aufnehmende Gesellschaft in Erscheinung tritt.

---

[488] Vgl *Bösl*, FB 2003, 299; *Neuroth*, Finance 12/01, 25; *Vater*, DB 2002, 2445.
[489] Vgl *Bösl*, FB 2003, 299; *Neuroth*, Finance 12/01, 25; *Vater*, DB 2002, 2445; *Blättchen/Nespethal*, VentureCapital 2003, 67; *Seppelfricke/Seppelfricke*, FB 2001, 585; *Seppelfricke/Seppelfricke*, BB 2002, 366 Fn 4. Demgegenüber kritisch *Heidelbach* in *Schwark/Zimmer*, KMRK⁴ § 32 BörsG Rz 23.
[490] Vgl *Blättchen/Nespethal*, VentureCapital 2003, 68; *Blättchen/Nespethal* in *Wiedemann* 599.
[491] Vgl *Bösl*, FB 2003, 299; *Neuroth*, Finance 12/01, 25.
[492] Diese richtet sich in D nach § 2 Nr 1 UmwG. In Ö im Falle einer AG nach § 219 Nr 1 öAktG bzw, wenn es sich wie vorliegend bei der aufnehmenden Gesellschaft um eine GmbH handelt, nach § 96 Abs 1 Nr 1 öAktG.

Zweifelhaft ist allerdings, ob auf diesem Wege tatsächlich ein indirekter Börsengang des Börsenkandidaten erreicht werden kann. Zu beachten ist in diesem Zusammenhang insbesondere § 20 Abs 1 Nr 2 UmwG / § 225a Abs 3 Nr 2 öAktG. Demzufolge führt die Eintragung der Verschmelzung in das Handelsregister bzw Firmenbuch im Rahmen des Verschmelzungsprozesses dazu, dass die übertragende Gesellschaft erlischt. Ist nun – wie vorliegend – die börsennotierte Gesellschaft zugleich auch die übertragende Gesellschaft, führt ihr Untergang konsequenterweise auch zum Untergang ihrer Börsenzulassung.[493] Da die aufnehmende Gesellschaft ferner über keine Börsenzulassung verfügt, liegt im Ergebnis lediglich eine fusionierte – jedoch nicht börsennotierte – Gesellschaft vor.

Dessen sind sich zwar auch die Vertreter dieses Ansatzes bewusst.[494] Sie verweisen jedoch darauf, dass die fusionierte Gesellschaft in einem nächsten Schritt ihre Börsenzulassung beantragt.[495] Dieses Vorgehen stellt jedoch keinen indirekten Börsengang des Börsenkandidaten im eigentlichen Sinne dar. Schließlich nutzt der Börsenkandidat auf diesem Wege nicht die Zulassung einer bereits börsennotierten Gesellschaft, sondern beantragt – als Teil der fusionierten Gesellschaft – die Börsenzulassung im Rahmen eines separaten *Listings*. Es handelt sich also vielmehr um ein *Listing* der fusionierten Gesellschaft. Ein indirekter Börsengang kann auf diesem Wege also nicht erreicht werden.[496]

b)   Verschmelzung durch Neugründung

Teilweise wird auch vertreten, dass ein indirekter Börsengang durch eine Verschmelzung durch Neugründung gemäß § 2 Nr 2 UmwG / § 219 Nr 2 öAktG erreicht werden kann.[497] Bei dieser Transaktionsvariante werden

---

[493] So auch *Bösl*, FB 2003, 299; *Neuroth*, Finance 12/01, 25; wohl auch *Schanz*, Börseneinführung³ § 14 Rz 36 Fn 59. Allg zum Untergang der Börsenzulassung im Zuge der Verschmelzung *Groß*, Kapitalmarktrecht⁴ § 39 BörsG Rz 12; *Kirchner/Sailer*, NZG 2002, 313.
[494] Vgl *Bösl*, FB 2003, 299; *Neuroth*, Finance 12/01, 25.
[495] Vgl *Bösl*, FB 2003, 301; *Neuroth*, Finance 12/01, 25. Wobei dies nur dann möglich ist, wenn es sich bei der aufnehmenden Gesellschaft um einen kapitalmarktfähigen Rechtsträger handelt. Ansonsten hat zunächst eine Umwandlung in einen solchen zu erfolgen.
[496] Im Ergebnis zustimmend *Schanz*, Börseneinführung³ § 14 Rz 36 Fn 59.
[497] Vgl *Bösl*, FB 2003, 299; *Neuroth*, Finance 12/01, 25; *Vater*, DB 2002, 2445; *Blättchen/Nespethal*, VentureCapital 2003, 67; *Seppelfricke/Seppelfricke*, FB 2001, 585; *Seppelfricke/Seppelfricke*, BB 2002, 366 Fn 4. Demgegenüber kritisch *Heidelbach* in *Schwark/Zimmer*, KMRK⁴ § 32 BörsG Rz 23.

sowohl die börsennotierte als auch die nicht notierte Gesellschaft (Börsenkandidat) auf eine (dritte) neugegründete Gesellschaft verschmolzen. Problematisch ist jedoch auch bei dieser Transaktionsvariante, dass die börsennotierte Gesellschaft im Zuge der Verschmelzung gemäß § 36 Abs 1 ivm § 20 Abs 1 Nr 2 UmwG / § 233 Abs 1 ivm § 225a Abs 3 Nr 2 öAktG erlischt. Was zur Folge hat, dass die Börsenzulassung verloren geht und für die fusionierte Gesellschaft neu beantragt werden muss.[498] Dies stellt jedoch wiederum keinen indirekten Börsengang sondern ein *Listing* der fusionierten Gesellschaft dar. Ein indirekter Börsengang kann mit dieser Transaktionsvariante also ebenfalls nicht erreicht werden.[499]

c)   Sacheinlage in neugegründete Gesellschaft

Darüber hinaus wird vereinzelt eine weitere Vorgehensweise für die Durchführung eines *Cold IPO* vorgeschlagen. Danach soll ein indirekter Börsengang auch dadurch erreicht werden können, dass die Eigentümer des Börsenkandidaten und die Mehrheitsaktionäre der notierten (Ziel-) Gesellschaft ihre Anteile mittels einer Kapitalerhöhung gegen Sacheinlage in eine neugegründete Gesellschaft (NewCo) einbringen, welche parallel eine Börsenzulassung beantragt.[500] Der Vorteil dieser Transaktionsvariante soll dabei vor allem in einem geringeren Anfechtungsrisiko liegen.[501] Unter welchen Voraussetzungen diese komplizierte und zeitintensive Vorgehensweise Sinn macht, muss vorliegend nicht geklärt werden, da es sich wiederum nicht um einen *Cold IPO* im eigentlichen Sinne handelt. Zwar erlischt die Börsennotierung der Zielgesellschaft im Zuge der Einbringung in die NewCo nicht. Sie kann allerdings auch nicht für die NewCo (und damit auch nicht für den Börsenkandidaten) weitergenutzt werden.[502] Vielmehr erlangt die NewCo erst durch ein separates *Listing* die Börsennotierung. Aus Sicht des Börsenkandidaten wird die Börsennotierung also nicht durch die Einbringung sondern erst durch das *Listing* der NewCo (Muttergesellschaft)

---

[498] Vgl *Bösl*, FB 2003, 299 und 301; *Neuroth*, Finance 12/01, 25; *Seppelfricke/Seppelfricke*, FB 2001, 585; *Blättchen/Nespethal*, VentureCapital 2003, 67; *Blättchen/Nespethal* in *Wiedemann* 598.
[499] Im Ergebnis zustimmend *Schanz*, Börseneinführung³ § 14 Rz 36 Fn 59; wohl auch *Heidelbach* in *Schwark/Zimmer*, KMRK⁴ § 32 BörsG Rz 23 und *Seppelfricke/Seppelfricke*, FB 2001, 585.
[500] Vgl dazu ausführlich *Blättchen/Nespethal*, VentureCapital 2003, 68; *Blättchen/Nespethal* in *Wiedemann* 599. AA wohl *Kirchner/Sailer*, NZG 2002, 310.
[501] Vgl *Blättchen/Nespethal* in *Wiedemann* 599; *Kirchner/Sailer*, NZG 2002, 310.
[502] Vgl *Kirchner/Sailer*, NZG 2002, 310.

erreicht. Ein indirekter Börsengang kann auf diesem Wege also ebenfalls nicht erreicht werden.[503]

d)   Zwischenergebnis

Ein *Cold IPO* kann mittels einer Verschmelzung der Zielgesellschaft auf den Börsenkandidaten oder der Verschmelzung beider Gesellschaften auf eine dritte neu gegründete Gesellschaft grundsätzlich nicht erreicht werden. Schließlich kann die Börsenzulassung der Zielgesellschaft im Zuge der Verschmelzung nicht aufrechterhalten werden, sondern geht vielmehr unter. Die fusionierte Gesellschaft muss folglich in beiden Fällen eine reguläre Zulassung ihrer Aktien beantragen. Hierbei handelt es sich jedoch nicht um einen *Cold IPO* sondern vielmehr um ein einfaches *Listing*.

Mit der Einbringung der Zielgesellschaft und des Börsenkandidaten in eine neu gegründete Gesellschaft mittels einer Kapitalerhöhung gegen Sacheinlage kann ebenfalls kein *Cold IPO* erreicht werden.

---

[503] Wohl auch *Kirchner/Sailer*, NZG 2002, 310.

6. Aufbau eines neuen Unternehmens

Ein Spezialfall des *Cold IPO* liegt vor, wenn eine börsennotierte Zielgesellschaft als Rechtsträger für ein neu aufzubauendes Unternehmen herangezogen wird.[504] Im Unterschied zu den bereits geschilderten Konstellationen des indirekten Börsengangs wird dabei kein bereits bestehendes Unternehmen sondern vielmehr eine Geschäftsidee und das zu ihrer Umsetzung erforderliche Vermögen (bzw Wirtschaftsgüter) in die Zielgesellschaft eingebracht.[505] Genau genommen liegt daher kein indirekter Börsengang im klassischen Sinne vor. Schließlich zeichnet sich ein solcher grundsätzlich dadurch aus, dass ein bereits existierendes Unternehmen die Börsenzulassung einer börsennotierten Gesellschaft nutzt. *Nadler* spricht daher auch von einem indirekten Börsengang des noch gar nicht gegründeten Unternehmens.[506] Im Ergebnis liegen also zwei Umgehungstatbestände vor. Zum einen die Umgehung der rechtlichen Gründungsvorschriften einer Kapitalgesellschaft. Zum anderen die Umgehung der Börsenzulassungsvoraussetzungen.

Als Zielgesellschaft wird bei dieser Transaktionsvariante in der Regel eine börsennotierte Mantelgesellschaft herangezogen, an der die Initiatoren des indirekten Börsengangs zunächst eine qualifizierte Anteilsmehrheit erwerben (sog Mantelkauf).[507] Im Anschluss daran wird unter der Mantelgesellschaft das neue Unternehmen aufgebaut,[508] wobei es in diesem Zusammenhang auch zu einer Einbringung von – für den Unternehmensaufbau erforderlichen – Vermögensgegenständen (betriebsnotwendig) bzw Wirtschaftsgütern kommen kann. Hierbei gelten die bereits oben dargestellten Verfahrensweisen[509] für die Einbringung bereits existierender Unternehmen entsprechend. So können Sachgegenstände im Rahmen einer Sachkapitalerhöhung durch Sacheinlage ohne Anteilsgewährung oder im

---

[504] Vgl *Nadler*, FB 2001, 40; *Schanz*, Börseneinführung[3] § 14 Rz 40 Fn 71; *Hock/Meier*, Der große Mantelaktien-Report 14 http://www.amiculum.de/Diverse-Archiv.html (18.4.2011); „Deutschlands erstes Internet-Emissionshaus an der Börse", GoingPublic 9/98, 46.
[505] Vgl *Winkel/Zeiss*, GoingPublic 5/07, 50; *Hock/Meier*, Der große Mantelaktien-Report 14 http://www.amiculum.de/Diverse-Archiv.html (18.4.2011); *Fleischer*, Creditreform 9/00, 14.
[506] *Nadler*, FB 2001, 40.
[507] Vgl die folgenden Beispiele.
[508] Vgl GoingPublic 9/98, 46.
[509] Vgl unter D.IV.

Zuge eines käuflichen Erwerbs eingebracht werden. Eine Verschmelzung durch Aufnahme kommt dagegen nicht in Betracht, da eine solche grundsätzlich nur zwischen zwei Rechtsträgern möglich ist.[510] Darüber hinaus können – für den Unternehmensaufbau erforderliche – Barmittel durch eine Kapitalerhöhung beschafft werden.

a)   Praxisbeispiel 1: Net.IPO AG (ehemalige Brauhaus Amberg AG)

Einen klassischen Fall dieser Transaktionsvariante stellt die Neuausrichtung der börsennotierten *Brauhaus Amberg AG* (ISIN: DE0005250005) dar.[511] Diese war Jahre lang eine Tochtergesellschaft der *Ersten Kulmbacher Actienbrauerei*. In Folge des Konkurses der Muttergesellschaft musste die *Brauhaus Amberg AG* wegen eines bestehenden Beherrschungsvertrags Mitte der neunziger Jahre ebenfalls in Konkurs gehen und ihr operatives Geschäft aufgeben. Die Aktienmehrheit der nur noch als Börsenmantel existierenden Gesellschaft ging an die *Bayerische Landesbank*, welche das Aktienpaket im Jahre 1997 an die *Sparta Beteiligungen AG* verkaufte. Nach erfolgreichem Abschluss des Konkursverfahrens verkaufte diese 87% der Anteile an die *Deutsche Balaton Broker Holding AG* weiter, welche die Gesellschaft in einem völlig neuartigem Geschäftsfeld ausrichtete. So wurde die Gesellschaft in *net.IPO AG* umbenannt und in ein Internet-Emissionshaus für Wertpapiere[512] umgewandelt, welches seine Emissionen ausschließlich per Internet platzieren sollte.[513] Zur Finanzierung der neuen Geschäftstätigkeit wurde zudem eine Kapitalerhöhung gegen Bareinlage durchgeführt.

---

[510] Vgl § 3 UmwG.
[511] Vgl zum Sachverhalt auch *Nadler*, FB 2001, 40; *Schander/Schinogl*, ZinsO 1999, 204 f; GoingPublic 9/98, 46; ausführlich *Hock/Meier*, Der große Mantelaktien-Report 43 ff http://www.amiculum.de/Diverse-Archiv.html (18.4.2011).
[512] Ausführlich zum Geschäftsmodell (vgl GoingPublic 9/98, 46).
[513] Das Geschäftsmodell wurde jedoch im Jahre 2001 wieder aufgegeben. Mittlerweile ist die Gesellschaft als Beteiligungsholding tätig und firmiert unter dem Namen *Heidelberger Beteiligungsholding AG* (vgl *Hock/Meier*, Der große Mantelaktien-Report 44 f http://www.amiculum.de/Diverse-Archiv.html (18.4.2011)).

b)   Praxisbeispiel 2: Nordhäuser Tabakfabriken AG

Ein weiteres Beispiel für die vorliegende Transaktionsvariante stellt die Neuausrichtung der *Nordhäuser Tabakfabriken AG* (ISIN: DE0006771504) dar.[514] Wie sich dem Namen nach unschwer erkennen lässt, war diese Gesellschaft jahrzehntelang in der Tabakproduktion aktiv. Nach der Einstellung des Geschäftsbetriebs führte die Gesellschaft jahrelang ein Dasein als Börsenmantel. Bis die Aktienmehrheit im Jahre 2002 an einen Investor verkauft wurde, der unter dem Mantel eine börsennotierte Verwaltungs- und Investmentgesellschaft für hochwertige Fotokunstsammlungen errichtete. Zu diesem Zwecke wurde die Gesellschaft in *Camera Work AG* umbenannt und eine Fotokunstsammlung des Investors im Wert von 60 Mio € eingebracht. Die Einbringung in den Börsenmantel erfolgte dabei zum größten Teil durch eine Sacheinlage ohne Anteilsgewährung. Mittlerweile verwaltet die *Camera Work AG* eine der weltweit größten Foto- und Fotobuchsammlungen und betreibt mit ihrer Tochtergesellschaft *Camera Work GmbH* eine Galerie, die regelmäßig wechselnde Ausstellungen, Messeauftritte, Kooperationen mit Museen, etc organisiert.[515]

---

[514] Ausführlich zum Sachverhalt vgl *Hock/Meier*, Der große Mantelaktien-Report 27 f http://www.amiculum.de/Diverse-Archiv.html (18.4.2011); vgl auch Interview mit dem ehemaligen Vorstand der *Camera Work AG*, Georg Klöcker http://www.gsc-research.de/gsc/research/interviews/detailansicht/index.html?tx_mfcgsc_unternehmen%5Buid%5D=1598&tx_ttnews%5Btt_news%5D=323&cHash=8a36ba184e (18.4.2011).
[515] Vgl Internetauftritt der *Camera Work AG* http://www.camerawork.de (18.4.2011).

7. Ergebnis

Es kann festgehalten werden, dass ein *Cold IPO* nur dann erreicht werden kann, wenn der Börsenkandidat in eine bereits börsennotierte Zielgesellschaft eingebracht wird.

Dies kann auf vier Wegen geschehen: Der Börsenkandidat kann mittels einer Sachkapitalerhöhung in die Zielgesellschaft eingebracht werden oder auf diese Verschmolzen werden. Zudem besteht die Möglichkeit, dass der Börsenkandidat durch die Zielgesellschaft unter dem Einsatz von Barmitteln erworben oder durch eine Sacheinlage ohne Anteilsgewährung in diese eingebracht wird.

Nachteilig kann sich in den ersten beiden Fällen insbesondere das bestehende Anfechtungsrisiko auswirken.[516] Bei einem käuflichen Erwerb des Börsenkandidaten ergibt sich das Problem, dass die für den Erwerb erforderlichen Mittel regelmäßig nicht vorhanden sind. Zudem spricht gegen eine Sacheinlage ohne Anteilsgewährung, dass diese einen Vermögens- und Beteiligungsverlust nach sich zieht.

Darüber hinaus besteht die Möglichkeit, eine börsennotierte Mantelgesellschaft als Rechtsträger für ein noch gar nicht gegründetes Unternehmen heranzuziehen, wobei es sich hierbei nicht um einen *Cold IPO* im eigentlichen Sinne handelt.

---

[516] Obwohl im Falle eines käuflichen Erwerbs auch ein Hauptversammlungsbeschluss erforderlich werden kann (D.IV.3.e)), der nach den allg Regelungen angefochten werden kann.

E. Ausgewählte Probleme

Im Folgenden sollen ausgewählte gesellschafts- und kapitalmarktrechtliche Probleme, die im Rahmen von *Cold IPOs* auftreten können, thematisiert werden. Aus gesellschaftsrechtlicher Sicht stellt sich insbesondere die Frage nach den Auswirkungen der BGH-Rechtsprechung zur Mantelverwendung auf den *Cold IPO* (I). In kapitalmarkrechtlicher Hinsicht stellt sich zunächst die Frage, inwieweit die Börsenzulassungsvoraussetzungen mittels eines *Cold IPOs* umgangen werden und welche Konsequenzen eine etwaige Umgehung nach sich zieht (II). Zudem soll geklärt werden, ob im Zuge eines *Cold IPO* die Pflicht zur Abgabe eines Übernahmeangebots entsteht (III). Darüber hinaus soll untersucht werden, ob das börsennotierte Vehikel im Vorfeld des *Cold IPOs* dessen geplante Durchführung mittels einer Ad-hoc-Meldung veröffentlichen muss und inwieweit sich eine entsprechende Veröffentlichung auf die Umsetzung der Transaktion auswirkt (V). Abschließend wird auf die Frage eingegangen, ob und unter welchen Voraussetzungen es im Zuge eines *Cold IPO* zu übernahmerechtlichen Nachzahlungspflichten kommen kann (VI.)

I. Cold IPOs im Lichte der BGH-Rechtsprechung zur Mantelverwendung

In seinen Entscheidungen vom 9.12.2002[517] und 7.7.2003[518] hat der BGH die für die Mantelverwendung geltenden Rechtsfolgen festgelegt. Fraglich ist, ob diese Rechtsprechung und die damit verbundenen rechtlichen Folgen auch auf den Fall des indirekten Börsengangs Anwendung finden. Diese Problematik hat in der juristischen Literatur bisher kaum Beachtung gefunden. Nur vereinzelt werden die Auswirkungen der BGH-Entscheidungen auf den indirekten Börsengang angesprochen.[519]

Vor diesem Hintergrund soll im Folgenden überprüft werden, ob die BGH-Entscheidungen und damit insbesondere deren Rechtsfolgen auch im Falle eines indirekten Börsengangs greifen. Dabei soll zunächst gezeigt werden, dass ein indirekter Börsengang – so viel darf schon vorweggenommen werden – als Mantelverwendung qualifiziert werden kann. Schließlich macht die Frage nach der Anwendung der Rechtsfolgen einer Mantelverwendung nur dann Sinn, wenn eine solche tatsächlich vorliegt. Im Anschluss daran sollen die einzelnen Rechtsfolgen der Mantelverwendung und die daraus resultierenden Risiken für den indirekten Börsengang dargestellt werden.

1. Die Mantelverwendung

Der Begriff der Mantelverwendung ist gesetzlich nicht verankert. Vielmehr handelt es sich um einen Begriff der Rechtsanwendung, der auf der Beobachtung der Gestaltungspraxis beruht.[520] Die Literatur[521] und die Rechtsprechung[522] gehen von einer Mantelverwendung aus, wenn eine unternehmenslose Gesellschaft (Mantelgesellschaft) als Unternehmensträgerin für ein neu aufzubauendes oder ein bereits

---

[517] BGH, Beschluss vom 9.12.2002 – II ZB 12/02, NJW 2003, 892.
[518] BGH, Beschluss vom 7.07.2003 – II ZB 04/02, NJW 2003, 3198.
[519] Vgl hierzu Grub/Streit, BB 2004, 1405; Hock/Meier, Der große Mantelaktien-Report 13 http://www.amiculum.de/Diverse-Archiv.html (18.4.2011); vgl auch Allgemeine Informationen Carthago Capital Consulting AG http://www.carthago.de/index.php?id=63#id01 (18.4.2011).
[520] Vgl Heerma, Mantelverwendung 2.
[521] Vgl Pentz in MüKo AktG³ § 23 Rz 97; Schmidt, Gesellschaftsrecht⁴ § 4 III 71; Priester, DB 1983, 2291; Heerma, Mantelverwendung 3; zum öRecht vgl Auer, wbl 2001, 245.
[522] Vgl BGH NJW 2003, 3198; BGH NJW 2003, 892.

vorhandenes Unternehmen herangezogen wird. Bei der unternehmenslosen Gesellschaft kann es sich dabei sowohl um eine gebrauchte als auch um eine ungebrauchte Mantelgesellschaft handeln,[523] wobei die Erstgenannte im Rahmen der Mantelverwendung erneut und die Zweitgenannte erstmals mit einem Unternehmen ausgestattet wird.[524]

Der typische Fall einer Mantelverwendung stellt sich in der Regel wie folgt dar. Zunächst erfolgt der Erwerb der Anteile der Mantelgesellschaft durch die Verwender (Mantelkauf).[525] Daraufhin passen diese die Satzung der zukünftigen Geschäftstätigkeit der Gesellschaft an – insbesondere kommt es zur Änderung des Unternehmensgegenstandes, einer Neufassung der Firma und der Verlegung des Gesellschaftssitzes – und wechseln die Organe der Gesellschaft aus.[526] Sodann bringen die Verwender entweder ein bestehendes Unternehmen in die Gesellschaft ein oder die Gesellschaft gründet ein neues Unternehmen.[527]

Zu beachten ist jedoch, dass eine Mantelverwendung nicht zwingend nach diesem Muster ablaufen muss.[528] So ist es vielmehr auch möglich, dass die ursprünglichen Gesellschafter bzw Aktionäre einer Mantelgesellschaft diese für ein neues Unternehmen verwenden, ohne dass Anteile an Dritte verkauft und abgetreten werden.[529] Eine Mantelverwendung muss also nicht notwendigerweise mit einem Mantelkauf einhergehen. Aber auch der Austausch der Gesellschaftsorgane, die Neufassung der Firma, die Verlegung des Gesellschaftssitzes sowie die Änderung des Unternehmensgegenstands sind für die Annahme einer Mantelverwendung zwar typisch aber keineswegs erforderlich.[530]

---

[523] Vgl BGH NJW 2003, 3198; BGH NJW 2003, 892; *Heerma*, Mantelverwendung 4; *Pentz* in MüKo AktG³ § 23 Rz 96; *Schmidt*, NJW 2004, 1345; *Priester*, DB 1983, 2291; *Braunfels* in *Heidel*, AktR KMR² § 23 Rz 29; zum öRecht vgl *Auer*, wbl 2001, 245.

[524] Vgl *Braunfels* in *Heidel*, AktR KMR² § 23 Rz 29.

[525] Vgl *Heerma*, Mantelverwendung 1; BGH NJW 2003, 3198.

[526] Vgl *Heerma*, Mantelverwendung 1; BGH NJW 2003, 3198.

[527] Vgl *Heerma*, Mantelverwendung 1; *Pentz* in MüKo AktG³ § 23 Rz 97.

[528] Vgl BGH NJW 2003, 3198; *Heerma*, Mantelverwendung 6.

[529] Vgl *Heerma*, Mantelverwendung 2 f; *Schmidt*, Gesellschaftsrecht⁴ § 4 III 71; *Priester*, DB 1983, 2298; BGH NJW 2003, 3198. In einem solchen Falle wird auch von einer „Mantelverwendung in sonstiger Weise" gesprochen (vgl *Priester*, DB 1983, 2291; *Heerma*, Mantelverwendung 3). Der früher häufig verwendete Begriff der „Mantelverwertung (in sonstiger Weise)" ist dagegen ungenau, da er eine nicht stattfindende Zerschlagung impliziert (vgl *Heerma*, Mantelverwendung 3).

[530] Vgl BGH NJW 2003, 3198; zu den ersten beiden Punkten *Pentz* in MüKo AktG³ § 23 Rz 98.

Ausschlaggebend für das Vorliegen einer Mantelverwendung ist vielmehr die wirtschaftliche Wirkung und Tragweite der Veränderung.[531] Eine Mantelverwendung ist daher dann anzunehmen, wenn die Gesellschaft grundlegend verändert wird und damit quasi zu etwas anderem umgewandelt wird.[532] Mit *Pentz*[533] liegt eine solche grundlegende Veränderung insbesondere dann vor, wenn der Unternehmensgegenstand der Mantelgesellschaft auf einen völlig neuen Geschäftsbereich bzw eine völlig neue Branche ausgerichtet wird.[534]

Abgrenzungsprobleme ergeben sich insbesondere zwischen der Verwendung von gebrauchten Mantelgesellschaften und der Umstrukturierung von noch aktiven Gesellschaften unter Fortsetzung ihrer bisherigen Geschäftstätigkeit.[535] Problematisch ist dabei, dass sich Mantelverwendungen und Umstrukturierungen in der Praxis nicht immer klar voneinander unterscheiden lassen. So geht auch eine Umstrukturierung häufig mit diversen Satzungsänderungen, Organwechseln und – unter Umständen – Gesellschafterwechseln einher.

In seiner Entscheidung vom 7.7.2003[536] hat der BGH zu dieser Abgrenzungsproblematik Stellung genommen. Demnach ist *„für die Abgrenzung der Mantelverwendung von der Umorganisation oder Sanierung einer (noch) aktiven Gesellschaft [...] entscheidend, ob die Gesellschaft noch ein aktives Unternehmen [betreibt], an das die Fortführung des Geschäftsbetriebs – sei es auch unter wesentlicher Umgestaltung, Einschränkung oder Erweiterung seines Tätigkeitsgebiets – in irgendeiner wirtschaftlich noch gewichtbaren Weise anknüpft oder ob es sich tatsächlich um einen leer gewordenen Gesellschaftsmantel ohne Geschäftsbetrieb handelt [...]."*[537]

---

[531] Vgl *Heerma*, Mantelverwendung 6.
[532] Vgl *Heerma*, Mantelverwendung 6.
[533] *Pentz* in MüKo AktG[3] § 23 Rz 98.
[534] AA *Schmidt*, Gesellschaftsrecht[4] § 4 III 71. Dieser hält den Branchenwechsel bei einer Mantelverwendung zwar für typisch, aber weder für begriffsnotwendig noch in jedem Fall für ausreichend.
[535] Vgl BGH NJW 2003, 3198; *Pentz* in MüKo AktG[3] § 23 Rz 97.
[536] BGH NJW 2003, 3198.
[537] BGH NJW 2003, 3198.

Mit anderen Worten liegt keine Mantelverwendung sondern eine bloße Umorganisation vor, wenn die Gesellschaft noch über eine Unternehmenstätigkeit verfügt, die als Basis für die Fortführung dient.[538]

2. Der indirekte Börsengang als Mantelverwendung

Die Frage, ob ein indirekter Börsengang als Mantelverwendung qualifiziert werden kann, lässt sich aufgrund seiner verschiedenen Ausgestaltungsformen nicht einheitlich beurteilen. So ergeben sich – wie bereits dargestellt – sowohl im Hinblick auf die verwendete Zielgesellschaft als auch im Hinblick auf die einzelnen Verfahrensschritte verschiedene Konstellationen.

a) Zielgesellschaft

Als Zielgesellschaft für einen indirekten Börsengang kommt entweder eine noch unternehmerisch aktive und börsennotierte Gesellschaft oder eine börsennotierte Mantelgesellschaft in Betracht.[539]

aa) Mantelgesellschaft

Ausgehend von den oben genannten Voraussetzungen der Mantelverwendung, lässt sich zunächst feststellen, dass ein indirekter Börsengang grundsätzlich nur dann als Mantelverwendung qualifiziert werden kann, wenn in dessen Rahmen eine Mantelgesellschaft als Rechtsträger für ein neues Unternehmen herangezogen wird. Eine Qualifikation des indirekten Börsengangs als Mantelverwendung liegt daher zumindest in den Fällen nahe, in denen als Zielgesellschaft eine börsennotierte Mantelgesellschaft verwendet wird.

---

[538] Vgl *Hüffer*, AktG[9] § 23 Rz 27b; *Pentz* in MüKo AktG[3] § 23 Rz 97.
[539] Vgl unter D.I.

116

ab) Aktive Zielgesellschaft

Ein indirekter Börsengang mittels einer noch aktiven Zielgesellschaft kommt dagegen grundsätzlich nicht als Mantelverwendung in Betracht. Schließlich mangelt es schon am Vorliegen einer Mantelgesellschaft. Abgrenzungsprobleme dürften in diesem Zusammenhang ebenfalls keine Rolle spielen. Schließlich kommt es im Rahmen eines indirekten Börsengangs in der Regel nur dann zur Verwendung einer noch aktiven Zielgesellschaft, wenn sich diese und der Börsenkandidat im Hinblick auf ihre Unternehmenstätigkeit ergänzen (Synergieeffekte).[540] Es ist also davon auszugehen, dass im Rahmen einer solchen Konstellation der Börsenkandidat in irgendeiner wirtschaftlich noch gewichtbaren Weise an das noch vorhandene Unternehmen der Zielgesellschaft anknüpft. Nach den oben dargelegten Grundsätzen des BGH liegt in einem solchen Falle also eine Umstrukturierung einer aktiven Gesellschaft vor.

Fraglich ist allerdings wie der Fall zu bewerten ist, bei dem die Initiatoren eines indirekten Börsengangs zunächst eine noch aktive über ein Unternehmen verfügende Zielgesellschaft erwerben und diese im nächsten Schritt – unter Einstellung des noch vorhandenen Unternehmens – mit einem neuen Unternehmen ausstatten.[541]

Hierbei kann zunächst festgestellt werden, dass der (etwaige) Erwerb der Gesellschaftsanteile bzw Aktien der aktiven Zielgesellschaft durch die Initiatoren des indirekten Börsengangs keinen Mantelkauf darstellt. Schließlich setzt ein solcher den Erwerb der Anteile einer unternehmenslosen Gesellschaft – also einer Mantelgesellschaft – voraus.[542] Diese liegt in dieser Konstellation aber gerade nicht vor. Wie bereits dargestellt ist der Mantelkauf jedoch keine zwingende Voraussetzung für das Vorliegen einer Mantelverwendung, so dass die Annahme einer solchen vorliegend nicht schon am fehlenden Mantelkauf scheitert.

---

[540] Vgl unter D.I.
[541] Gleichwohl ein solches Vorgehen mit zusätzlichem Aufwand verbunden ist und unter wirtschaftlichen Gesichtspunkten wenig Sinn macht. Schließlich geht es den Initiatoren in erster Linie darum, den Börsenkandidaten auf indirektem Wege an die Börse zu bringen. Wohingegen an dem noch vorhandenen Unternehmen – wie dessen Einstellung verdeutlicht – kein Interesse besteht.
[542] Vgl unter D.II.1.

117

Vielmehr hängt die Annahme einer Mantelverwendung auch bei dieser Konstellation davon ab, ob der Börsenkandidat[543] in irgendeiner wirtschaftlich noch gewichtbaren Weise an das noch vorhandene Unternehmen der Zielgesellschaft anknüpft. Eine Anknüpfung ist im vorliegenden Fall jedoch nicht gegeben. Schließlich wird das bisherige Unternehmen der Zielgesellschaft im weiteren Verlauf der Transaktion eingestellt. Demnach ist auch der Fall des indirekten Börsengangs, bei dem die Initiatoren zunächst eine noch aktive über ein Unternehmen verfügende Zielgesellschaft erwerben und diese im nächsten Schritt – unter Einstellung des noch vorhandenen Unternehmens – mit einem neuen Unternehmen ausstatten, wohl auch als Mantelverwendung zu bewerten.[544]

b)   Verfahrensschritte

Wie bereits dargestellt kann ein indirekter Börsengang auf verschiedenen Wegen erreicht werden. So kann dieser zum einen mit oder auch ohne Kontrollerwerb an der Zielgesellschaft erfolgen. Zum anderen muss er nicht zwingend die Einbringung eines bereits vorhandenen Unternehmens in die Zielgesellschaft vorsehen, sondern kann vielmehr auch durch den Aufbau eines neuen Unternehmens unter dem Rechtskleid der Zielgesellschaft erfolgen.[545] Zu klären ist daher, ob die verschiedenen Transaktionsvarianten jeweils als Mantelverwendung aufgefasst werden können.

aa)   Klassischer Fall

Betrachtet man zunächst den klassischen Fall eines indirekten Börsengangs, der sich durch den Erwerb der Mehrheit an einer börsennotierten Mantelgesellschaft, diverse Satzungsänderungen, die Auswechslung der Organe sowie die Einbringung eines bereits vorhandenen Unternehmens auszeichnet, ist nach den bereits dargelegten Grundsätzen von einem

---

[543] gemeint ist auch ein noch zu gründendes Unternehmen.
[544] So auch *Braunfels*. Ihm zu Folge liegt der Tatbestand der Mantelverwendung vor, wenn ein neuer Gesellschafter für die Gründung eines neuen Unternehmens auf eine schon bestehende Gesellschaft als schlichten Rechtsträger zurückgreift, wobei es sich nicht zwingend um eine Mantelgesellschaft handeln muss. Wichtig ist nur, dass das neue Unternehmen nicht an ein uU noch bestehendes Unternehmen der Gesellschaft anknüpft (vgl in *Heidel*, AktR KMR² § 23 AktG Rz 30).
[545] Vgl unter D.IV.6.

eindeutigen Fall der Mantelverwendung auszugehen. Schließlich liegen die Merkmale einer typischen Mantelverwendung vor: Der Mantelkauf, die Neuausrichtungsmaßnahmen und die Ausstattung einer Mantelgesellschaft mit einem neuen Unternehmen.

ab) Kein Mantelkauf

Fraglich ist allerdings wie ein indirekter Börsengang zu bewerten ist, bei dem kein vorgeschalteter Kontrollerwerb erfolgt, sondern die Kontrollerlangung im Zuge eines *Reverse Mergers* erreicht wird. Wie bereits festgestellt, ist der Mantelkauf keine zwingende Voraussetzung für das Vorliegen einer Mantelverwendung, so dass die Qualifizierung einer solchen Variante des indirekten Börsengangs als Mantelverwendung nicht schon am fehlenden Mantelkauf scheitert. Vielmehr ist darauf abzustellen, ob die Mantelgesellschaft im Hinblick auf ihren Unternehmensgegenstand neuausgerichtet und mit einem entsprechenden Unternehmen ausgestattet wird. Hiervon ist bei einem indirekten Börsengang grundsätzlich – unabhängig vom Vorliegen eines Mantelkaufs – auszugehen. Es ist also auch bei dieser Konstellation des indirekten Börsengangs von einer Mantelverwendung auszugehen.

ac) Aufbau eines neuen Unternehmens

Weiterhin ist fraglich, wie ein indirekter Börsengang zu behandeln ist, bei dem kein bereits vorhandenes Unternehmen in den Börsenmantel eingebracht wird, sondern der Aufbau eines neuen Unternehmens erfolgt. Nach den oben dargelegten Grundsätzen zur Mantelverwendung spielt es für die Annahme einer solchen prinzipiell keine Rolle, ob eine Mantelgesellschaft mit einem bereits vorhandenen oder noch aufzubauenden Unternehmen ausgestattet wird. Wird der Unternehmensgegenstand der Mantelgesellschaft neu ausgerichtet und im Anschluss daran ein – dem neuen Unternehmensgegenstand entsprechendes – Unternehmen aufgebaut, ist auch bei dieser Variante des indirekten Börsengangs eine Mantelverwendung anzunehmen.

c) Zwischenergebnis

Es kann also festgehalten werden, dass ein indirekter Börsengang grundsätzlich nur dann als Mantelverwendung qualifiziert werden kann, wenn es sich bei der Zielgesellschaft um eine Mantelgesellschaft handelt.[546] Ein indirekter Börsengang unter der Verwendung einer noch operativ aktiven Zielgesellschaft stellt dagegen grundsätzlich keine Mantelverwendung dar. Es sei denn, die vorhandene Unternehmenstätigkeit der Zielgesellschaft wird komplett eingestellt, so dass das neu eingebrachte Unternehmen an diese nicht mehr anknüpfen kann.

Für die Annahme einer Mantelverwendung spielt es ferner keine Rolle, welche der dargestellten Transaktionsvarianten[547] für die Umsetzung des *Cold IPO* gewählt wird.

3. Rechtsfolgen der Mantelverwendung

Die Bedenken, die sich gegen die Verwendung einer Mantelgesellschaft richten, beruhen vor allem auf der Befürchtung, dass durch eine Mantelverwendung die Gründungsvorschriften einer Kapitalgesellschaft umgangen werden.[548] Insbesondere wird befürchtet, dass die gesetzliche und gesellschaftsvertragliche Kapitalausstattung bei Aufnahme der (neuen) wirtschaftlichen Tätigkeit nicht gewährleistet ist, was zu einer Beeinträchtigung des Gläubigerschutzes führt.[549] Schließlich dient die Aufbringung des Grund- bzw Stammkapitals in erster Linie dem Zweck, den Gläubigern einer Kapitalgesellschaft – deren Gesellschafter grundsätzlich nicht persönlich haften – zumindest einen gewissen Haftungsfond zur Verfügung zu stellen.[550]

---

[546] So auch *Grub/Streit*, BB 2004, 1405.
[547] Vgl unter D.IV.
[548] Vgl BGH NJW 2003, 3199; BGH NJW 2003, 893.
[549] Vgl BGH NJW 2003, 3199; BGH NJW 2003, 893.
[550] Vgl BGH NJW 2003, 3198; BGH NJW 2003, 892.

Trotz dieser Bedenken wird die Mantelverwendung – wie auch der Mantelkauf –heute grundsätzlich als zulässig erachtet.[551] Zu beachten ist allerdings, dass sie verschiedene Rechtsfolgen nach sich zieht. Diese hat der BGH in seinen Entscheidungen vom 9.12.2002[552] und 7.7.2003[553] festgelegt.[554] Der BGH setzt darin die Mantelverwendung einer wirtschaftlichen Neugründung gleich, welche wie eine rechtliche Neugründung zu behandeln ist. Demnach sind bei einer Mantelverwendung die der Gewährleistung der Kapitalausstattung dienenden Gründungsvorschriften[555] einschließlich der registergerichtlichen Kontrolle entsprechend anzuwenden.[556] Darüber hinaus ist die reale Kapitalaufbringung durch die entsprechende Anwendung des Haftungsmodells der Unterbilanzhaftung sicherzustellen[557]. Zudem kommt es zu einer entsprechenden Anwendung der Handelndenhaftung.[558] Dieser Rechtsprechung haben sich auch Teile der Literatur in Österreich angeschlossen.[559] Zwar wird die analoge Anwendung der Gründungs- und Prüfungsvorschriften sowie der Haftungstatbestände vielerorts kritisiert[560], in seinen Beschlüssen hat der BGH diese jedoch angeordnet, so dass dieses Konzept in dieser Arbeit zugrunde gelegt werden soll.

---

[551] Vgl *Pentz* in MüKo AktG³ § 23 Rz 94.

[552] BGH NJW 2003, 892.

[553] BGH NJW 2003, 3198.

[554] Obwohl sich beide Entscheidungen auf Gesellschaften mit beschränkter Haftung beziehen, sind die dort erarbeiteten Rechtsfolgen in der Praxis auch auf Aktiengesellschaften übertragbar (vgl *Braunfels* in *Heidel*, AktR KMR² § 23 Rz 32)

[555] des GmbHG bzw AktG.

[556] Vgl BGH NJW 2003, 892; BGH NJW 2003, 3198. Dies entspricht auch der bisher hM (vgl mwN *Lehder*, Vorrats- und Mantelgesellschaften 55 Fn 299), wobei der BGH nicht das Vorliegen bzw Aufbringen des gesetzlichen Mindestkapitals, sondern des satzungsmäßigen Grund- bzw Stammkapitals verlangt. Teilweise wird eine analoge Anwendung jedoch auch abgelehnt (vgl mwN *Pentz* in MüKo AktG³ § 23 Rz 95 Fn 10).

[557] Vgl BGH NJW 2003, 3198.

[558] Vgl BGH NJW 2003, 3198. Darüber hinaus werden teilweise noch weitere Haftungsvarianten vertreten vgl hierzu *Lehder*, Vorrats- und Mantelgesellschaften 101 f, 108 ff; *Jung*, Registergerichtliche Prüfung und Haftungsfragen bei der Mantel- und Vorrats-GmbH 78 ff; für Ö vgl *Auer*, wbl 2001, 252 f.

[559] Vgl *Gaggl*, ecolex 2007, 36; *Jabornegg* in *Jabornegg/Strasser*, AktG⁴ § 17 Rz 20 mwN; aA vgl *Auer*, wbl 2001, 251 mwN.

[560] Vgl im Folgenden (nur) die Kritik an der analogen Anwendung der Gründungs- und Prüfungsvorschriften.

121

a)   Exkurs: Kritik an der BGH-Rechtsprechung

Die Anwendung der Gründungs- und Prüfungsvorschriften auf den Fall der wirtschaftlichen Neugründung wird jedoch aus verschiedenen Gründen kritisiert.[561]

So wird unter anderem vorgetragen, dass die Abgrenzungskriterien hinsichtlich der Unterscheidung einer wirtschaftlichen Neugründung und einer unbedenklichen Umorganisation oder Sanierung – trotz der Konkretisierungen des BGH[562] – in bestimmten Konstellationen immer noch unzulänglich sind.[563] Zudem wird auch die schlechte Erkennbarkeit der wirtschaftlichen Neugründung durch die Registergerichte angeführt.[564]

Darüber hinaus ist auch nicht nachvollziehbar, warum es aus Gründen des Gläubigerschutzes gerechtfertigt sein soll, die Gründungs- und Prüfungsvorschriften nur bei der Verwendung einer Mantelgesellschaft entsprechend anzuwenden. Wohingegen dieselben strukturellen Maßnahmen (Satzungsänderungen, Gesellschafterwechsel, die Einbringung eines neuen Unternehmens, etc) bei einer noch aktiven Gesellschaft keine analoge Anwendung auslösen. Schließlich besteht auch bei einer noch aktiven Gesellschaft in gleicher Weise die Gefahr, dass die Kapitalausstattung nicht mehr in vollem Umfang vorhanden ist.[565]

Ferner wird kritisiert, dass der BGH in seinen Entscheidungen nur zur tatsächlichen Notwendigkeit der analogen Anwendung der Gründungs- und Prüfungsvorschriften Stellung nimmt. Eine dogmatische Begründung der Analogie erfolgt dagegen nicht.[566] Zwar wird im Fall der wirtschaftlichen Neugründung teilweise vom Vorliegen einer planwidrigen Regelungslücke

---

[561] Vgl mwN *Lehder*, Vorrats- und Mantelgesellschaften 67 ff; *Jung*, Registergerichtliche Prüfung und Haftungsfragen bei der Mantel- und Vorrats-GmbH 16 ff. Für Ö mwN vgl *Auer*, wbl 2001, 251 f.
[562] Vgl unter E.I.1.
[563] Vgl mwN *Lehder*, Vorrats- und Mantelgesellschaften 70 f; *Jung*, Registergerichtliche Prüfung und Haftungsfragen bei der Mantel- und Vorrats-GmbH 24 ff.
[564] Vgl *Lehder*, Vorrats- und Mantelgesellschaften 71 f.
[565] So etwa auch *Jung*, Registergerichtliche Prüfung und Haftungsfragen bei der Mantel- und Vorrats-GmbH 37; für Ö vgl *Auer*, wbl 2001, 252.
[566] Vgl mwN *Jung*, Registergerichtliche Prüfung und Haftungsfragen bei der Mantel- und Vorrats-GmbH 17.

ausgegangen.[567] Eine vergleichbare Interessenlage bei der wirtschaftlichen und rechtlichen Neugründung ist dagegen abzulehnen. Dies ist darauf zurück zu führen, dass die Gründungs- und Prüfungsvorschriften in erster Linie darauf abzielen, eine Kapitalgesellschaft bei ihrer Gründung mit einer gewissen Haftungsmasse auszustatten. Die Kapitalausstattungspflicht knüpft dabei nicht an die tatsächliche Aufnahme des Geschäftsbetriebs bzw der Unternehmenstätigkeit, sondern allein an die Gründung des Unternehmensträgers an. Zwar fällt die Gründung einer Kapitalgesellschaft in der Regel mit der Aufnahme eines Geschäftsbetriebs zusammen.[568] Dies rechtfertigt jedoch nicht den Schluss, dass eine Kapitalausstattung auch dann erfolgen muss, wenn – wie im Fall der wirtschaftlichen Neugründung – nur die Aufnahme eines Geschäftsbetriebs vorliegt.[569]

b)   Analoge Anwendung der Gründungsvorschriften und der registergerichtlichen Kontrolle

Die analoge Anwendung im Falle der Verwendung einer (Mantel-) Aktiengesellschaft stellt sich wie folgt dar. Es müssen grundsätzlich alle Gründungs- und Prüfungsvorschriften des dAktG[570] entsprechend angewendet werden, wobei der Beschluss über die mit der Mantelverwendung regelmäßig einhergehenden Satzungsänderungen und über den Wechsel der Verwaltungsorgane an die Stelle der Satzungsfeststellung nach § 23 dAktG[571] und die Anmeldung dieser Änderungen an die Stelle der Anmeldung nach §§ 36 Abs 1, 37 dAktG[572] tritt.[573] Im Einzelnen bedeutet dies, dass die Vorschriften über die Leistung der Einlagen (§§ 36 Abs 2, 36 a dAktG)[574], den Gründungsbericht (§ 32 dAktG)[575], die Gründungsprüfung (§§ 33 ff dAktG)[576], die Anmeldung der

---

[567] Vgl *Lehder*, Vorrats- und Mantelgesellschaften 75 ff.
[568] Vgl *Auer*, wbl 2001, 251.
[569] Vgl *Auer*, wbl 2001, 251.
[570] Bzw öAktG.
[571] Bzw §§ 16, 17 öAktG.
[572] Bzw §§ 28 Abs 1, 29 öAktG.
[573] Vgl *Pentz* in MüKo AktG^3 § 23 Rz 102. Ferner treten die Verwender der Mantelgesellschaft an die Stelle der Gründer (vgl *Braunfels* in *Heidel*, AktR KMR^2 § 23 Rz 32).
[574] Bzw §§ 28 Abs 2, 28a öAktG.
[575] Bzw § 24 öAktG.
[576] Bzw § 25 ff öAktG.

Gesellschaft zum Handelsregister (§§ 36 Abs 1, 37 dAktG)[577] und die registergerichtlichen Prüfung (§ 38 dAktG)[578] analog angewendet werden müssen. Zudem muss eine entsprechende Anwendung der Nachgründungsvorschriften (§ 52 dAktG)[579] erfolgen.[580]

aa) Gründung

Zu beachten ist in diesem Zusammenhang insbesondere, dass die Anmeldung der Satzungsänderungen bzw der Neubesetzung der Verwaltungsorgane zum Handelsregister (§ 36 Abs 1 dAktG analog)[581] unter **Offenlegung** der Mantelverwendung (wirtschaftlichen Neugründung) erfolgen muss.[582] Der Sinn und Zweck dieser – vom BGH geforderten – Offenlegung besteht dabei darin, der unter Umständen begrenzten Erkennbarkeit von Mantelverwendungen und der diesbezüglichen Erkenntnismöglichkeiten des Registergerichts Rechnung zu tragen.[583]

Ferner muss die Anmeldung eine Erklärung (und einen Nachweis) über die Leistung der Einlagen (§ 37 Abs 1 dAktG analog)[584] enthalten.[585] Wichtig ist daher, dass zum Zeitpunkt der Anmeldung und Offenlegung der Mantelverwendung das satzungsmäßige Grundkapital der Mantelgesellschaft vorhanden ist.[586] Ist dies nicht der Fall, muss dieses im Vorfeld der Anmeldung und Offenlegung der Verwendung aufgebracht werden.[587] Zu beachten ist dabei, dass sich die Aufbringungspflicht (§ 36a dAktG analog)[588] nicht auf die Höhe des satzungsmäßigen Grundkapitals beschränkt, sondern auch jede darüber hinausgehende Überschuldung erfasst.[589] Der Fehlbetrag muss dabei durch die Verwender[590] der Mantelgesellschaft im Verhältnis

---

[577] Bzw §§ 28 Abs 1, 29 öAktG.
[578] Bzw § 31 öAktG.
[579] Bzw §§ 45, 46 öAktG.
[580] Vgl ausführlich zu den entsprechend anzuwendenden Vorschriften *Pentz* in MüKo AktG³ § 23 Rz 100 ff; *Braunfels* in *Heidel*, AktR KMR² § 23 Rz 32.
[581] Bzw § 28 Abs 1 öAktG analog.
[582] Vgl BGH NJW 2003, 3198; *Pentz* in MüKo AktG³ § 23 Rz 104.
[583] Vgl BGH NJW 2003, 3200.
[584] Bzw § 29 Abs 1 öAktG analog.
[585] Vgl *Braunfels* in *Heidel*, AktR KMR² § 23 Rz 32.
[586] Vgl BGH NJW 2003, 3198.
[587] Vgl *Pentz* in MüKo AktG³ § 23 Rz 100.
[588] Bzw § 28a öAktG analog.
[589] Vgl *Rohles-Puderbach*, RNotZ 2006, 278; *Pentz* in MüKo AktG³ § 23 Rz 101.
[590] Alt- und/oder Neuaktionäre

ihrer Beteiligung aufgebracht werden,[591] wobei noch vorhandenes Restvermögen der Mantelgesellschaft auf die Einlagenverpflichtung anzurechnen ist.[592] Das erforderliche satzungsmäßige Grundkapital kann sich damit sowohl aus Alt- als auch aus Neuvermögen bzw neuer Ausgleichsleistung zusammensetzen.[593]

Zur Frage, ob der Ausgleich des fehlenden Vermögens durch Bar- und/oder Sachmittel erfolgen muss, hat der BGH bisher nicht ausdrücklich Stellung genommen. Im Hinblick auf den Schutz der Gläubiger macht es aber keinen Unterschied, ob die Kapitallücke durch Bar- oder Sachmittel ausgeglichen wird.[594] Vielmehr steht den Verwendern der Mantelgesellschaft in dieser Frage ein Wahlrecht zu,[595] wobei es für die Auswahl der Einlageform keine Rolle spielt, ob es sich bei der ursprünglichen Gründung um eine Bar- oder Sachgründung gehandelt hat.[596] Ist also das satzungsmäßige Grundkapital der zu verwendenden Mantelgesellschaft nicht oder nicht mehr im ausreichendem Umfang vorhanden, müssen Bareinlagen gemäß §§ 36 Abs 2, 36a Abs 1 dAktG analog[597] und Sacheinlagen gemäß § 36a Abs 2 dAktG analog[598] erneut aufgebracht werden.[599] Dies wird zudem durch die analoge Anwendung der Unterbilanzhaftung sichergestellt.[600]

Im Anschluss an die Anmeldung und Offenlegung der Mantelverwendung hat das zuständige Registergericht gemäß § 38 dAktG[601] analog zu prüfen, ob die Mantelverwendung ordnungsgemäß durchgeführt wurde. Insbesondere hat es zu prüfen, ob das satzungsmäßige Grundkapital der Gesellschaft zum Zeitpunkt der Anmeldung noch vollständig vorhanden ist.[602] Liegt keine ordnungsgemäße Mantelverwendung vor, hat das Registergericht die Eintragung gemäß § 38 dAktG[603] analog abzulehnen.[604]

---

[591] Vgl *Rohles-Puderbach*, RNotZ 2006, 278.
[592] Vgl *Pentz* in MüKo AktG³ § 23 Rz 101.
[593] Vgl *Rohles-Puderbach*, RNotZ 2006, 278.
[594] Vgl *Rohles-Puderbach*, RNotZ 2006, 278.
[595] Vgl *Rohles-Puderbach*, RNotZ 2006, 278.
[596] Vgl *Rohles-Puderbach*, RNotZ 2006, 278.
[597] Bzw §§ 28 Abs 2, 28a Abs 1 öAktG analog.
[598] Bzw §§ 28 Abs 2, 28a Abs 1 öAktG analog.
[599] Vgl *Pentz* in MüKo AktG³ § 23 Rz 102.
[600] Vgl im Folgenden unter E.I.3.c).
[601] Bzw § 31 öAktG.
[602] Vgl *Pentz* in MüKo AktG³ § 23 Rz 104.
[603] Bzw § 31 öAktG.

ab) Nachgründung

Im Anschluss an eine erfolgreiche wirtschaftliche Neugründung kann unter Umständen auch eine Nachgründung iSd § 52 dAktG[605] analog vorliegen.[606] Dies kommt bei einem indirekten Börsengang insbesondere dann in Betracht, wenn der Börsenkandidat durch die Mantelgesellschaft[607] unter Einsatz von Barmitteln übernommen wird.[608] Dies gilt zumindest dann, wenn der Erwerb innerhalb von zwei Jahren seit der wirtschaftlichen Neugründung bzw der in diesem Zusammenhang erforderlichen Eintragungen im Handelsregister erfolgt. Schließlich erwirbt die Mantelgesellschaft in diesem Fall von ihren eigenen Aktionären (den Eigentümern des Börsenkandidaten) deren Anteil am Grundkapital typischerweise mehr als 10% (idR nämlich >75%) beträgt.[609] Liegt ein solcher Fall vor, bedarf der Vertrag über den Erwerb des Börsenkandidaten gemäß § 52 Abs 1 dAktG[610] analog der Zustimmung der Hauptversammlung der Mantelgesellschaft, wobei der hierfür erforderliche Beschluss einer Mehrheit bedarf, die mindestens ¾ des bei der Beschlussfassung vertretenen Grundkapitals umfasst.[611] Im Vorfeld der Beschlussfassung muss ferner ein Nachgründungsbericht[612] erstellt werden und eine Gründungsprüfung[613] erfolgen, wobei diese mit den entsprechenden Nachweisen dem gebilligten Übernahmevertrag im Rahmen der erforderlichen Eintragung zum Handelsregister beizufügen sind.[614]

Zu beachten ist allerdings, dass die analoge Anwendung der Nachgründungsvorschriften im Rahmen eines indirekten Börsengangs theoretisch dadurch vermieden werden kann, indem der Erwerb des Börsenkandidaten durch die Mantelgesellschaft vor der Neuausrichtung bzw der wirtschaftlichen Neugründung durchgeführt wird.

---

[604] Vgl *Pentz* in MüKo AktG[3] § 23 Rz 104.
[605] Bzw §§ 45, 46 öAktG.
[606] Vgl *Pentz* in MüKo AktG[3] § 23 Rz 102.
[607] Bei einer Vorratsgesellschaft kommt sogar eine direkte Anwendung der Nachgründungsvorschriften in Betracht. Dies gilt zumindest dann, wenn der Erwerb des Börsenkandidaten innerhalb von zwei Jahren seit der (rechtlichen) Neugründung erfolgt.
[608] Vgl unter D.IV.3.
[609] Vgl unter D.II.
[610] Bzw §§ 45, 46 öAktG.
[611] Vgl § 52 Abs 5 S 1 dAktG / § 45 Abs 4 S 1 öAktG analog, wobei ein Vertrag der innerhalb des ersten Jahres nach der Eintragung der wirtschaftlichen Neugründung erfolgt gemäß S 2 der genannten Vorschriften mindestens einer Mehrheit von ¼ des gesamten Grundkapitals bedarf.
[612] Vgl § 52 Abs 3 dAktG / § 45 Abs 2 öAktG analog.
[613] Vgl § 52 Abs 4 dAktG / § 45 Abs 3 öAktG analog.
[614] Vgl § 52 Abs 6 dAktG / § 46 Abs 1 öAktG analog.

126

c)   Unterbilanzhaftung

In seiner Entscheidung vom 7.7.2003 hat der BGH ferner entschieden, dass zur Sicherstellung der Kapitalaufbringung bei einer Mantelverwendung (wirtschaftlichen Neugründung) das Haftungsmodell der Unterbilanzhaftung entsprechend anzuwenden ist.[615]

aa)   Direkte Anwendung

In direkter Anwendung greift die Unterbilanzhaftung in solchen Fällen, in denen eine Vorgesellschaft mit Einverständnis ihrer Gesellschafter bereits vor ihrer Eintragung in das Handelsregister wirtschaftlich tätig wird und dadurch das aufzubringende Grundkapital nicht mehr in ausreichendem Umfang vorhanden ist.[616] Folge der Unterbilanzhaftung ist, dass die Gesellschafter die im Zeitpunkt der Eintragung ins Handelsregister vorliegende Differenz zwischen dem satzungsmäßigen Stamm- bzw Grundkapital und dem tatsächlich vorhandenen Gesellschaftsvermögen ausgleichen müssen.[617] Die Gesellschafter haften dabei anteilig – also ihrem Anteil am Stamm- bzw Grundkapital entsprechend – der Gesellschaft gegenüber (Innenhaftung). Wichtig ist dabei, dass sich die Unterbilanzhaftung nicht auf die Höhe des jeweiligen satzungsmäßigen Stamm- bzw Grundkapitals beschränkt, sondern unbegrenzt jede Kapitallücke umfasst.[618]

ab)   Analoge Anwendung

Diese Grundsätze zur Unterbilanzhaftung sind nach Auffassung des BGH auch auf den Fall der Mantelverwendung (entsprechend) anzuwenden,[619] wobei der maßgebliche Zeitpunkt für die Unterbilanzbilanzhaftung nicht wie bei der rechtlichen Neugründung die Eintragung der Gesellschaft in das Handelsregister, sondern die **Offenlegung** der Mantelverwendung – sowie

[615] Vgl BGH NJW 2003, 3198. Die analoge Anwendung der Unterbilanzhaftung dagegen ablehnend *Jung*, Registergerichtliche Prüfung 77; *Lehder*, Vorrats- und Mantelgesellschaften 108; für Ö vgl *Auer*, wbl 2001, 252.
[616] Vgl *Hüffer*, Gesellschaftsrecht[7] § 35 Rz 10; *Rieder/Huemer*, Gesellschaftsrecht 192.
[617] Vgl *Hüffer*, Gesellschaftsrecht[7] § 35 Rz 10; *Rieder/Huemer*, Gesellschaftsrecht 192.
[618] Vgl *Rohles-Puderbach*, RNotZ 2006, 280; *Hüffer*, Gesellschaftsrecht[7] § 35 Rz 10.
[619] Vgl BGH NJW 2003, 3198.

Anmeldung der regelmäßig mit ihr einhergehenden Satzungsänderungen[620] – gegenüber dem Handelsregister ist.[621] Eine im Zeitpunkt der Offenlegung bestehende Unterbilanz muss demnach durch die Verwender des Mantels ausgeglichen werden. Dabei spielt es keine Rolle, ob sich die Unterbilanz aus Alt- oder Neuverbindlichkeiten zusammensetzt.[622]

Fraglich ist in diesem Zusammenhang allerdings wie Mantelverwendungen zu behandeln sind, bei denen **keine Offenlegung** erfolgt. Der BGH hat zu dieser Problematik bisher keine Stellung genommen.[623] Klar muss jedenfalls sein, dass auch in solchen Fällen eine Haftung der Verwender in Betracht kommen muss.[624] Schließlich kann es nicht sein, dass Verwender, die die Mantelverwendung offenlegen, schlechter gestellt werden als solche, bei denen keine Offenlegung stattfindet.[625] Problematisch ist hierbei allerdings, zu welchem Zeitpunkt die Unterbilanzhaftung ausgelöst werden soll. Schließlich liegt die Offenlegung als Anknüpfungspunkt gerade nicht vor. Es ist daher wohl auf den Zeitpunkt des tatsächlichen Bekanntwerdens der Mantelverwendung abzustellen. Gegebenenfalls müssen die Verwender die Offenlegung (Anmeldung) der Mantelverwendung nachholen, so dass im Hinblick auf die Unterbilanzhaftung der Zeitpunkt der nachgeholten Offenlegung relevant wäre.[626] Hinsichtlich des Umfangs der Haftung müssten ferner dieselben Grundsätze gelten, so dass eine im Zeitpunkt des Bekanntwerdens bzw der tatsächlichen Offenlegung vorliegende Unterbilanz bzw Verschuldung durch die Verwender wieder auszugleichen wäre.

ac)   Haftungsrisiken

Die analoge Anwendung der Unterbilanzhaftung auf die Mantelverwendung führt daher zu einem erheblichen **Haftungsrisiko**. So haften die Verwender der Mantelgesellschaft für jede im Zeitpunkt der Anmeldung und Offenlegung der Mantelverwendung vorliegende Unterbilanz, wobei das eigentliche Risiko

---

[620] Ggf auch der Austausch der Verwaltungsorgane.
[621] Vgl BGH NJW 2003, 3198; *Pentz* in MüKo AktG[3] § 23 Rz 106; *Braunfels* in *Heidel*, AktR KMR[2] § 23 Rz 32; *Rohles-Puderbach*, RNotZ 2006, 281.
[622] Vgl *Rohles-Puderbach*, RNotZ 2006, 281.
[623] Vgl *Rohles-Puderbach*, RNotZ 2006, 281.
[624] Vgl *Rohles-Puderbach*, RNotZ 2006, 281.
[625] Vgl *Rohles-Puderbach*, RNotZ 2006, 281.
[626] Vgl *Rohles-Puderbach*, RNotZ 2006, 282.

darin besteht, dass sich die Haftung nicht nur auf die Wiederaufbringung des satzungsmäßigen Grundkapitals beschränkt, sondern auch jede darüber hinausgehende Verschuldung erfasst. Dies wird insbesondere vor dem Hintergrund relevant, dass bei indirekten Börsengängen und Mantelverwendungen aus Kostengründen häufig auf insolvente Mantelgesellschaften zurückgegriffen wird[627], welche typischerweise nicht mehr über ihr satzungsmäßiges Grundkapital verfügen oder sogar überschuldet sind. Vor diesem Grund sollten nur solche Mantelgesellschaften verwendet werden, die noch über ihr satzungsmäßiges Grundkapital verfügen. Andernfalls sollten im Vorfeld der Verwendung Maßnahmen zur Rekapitalisierung der Gesellschaft erfolgen. In Betracht kommen hierbei insbesondere ein freiwilliger Nachschuss[628], eine Kapitalerhöhung[629] oder ein Kapitalschnitt[630].

Dieses Haftungsrisiko kann bei einer **nicht offengelegten Mantelverwendung** auch **dauerhaft** bestehen. Zwar ist die Rechtslage in diesem Bereich noch unsicher, es besteht jedoch die Gefahr, dass die Unterbilanzhaftung erst im Zeitpunkt der tatsächlichen Offenlegung greift. Dies hätte zur Folge, dass alle bis zu diesem Zeitpunkt angehäuften Verluste bis zur Höhe des satzungsmäßigen Grundkapitals ausgeglichen werden müssten, wobei es insofern keine Rolle spielen würde, ob das satzungsmäßige Grundkapital im Zeitpunkt der eigentlichen Mantelverwendung noch vorhanden war. Vielmehr müsste selbst eine

---

[627] Vgl *Grub/Streit*, BB 2004, 1405.

[628] Vgl *Wimmer*, DStR 1996, 1249. Hierbei handelt sich um die bereits unter D.IV.4 dargestellte Vorgehensweise, wobei sowohl ein Zuschuss von Barmitteln als auch von anderen Vermögenswerten (zB dem Börsenkandidaten) erfolgen kann.

[629] Vgl *Wimmer*, DStR 1996, 1251. Wobei die Kapitallücke mittels einer Kapitalerhöhung nur dann geschlossen werden kann, wenn die neuen Aktien über pari ausgegeben werden. Das Aufgeld muss dabei mindestens der Höhe der Kapitallücke entsprechen. Im Ergebnis handelt es sich also um eine Kapitalerhöhung iVm einem mittelbaren freiwilligen Zuschuss.

[630] Unter einem **Kapitalschnitt** versteht man eine Kapitalherabsetzung verbunden mit einer gleichzeitigen Kapitalerhöhung. Die Kapitalherabsetzung dient dabei dem Zweck, die satzungsmäßig festgelegte Grundkapitalziffer dem tatsächlichen Vermögen der Gesellschaft anzupassen. Wohingegen die Kapitalerhöhung der Zuführung neuer finanzieller Mittel dient. Mit der Anpassung an das vorhandene Vermögen kann verhindert werden, dass das durch Verluste aufgezehrte Grundkapital die Ausschüttung von Gewinnen bis zur Schließung der Kapitallücke unmöglich macht. Zudem können die aus der Kapitalerhöhung stammenden neuen Aktien zu pari (zum Verbot der *Unter-pari-Emission* vgl unter E.VI.1) ausgegeben werden, ohne dass die Altaktionäre aufgrund ihrer bisher unter Nominalwert bewerteten Aktien durch die *Zu-pari-Emission* indirekt bezuschusst werden (vgl unter E.VI.3.a)aa)(2)) müssen (vgl *Wimmer*, DStR 1996, 1252; *Weber*, ZInsO 2001, 386; *Kittel/Pleyer*, GesRZ 2009, 334). Insbesondere muss im Rahmen der Kapitalerhöhung kein Aufgeld (freiwilliger Zuschuss) für die neu ausgegebenen Aktien bezahlt werden, da die Kapitallücke bereits durch die Kapitalherabsetzung geschlossen wurde.

Unterschreitung bzw Überschuldung, die erst im Anschluss an die Mantelverwendung – also nach Aufnahme des neuen Geschäftsbetriebs – eingetreten ist, ausgeglichen werden, was für die Verwender (bzw Aktionäre) der Mantelgesellschaft im Ergebnis eine dauerhafte und unbeschränkte **persönliche Haftung** bedeuten würde. Vor diesem Hintergrund sollte eine Mantelverwendung stets gegenüber dem Handelsregister (Firmenbuchgericht) offengelegt und angemeldet werden. Dies gilt im speziellen auch für indirekte Börsengänge, die als Mantelverwendung qualifiziert werden können. Bei Zweifeln im Hinblick auf die Frage, ob eine Mantelverwendung oder eine in dieser Hinsicht unbeachtliche Sanierung oder Umstrukturierung einer noch aktiven Gesellschaft vorliegt, sollte aufgrund der unter Umständen drohenden Haftungsrisiken unbedingt rechtlicher Rat eingeholt werden bzw eine Abklärung mit dem Handelsregistergericht (Firmenbuchgericht) erfolgen.

d)   Handelnden Haftung

Neben der Unterbilanzhaftung hat der BGH auch die Handelndenhaftung auf die Mantelverwendung für entsprechend anwendbar erklärt.[631] Für die Verwendung einer Mantelaktiengesellschaft muss also § 41 Abs 1 S 2 dAktG / § 34 Abs 1 S 2 öAktG analog herangezogen werden.

aa)   Direkte Anwendung

In direkter Anwendung des § 41 Abs 1 S 2 dAktG / § 34 Abs 1 S 2 öAktG haftet, wer vor der Eintragung – jedoch erst nach der Errichtung[632] – der AG in das Handelsregister in ihrem Namen handelt. Als Handelnde kommen hierbei vor allem die Mitglieder des vertretungsberechtigten Organs – in der Regel die Vorstandsmitglieder – in Betracht.[633] Die Gründer haften als solche dagegen nicht, und zwar auch dann nicht, wenn sie der Aufnahme von

---

[631] Vgl BGH NJW 2003, 3198. Die analoge Anwendung der Unterbilanzhaftung dagegen ablehnend *Jung*, Registergerichtliche Prüfung 66; *Lehder*, Vorrats- und Mantelgesellschaften 101; für Ö vgl *Auer*, wbl 2001, 252.
[632] Vgl BGH NJW 1984, 2164; *Hüffer*, AktG⁹ § 41 Rz 23. Nach der früher hM griff die Haftung bereits im Vorgründungsstadium (vgl BGH NJW 1962, 1008; BGH NJW 1980, 287; BGH NJW 1982, 932).
[633] Vgl *Hüffer*, AktG⁹ § 41 Rz 20; *Pentz* in MüKo AktG³ § 41 Rz 132; für Ö vgl *Rieder/Huemer*, Gesellschaftsrecht 191 f.

Geschäften zugestimmt haben.[634] Die Haftung greift ferner nur bei rechtsgeschäftlichem Handeln[635] und zwar ohne eine summenmäßige oder sonstige Begrenzung[636].

ab) Analoge Anwendung

Diese Grundsätze werden im Rahmen der analogen Anwendung des § 41 Abs 1 S 2 dAktG / § 34 Abs 1 S 2 öAktG auf die Mantelverwendung übertragen. Dabei haften die als Handelnde in Frage kommenden Personen für alle Verbindlichkeiten aus Rechtsgeschäften, die bis zum Zeitpunkt der **Offenlegung** der Mantelverwendung aufgenommen wurden,[637] wobei im Gegensatz zur direkten Anwendung des § 41 Abs 1 S 2 dAktG / § 34 Abs 1 S 2 öAktG nur dann eine Haftung in Frage kommt, wenn das rechtsgeschäftliche Handeln ohne Zustimmung aller Gesellschafter (Aktionäre) erfolgt.[638]

ac) Haftungsrisiko

Vor diesem Hintergrund besteht auch bei einem indirekten Börsengang unter der Verwendung einer Mantelgesellschaft für den Vorstand ein erhebliches **Haftungsrisiko**. Dies gilt zumindest dann, wenn die Mantelverwendung dem Handelsregister nicht offen gelegt wird und keine Zustimmung der Aktionäre der Zielgesellschaft vorliegt. Die Gläubiger der Zielgesellschaft können in einem solchen Fall den Vorstand für ihre rechtsgeschäftlich begründeten Ansprüche solange persönlich belangen, bis die Mantelverwendung offen gelegt ist, wobei die Haftung mit der Offenlegung der wirtschaftlichen Neugründung ex-tunc erlischt.[639] Nichtsdestotrotz sollte bei einer Mantelverwendung die Geschäftstätigkeit erst dann aufgenommen werden, wenn die wirtschaftliche Neugründung gegenüber dem Handelsregister offen gelegt wurde.[640]

---

[634] Vgl *Hüffer*, AktG[9] § 41 Rz 20; *Pentz* in MüKo AktG[3] § 41 Rz 132.
[635] Vgl *Hüffer*, AktG[9] § 41 Rz 21.
[636] Vgl *Hüffer*, Gesellschaftsrecht[7] § 35 Rz 14.
[637] Vgl BGH NJW 2003, 3198.
[638] Vgl BGH NJW 2003, 3198; aA *Pentz* in MüKo AktG[3] § 23 Rz 105.
[639] Vgl *Rohles-Puderbach*, RNotZ 2006, 283.
[640] Vgl *Rohles-Puderbach*, RNotZ 2006, 283.

4. Ergebnis

Wird bei einem *Cold IPO* als Zielgesellschaft eine Mantelgesellschaft herangezogen, liegt eine Mantelverwendung vor. Gleiches gilt, wenn ein noch vorhandenes operatives Geschäft der Zielgesellschaft im Zuge des indirekten Börsengangs eingestellt wird und daran nicht mehr angeknüpft wird.

Die Rechtsfolgen der Mantelverwendung hat der BGH in seinen Entscheidungen festgelegt. Demnach sind bei einer Mantelverwendung die der Gewährleistung der Kapitalausstattung dienenden Gründungsvorschriften einschließlich der registergerichtlichen Kontrolle entsprechend anzuwenden.

Dabei muss die Anmeldung der Satzungsänderungen bzw des Wechsels der Verwaltungsorgane zum Handelsregister (Firmenbuch) unter **Offenlegung** der Mantelverwendung erfolgen. Insbesondere muss im Zeitpunkt der Anmeldung und Offenlegung der Mantelverwendung das satzungsmäßige Grundkapital der Mantelgesellschaft vorhanden sein. Ist dies nicht der Fall besteht eine Wiederaufbringungspflicht.

Die Kapitalaufbringung wird durch die entsprechende Anwendung des Haftungsmodells der Unterbilanzhaftung sichergestellt. Dabei ist zu beachten, dass auch eine etwaige Kapitallücke ausgeglichen werden muss. Dies kann insbesondere dann zu Haftungsrisiken führen, wenn die Zielgesellschaft überschuldet ist. Darüber hinaus besteht ein dauerhaftes Haftungsrisiko, wenn keine Offenlegung der Mantelverwendung erfolgt. Schließlich besteht in diesem Fall die Gefahr, dass die Unterbilanzhaftung erst im Zeitpunkt der tatsächlichen Offenlegung greift. Dies kann unter Umständen zur Folge haben, dass alle bis zu diesem Zeitpunkt angehäuften Verluste bis zur Höhe des satzungsmäßigen Grundkapitals ausgeglichen werden müssen.

Zudem kommt es zu einer entsprechenden Anwendung der Handelndenhaftung. Ein Haftungsrisiko besteht dabei insbesondere für den

Vorstand. So haftet dieser für rechtsgeschäftliches Handeln persönlich, wenn keine Zustimmung der Aktionäre der Zielgesellschaft hierfür vorliegt und die Mantelverwendung dem Handelsregister nicht offen gelegt wird.

II. Umgehung der Börsenzulassungsvoraussetzungen

Wie bereits dargestellt wird mit einem indirekten Börsengang häufig die Umgehung der Börsenzulassungsvoraussetzungen angestrebt.[641] Inwieweit die Börsenzulassungsvoraussetzungen und das zu ihrer Sicherstellung erforderliche Zulassungsverfahren tatsächlich mittels eines indirekten Börsengangs umgangen werden können und ob (bzw welche) rechtliche(n) Konsequenzen an eine Umgehung geknüpft werden, soll im Folgenden untersucht werden. Zunächst werden aber die einzelnen Börsenzulassungsvoraussetzungen dargestellt.

1. Börsenzulassungsvoraussetzungen

Die Börsenzulassungsvoraussetzungen für den regulierten Markt[642] in Deutschland ergeben sich aus dem BörsG und der BörsZulV. Die Börsenzulassungsvoraussetzungen für den geregelten Markt[643] in Österreich ergeben sich dagegen aus dem BörseG.

a) Regulierter Markt (D)

Für die Zulassung von Aktien zum regulierten Markt müssen gemäß § 32 Abs 3 Z 1 iVm § 34 BörsG insbesondere die Voraussetzungen der §§ 1-12 BörsZulV beachtet werden.[644] Die in diesem Zusammenhang wesentlichen Vorschriften werden im Folgenden kurz aufgezeigt.

---

[641] Vgl unter C.IV.1.
[642] Die Umgehung der Einbeziehungsvoraussetzungen zum ausschließlich privatrechtlich organisierten Freiverkehr soll in dieser Arbeit nicht thematisiert werden.
[643] Die Umgehung der Einbeziehungsvoraussetzungen zum ausschließlich privatrechtlich organisierten dritten Markt der Wiener Börse soll in dieser Arbeit ebenfalls nicht thematisiert werden.
[644] Vgl Groß, Kapitalmarktrecht[4] § 32 BörsG Rz 10.

133

aa) BörsZulV

Gemäß § 1 BörsZulV muss die Gründung und die Satzung des Emittenten[645] bzw der zuzulassenden Aktiengesellschaft den Rechtsvorschriften seines / ihres Sitzstaats entsprechen. Zudem muss der Emittent gemäß § 3 Abs 1 BörsZulV im Vorfeld des Zulassungsantrags bereits seit (mindestens) drei Jahren als Unternehmen – nicht aber als Aktiengesellschaft – existiert und seine Jahresabschlüsse für die drei letzten Geschäftsjahre entsprechend den hierfür geltenden gesetzlichen Vorschriften offengelegt haben.[646] Ferner muss der voraussichtliche Kurswert der zuzulassenden Aktien oder – falls dieser Wert nicht feststellbar ist – das Eigenkapital der Aktiengesellschaft gemäß § 2 Abs 1 S 1 BörsZulV mindestens 1,25 Mio € betragen. Darüber hinaus müssen die zuzulassenden Aktien gesetzesform begeben werden (§ 4 BörsZulV), angemessen gestückelt (§ 2 Abs 3, § 6 BörsZulV), fälschungssicher verbrieft (§ 8 BörsZulV) und frei handelbar sein (§ 5 BörsZulV). Der Zulassungsantrag muss sich gemäß § 7 Abs 1 S 1 BörsZulV grundsätzlich auf alle Aktien derselben Gattung beziehen. Weiterhin muss gemäß § 9 Abs 1 S 1 BörsZulV eine ausreichende Streuung der zuzulassenden Aktien vorliegen. Eine solche ist gemäß § 9 Abs 1 S 2 Alt 1 BörsZulV gegeben, wenn mindestens 25% des Gesamtnennbetrags bzw der Stückzahl der Aktien vom Publikum erworben worden sind.

ab) Prospektpflicht

Über die Zulassungsvoraussetzungen der BörsZulV hinaus ist der Börsenkandidat im Vorfeld der Zulassung gemäß § 32 Abs 3 Z 2 BörsG verpflichtet, einen von der BaFin gebilligten Prospekt zu veröffentlichen.[647]

b) Geregelter Markt (Ö)

Die Zulassungsvoraussetzungen für den geregelten Markt in Österreich sind in den §§ 66 ff BörseG geregelt. Dabei müssen im Hinblick auf die einzelnen Voraussetzungen zwei Marktsegmente unterschieden werden: Der amtliche Handel und der geregelte Freiverkehr. Die speziellen

---

[645] Mit Emittent ist vorliegend das an die Börse strebende Unternehmen gemeint.
[646] Vgl bereits unter D.I.2.b).
[647] Vgl *Groß*, Kapitalmarktrecht[4] § 32 BörsG Rz 10; *Heidelbach* in *Schwark/Zimmer*, KMRK[4] § 32 BörsG Rz 56.

Zulassungsvoraussetzungen der jeweiligen Segmente ergeben sich dabei aus § 66 a BörseG und § 68 BörseG.[648]

aa) Amtlicher Handel

Die Zulassungsvoraussetzungen des amtlichen Handels entsprechen im Wesentlichen denen des regulierten Markts in Deutschland. So muss die Gründung und die Satzung der zuzulassenden Aktiengesellschaft ebenfalls den Rechtsvorschriften ihres Sitzstaats entsprechen (§ 66 a Abs 1 Z 1 BörseG). Zudem fordert § 66 a Abs 1 Z 3 BörseG gleichfalls eine Mindestbestandsdauer des Börsenkandidaten von drei Jahren, wobei auch nach österreichischer Rechtslage insofern auf die Bestandsdauer des Unternehmens und nicht der Aktiengesellschaft abzustellen ist.[649] Ferner muss die zuzulassende Gesellschaft in gleichem Maße ihre Jahresabschlüsse für die drei letzten Geschäftsjahre gemäß den hierfür geltenden gesetzlichen Vorschriften offengelegt haben (§ 66 a Abs 1 Z 3 BörseG). Darüber hinaus müssen die zuzulassenden Aktien ebenfalls gesetzesform begeben (§ 66 a Abs 1 Z 4 BörseG), angemessen gestückelt (§ 66 a Abs 1 Z 5 BörseG) und fälschungssicher verbrieft (§ 70 Abs 1 S 1 BörseG) sein. Weiterhin muss sich auch der Zulassungsantrag gemäß § 66 a Abs 1 Z 6 BörseG grundsätzlich auf alle Aktien derselben Gattung beziehen.

Eine ausreichende Streuung der zuzulassenden Aktien muss gemäß § 66 a Abs 1 Z 7 BörseG ebenso vorliegen, wobei im Unterschied zum regulierten Markt eine solche anzunehmen ist, wenn mindestens eine Nominale von 725.000 € bzw bei nennwertlosen Aktien mindestens eine Stückzahl von 10.000 im Publikumsbesitz steht. Zudem muss – im Gegensatz zum regulierten Markt – die Gesamtnominale der zuzulassenden Aktien mindestens 2,9 Mio € betragen (§ 66 a Abs 1 Z 2 BörseG), wobei diese Aktien nicht nur frei sondern auch fair, ordnungsgemäß und effizient handelbar sein müssen (§ 66 Abs 1 BörseG).

---

[648] Vgl ausführlich zum Börsenzulassungsverfahren in Ö *Erbler*, ecolex 2008, 962 ff.
[649] Vgl unter D.I.2.b)ab)(3).

135

ab) Geregelter Freiverkehr

Die Zulassungsvoraussetzungen des geregelten Freiverkehrs (§ 68 BörseG) entsprechen im Wesentlichen denen des amtlichen Handels (§ 66 a BörseG), so dass weitestgehend auf die Ausführungen zum amtlichen Handel verwiesen werden kann. Teilweise ergeben sich jedoch auch Unterschiede. So muss die Mindestbestandsdauer des Börsenkandidaten lediglich ein Jahr betragen und der Jahresabschluss für das dem Zulassungsantrag vorausgehende Jahr ordnungsgemäß veröffentlicht sein (§ 68 Abs 1 Z 3 BörseG). Ferner ist eine angemessene Streuung anzunehmen, wenn mindestens ein Nominale von 181.250 €, bei nennwertlosen Aktien mindestens eine Stückzahl von 2.500, im Publikumsbesitz stehen (§ 68 Abs 1 Z 5 BörseG). Die Gesamtnominale der zuzulassenden Aktien muss ferner mindestens 725.000 € betragen (§ 68 Abs 1 Z 2 BörseG). Dieses Mindestvolumen gilt dabei nicht nur für Nennbetragsaktien sondern auch für (unechte) Stückaktien iSd § 8 Abs 3 öAktG.[650]

ac) Prospektpflicht

Darüber hinaus erfordert auch die erstmalige Zulassung zum amtlichen Handel oder zum geregelten Freiverkehr gemäß §§ 72, 74 BörseG die Erstellung eines gebilligten Wertpapierprospekts.[651] Für die Billigung des Prospekts ist die FMA zuständig.[652]

2. Umgehung

Fraglich ist allerdings, ob die Börsenzulassungsvoraussetzungen und das ihrer Sicherstellung dienende Zulassungsverfahren tatsächlich mittels eines indirekten Börsengangs umgangen werden können. Entscheidend für die Beantwortung dieser Frage ist dabei insbesondere auf welchem Wege das an die Börse strebende Unternehmen in die Zielgesellschaft eingebracht wird.

---

[650] Vgl *Kalss/Oppitz/Zollner*, Kapitalmarktrecht I § 12 Rz 62.
[651] Vgl *Kalss* in *Kalss/Nowotny/Schauer*, ÖGesR Rz 3/67.
[652] Vgl *Kalss/Oppitz/Zollner*, Kapitalmarktrecht I § 12 Rz 17.

a)   Einbringung mit Ausgabe neuer Aktien

Wird der Börsenkandidat beispielsweise mittels einer Verschmelzung durch Aufnahme oder einer Sachkapitalerhöhung in die Zielgesellschaft eingebracht, könnte gegen die Möglichkeit der Umgehung der Börsenzulassungsvoraussetzungen insbesondere § 40 BörsG iVm § 69 BörsZulV sprechen. Demnach muss eine Gesellschaft, die zum regulierten Markt zugelassen ist, für später öffentlich ausgegebene Aktien derselben Gattung ebenfalls eine Zulassung beantragen. Für die Zulassung der neuen Aktien gilt dabei das reguläre Zulassungsverfahren gemäß §§ 32 ff BörsG.[653] Es müssen also im Zeitpunkt der Zulassung alle Zulassungsvoraussetzungen vorliegen. Insbesondere muss auch ein Prospekt veröffentlicht werden.[654] Eine Umgehung des Börsenzulassungsverfahrens wäre demnach also nicht möglich. Gleichwohl sich die Zulassung in formaler Hinsicht nur auf die neuen Aktien bezieht.

Zu klären ist, ob § 40 BörsG iVm § 69 BörsZulV bei einem *Cold IPO* mittels einer Verschmelzung oder einer Sachkapitalerhöhung tatsächlich einschlägig ist. Zwar werden im Zuge beider Transaktionsvarianten jeweils neue Aktien emittiert, fraglich ist jedoch, ob diese auch öffentlich ausgegeben werden. Der Begriff „öffentlich" ist gesetzlich nicht definiert.[655] Teilweise wird er daher im Sinne des „öffentlichen Angebots" nach § 2 Nr 4 WpPG verstanden.[656] Danach ist insbesondere dann keine öffentliche Ausgabe anzunehmen, wenn die neuen Aktien zu Gunsten des Verkäufers einer Sacheinlage emittiert werden.[657] Dies ist bei der Einbringung des Börsenkandidaten mittels einer Sachkapitalerhöhung jedoch gerade der Fall, so dass keine öffentliche Ausgabe vorliegt und mithin keine Zulassungspflicht gemäß § 40 BörsG iVm § 69 BörsZulV besteht. Dasselbe dürfe auch für die Einbringung mittels einer Verschmelzung gelten. Schließlich werden die neuen Aktien auch in diesem Fall mittels einer Sachkapitalerhöhung geschaffen und

---

[653] Vgl *Heidelbach* in *Schwark/Zimmer*, KMRK[4] § 40 BörsG Rz 6.
[654] Vgl *Heidelbach* in *Schwark/Zimmer*, KMRK[4] § 40 BörsG Rz 6.
[655] Vgl *Heidelbach* in *Schwark/Zimmer*, KMRK[4] § 40 BörsG Rz 3.
[656] So zB *Heidelbach* in *Schwark/Zimmer*, KMRK[4] § 40 BörsG Rz 3. AA *Bloß/Schneider*, WM 2009, 879.
[657] Vgl *Heidelbach* in *Schwark/Zimmer*, KMRK[4] § 40 BörsG Rz 3.

ausschließlich zu Gunsten der Eigentümer des übertragenden Rechtsträgers (Sacheinleger) begeben.

Nichtsdestotrotz ist bei einem *Cold IPO* grundsätzlich davon auszugehen, dass die (ehemaligen) Eigentümer des Börsenkandidaten ein Interesse daran haben, ihre Anteile an ihrem nun börsennotierten Unternehmen auch über die Börse handeln zu können (Fungibilität). Daher muss in diesem Fall die Zulassung für die neu ausgegeben Aktien beantragt werden.[658] Eine rechtliche Pflicht hierzu besteht jedoch nicht.[659] Die Zulassung kann allerdings nur dann erfolgen, wenn die Börsenzulassungsvoraussetzungen – trotz der im Zuge des *Cold IPO* eintretenden Veränderungen – noch vorliegen. Insbesondere muss auch ein aktualisiertes Prospekt vorliegen, welches diesen Veränderungen Rechnung trägt.[660] Die Gefahr, dass auf diesem Wege ein nicht börsenreifes Unternehmen (zB ein *Start-Up*) an die Börse gelangt oder in sonstiger Weise Zulassungsvoraussetzungen umgangen werden, dürfte bei diesen Transaktionsformen also grundsätzlich nicht bestehen.[661]

Eine § 40 BörsG iVm § 69 BörsZulV entsprechende Vorschrift findet sich auch in § 82 Abs 1 BörseG. Demnach müssen Gesellschaften, deren Aktien zum amtlichen Handel oder geregelten Freiverkehr in **Österreich** zugelassen sind, ebenfalls die Zulassung für neu ausgegebene Aktien derselben Gattung beantragen,[662] wobei es insofern keine Rolle spielt, ob die neuen Aktien öffentlich ausgegeben werden oder nicht. Demnach besteht eine Zulassungspflicht auch für solche Aktien, die im Rahmen der Sachkapitalerhöhung oder Verschmelzung im Zuge eines *Cold IPOs* geschaffen werden, wobei grundsätzlich[663] alle Zulassungsvoraussetzungen

---

[658] Vgl *Schanz*, Börseneinführung³ § 14 Rz 40.
[659] Vgl *Heidelbach* in *Schwark/Zimmer*, KMRK⁴ § 40 BörsG Rz 3.
[660] Vgl *Groß*, Kapitalmarktrecht⁴ BörsG § 45 Rz 62.
[661] Etwas anderes kann jedoch dann gelten, wenn sich die Eigentümer des Börsenkandidaten gegen die Zulassung (der zu ihren Gunsten neu ausgegebenen Aktien) entscheiden. Schließlich erfolgt in diesem Fall keine erneute Prüfung der Zulassungsvoraussetzungen. Zu beachten ist allerdings, dass dann nur die alten, bereits zugelassenen, Aktien (also idR nur ein Bruchteil des gesamten Grundkapitals) handelbar sind.
[662] Vgl *Kalss/Oppitz/Zollner*, Kapitalmarktrecht I § 12 Rz 81.
[663] Zu beachten ist allerdings, dass die Zulassungsvoraussetzungen nicht im vollen Umfang erfüllt sein müssen. So sind gemäß § 66a Abs 3 BörseG die Voraussetzungen bezüglich der Gesamtnominale (§ 66a Abs 1 Z 2 BörseG) und des Mindeststreubesitzes (§ 66a Abs 1 Z 7 BörseG) im amtlichen Handel nicht einzuhalten. Dasselbe gilt gemäß § 68 Abs 3 BörseG auch für den geregelten Freiverkehr (vgl allerdings zur aF des BörseG *Kalss/Oppitz/Zollner*, Kapitalmarktrecht I § 12 Rz 82).

vorliegen müssen. Eine Umgehung der Börsenzulassungsvoraussetzungen ist daher prinzipiell ausgeschlossen.

Im Ergebnis bleibt festzuhalten, dass eine Umgehung der Börsenzulassungsvoraussetzungen bei Transaktionsformen des *Cold IPO*, die eine Ausgabe neuer Aktien mit sich bringen, grundsätzlich nicht möglich ist.[664] Insbesondere wird aufgrund der bestehenden Prospektpflicht die zwecks Anlegerschutzes gebotene Transparenz gewährleistet.[665]

b)   Einbringung ohne Ausgabe neuer Aktien

Anders verhält es sich, wenn der Börsenkandidat – zwecks Einbringung – von der börsennotierten Zielgesellschaft unter Einsatz von Barmitteln erworben[666] oder im Rahmen einer Sacheinlage ohne Anteilsgewährung[667] auf diese übertragen wird.[668] Die §§ 40 BörsG iVm 69 BörsZulV bzw 82 Abs 1 BörseG[669] kommen in diesen Konstellationen nicht in Betracht, da keine der beiden Transaktionsvarianten die Entstehung neuer (zulassungsbedürftiger) Aktien nach sich zieht. Vielmehr wird der Börsenkandidat in diesen Fällen quasi auf das bereits vorhandene und börsennotierte Aktienkapital der Zielgesellschaft übertragen. Im Ergebnis erlangt der Börsenkandidat hierdurch (zumindest indirekt) eine Börsenzulassung, ohne dass er die hierfür eigentlich erforderlichen Voraussetzungen erfüllt. Von einer Umgehung der Börsenzulassungsvoraussetzungen ist in diesen Fällen also auszugehen.[670]

Zwar sind diese Gestaltungsformen[671] des indirekten Börsengangs grundsätzlich zulässig.[672] Jedoch stößt die Umgehung im Hinblick auf die Funktion der Börsenzulassungsvoraussetzungen – dem Schutz der Anleger

---

[664] Wohl auch *Heidelbach* in *Schwark/Zimmer*, KMRK⁴ § 32 BörsG Rz 21; *Schanz*, Börseneinführung³ § 14 Rz 40.
[665] Vgl *Heidelbach* in *Schwark/Zimmer*, KMRK⁴ § 32 BörsG Rz 21.
[666] Vgl unter D.IV.3.
[667] Vgl unter D.IV.4.
[668] Dasselbe gilt auch für den Fall eines indirekten Börsengangs bei dem der Börsenkandidat noch nicht gegründet ist, sondern unter dem Rechtsträger der börsennotierten Zielgesellschaft aufgebaut wird (vgl unter D.IV.6.).
[669] Bzw ein freiwillig gestellter Zulassungsantrag.
[670] Vgl *Nadler*, FB 2001, 41; wohl auch *Heidelbach* in *Schwark/Zimmer*, KMRK⁴ § 32 BörsG Rz 22; *Grub/Streit*, BB 2004, 1405.
[671] Im weiteren Verlauf dieses Kapitels (E.II) beziehen sich die Begriffe *Cold IPO* bzw indirekter Börsengang nur auf diese Gestaltungsformen.
[672] Vgl *Heidelbach* in *Schwark/Zimmer*, KMRK⁴ § 32 BörsG Rz 22.

und der Funktionsfähigkeit des Kapitalmarktes – auf Bedenken.[673] So besteht insbesondere die Gefahr, dass nicht börsenreife Unternehmen (insb *Start-Ups*), die unter normalen Umständen mangels wirtschaftlicher Größe[674] oder nichtausreichender Bestandsdauer[675] eigentlich nicht zugelassen werden könnten, mittels eines *Cold IPO* an die Börse gelangen.[676] Dies ist jedoch gerade im Hinblick auf den Anlegerschutz problematisch. Schließlich verfügen solche Unternehmen in der Regel nicht über eine ausreichende Marktbewährung und Stabilität, so dass ein für Anleger ein erhöhtes Risiko (insb ein Insolvenzrisiko) besteht und die Dauerhaftigkeit der Börsennotierung nicht gesichert ist.[677] Ferner kommt es im Rahmen eines indirekten Börsengangs häufig zu einer Umgehung des Streubesitzerfordernisses,[678] wobei diese in der Regel nicht direkt angestrebt wird, sondern vielmehr aus transaktionstechnischen Gründen im Zuge des Kontrollerwerbs erfolgt.[679] Die Umgehung führt jedoch zu einer eingeschränkten Handelsliquidität, so dass es zu einer Gefährdung des ordnungsgemäßen Börsenhandels kommen kann.[680] Darüber hinaus richten sich die Bedenken insbesondere auch auf die Umgehung der Prospektpflicht.[681] Schließlich geht diese zu Lasten der – zwecks Anlegerschutzes – erforderlichen Transparenz.[682]

Nadler fordert vor diesem Hintergrund sogar *„die augenscheinliche Diskrepanz zwischen den Voraussetzungen für eine Börsenzulassung eines Unternehmens im Fall eines IPOs und im Fall eines Mantelkaufs[683] [zu überwinden] bzw bislang legal nutzbare Gesetzeslücken [zu schließen].*[684] Dies könne zum einen durch die Verschärfung der Folgepflichten für

---

[673] Vgl *Nadler*, FB 2001, 41 ff; *Heidelbach* in *Schwark/Zimmer*, KMRK[4] § 32 BörsG Rz 22; *Grub/Streit*, BB 2004, 1405.
[674] So muss ein Börsenkandidat idR einen gewissen Kurswert erreichen bzw über entsprechendes Eigenkapital verfügen (vgl unter E.II.1.a)aa)) oder eine bestimmte Gesamtnominale aufbringen (vgl unter E.II.1.b)).
[675] Vgl unter E.II.1.
[676] Vgl *Nadler*, FB 2001, 41.
[677] Vgl *Nadler*, FB 2001, 41.
[678] Vgl *Nadler*, FB 2001, 42.
[679] Wobei teilweise auch ein Börsengang mit einem möglichst hohen Anteilsbesitz angestrebt wird (vgl *Nadler*, FB 2001, 42).
[680] Vgl *Nadler*, FB 2001, 42.
[681] Vgl *Heidelbach* in *Schwark/Zimmer*, KMRK[4] § 32 BörsG Rz 22.
[682] Vgl *Heidelbach* in *Schwark/Zimmer*, KMRK[4] § 32 BörsG Rz 22; *Nadler*, FB 2001, 42.
[683] Gemeint ist hiermit ein indirekter Börsengang unter Verwendung einer börsennotierten Mantelgesellschaft.
[684] *Nadler*, FB 2001, 43.

börsennotierte Unternehmen geschehen.[685] Zum anderen könne die genannte Diskrepanz auch durch eine (ggf entsprechende) Anwendung der Börsenzulassungsvoraussetzungen im Fall des indirekten Börsengangs behoben werden:

„Noch einen Schritt weiter kann der kapitalmarktrechtliche Schutz gehen, wenn die Erstzulassungsvoraussetzungen nicht nur bei der Einführung in den Primär-[686], sondern auch bei der Einführung in den Sekundärmarkt bzw in den Wertpapierhandel[687] durch die jeweiligen Zulassungsstellen der Börse(n) in vergleichbarer Form und Umfang vorgenommen wird."[688]

Eine direkte Anwendung der Börsenzulassungsvoraussetzungen auf den Fall eines *Cold IPO* kommt nicht in Frage. Schließlich beschränken sich die entsprechenden Vorschriften ausschließlich auf die reguläre (Erst-) Zulassung. Unter Umständen können die Börsenzulassungsvoraussetzungen jedoch analog angewendet werden. Eine analoge Anwendung der Börsenzulassungsvoraussetzungen im Rahmen eines indirekten Börsengangs könnte dabei in gleicher Weise wie die durch den BGH bestätigte analoge Anwendung des Gründungsrechts im Fall der Mantelverwendung gerechtfertigt sein.

Inwieweit den grundsätzlichen Bedenken gegen die Umgehung der Börsenzulassungsvoraussetzungen mittels einer analogen Anwendung tatsächlich entgegengewirkt werden kann, ist jedoch fraglich. Voraussetzung hierfür wäre zunächst, dass eine analoge Anwendung der Börsenzulassungsvoraussetzungen auf den indirekten Börsengang überhaupt möglich ist. Dies soll im Folgenden untersucht werden.

---

[685] Vgl *Nadler*, FB 2001, 43.
[686] Gemeint ist hier die reguläre Börsenzulassung im Rahmen eines *IPO*.
[687] Gemeint ist die Börseneinführung durch einen indirekten Börsengang unter Umgehung der Börsenzulassungsvoraussetzungen.
[688] *Nadler*, FB 2001, 43.

3. Analoge Anwendung der Börsenzulassungsvoraussetzungen

Bevor im Folgenden die Zulässigkeit der analogen Anwendung der Börsenzulassungsvoraussetzungen geklärt wird, soll zunächst dargestellt werden, wie sich eine analoge Anwendung auf einen indirekten Börsengang in der Praxis gestalten ließe.

a) Gestaltung der analogen Anwendung

Hierbei muss zunächst festgestellt werden, dass sich die einzelnen Zulassungsvoraussetzungen grundsätzlich in zwei Gruppen unterteilen lassen. So gibt es zum einen Zulassungsvoraussetzungen, die an den Rechtsträger des an die Börse strebenden Unternehmens bzw dessen Aktien anknüpfen. Zu nennen ist in diesem Zusammenhang beispielsweise das Erfordernis einer gewissen Streuung der Aktien. Zum anderen gibt es Zulassungsvoraussetzungen, die direkt an das Unternehmen bzw den Geschäftsbetrieb anknüpfen. Zu denken ist hierbei beispielsweise an die Mindestbestandserfordernis oder die Prospektpflicht. Bei einer regulären Börsenzulassung spielt diese Differenzierung grundsätzlich keine Rolle, da das an die Börse strebende Unternehmen und sein Rechtsträger schon im Vorfeld eine Einheit bilden, die als solche die Zulassung beantragt und insofern alle Voraussetzungen erfüllen muss. Anders verhält es sich bei einem indirekten Börsengang. Hier bilden das an die Börse strebende Unternehmen und der Rechtsträger zunächst keine Einheit. Vielmehr wird diese erst durch die Einbringung des Börsenkandidaten in die (bereits) börsennotierte Zielgesellschaft (Rechtsträger) und die damit einhergehende Neuausrichtung geschaffen. Diesem Umstand muss auch im Hinblick auf die analoge Anwendung der Börsenzulassungsvoraussetzungen auf den indirekten Börsengang Rechnung getragen werden. Eine Möglichkeit, die analoge Anwendung der Börsenzulassungsvoraussetzungen auf einen indirekten Börsengang zu gestalten, besteht dabei darin, diesen nur dann zuzulassen, wenn sowohl die unternehmensbezogenen Zulassungsvoraussetzungen im Hinblick auf den Börsenkandidaten als auch rechtsträgerbezogenen Zulassungsvoraussetzungen hinsichtlich der Zielgesellschaft (noch) vorliegen. Problematisch ist hierbei allerdings, dass der indirekte Börsengang bei einem Nichtvorliegen der Zulassungsvoraussetzungen nicht einfach wie bei einer Erstzulassung durch eine Nichtzulassung versagt werden kann. Schließlich ist die Zielgesellschaft schon zugelassen und es scheint rechtlich bedenklich die Rechtsfolgen der Analogie soweit auszudehnen, dass durch sie die (gesellschafts- bzw umwandlungsrechtliche) Einbringung des Börsenkandidaten bzw die Umstrukturierung der Zielgesellschaft verhindert werden kann. Die analoge Anwendung der Börsenzulassungsvoraussetzungen ist daher nur insoweit vorstellbar, als die Börsenzulassung nach der Zusammenführung der Zielgesellschaft und des Börsenkandidaten – also nach der Durchführung des indirekten Börsengangs – automatisch endet bzw zwingend widerrufen wird, wenn die Börsenzulassungsvoraussetzungen nicht (mehr) in vollem Umfang vorliegen.

b) Rechtsgedanke des BGH zur Mantelverwendung

Wie bereits angedeutet könnte die analoge Anwendung der Börsenzulassungsvoraussetzungen insbesondere im Hinblick auf die BGH-Rechtsprechung zur Mantelverwendung gerechtfertigt sein. Bei genauerem Hinsehen fällt auf, dass sich der indirekte Börsengang und die (klassische) Mantelverwendung im Hinblick auf ihre Struktur und Zielsetzung sehr ähneln. So wird auch bei einem indirekten Börsengang die Umgehung gesetzlicher Vorschriften angestrebt, welche durch den Rückgriff auf einen – die Vorschriften bereits erfüllenden – Rechtsträger ermöglicht wird. Die analoge Anwendung der Börsenzulassungsvoraussetzungen auf einen indirekten Börsengang könnte sich daher aus der Übertragung des hinter der BGH Entscheidung zur Mantelverwendung stehenden Rechtsgedankens ergeben. Der BGH qualifiziert die Mantelverwendung – wie bereits dargestellt[689] – als wirtschaftliche Neugründung, die wie eine rechtliche Neugründung zu behandeln ist, so dass auch die Gründungsvorschriften des Kapitalgesellschaftsrechts (entsprechend) anzuwenden sind.[690] Mit derselben Argumentation könnte auch die analoge Anwendung der Börsenzulassungsvoraussetzungen gerechtfertigt werden. So könnte der

---

[689] Vgl unter E.I.3.
[690] Vgl unter E.I.3.

indirekte Börsengang quasi als „wirtschaftliche Börsenzulassung" aufgefasst werden, die wie eine rechtliche Börsenzulassung – also eine durch Antrag erlangte Zulassung – zu behandeln wäre, womit die Börsenzulassungsvoraussetzungen ebenfalls analog anzuwenden wären.

Zweifelhaft ist allerdings, ob eine analoge Anwendung der Börsenzulassungsvoraussetzungen auf diese Weise begründet werden kann. Zwar liegt in beiden Fällen ein ähnlicher Sachverhalt vor. Dies allein kann jedoch nicht zu dem Schluss führen, dass die Argumentation des BGH hinsichtlich der Mantelverwendung auf den Fall des indirekten Börsengangs übertragen werden kann. Vielmehr muss geprüft werden, ob bei einem indirekten Börsengang die Voraussetzungen für eine analoge Anwendung der Börsenzulassungsvoraussetzungen tatsächlich vorliegen. Eine pauschale Erklärung der analogen Anwendbarkeit, wie es der BGH in seinen Entscheidungen zur Mantelverwendung vorsieht, kann dagegen nicht ausreichen.[691]

c)   Analogievoraussetzungen

Im Folgenden soll daher geprüft werden, ob die Voraussetzungen für eine analoge Anwendung der Börsenzulassungsvoraussetzungen auf einen indirekten Börsengang gegeben sind. Hierfür müsste zum einen eine planwidrige Regelungslücke vorliegen, zum anderen müsste die Interessenlage bei einer regulären Börsenzulassung mit der Interessenlage bei einem indirekten Börsengang vergleichbar sein.

aa)   Planwidrige Regelungslücke

Eine Regelungslücke wird angenommen, wenn ein bestimmter Sachverhalt nicht im Gesetz geregelt ist.[692] Zudem muss die Regelungslücke planwidrig sein. Dies ist der Fall, wenn der Gesetzgeber den nicht geregelten Fall nicht

---

[691] Vgl hierzu die Kritik unter E.I.3.a).
[692] Vgl *Larenz/Canaris*, Methodenlehre der Rechtswissenschaft[3] 191.

gesehen bzw nicht ausreichend bedacht hat oder sogar bewusst nicht geregelt hat.[693]

(1) öRechtslage

Nach österreichischem Recht ist fraglich, ob überhaupt eine Regelungslücke vorliegt. So wird die Einhaltung der Börsenzulassungsvoraussetzungen nach öBörseG über den Zeitpunkt der Erstzulassung hinaus bereits durch eine Widerrufspflicht (§ 64 Abs 5 BörseG) sichergestellt. Demnach muss die Börsenzulassung zwingend widerrufen werden, wenn eine Zulassungsvoraussetzung nachträglich entfällt.[694] Zwar bezieht sich diese Widerrufspflicht nur auf den Wegfall von Zulassungsvoraussetzungen, die eine bereits zugelassene Gesellschaft – also vorliegend die Zielgesellschaft – betreffen. Das Vorliegen der unternehmensbezogenen Zulassungsvoraussetzungen im Hinblick auf den Börsenkandidaten kann hierdurch also nicht – wie bei einer Erstzulassung – direkt kontrolliert werden. Dies ist jedoch auch nicht erforderlich. Schließlich wird das an die Börse strebende Unternehmen im Zuge des indirekten Börsengangs in die börsennotierte Zielgesellschaft eingebracht, welche den Geschäftsbetrieb, den Unternehmensgegenstand und die äußere Erscheinungsform des Börsenkandidaten übernimmt, so dass das Vorliegen der unternehmensbezogenen Zulassungsvoraussetzungen im Hinblick auf den Börsenkandidaten nach Vollendung der Transaktion indirekt durch § 64 Abs 5 BörseG sichergestellt wird. Handelt es sich bei dem Börsenkandidaten beispielsweise um ein *Start-Up-Unternehmen*, welches die gesetzlich geforderte Mindestbestandsdauer (§ 66a Abs 1 Z 3 / § 68 Abs 1 Z 3 BörseG) für eine Börsenzulassung nicht erfüllt, und übernimmt die börsennotierte Zielgesellschaft im Anschluss an dessen Einbringung auch dessen Unternehmensgegenstand und Geschäftsbetrieb, müsste gemäß § 64 Abs 5 BörseG grundsätzlich ein Widerruf der Börsenzulassung erfolgen. Schließlich betreibt die börsennotierte Gesellschaft in diesem Fall kein Unternehmen mehr, welches das Mindestbestandserfordernis erfüllt, so dass von einem nachträglichen Wegfall einer Zulassungsvoraussetzung auszugehen ist.

---

[693] Vgl *Larenz/Canaris*, Methodenlehre der Rechtswissenschaft[3] 199.
[694] Vgl bereits unter D.I.2.b)ab)(3).

Die analoge Anwendung der Börsenzulassungsvoraussetzungen scheitert nach österreichischer Rechtslage also bereits am mangelnden Vorliegen einer Regelungslücke.

(2)   dRechtslage

Fraglich ist allerdings, ob auch nach deutscher Rechtslage eine planwidrige Regelungslücke vorliegt. Hiergegen würde zunächst sprechen, dass auch nach deutschem Recht verschiedene Widerrufsmöglichkeiten im Hinblick auf die Börsenzulassung bestehen. So kann diese gemäß § 39 Abs 1 Alt 1 BörsG – wie bereits dargestellt – nach erfolgter Einstellung der Börsennotierung widerrufen werden, wenn ein ordnungsgemäßer Börsenhandel auf Dauer nicht mehr gewährleistet ist.[695] Weiterhin kann ein Widerruf auch gemäß § 49 Abs 2 Z 3 VwVfG erfolgen, wenn nachträglich Tatsachen eintreten, die eine Versagung der Zulassung gerechtfertigt hätten und wenn ohne den Widerruf das öffentliche Interesse gefährdet würde.[696] Zu beachten ist allerdings, dass diese Widerrufsmöglichkeiten die Einhaltung der Börsenzulassungsvoraussetzungen nicht in gleichem Umfang wie bei einer regulären Erstzulassung sicherstellen. So kann die Börsenzulassung nach der Durchführung des indirekten Börsengangs nicht allein deswegen widerrufen werden, weil eine Zulassungsvoraussetzung nicht (mehr) erfüllt ist. Vielmehr müssen zusätzliche Voraussetzungen wie die Nichtgewährleistung eines ordnungsgemäßen Börsenhandels (§ 39 Abs 1 Alt 1 BörsG) oder die Gefährdung des öffentlichen Interesses (§ 49 Abs 2 Z 3 VwVfG) vorliegen. Eine der Erstzulassung entsprechende Sicherstellung des Vorliegens der Börsenzulassungsvoraussetzungen bei einem indirekten Börsengang kann auf diesem Weg also nicht gewährleistet werden. Das Vorliegen einer Regelungslücke kann vor diesem Hintergrund also angenommen werden.

Ob diese jedoch auch planwidrig ist, ist vorliegend schwer zu beurteilen. So ist zum einen denkbar, dass der Gesetzgeber die Problematik der Umgehung der Börsenzulassungsvoraussetzungen im Zuge von *Cold IPOs*

---

[695] Vgl unter D.I.2.b)ab)(1).
[696] Vgl unter D.I.2.b)ab)(2).

nicht gesehen bzw nicht ausreichend bedacht hat oder sogar bewusst nicht geregelt hat. Zum anderen scheint es jedoch auch möglich, dass er planmäßig keine Regelung getroffen hat und die Behandlung eines indirekten Börsengangs nur über die vorhandenen Widerrufsmöglichkeiten beabsichtigt hat.

Eine Beantwortung dieser Frage muss vorliegend jedoch nicht verfolgen, wenn die Annahme der Analogie (bereits) mangels einer vergleichbaren Interessenlage scheitert.

ab) Interessenlage

Eine analoge Anwendung setzt voraus, dass die Interessenlage im gesetzlich geregelten und im ungeregelten Fall im Wesentlichen gleich ist und der Normzweck der analog anzuwendenden Norm auch den nicht geregelten Fall umfasst.[697] Die Börsenzulassungsvoraussetzungen wären also dann auf einen indirekten Börsengang analog anzuwenden, wenn die Interessenlage bei einer regulären Börsenzulassung und bei einem indirekten Börsengang im Wesentlichen gleich ist und die *ratio legis* der Börsenzulassungsvoraussetzungen auch den Fall des indirekten Börsengangs erfasst.

Für eine vergleichbare Interessenlage spricht zunächst, dass bei einem indirekten Börsengang und bei einer regulären Börsenzulassung dasselbe Ziel – nämlich die Börsennotierung eines Unternehmens – angestrebt wird. Vor diesem Hintergrund scheint es zumindest auf den ersten Blick konsequent, wenn die Anforderungen, die an die Erreichung dieses Ziels geknüpft werden (Börsenzulassungsvoraussetzungen), sich ebenfalls gleichen.

Sinn und Zweck der Börsenzulassungsvoraussetzungen ist es, den Schutz der Anleger und einen ordnungsgemäßen Börsenhandel zu gewährleisten.[698] Es sollen daher nur solche Unternehmen zur Börse zugelassen werden, die

---

[697] Vgl *Larenz/Canaris*, Methodenlehre der Rechtswissenschaft[3] 202.
[698] Vgl unter E.II.2.b).

in dieser Hinsicht unbedenklich sind. Zwar dürften die Schutzbedürftigkeit der Anleger und das Interesse an einem ordnungsgemäßen Börsenhandel grundsätzlich auch bei einem indirekten Börsengang gegeben sein. Zu beachten ist allerdings, dass bei einem indirekten Börsengang noch weitere Interessen zu berücksichtigen sind, die einer Vergleichbarkeit der Interessenlage entgegenstehen. Dies ist darauf zurückzuführen, dass bei einem indirekten Börsengang im Vergleich zu einer regulären Börsenzulassung das Unternehmen samt Rechtsträger nicht erstmalig zum Handel zugelassen wird, sondern der Rechtsträger (Zielgesellschaft) bereits zugelassen ist. Vor diesem Hintergrund müssen auch die Interessen der (investierten) Aktionäre der Zielgesellschaft an der Aufrechterhaltung der Börsennotierung ihrer Aktien berücksichtigt werden. Zu denken ist dabei insbesondere an ihr Verfügungsrecht.[699] Würde man aufgrund der analogen Anwendung die Börsenzulassung nach der Durchführung des indirekten Börsengangs wegen dem Nichtvorliegen einzelner Zulassungsvoraussetzungen widerrufen bzw als automatisch beendet ansehen, würde dies folglich einen schweren Eingriff in diese Interessen bedeuten.

Dass diese Interessen jedoch besonders berücksichtigt werden müssen und nicht hinter dem Schutz der noch nicht investierten Anleger und der Gewährleistung eines ordnungsgemäßen Börsenhandels zurücktreten dürfen, wird insbesondere dadurch deutlich, dass auch der gesetzliche Widerruf der Börsenzulassung wegen des nachträglichen Wegfalls von Zulassungsvoraussetzungen nur unter bestimmten zusätzlichen Voraussetzungen möglich ist. So darf ein Widerruf gemäß § 39 Abs 1 Alt 1 BörsG nur dann erfolgen, wenn ein ordnungsgemäßer Börsenhandel auf Dauer nicht mehr gewährleistet ist.[700] Ferner ist ein Widerruf gemäß § 49 Abs 2 Z 3 VwVfG nur dann möglich, wenn neben dem Wegfall der Zulassungsvoraussetzung auch die Gefährdung öffentlicher Interessen vorliegt.[701] Auch nach österreichischem Recht muss das Interesse der Aktionäre an der Aufrechterhaltung der Börsennotierung bei einem Widerruf

---

[699] Vgl unter D.I.2.b)ab)(1).
[700] Vgl unter D.I.2.b)ab)(1).
[701] Vgl unter D.I.2.b)ab)(2).

gemäß § 64 Abs 5 BörseG berücksichtigt werden, obwohl es sich eigentlich nicht um eine Ermessensvorschrift handelt und ein Widerruf bei nachträglichem Wegfall einer Zulassungsvoraussetzung eigentlich zwingend erfolgen muss.[702]

Zu beachten ist ferner, dass es aus Gründen des Anlegerschutzes regelmäßig keinen Sinn macht, die Börsenzulassung bei einem indirekten Börsengang wegen Nichtvorliegens von Zulassungsvoraussetzungen zu beenden oder zu widerrufen. Schließlich wirkt sich ein indirekter Börsengang im Hinblick auf den Anlegerschutz in der Regel positiv aus. Dies ist insbesondere dann der Fall, wenn im Rahmen des indirekten Börsengangs auf eine börsennotierte Mantelgesellschaft zurückgegriffen wird. Schließlich wird diese im Zuge des indirekten Börsengangs mit einem neuen operativen Unternehmen und damit mit neuem Vermögen ausgestattet. Dabei ist davon auszugehen, dass diese Wiederbelebung von Seiten der Anleger begrüßt wird. Schließlich werden zum einen die bereits investierten Anleger (wieder) zu Anteilseignern einer unternehmerisch aktiven Gesellschaft, zum anderen verringert sich auch das Risiko für potentielle Anleger. So ist die Investition in ein aktives und über entsprechende Vermögenswerte verfügendes Unternehmen naturgemäß weniger riskant als der Erwerb einer Beteiligung an einem leeren Börsenmantel, welcher sich zudem häufig durch heftige spekulationsbedingte Kursschwankungen auszeichnet. Aus Gründen des Anlegerschutzes macht es vor diesem Hintergrund also regelmäßig keinen Sinn die Börsenzulassung aufgrund einer analogen Anwendung zu beenden oder zu widerrufen.

Darüber hinaus würde es einen Wertungswiderspruch darstellen, wenn die Börsenzulassung bei einem indirekten Börsengang wegen Nichtvorliegens einer Zulassungsvoraussetzung (zB der Mindestbestandserfordernis beim indirekten Börsengang eines *Start-Ups*) zwingend enden bzw widerrufen werden müsste. Wohingegen ein gesetzlicher Widerruf der Zulassung des Börsenmantels, trotz der Tatsache, dass überhaupt kein Unternehmen vorliegt, grundsätzlich nur bei Vermögenslosigkeit oder Gefährdung

---

[702] Vgl unter D.I.2.b)ab)(3).

öffentlicher Interessen möglich ist.[703] Dies gilt insbesondere vor dem Hintergrund, dass sich die Situation der Zielgesellschaft – wie dargestellt – durch die Neuausrichtung eigentlich verbessert.

Darüber hinaus ist es nicht nachvollziehbar, dass eine analoge Anwendung der Börsenzulassungsvoraussetzungen zwar bei einem indirekten Börsengang erforderlich sein soll, bei gewöhnlichen Unternehmensübernahmen durch börsennotierte Gesellschaften jedoch niemand auf den Gedanken kommt, die Börsenzulassungsvoraussetzungen entsprechend anzuwenden.

Nach alldem ist die Interessenlage bei einem indirekten Börsengang also nicht als derartig gleich anzusehen, dass eine analoge Anwendung der Börsenzulassungsvoraussetzungen in Form einer automatischen Beendigung bzw eines zwingenden Widerrufs gerechtfertigt wäre.

4. Prospekt

Ein Wertpapierprospekt muss gemäß § 5 Abs 1 WpPG in leicht analysierbarer und verständlicher Form sämtliche Angaben in Bezug auf den Emittenten erhalten, die es dem Publikum ermöglichen, ein Urteil über die Vermögenswerte und Verbindlichkeiten, die Finanzlage, die Gewinne und Verluste, die Zukunftsaussichten und die mit den Wertpapieren verbundenen Rechte zu treffen.[704] Dies sieht im Wesentlichen auch § 7 KMG vor. Sinn und Zweck dieser Vorschriften ist es dabei, die zwecks Anlegerschutzes gebotene Transparenz zu gewährleisten.

Vor diesem Hintergrund stößt die Umgehung der Prospekterstellung im Zuge eines *Cold IPO* grundsätzlich auf Bedenken.[705] Zwar liegt im Hinblick auf die börsennotierte Zielgesellschaft regelmäßig[706] bereits ein Prospekt vor. Problematisch ist jedoch, dass sich die in diesem Prospekt enthaltenen

---

[703] Vgl unter D.I.2.b)ab).
[704] Vgl *Ponick* in *Grunewald/Schlitt*, Kapitalmarktrecht[2] § 11 IV 2a.
[705] Vgl bereits unter E.II.2.b).
[706] Dies gilt zumindest dann, wenn diese in einem organisierten Markt notiert und daher bereits im Rahmen ihrer Börsenzulassung zur Erstellung eines Prospekts verpflichtet war.

Informationen ausschließlich auf das ursprünglich (bzw noch) von der Zielgesellschaft betriebene Unternehmen beziehen. Ein Bezug auf das eigentlich im Zuge des *Cold IPOs* an die Börse strebende Unternehmen (Börsenkandidat) besteht dagegen nicht.

Der insofern bestehende Transparenzmangel kann jedoch unter Umständen durch die Erstellung eines neuen Prospekts bzw die Anpassung des bereits vorhandenen Prospekts der Zielgesellschaft behoben werden. Fraglich ist allerdings, ob auch eine diesbezügliche Rechtspflicht hergeleitet werden kann.

a)   Erstellung eines neuen Prospekts

Für eine erneute Prospektpflicht der Zielgesellschaft aufgrund der Durchführung eines *Cold IPOs* gibt es nach deutschem Kapitalmarktrecht keinen rechtlichen Anknüpfungspunkt.[707] Auch im österreichischen Kapitalmarktrecht fehlt eine entsprechende Regelung. Vielmehr sieht das Gesetz nur dann eine Prospektpflicht vor, wenn eine Gesellschaft die Börsenzulassung ihrer Aktien zu einem organisierten Markt beantragt (§ 32 Abs 3 Z 2 BörsG / § 74 BörseG) oder Aktien öffentlich angeboten werden sollen (§ 3 Abs 1 WpPG / § 2 Abs 1 KMG). Beides ist jedoch bei einem *Cold IPO* nicht der Fall. Insbesondere kommt es im Rahmen eines *Cold IPO* nicht zu einem öffentlichen Angebot von Aktien.

Eine **analoge Anwendung** der Prospektpflicht als Börsenzulassungs-voraussetzung (§ 32 Abs 3 Z 2 BörsG / § 74 BörseG) im Rahmen eines *Cold IPO* kommt aus den bereits dargestellten Gründen ebenfalls nicht in Betracht.[708]

---

[707] Vgl *Just*, ZIP 2009, 1702 Fn 49. In **England** muss dagegen ein zweites Prospekt erstellt werden, wenn die Börsenzulassung an der *London Stock Exchange* aufrechterhalten werden soll (vgl ebenfalls *Just*, ZIP 2009, 1702 Fn 49).
[708] Vgl unter E.II.3.

151

b)   Aktualisierung des alten Prospekts

Die fehlende Transparenz könnte jedoch durch eine Aktualisierung des bereits vorhandenen Prospekts der Zielgesellschaft wieder hergestellt werden. Eine diesbezügliche Pflicht könnte sich dabei aus § 16 Abs 1 S 1 Alt 1 WpPG ergeben. Demnach muss jeder wichtige neue Umstand in Bezug auf die im Prospekt enthaltenen Angaben, der die Beurteilung der Wertpapiere beeinflussen könnte, in einem Nachtrag zum Prospekt genannt werden. Ein solcher Umstand muss bei einem *Cold IPO* insbesondere im Hinblick darauf angenommen werden, dass die Zielgesellschaft bei dessen Umsetzung mit einem neuen Unternehmen ausgestattet und infolgedessen ihr bisheriges Wesen komplett verändert. Zu beachten ist jedoch, dass die Aktualisierungspflicht nicht unbegrenzt gilt. Vielmehr müssen nur solche Umstände nachgetragen werden, die nach der Billigung des Prospekts und vor dem endgültigen Schluss des öffentlichen Angebots oder der Einführung oder Einbeziehung der Aktien in den Handel auftreten oder festgestellt werden (§ 16 Abs 1 S 1 WpPG). Das die Aktualisierungspflicht für diesen Zeitraum besteht ist unstreitig.[709] Eine Mindermeinung will die Aktualisierungspflicht darüber hinaus bis auf sechs Monate nach der Einführung ausdehnen.[710] Dies ist jedoch mit der hM[711] abzulehnen. Demnach besteht auch bei der Durchführung eines *Cold IPO* keine Aktualisierungspflicht gemäß § 16 Abs 1 S 1 Alt 1 WpPG. Schließlich handelt es sich hierbei um einen Umstand, der in zeitlicher Hinsicht erst nach der Handelseinführung der Aktien der Zielgesellschaft bzw nach dem Abschluss eines etwaigen öffentlichen Angebots eintritt.

Fraglich ist allerdings, ob bei einem *Cold IPO* eine Aktualisierungspflicht gemäß § 16 Abs 1 S 1 Alt 1 WpPG **analog** angenommen werden kann. Problematisch ist hierbei zunächst, bis zu welchem Zeitpunkt die Aktualisierungspflicht in einem solchen Fall gelten soll. Stellt man bei einem *Cold IPO* auf die Einführung des Börsenkandidaten in den Börsenhandel – also auf den Zeitpunkt der Einbringung – ab, ergibt sich das Problem, dass der nachtragspflichtige Umstand (die Einbringung bzw die im Zuge dieser

---

[709] Vgl *Groß*, Kapitalmarktrecht[4] BörsG § 45 Rz 59.
[710] Zu den einzelnen Nachweisen vgl *Groß*, Kapitalmarktrecht[4] BörsG § 45 Rz 59 Fn 11.
[711] Zu den einzelnen Nachweisen vgl *Groß*, Kapitalmarktrecht[4] BörsG § 45 Rz 59 Fn 9, 10.

stattfindende Neuausrichtung) und das Ende der Aktualisierungspflicht zusammenfallen. Infolgedessen würde selbst bei der Annahme einer Analogie keine Aktualisierungspflicht hinsichtlich des *Cold IPOs* bestehen. Schließlich entfällt mit dem Eintritt nachtragungspflichtigen Umstands (der Einbringung) auch die Aktualisierungspflicht.

Aber selbst wenn die Aktualisierungspflicht erst nach der Einbringung des Börsenkandidaten endet, dürfte eine solche vorliegend bereits am Nichtvorliegen der Analogievoraussetzungen scheitern. So mangelt es an einer planwidrigen und deshalb regelungsbedürftigen Lücke, die durch eine Ausdehnung der Aktualisierungspflicht geschlossen werden kann.[712] Etwas anderes ist aufgrund des eindeutigen Wortlauts des § 16 Abs 1 S 1 WpPG, nach dem die Aktualisierungspflicht mit dem Schluss des öffentlichen Angebots oder der Einführung oder Einbeziehung in den Handel endet, wohl nicht vertretbar.[713]

Zum gleichen Ergebnis kommt man auch nach **österreichischem** Recht. So sieht § 6 Abs 1 S 1 KMG ebenfalls eine Aktualisierungspflicht nur dann vor, wenn wichtige neue Umstände eintreten, die die Beurteilung der Wertpapiere oder Veranlagungen beeinflussen können und dies zwischen der Billigung des Prospekts und dem endgültigen Schluss des öffentlichen Angebots oder, wenn diese früher eintritt, der Zulassung zum Handel an einem geregelten Markt passiert.[714] Zudem kommt eine **analoge Anwendung** des § 6 Abs 1 S 1 KMG aufgrund des eindeutigen Wortlauts ebenfalls nicht in Betracht.

c)   Proxy Statement

Die mangelnde Transparenz könnte jedoch durch die Erstellung eines sog *Proxy Statements* behoben werden. Hierbei handelt es sich um ein prospektähnliches Dokument, welches typischerweise im Rahmen einer SPAC-Transaktion zum Zuge kommt.[715] So erhalten die Aktionäre des SPAC

---

[712] Vgl *Groß*, Kapitalmarktrecht⁴ BörsG § 45 Rz 59.
[713] Vgl *Groß*, Kapitalmarktrecht⁴ BörsG § 45 Rz 59.
[714] Vgl *Russ* in *Zib/Russ/Lorenz*, KMG § 6 Rz 14.
[715] Vgl *Zanner*, GoingPublic 10/09, 56.

im Vorfeld der Abstimmung[716] über die Übernahme des Börsenkandidaten ein *Proxy Statement*, welches detaillierte Informationen über diesen enthält.[717] Insbesondere enthält ein *Proxy Statement* Informationen über die Geschäftstätigkeit des Börsenkandidaten, historische Finanzdaten (idR über die letzten drei Geschäftsjahre), eine Analyse und Diskussion dieser Finanzdaten, detaillierte Informationen hinsichtlich des Managements und dessen Vergütung, Angaben zu etwaigen Interessenkonflikten sowie die Beschreibung von Risiken hinsichtlich des Börsenkandidaten.[718] Zwar kann mittels eines *Proxy Statements* eine Transparenz geschaffen werden, die im Wesentlichen dem Transparenzniveau eines Prospekts im Falle eines regulären IPOs entspricht. Zu beachten ist jedoch, dass in Europa – anders als in den USA[719] – keine gesetzliche Verpflichtung zur Erstellung eines *Proxy Statements* besteht.[720]

d)   Ad-hoc-Pflicht

Wie im Folgenden noch zu zeigen sein wird, besteht im Rahmen eines *Cold IPO* jedoch die Pflicht, diesen bzw dessen geplante Durchführung im Vorfeld gemäß § 15 Abs 1 S 1 WpHG / § 48d Abs 1 BörseG zu veröffentlichen.[721] Zwar kann mit dieser Veröffentlichung nicht das Transparenzniveau eines Prospekts erreicht werden, ein Mindestmaß an Transparenz dürfte auf diesem Weg jedoch gewährleistet sein.[722]

e)   Prospekthaftung

Eine Prospekthaftung (§§ 44 ff BörsG / § 11 KMG) kommt im Falle eines indirekten Börsengangs grundsätzlich nicht in Betracht. Schließlich müsste hierfür zunächst ein inhaltlich fehlerhaftes oder unrichtiges Prospekt vorliegen. Ein Prospekt muss im Rahmen eines indirekten Börsengangs –

---

[716] Vgl unter F.I.3.
[717] Vgl *Zanner*, GoingPublic 10/09, 56.
[718] Vgl *Zanner*, GoingPublic 10/09, 56.
[719] Dort besteht eine Verpflichtung zur Erstellung eines *Proxy Statements* (vgl *Zanner*, GoingPublic 10/09, 56).
[720] Vgl *Zanner*, GoingPublic 10/09, 56.
[721] Vgl im Folgenden unter E.V.
[722] So wohl auch *Heidelbach* in *Schwark/Zimmer*, KMRK[3] § 30 BörsG Rz 7. Der die gebotene Transparenz schon dann annimmt, wenn im Zuge des *Cold IPO* ein Pflichtangebot abgegeben werden muss.

154

wie gezeigt – jedoch gerade nicht erstellt werden. Auch eine fehlerhafte Aktualisierung des alten Prospekts der Zielgesellschaft kann eine Haftung nicht begründen. Schließlich besteht im Zuge des indirekten Börsengangs – wie gezeigt – auch keine Aktualisierungspflicht.

Eine Prospekthaftung nach den allgemeinen Grundsätzen kommt jedoch hinsichtlich des Prospekts der Zielgesellschaft wegen fehlerhafter Angaben in seiner ursprünglichen Fassung in Betracht.[723]

---

[723] Vgl für D zB *Langenbucher*, Aktien- und Kapitalmarktrecht § 14 Rz 31 ff.

5. Ergebnis

Die Umgehung der Börsenzulassungsvoraussetzungen mittels eines indirekten Börsengangs ist nur dann möglich, wenn die Einbringung des Börsenkandidaten nicht die Ausgabe neuer Aktien nach sich zieht. Dies ist nur dann der Fall, wenn der Börsenkandidat unter der Verwendung von Barmitteln erworben wird oder durch eine Sacheinlage ohne Anteilsgewährung in die Zielgesellschaft eingebracht wird.

Die analoge Anwendung der Börsenzulassungsvoraussetzungen in der Form, dass das Vorliegen der Börsenzulassungsvoraussetzungen im Hinblick auf die Zielgesellschaft nach Vollzug des indirekten Börsengangs erneut überprüft und die Zulassung im Falle eines Nichtvorliegens beendet oder widerrufen wird, kommt in diesen Fällen nicht in Betracht. Schließlich liegen die hierfür erforderlichen Analogievoraussetzungen nicht vor. In Österreich mangelt es bereits am Vorliegen einer planwidrigen Regelungslücke. In Deutschland scheitert die Analogie wenn nicht schon mangels des Vorliegens einer planwidrigen Regelungslücke zumindest daran, dass bei einer regulären Börsenzulassung und einem indirekten Börsengang grundsätzlich keine vergleichbare Interessenlage vorliegt.

Eine Pflicht zur Erstellung eines neuen Prospekts bzw zur Aktualisierung des alten Prospekts der Zielgesellschaft besteht im Rahmen eines indirekten Börsengangs in diesen Fällen (Erwerb durch Barmittel / Sacheinlage ohne Anteilsgewährung) ebenfalls nicht. Eine diesbezügliche Prospekthaftung kommt folglich auch nicht in Betracht.

Bei einem *Cold IPO* mittels eines SPAC sorgt in der Regel ein freiwillig erstelltes *Proxy Statement* für die kapitalmarktrechtlich gebotene Transparenz.

Ein Mindestmaß an Transparenz wird bei einem *Cold IPO* in jedem Fall durch die Veröffentlichung einer entsprechenden Ad-hoc-Meldung gewährleistet.

III. Pflicht zur Abgabe eines Übernahmeangebots

Aus kapitalmarktrechtlicher Sicht stellt sich bei einem *Cold IPO* ferner die Frage, ob die Eigentümer des Börsenkandidaten gegenüber den Altaktionären der Zielgesellschaft zur Unterbreitung eines Übernahmeangebots gemäß § 35 WpÜG / § 22 ÜbG verpflichtet sind und – falls dem so ist – welche Auswirkungen ein solches Pflichtübernahmeverfahren auf dessen Durchführung hat.[724]

Nach § 35 Abs 2 WpÜG muss derjenige, der die Kontrolle an einer Zielgesellschaft erlangt, deren Aktien in einem organisierten Markt zugelassen sind (§ 1 Abs 1 WpÜG), ein Angebot zur Übernahme aller noch ausstehenden Aktien der Zielgesellschaft abgeben.[725] Eine vergleichbare Vorschrift findet sich auch in § 22 Abs 1 ÜbG. Demnach besteht im Falle der Kontrollerlangung an einer börsennotierten Zielgesellschaft ebenfalls eine Pflicht zur Abgabe eines Übernahmeangebots.[726] Sinn und Zweck des Pflichtangebots ist es, die Minderheitsaktionäre einer börsennotierten Gesellschaft im Falle einer Übernahme vor negativen Folgen der neuen Beherrschungsverhältnisse zu bewahren. Dies wird dadurch erreicht, dass es ihnen ermöglicht wird, aus der Gesellschaft auszusteigen und ihre Beteiligung zu einem angemessenen Preis zu veräußern.[727]

Im Folgenden soll zunächst geklärt werden, ob der Tatbestand des § 35 WpÜG / § 22 ÜbG im Rahmen eines indirekten Börsengangs erfüllt wird, es also zur Abgabe eines Übernahmeangebots kommen muss. Wenn dies der Fall sein sollte, sollen in einem nächsten Schritt die Auswirkungen des Übernahmeangebots auf den indirekten Börsengang diskutiert werden.

---

[724] Vgl zu dieser Problematik auch *Bösl*, FB 2003, 300; *Schanz*, Börseneinführung[3] § 14 Rz 38; *Grub/Streit*, BB 2004, 1405; *Seppelfricke/Seppelfricke*, FB 2001, 587; *Hettich*, GoingPublic 2006, 119; vgl auch Allgemeine Informationen Carthago Capital Consulting AG http://www.carthago.de/index.php?id=63#id01 (18.4.2011). Allg zu § 35 WpÜG vgl *Süßmann* in *Geibel/Süßmann*, WpÜG[2] § 29 Rz 1 ff; Allg zu § 22 ÜbG vgl *Diregger/Kalss/Winner*, öÜbR[2] Kap V Rz 177 ff.

[725] Vgl *Schlitt* in MüKo AktG[2] § 35 WpÜG Rz 1.

[726] Vgl *Diregger/Kalss/Winner*, öÜbR[2] Kap V Rz 177.

[727] Vgl *Meyer* in *Geibel/Süßmann* WpÜG[2] § 35 Rz 1; *Schlitt* in MüKo AktG[2] § 35 WpÜG Rz 5 f; *Kraus*, wbl 2010, 64.

1. Tatbestand

Zunächst ist festzustellen, dass der Anwendungsbereich des WpÜG bzw des ÜbG nur dann eröffnet ist, wenn die Aktien der börsennotierten Zielgesellschaft in einem geregelten Markt zugelassen sind.[728] Weiterhin ist danach zu fragen, ob die Eigentümer des Börsenkandidaten im Zuge des indirekten Börsengangs die Kontrolle über die börsennotierte Zielgesellschaft erlangen. Eine Kontrolle über eine Zielgesellschaft liegt gemäß § 29 Abs 2 WpÜG grundsätzlich dann vor, wenn mindestens 30% ihrer Stimmrechte gehalten werden.[729] Eine entsprechende Regelung findet sich auch in § 22 Abs 2 ÜbG. Demnach ist von einer Kontrollbeteiligung auszugehen, wenn mehr als 30% der Stimmrechte gehalten werden.[730]

a) Kontrollerlangung durch Anteilserwerb

Wie bereits dargestellt erwerben die Eigentümer des Börsenkandidaten im Rahmen eines indirekten Börsengangs regelmäßig Anteile an der börsennotierten Zielgesellschaft.[731] Der erworbene Anteil beläuft sich dabei typischerweise auf über 75% der Stimmrechte. Die 30% Schwelle wird in dieser Konstellation also regelmäßig überschritten, so dass sowohl eine Kontrollerlangung im Sinne des § 35 WpÜG als auch im Sinne des § 22 ÜbG vorliegt,[732] wobei es keine Rolle spielt, ob der Erwerb über die Börse oder außerbörslich erfolgt.[733]

b) Kontrollerlangung durch Reverse Merger

Zu klären ist, ob eine Anwendung von § 35 WpÜG bzw § 22 ÜbG auch dann in Frage kommt, wenn bei der Durchführung des indirekten Börsengangs kein Anteilserwerb an der Zielgesellschaft erfolgt. Wie bereits erläutert, liegt in solchen Fällen notwendigerweise eine *Reverse-Konstellation* vor. Der Wert des Börsenkandidaten liegt also über dem Wert der Zielgesellschaft.

---

[728] Vgl § 1 Abs 1 WpÜG bzw § 2 ÜbG.
[729] Vgl im Einzelnen *Süßmann* in *Geibel/Süßmann* WpÜG[2] § 29 Rz 14 ff.
[730] Vgl im Einzelnen *Diregger/Kalss/Winner*, öÜbR[2] Kap V Rz 182 ff.
[731] Vgl unter D.II.
[732] Zustimmend *Schanz*, Börseneinführung[3] § 14 Rz 38.
[733] Vgl *Schlitt* in MüKo AktG[2] § 35 WpÜG Rz 69; *Diregger/Kalss/Winner*, öÜbR[2] Kap V Rz 192.

Der indirekte Börsengang wird in einem so gelagerten Fall dadurch erreicht, dass der Börsenkandidat auf die Zielgesellschaft verschmolzen wird oder diese ihn im Rahmen einer Sachkapitalerhöhung aufnimmt. Infolgedessen müssen aufgrund der Bewertungsrelation mehr Aktien ausgegeben werden als bisher vorhanden waren, so dass die Eigentümer des Börsenkandidaten im Ergebnis mehr als 50% der Anteile halten und somit die Kontrolle an der Zielgesellschaft erlangen.[734]

Fraglich ist, ob diese Art der Kontrollerlangung von § 35 WpÜG bzw § 22 ÜbG erfasst wird. Ihrem Wortlaut nach setzen die Vorschriften keine bestimmte Form der Kontrollerlangung voraus. Insbesondere ist es nicht erforderlich, dass die Kontrollerlangung durch einen Anteilserwerb erfolgt.[735] Vielmehr kommt es für die Annahme einer Kontrollerlangung lediglich auf die Möglichkeit der Einflussnahme an. Auf welche Weise diese erreicht wird, spielt dagegen keine Rolle.[736] Folglich erfüllt auch der Kontrollerwerb im Zuge einer Kapitalerhöhung gegen Sacheinlage den Tatbestand des § 35 WpÜG bzw § 22 ÜbG.[737] Umstritten ist allerdings, ob dies auch für eine im Zuge einer Verschmelzung erlangte Kontrolle gilt.[738] Dabei geht es insbesondere um die Frage, ob das Übernahmerecht auch bei umwandlungsrechtlichen Sachverhalten Anwendung findet. Dies wird jedoch überwiegend angenommen, so dass auch in diesem Fall von einer Kontrollerlangung im Sinne des § 35 WpÜG bzw § 22 ÜbG auszugehen ist.[739]

c)   Zwischenergebnis

Im Ergebnis kann somit festgehalten werden, dass der Tatbestand des § 35 WpÜG bzw § 22 ÜbG im Zuge eines indirekten Börsengangs entweder durch

---

[734] Ebenso *Hettich*, GoingPublic 2006, 119.
[735] Vgl *Diregger/Kalss/Winner*, öÜbR[2] Kap V Rz 214.
[736] Vgl *Schlitt* in MüKo AktG[2] § 35 WpÜG Rz 68; zum öRecht vgl *Diregger/Kalss/Winner*, öÜbR[2] Kap V Rz 192; Stellungnahme der ÜbK vom 12.09.200, GZ 2000/1/4-171 (Bank Austria – HypoVereinsbank).
[737] Vgl *Schlitt* in MüKo AktG[2] § 35 WpÜG Rz 70; Zur öRechtslage vgl *Diregger/Kalss/Winner*, öÜbR[2] Kap V Rz 214; *Kalss/Oppitz/Zollner*, Kapitalmarktrecht I § 23 Rz 108.
[738] Zum Meinungsstand in D vgl *Schlitt* in MüKo AktG[2] § 35 WpÜG Rz 125 ff.
[739] Vgl *Meyer* in *Geibel/Süßmann* WpÜG[2] § 35 Rz 46. Dies entspricht auch der hM vgl mwN *Schlitt* in MüKo AktG[2] § 35 WpÜG Rz 127. Zur öRechtslage vgl *Diregger/Kalss/Winner*, öÜbR[2] Kap V Rz 214 ff; *Kalss/Oppitz/Zollner*, Kapitalmarktrecht I § 23 Rz 106.

einen vorgeschalteten Anteilserwerb an der Zielgesellschaft oder durch die Einbringung des Börsenkandidaten – mittels Verschmelzung oder Sachkapitalerhöhung – erfüllt wird.[740] Folglich besteht auch im Rahmen eines indirekten Börsengangs in der Regel die Pflicht zur Abgabe eines Übernahmeangebots an die Restaktionäre.

2. Auswirkungen auf den indirekten Börsengang

Die Pflicht zur Abgabe eines Übernahmeangebots kann sich auf die Durchführung des indirekten Börsengangs in vielerlei Hinsicht negativ auswirken. Zu denken ist zunächst an den zusätzlichen Transaktionsaufwand. So dürften die Erstellung der Angebotsunterlage, die Durchführung der Übernahme und die erforderliche Rechtsberatung sowohl mit einem enormen Zeit- als auch Kostenaufwand verbunden sein.[741] Insbesondere die Gegenleistung für die zu übernehmenden Aktien dürfte regelmäßig zu erheblichen und unerwünschten Kosten führen.[742]

Ferner kann sich ein anfallendes Übernahmeverfahren auch negativ auf den Streubesitz auswirken.[743] Schließlich wird der Streubesitz umso kleiner desto mehr ausstehende Aktionäre das Übernahmeangebot annehmen. Dies dürfte in der Regel nicht im Interesse der Eigentümer des Börsenkandidaten liegen.[744] Schließlich sind diese zum einen an einem liquiden Aktienhandel interessiert, welcher nur durch einen entsprechenden Streubesitz gewährleistet werden kann.[745] Zum anderen werden die ausstehenden Aktionäre regelmäßig noch zur (Mit-) Finanzierung zukünftiger Kapitalerhöhungen benötigt.

Ein Problem dürfte in diesem Zusammenhang ferner dann auftreten, wenn das Übernahmeangebot von allen bzw dem Großteil der ausstehenden

---

[740] Im Ergebnis wohl zustimmend *Schanz*, Börseneinführung³ § 14 Rz 38.
[741] So wohl auch *Bösl*, FB 2003, 300; *Grub/Streit*, BB 2004, 1405 Fn 134.
[742] Vgl *Seppelfricke/Seppelfricke*, FB 2001, 587; *Krauel*, Börsen-Zeitung vom 26.3.02, 14.
[743] Vgl *Bösl*, FB 2003, 300; vgl hierzu den *Reverse Merger* der *Carl Zeiss Ophthalmic Systems AG* mittels der *Asclepion Meditec AG* (Zielgesellschaft). So reduzierte sich der Free Float der *Carl Zeiss Meditec AG* (fusionierte Gesellschaft) nach Abschluss der Pflichtübernahme von 15% auf nur noch 10% (vgl *Blättchen/Nespethal* in *Wiedemann* 602).
[744] Vgl *Krauel*, Börsen-Zeitung vom 26.3.02, 14.
[745] Vgl *Bösl*, FB 2003, 300; *Blättchen/Nespethal* in *Wiedemann* 602.

Aktionäre angenommen wird. Schließlich hat dies eine erhebliche Reduzierung des Streubesitzes zur Folge, welche unter Umständen dazu führen kann, dass ein ordnungsgemäßer Börsenhandel auf Dauer nicht mehr gewährleistet ist.[746] Dies kann wiederum dazu führen, dass die Börsenzulassung der Zielgesellschaft gemäß § 39 Abs 1 BörsG widerrufen wird (sog Zwangsdelisting).[747] In Österreich müsste ein Widerruf der Zulassung gemäß § 64 Abs 5 BörseG[748] sogar (grundsätzlich) zwingend erfolgen. Schließlich läge in einem solchen Fall ein nachträglicher Wegfall einer Zulassungsvoraussetzung – nämlich der Mindeststreuung[749] – vor.[750] Der Verlust der Börsenzulassung liegt jedoch gerade nicht im Interesse der Eigentümer des Börsenkandidaten[751], deren Hauptmotiv ja eigentlich die Erlangung der Börsenzulassung ist.

3. Befreiung von der Angebotspflicht

Unter Umständen können die Eigentümer des Börsenkandidaten im Rahmen eines *Cold IPO* jedoch von der Angebotspflicht befreit werden. Eine Befreiung kommt dabei insbesondere dann in Betracht, wenn der Kontrollerwerb zwecks der Sanierung der Zielgesellschaft erfolgt (§ 37 WpÜG iVm § 9 S 1 Nr 3 WpÜG-AngebotsVO / § 25 Abs 1 Z 2 ÜbG).[752] Sinn und Zweck dieses Sanierungsprivilegs ist es, zu verhindern, dass sich die aus dem Pflichtangebot resultierenden Folgen (insb der zusätzliche Aufwand und die Erhöhung der Kosten) hemmend auf aussichtsreiche Sanierungen auswirken.[753] Schließlich sollen Sanierungen nicht unnötig erschwert werden, da sie die Zerschlagung von Unternehmen zu Gunsten der Anleger und den Verlust von Arbeitsplätzen verhindern.[754]

---

[746] Vgl *Grub/Streit*, BB 2004, 1405 Fn 134.
[747] Vgl *Grub/Streit*, BB 2004, 1405 Fn 134; allg hierzu *Thun* in *Geibel/Süßmann* WpÜG[2] § 32 Rz 3; *Grunewald* in *Grunewald/Schlitt*, Kapitalmarktrecht[2] § 16 I 2.
[748] Diese Vorschrift bezieht sich grundsätzlich nur auf im amtlichen Handel zugelassene Aktien. Sie gilt aber über § 66 Abs 8 BörseG auch im geregelten Freiverkehr.
[749] Vgl § 66a Abs 1 Z 7 BörseG (amtlicher Handel); § 68 Abs 1 Z 5 (geregelter Freiverkehr).
[750] Vgl *Kalss/Oppitz/Zollner*, Kapitalmarktrecht I § 25 Rz 6.
[751] Vgl *Blättchen/Nespethal* in *Wiedemann* 602.
[752] Vgl *Grub/Streit*, BB 2004, 1405 Fn 134.
[753] Vgl *Diregger/Kalss/Winner*, öÜbR[2] Kap V Rz 259.
[754] Vgl *Diregger/Kalss/Winner*, öÜbR[2] Kap V Rz 259.

Inwieweit ein *Cold IPO* generell als Sanierung qualifiziert werden kann, ist fraglich. Die Annahme einer Sanierung kommt jedoch unter Umständen dann in Betracht, wenn die börsennotierte Zielgesellschaft insolvent oder in sonstiger Weise sanierungsbedürftig ist.[755] Die Frage, ob eine Befreiung von der Angebotspflicht im Falle eines *Cold IPO* in Betracht kommt, kann daher nicht allgemeingültig beantwortet werden. Vielmehr muss auf den konkreten Einzelfall abgestellt werden.

---

[755] Vgl *Grub/Streit*, BB 2004, 1405 Fn 134. Zu den Voraussetzungen der Sanierungsbedürftigkeit im Einzelnen vgl *Klepsch/Kiesewetter*, BB 2007, 1403.

4. Ergebnis

Die Pflicht zur Abgabe eines Übernahmeangebots wird bei einem *Cold IPO* in der Regel durch einen Kontrollerwerb oder einen *Reverse Merger* ausgelöst.

Das Übernahmeverfahren führt dabei zum einen zu einem zusätzlichen Kosten- und Transaktionsaufwand, zum anderen kann die Übernahme auch zu einer Reduzierung des Streubesitzes führen, was sich negativ auf den liquiden Aktienhandel und die Möglichkeit der Mitfinanzierung von Kapitalerhöhungen durch die Streubesitzaktionäre auswirken kann.

Nehmen zu viele Altaktionäre das Übernahmeangebot an, besteht darüber hinaus die Gefahr, dass die Börsenzulassung der Zielgesellschaft widerrufen wird.

Unter Umständen kommt jedoch eine Befreiung von Angebotspflicht in Betracht. Dies gilt zumindest dann, wenn der Kontrollerwerb im Rahmen des *Cold IPO* zur Sanierung der Zielgesellschaft dient (Sanierungsprivileg).

IV. Beteiligungspublizität

Ferner ist zu beachten, dass die Eigentümer des Börsenkandidaten gemäß § 21 WpHG / § 91 BörseG verpflichtet sind, die im Rahmen des indirekten Börsengangs erlangte Beteiligung an der börsennotierten Zielgesellschaft, dieser sowie der BaFin / FMA zu melden.[756] Schließlich wird regelmäßig eine Kontrollbeteiligung von mehr als 75% aufgebaut[757] oder die entsprechenden Beteiligungsschwellen werden allein aufgrund eines *Reverse Mergers* erreicht.[758] Zudem muss die erlangte Kontrollbeteiligung auch gemäß § 35 Abs 1 WpÜG / § 5 Abs 3 Z 2 ÜbG veröffentlicht werden.[759]

---

[756] Vgl auch Allgemeine Informationen Carthago Capital Consulting AG http://www.carthago.de/index.php?id=63#id01 (18.4.2011).
[757] Vgl unter D.II.
[758] Vgl unter E.III.1.b).
[759] Vgl allg zu diesen Publizitätspflichten *Langenbucher*, Aktien- und Kapitalmarktrecht § 17 Rz 60 ff; für Ö *Hasenauer*, RdW 1/09, 3.

V. Ad-hoc-Publizität

Aus kapitalmarktrechtlicher Sicht stellt sich ferner die Frage, ob die börsennotierte Zielgesellschaft vor der eigentlichen Umsetzung des *Cold IPO* zur Veröffentlichung einer Ad-hoc-Mitteilung verpflichtet ist. Die Relevanz dieser Frage lässt sich vor allem vor dem Hintergrund erklären, dass sich eine derartige Veröffentlichung unter Umständen negativ auf den Verlauf der Transaktion auswirken kann und deren Umsetzung be- oder sogar verhindern kann.[760]

1. Veröffentlichungspflicht

Eine Veröffentlichungspflicht könnte sich dabei aus § 15 Abs 1 S 1 WpHG / § 48d Abs 1 BörseG ergeben. Demnach muss ein Emittent von Finanzinstrumenten, die an einem organisierten Markt[761] zugelassen sind, ihn unmittelbar betreffende Insiderinformationen unverzüglich veröffentlichen.[762] Da es sich bei Aktien um Finanzinstrumente im Sinne dieser Vorschriften handelt[763] und vorliegend davon ausgegangen wird, dass die Zielgesellschaft (bzw deren Aktien) in einem geregelten Markt notiert (notieren), soll im Folgenden geprüft werden, ob und insbesondere ab wann im Rahmen eines *Cold IPOs* eine – die Zielgesellschaft unmittelbar betreffende – zu veröffentlichende Insiderinformation vorliegt.

a) Insiderinformation

Unter einer Insiderinformation wird gemäß § 13 Abs 1 WpHG eine konkrete Information über nicht öffentlich bekannte Umstände verstanden, die sich auf einen oder mehrere Emittenten von Insiderpapieren oder auf die Insiderpapiere selbst beziehen und die geeignet sind, im Falle ihres öffentlichen Bekanntwerdens den Börsen- oder Marktpreis der Insiderpapiere

---

[760] Vgl zu dieser Problematik *Bösl*, FB 2003, 300; *Hettich*, GoingPublic 2006, 118 f. Ausführlich hierzu im Folgenden.
[761] Für D: Regulierter Markt bzw für Ö: Finanzinstrumente die im amtlichen Handel oder im geregelten Freiverkehr notieren.
[762] Vgl *Assmann* in *Assmann/Schneider*, WpHG⁵ § 15 Rz 40; *Stoppel* in *Grunewald/Schlitt*, Kapitalmarktrecht² § 14 II 1a, b; für Ö vgl *Kalss/Oppitz/Zollner*, Kapitalmarktrecht I § 14 Rz 3.
[763] Vgl *Grundmann* in *Ebenroth/Boujong/Joost/Strohn*, HGB II², § 13 WpHG Rz VI123; für Ö vgl *Kalss/Oppitz/Zollner*, Kapitalmarktrecht I § 14 Rz 3.

erheblich zu beeinflussen.[764] Dies entspricht im Wesentlichen auch der Definition in § 48a Abs 1 Z 1 BörseG.[765]

Von einer Eignung zur Kursbeeinflussung ist in diesem Zusammenhang dann auszugehen, wenn ein verständiger Anleger die Information bei seiner Anlageentscheidung berücksichtigen würde.[766] Darüber hinaus ist zu beachten, dass auch solche Umstände bzw Ereignisse als Insiderinformation qualifiziert werden können, die zwar noch nicht eingetreten sind, bei denen aber mit hinreichender Wahrscheinlichkeit davon ausgegangen werden kann, dass sie in Zukunft eintreten werden.[767] Eine hinreichende Eintrittswahrscheinlichkeit muss dabei zwingend vorliegen, da ansonsten nicht von einer konkreten bzw genauen Information ausgegangen werden kann.[768]

Zu klären ist daher zunächst, ob im Rahmen eines indirekten Börsengangs typischerweise ein nicht öffentlich bekannter kursrelevanter Umstand vorliegt, der sich auf die börsennotierte Zielgesellschaft bezieht. Ein kursrelevanter Umstand ist – wie gerade dargestellt – dann anzunehmen, wenn ein verständiger Anleger eine Information über diesen Umstand bei seiner Anlageentscheidung berücksichtigen würde. Ob dies der Fall ist, muss im Rahmen einer ex-ante-Prognose unter Zugrundelegung objektiver Maßstäbe beurteilt werden.[769] Dabei ist es grundsätzlich irrelevant, ob es später tatsächlich zu einem Kursausschlag kommt.[770]

[764] Vgl *Stoppel* in *Grunewald/Schlitt*, Kapitalmarktrecht[2] § 13 II 2; *Assmann* in *Assmann/Schneider*, WpHG[5] § 13 Rz 5.
[765] Vgl *Kalss/Oppitz/Zollner*, Kapitalmarktrecht I § 20 Rz 13.
[766] Vgl § 13 Abs 1 S 2 WpHG / § 48a Abs 1 Z 1 BörseG.
[767] Vgl § 13 Abs 1 S 3 WpHG / § 48a Abs 1 Z 1 a) Alt 2 BörseG.
[768] Vgl *Stoppel* in *Grunewald/Schlitt*, Kapitalmarktrecht[2] § 13 II 2; *Assmann* in *Assmann/Schneider*, WpHG[5] § 13 Rz 21; Für Ö vgl *Kalss/Oppitz/Zollner*, Kapitalmarktrecht I § 20 Rz 15.
[769] Vgl *Assmann* in *Assmann/Schneider*, WpHG[5] § 13 Rz 55ff; *Grundmann* in *Ebenroth/Boujong/Joost/Strohn*, HGB II[2], § 13 WpHG Rz VI88; Dabei wird teilweise die **nachträgliche Prognose** bei ex-ante-Betrachtung für die Beurteilung der Kursrelevanz als maßgeblich erachtet. Dies soll jedoch nicht die für den Emittenten bestehende Notwendigkeit einer ex-ante-Prognose in Zweifel ziehen, sondern nur betonen, dass die BaFin sich bei der nachträglichen Prüfung der Kursrelevanz auf einen ex-ante-Standpunkt zu stellen hat (vgl *Schwark/Kruse* in *Schwark/Zimmer* KMRK[4] WpHG § 13 Rz 44). Für Ö vgl *Kalss/Oppitz/Zollner*, Kapitalmarktrecht I § 14 Rz 15.
[770] Vgl *Grundmann* in *Ebenroth/Boujong/Joost/Strohn*, HGB II[2], WpHG § 13 Rz VI88; Für Ö vgl *Kalss/Oppitz/Zollner*, Kapitalmarktrecht I § 14 Rz 14.

Als kursrelevanter Umstand im Vorfeld des indirekten Börsengangs kommt vorliegend zum einen dessen zukünftiger Eintritt in Betracht.[771] Zum anderen können auch bereits vollzogene Zwischenschritte bzw sonstige bereits existierende Umstände oder Ereignisse in der Vorlaufphase der Transaktion kursrelevant sein.

aa) Anknüpfung an den zukünftigen Eintritt

Für die Anknüpfung an den zukünftigen Eintritt des indirekten Börsengangs müsste dieser hinreichend wahrscheinlich sein und zudem ein erhebliches Kursbeeinflussungspotenzial aufweisen. Daher muss im Folgenden zunächst geklärt werden, ob (bzw ab wann) in einem solchen Fall von einer hinreichenden Eintrittswahrscheinlichkeit ausgegangen werden kann. Falls dem so ist, muss in einem nächsten Schritt geprüft werden, ob dieser Umstand auch eine erhebliche Kursrelevanz aufweist, also von einem verständigen Anleger bei seiner Anlageentscheidung berücksichtigt werden würde.[772]

(1) Hinreichende Wahrscheinlichkeit

Welcher Maßstab an die hinreichende Eintrittswahrscheinlichkeit eines zukünftigen Umstands gerichtet werden muss, ist umstritten.[773] Teilweise wird eine hinreichende Wahrscheinlichkeit nur dann angenommen, wenn unter Berücksichtigung des Grades der Wahrscheinlichkeit des bevorstehenden Ereignisses einerseits und der Berücksichtigung seiner wirtschaftlichen Bedeutung andererseits davon auszugehen ist, dass ein verständiger Anleger den künftigen Umstand trotz der noch bestehenden Unsicherheiten bei seiner Anlageentscheidung berücksichtigen würde.[774] Nach Ansicht des BGH liegt dagegen eine hinreichende Wahrscheinlichkeit dann vor, wenn die Eintrittswahrscheinlichkeit überwiegt – also größer als

---

[771] Vgl allg zur Qualifizierung zukünftiger Ereignisse als Insiderinformation *Gunßer*, NZG 2008, 855 ff; Zum öRecht vgl *Kalss/Oppitz/Zollner*, Kapitalmarktrecht I § 14 Rz 11.

[772] Vgl *Gunßer*, NZG 2008, 856 f; OLG Stuttgart, NZG 2007, 352; BGH, NZG 2008, 300 („Schrempp-Beschluss").

[773] Vgl zu den einzelnen Ansichten *Gunßer*, NZG 2008, 857 f.

[774] So auch *Harbarth* in Anlehnung an das im US-amerikanischen Recht entwickelte „Probability-Magnitude-Principle" (*Harbarth*, ZIP 2005, 1901); vgl hierzu auch *Gunßer*, NZG 2008, 857.

50% ist.[775] *Assmann* fordert darüber hinaus sogar eine „hohe" Wahrscheinlichkeit des Eintritts.[776] Im Folgenden soll die Ansicht des BGH zu Grunde gelegt werden.

Die Frage ab welchem Zeitpunkt bei einem *Cold IPO* eine hinreichende Eintrittswahrscheinlichkeit anzunehmen ist, kann nicht allgemeingültig beantwortet werden, sondern hängt vom konkreten Einzelfall ab. Unterschiede ergeben sich dabei insbesondere im Hinblick auf die verschiedenen Einbringungsvarianten. Der Grad der Eintrittswahrscheinlichkeit muss dabei – wie bei sonstigen mehrstufigen Entscheidungsprozessen – nach den bereits vollzogenen Zwischenschritten und den weiteren Unwägbarkeiten auf dem Weg zu dem geplanten Ergebnis individuell bestimmt werden.[777]

(a)   Reverse Merger

Bei einem *Reverse Merger* mittels einer Sachkapitalerhöhung dürfte in der Regel dann von einer hinreichenden Eintrittswahrscheinlichkeit ausgegangen werden, wenn zwischen den Eigentümern des Börsenkandidaten, der börsennotierten Zielgesellschaft und deren Aktionäre ein *Business Combination Agreement* (BCA) geschlossen wurde.[778] Dies dürfte insbesondere dann gelten, wenn sich die Mehrheit der Aktionäre der Zielgesellschaft im Rahmen des BCA dazu verpflichten, den zur Umsetzung des *Cold IPO* erforderlichen Hauptversammlungsbeschlüssen zu zustimmen. Etwas anderes kann jedoch dann gelten, wenn die Wirksamkeit des BCA unter den Zustimmungsvorbehalt des Aufsichtsrats gestellt wurde.[779] Insofern hängt die Annahme einer hinreichenden Eintrittswahrscheinlichkeit davon ab, ob mit überwiegender Wahrscheinlichkeit mit einer Zustimmung des Aufsichtsrats zu rechnen ist. Wird dagegen kein BCA geschlossen, dürfte ein hinreichende Eintrittswahrscheinlichkeit spätestens dann vorliegen, wenn die Hauptversammlung der Zielgesellschaft die für die Durchführung

---

[775] BGH NZG 2008, 300; vgl auch *Gunßer*, NZG 2008, 858.
[776] *Assmann* in *Assmann/Schneider*, WpHG[5] § 13 Rz 25; vgl auch *Gunßer*, NZG 2008, 858.
[777] So auch *Stoppel* in *Grunewald/Schlitt*, Kapitalmarktrecht[2] § 13 II 2a. Für Ö vgl *Kalss/Oppitz/Zollner*, Kapitalmarktrecht I § 14 Rz 12.
[778] Vgl *Aha*, BB 2001, 2233.
[779] Vgl *Aha*, BB 2001, 2233.

des indirekten Börsengangs erforderlichen Beschlüsse getroffen hat und sich die Eigentümer des Börsenkandidaten zur Einlage ihres Unternehmens verpflichtet haben (Einlagevereinbarung).

Bei einem *Reverse Merger* mittels einer Verschmelzung durch Aufnahme ist eine hinreichende Wahrscheinlichkeit dagegen dann anzunehmen, wenn zwischen dem Börsenkandidaten und der Zielgesellschaft ein wirksamer Verschmelzungsvertrag geschlossen wurde.[780] Dies dürfte insbesondere dann gelten, wenn die Haupt- bzw Gesellschafterversammlungen der beteiligten Gesellschaften diesem bereits zugestimmt haben.

Unter Umständen kann von einer hinreichenden Wahrscheinlichkeit auch schon dann ausgegangen werden, wenn lediglich ein *Letter of Intent* hinsichtlich des *Reverse Mergers* vorliegt. Dies wird jedoch nur dann möglich sein, wenn mit einer späteren Zustimmung der Aktionäre bzw Gesellschafter der beteiligten Gesellschaften im Hinblick auf die erforderlichen Hauptversammlungs- bzw Gesellschafterbeschlüsse gerechnet werden kann.

(b) Kontrollerwerb

Anders verhält es sich jedoch, wenn die Eigentümer des Börsenkandidaten bereits im Vorfeld des *Reverse Mergers* eine Kontrollmehrheit an der Zielgesellschaft erworben haben. Schließlich kontrollieren sie ab diesem Zeitpunkt nicht nur den Börsenkandidaten sondern auch die Zielgesellschaft, so dass sie nicht mehr von der Zustimmung der Aktionäre der Zielgesellschaft abhängig sind. Dem BCA, der Einlagenvereinbarung, dem Verschmelzungsvertrag und den für die Umsetzung des *Cold IPO* erforderlichen Hauptversammlungs- und Gesellschafterbeschlüssen kommen daher im Hinblick auf die Erhöhung der Eintrittswahrscheinlichkeit keine entscheidende Bedeutung mehr zu. Vielmehr dürfte in einer solchen Konstellation ein Entschluss der Eigentümer des Börsenkandidaten zur Durchführung des indirekten Börsengangs für die Annahme einer

---

[780] Vgl zu den Voraussetzungen eines wirksamen Verschmelzungsvertrags unter D.IV.2.

hinreichenden Eintrittswahrscheinlichkeit ausreichen. Die weitere Umsetzung der Transaktion verkommt aufgrund der Kontrollverhältnisse dagegen zur reinen Formsache.

Entsprechendes gilt auch in solchen Fällen, in denen der indirekte Börsengang mittels eines käuflichen Erwerbs oder einer Sacheinlage ohne Anteilsgewährung vollzogen wird. Schließlich erfolgt in diesen Fällen notwendigerweise ein Kontrollerwerb, so dass die Durchführung des indirekten Börsengangs allein in der Entscheidungsmacht der Eigentümer des Börsenkandidaten liegt. Beim Vorliegen eines entsprechenden Entschlusses muss daher aus denselben Erwägungen von einer hinreichenden Eintrittswahrscheinlichkeit des indirekten Börsengangs ausgegangen werden, wobei diese aufgrund des mangelnden Anfechtungsrisikos hier tendenziell höher einzustufen ist als im Falle eines *Reverse Merger.*

Ist nach den dargelegten Grundsätzen von einer hinreichenden Eintrittswahrscheinlichkeit eines *Cold IPO* auszugehen, soll in einem nächsten Schritt danach gefragt werden, ob ein verständiger Anleger eine Information über einen solchen hinreichend wahrscheinlichen *Cold IPO* grundsätzlich bei seiner Anlageentscheidung berücksichtigen würde.

(2)   Kursrelevanz

In Bezug auf die in Frage stehende Kursrelevanz eines anstehenden *Cold IPOs* kann zunächst festgestellt werden, dass es im Zuge eines indirekten Börsengangs regelmäßig zu extremen Kurssteigerungen im Hinblick auf die Aktien der börsennotierten Zielgesellschaft kommt.[781] Dies lässt sich vor allem darauf zurückführen, dass die im Rahmen des *Cold IPO* stattfindende Neuausrichtung der Zielgesellschaft und die damit regelmäßig einhergehende Einbringung eines neuen Unternehmens bzw. betriebsnotwendiger Vermögensgegenstände in der Regel eine erhebliche Steigerung des Unternehmenswertes der Zielgesellschaft nach sich zieht

---

[781] Vgl *Schroth*, WERTPAPIER 16/06, 25; „Böse Verletzung droht", BÖRSE ONLINE Sonderausgabe: Richtig spekulieren 1/10, 44.

und daher eine Neubewertung des Börsenwertes rechtfertigt. Auf Anlegerseite kann ein solches Szenario folglich erhebliche Kursphantasien auslösen, die häufig zu einer gesteigerten Nachfrage nach Aktien der Zielgesellschaft und letztlich zu entsprechenden Kursgewinnen führen.[782] Zu spektakulären Kursteigerungen kann es dabei insbesondere bei Zielgesellschaften kommen, die über eine niedrige Marktkapitalisierung verfügen und daher in Folge der Neuausrichtung erhebliches Neubewertungspotenzial aufweisen.[783] Was insbesondere bei der Sanierung und Neuausrichtung einer sich noch im Insolvenzverfahren befindenden Mantelgesellschaft der Fall sein kann.[784] Explosive Kursteigerungen sind ferner dann zu erwarten, wenn der Börsenkandidat (bzw betriebsnotwendige Vermögensgegenstände) im Rahmen einer disquotalen Einlage[785] ohne Anteilsgewährung in die Zielgesellschaft eingebracht wird.[786] Schließlich wird der Streubesitz in diesem Fall quasi beschenkt, so dass die Nachfrage nach den noch verfügbaren Aktien und damit auch ihr Kurs in der Regel erheblich steigen. Darüber hinaus werden extreme Kursausschläge häufig durch einen geringen Streubesitz und eine damit verbundene Marktenge – hinsichtlich der Aktien der Zielgesellschaft – begünstigt.

Die regelmäßig im Zuge eines indirekten Börsengangs auftretenden Kurssteigerungen[787] sollen anhand der folgenden Beispielfälle verdeutlicht

---

[782] Vgl *Schander/Schinogl*, ZinsO 1999, 204; *Nadler*, FB 2001, 42 f; *Winkel/Zeiss*, GoingPublic 5/07, 52 f; Vgl *Schroth*, WERTPAPIER 16/06, 25.

[783] Vgl *Schroth*, WERTPAPIER 16/06, 24 f.

[784] Vgl *Hock/Meier*, Der große Mantelaktien-Report 11 http://www.amiculum.de/Diverse-Archiv.html (11.05.2010).

[785] Vgl unter D.IV.4.

[786] Vgl die Kursentwicklung der *Reinecke + Pohl Sun Energy AG* (ehemalige *BK Grundbesitz & Beteiligungs AG*) in Abbildung 11.

[787] In diesem Zusammenhang kommt es häufig auch zu **Missbräuchen**. So werden Anteile an niedrig bewerteten Börsenmänteln teilweise zu dem Zweck erworben, den Wert dieser durch das gezielte Streuen von Gerüchten bzgl eines angeblich anstehenden *Cold IPOs* (bzw durch die Veröffentlichung von entsprechenden Ad-hoc-Mitteilungen) positiv zu beeinflussen (vgl „Böse Verletzung droht", BÖRSE ONLINE Sonderausgabe: Richtig spekulieren 1/10, 45), um die daraus resultierenden Kursgewinne für einen gewinnbringenden Ausstieg zu nutzen, wobei das Scheitern der Revitalisierungspläne anschließend mit fadenscheinigen Begründungen bekannt gegeben wird. Dies stellt einen Verstoß gegen das Verbot der **Marktmanipulation** (§ 20a WpHG / § 48a BörseG) und kann mit einer Freiheitsstrafe bis zu fünf Jahren oder mit Geldstrafe bestraft werden. Aufsehen erregte in diesem Zusammenhang insbesondere der Fall „Beuttenmüller".So ging der Börsenspekulant Rüdiger Beuttenmüller gleich in mehreren Fällen nach dem oben dargestellten Schema vor. Betroffen waren dabei die Mantelgesellschaften *Gontard & Metallbank AG, Bremer Vulkan AG* und die *Schichau Seebeckwerft AG*. (vgl hierzu ausführlich BaFinJournal 04/2009, 3 f; „Hohe Haftstrafen für Marktmanipulation verhängt – Nebenwertespekulant hinter Gittern", Börsen-Zeitung vom 18.4.2009, 7).

werden.[788] Bei den verwendeten Zielgesellschaften handelt es sich dabei um ehemals börsennotierte Mantelgesellschaften, so dass ihre Neuausrichtung zu erheblichen Kursauschlägen geführt hat.

Abbildung 10: Colonia Real Estate AG (ehemalige Küppersbusch AG)[789]

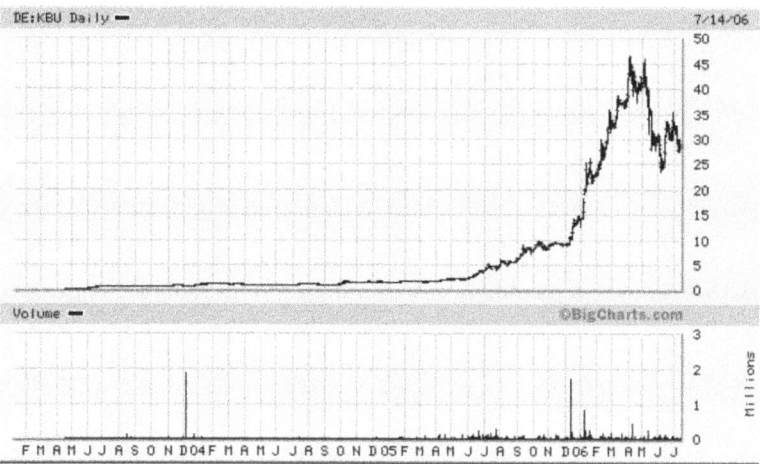

[788] Eine ausführliche Darstellung der in Deutschland durchgeführten indirekten Börsengänge mittels börsennotierter Mantelgesellschaften findet sich bei Vgl Hock/Meier, Der große Mantelaktien-Report 18 ff http://www.amiculum.de/Diverse-Archiv.html (18.4.2011).
[789] Quelle: BigCharts.com

Abbildung 11: Reinecke + Pohl Sun Energy AG (ehemalige BK Grundbesitz & Beteiligungs AG)[790]

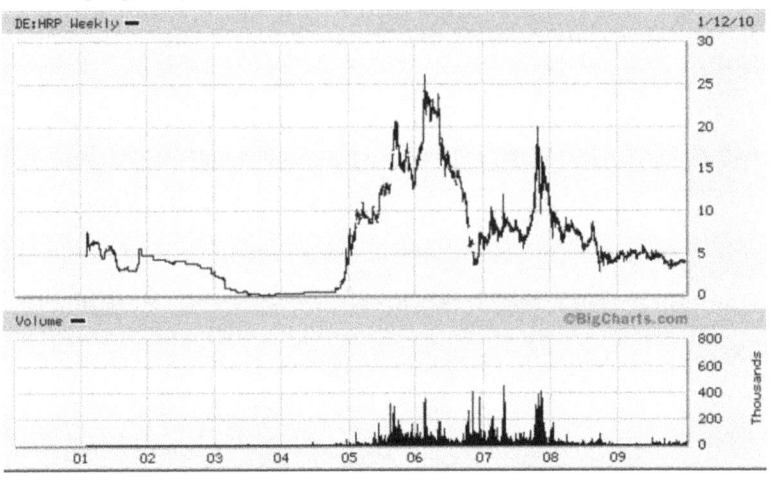

Abbildung 12: Bet-at-home AG (ehemalige Artus Capital AG)[791]

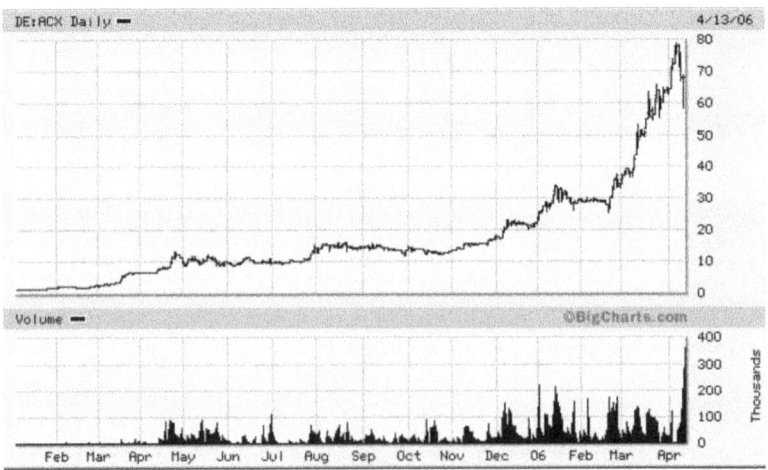

---

[790] Quelle: BigCharts.com; Mittlerweile firmiert die Gesellschaft unter dem Namen *Colexon Energy AG*.
[791] Quelle: BigCharts.com

Abbildung 13: Camera Work AG (ehemalige Nordhäuser Tabakfabriken AG)[792]

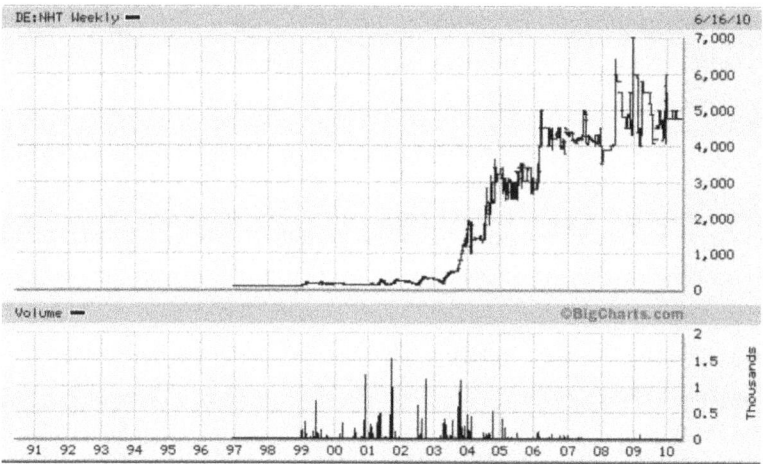

Abbildung 14: Arques Industries AG (ehemalige AG Bad Salzschlirf)[793]

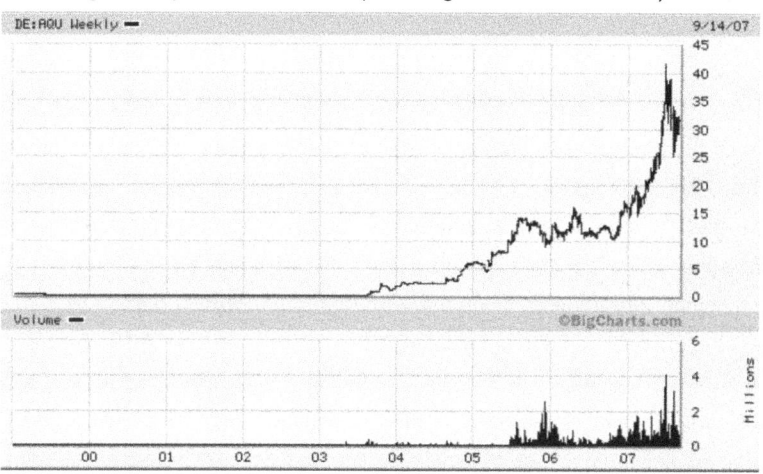

Aufgrund des dargestellten Neubewertungs- bzw Kurssteigerungspotenzials im Zuge eines *Cold IPOs* ist in der Regel davon auszugehen, dass ein verständiger Anleger eine Information über einen hinreichend

---

[792] Quelle: BigCharts.com
[793] Quelle: BigCharts.com

wahrscheinlichen Eintritt eines indirekten Börsengangs im Rahmen seiner Anlageentscheidung berücksichtigen wird. Das Vorliegen eines kursrelevanten Umstands kann aus einer Ex-ante-Prognose demnach grundsätzlich bejaht werden.

(3) Zwischenergebnis

Es kann festgehalten werden, dass ein geplanter Cold IPO grundsätzlich einen kursrelevanten Umstand darstellt. Eine Insiderinformation kann jedoch erst dann angenommen werden, wenn dessen Eintritt auch hinreichend wahrscheinlich ist. Dies ist immer dann der Fall, wenn die Eigentümer des Börsenkandidaten sich die Kontrollmehrheit an der börsennotierten Zielgesellschaft gesichert haben und ein Entschluss zur Durchführung des indirekten Börsengangs vorliegt. Bei einem Reverse Merger (ohne Kontrollerwerb) ist eine hinreichende Wahrscheinlichkeit in der Regel dann anzunehmen, wenn ein Business Combination Agreement (BCA) oder ein Verschmelzungsvertrag abgeschlossen wurden.

ab) Anknüpfung an bereits vollzogene Zwischenschritte

Aber auch bereits existierende Umstände oder Ereignisse im Rahmen eines indirekten Börsengangs können als Insiderinformationen qualifiziert werden.[794] Dies gilt insbesondere auch für bereits vollzogene Zwischenschritte im Zuge der Transaktion.[795] Dabei handelt es sich nicht um zukünftige Umstände im Sinne des § 13 Abs 1 S 3 WpHG / § 48a Abs 1 Z 1 a) Alt 2 BörseG, sondern um solche die bereits realisiert sind (§ 13 Abs 1 S 1 WpHG / § 48a Abs 1 Z 1 a) Alt 1 BörseG).[796] Für eine Qualifikation als Insiderinformation müssen die Umstände dabei zum einen hinreichend konkret sein, um einen Schluss auf ihre mögliche Auswirkung auf den Aktienkurs zuzulassen.[797] Zum anderen muss eine erhebliche Kursrelevanz tatsächlich vorliegen. Zu klären ist daher im Folgenden, ob bzw ab wann im

---

[794] Wohl auch Bösl, FB 2003, 300.
[795] Vgl allg im Hinblick auf mehrstufige Entscheidungsprozesse Stoppel in Grunewald/Schlitt, Kapitalmarktrecht[2] § 13 II 2a; Cahn, Der Konzern 2005, 6; Harbarth, ZIP 2005, 1900.
[796] Also Umstände iSd § 13 Abs 1 S 1 WpHG / § 48a Abs 1 Z 1 a) Alt 1 BörseG.
[797] Vgl Harbarth, ZIP 2005, 1900.

Verlauf eines indirekten Börsengangs von einem bereits existierenden kurserheblichen Umstand ausgegangen werden kann.

(1) Gerüchte

In Betracht kommt insofern zunächst ein Gerücht bezüglich eines anstehenden indirekten Börsengangs. Als ein Umstand im Sinne des § 13 Abs 1 S 1 WpHG / § 48a Abs 1 Z 1 a) Alt 1 BörseG kann ein solches Gerücht jedoch grundsätzlich nicht qualifiziert werden.[798] Zur Begründung wird dabei teilweise auf die mangelnde Konkretheit,[799] teilweise auf die fehlende Kurserheblichkeit eines Gerüchtes abgestellt,[800] obwohl letzteres nicht wirklich zu überzeugen vermag. Schließlich kommt es in der Praxis regelmäßig schon aufgrund bloßer Vermutungen hinsichtlich eines anstehenden *Cold IPOs* bzw eines diesbezüglichen Gerüchts zu einer verstärkten Nachfrage nach den Aktien der Zielgesellschaft und entsprechenden Kurssteigerungen.[801]

(2) Kontrollerwerb

Als bereits realisierter Umstand kommt ferner der im Rahmen eines indirekten Börsengangs häufig vorliegende Kontrollerwerb an der Zielgesellschaft in Betracht. Ob es sich dabei um einen kurserheblichen Umstand handelt ist jedoch fraglich. Schließlich wird ein verständiger Anleger seine Anlageentscheidung in der Regel wohl nicht allein auf einen Kontrollwechsel bei einer börsennotierten Gesellschaft stützen.[802] Eine

---

[798] Vgl *Cahn*, Der Konzern 2005, 7. Auch eine Qualifikation als zukünftiger Umstand iSd § 13 Abs 1 S 3 WpHG / § 48a Abs 1 Z 1 a) Alt 2 BörseG dürfte aufgrund der nicht hinreichenden Eintrittswahrscheinlichkeit nicht in Betracht kommen. Die BaFin hält dagegen eine Qualifikation als Insiderinformation unter Umständen für möglich (vgl BaFin, Emittentenleitfaden 2009, 31 f).

[799] Vgl *Assmann* in *Assmann/Schneider*, WpHG⁵ § 13 Rz 17.

[800] Vgl *Cahn*, Der Konzern 2005, 7.

[801] So wohl auch *Hock/Meier*, Der große Mantelaktien-Report 17 f http://www.amiculum.de/Diverse-Archiv.html (18.4.2011).

[802] Spekulative Anleger dagegen stützen ihre Investitionsentscheidung teilweise schon auf die bloße Kontrollerlangung. Dies ist insbesondere dann der Fall, wenn die Kontrolle an einer börsennotierten Mantelgesellschaft auf einen Börsenmantelhändler übergeht, der aufgrund in der Vergangenheit erfolgreich durchgeführter Neuausrichtungen bereits über eine entsprechende Reputation verfügt und daher eine anstehende Neuausrichtung der Mantelgesellschaft vermutet wird. Eine **Veröffentlichungspflicht** hinsichtlich der Kontrollerlangung besteht jedoch – unabhängig von § 15 Abs 1 S 1 WpHG – bereits gemäß § 21 WpHG / § 91 BörseG und § 35 Abs 1 WpÜG / § 5 Abs 3 Z 2 ÜbG (vgl unter E.IV), so dass es auf die Frage, ob es sich bei der Kontrollerlangung um eine Insiderinformation handelt in dieser Hinsicht eigentlich nicht ankommt.

176

Insiderinformation wird jedoch dann angenommen werden müssen, wenn parallel zum Kontrollerwerb bereits ein Entschluss zur Durchführung des *Cold IPOs* vorliegt bzw ein solcher im Anschluss getroffen wird.[803] So wird ein verständiger Anleger aus dem Vorliegen dieser Umstände wohl schließen können, dass der Eintritt des indirekten Börsengangs (hinreichend) wahrscheinlich ist und eine diesbezügliche Information aufgrund des dargestellten Neubewertungspotenzials[804] im Rahmen seiner Anlageentscheidung berücksichtigen. Wie bereits oben dargestellt ist zu diesem Zeitpunkt auch schon von einer hinreichenden Eintrittswahrscheinlichkeit des indirekten Börsengangs auszugehen[805], so dass es im Ergebnis keinen Unterschied macht, ob man für die Begründung einer Insiderinformation auf die bereits verwirklichten Zwischenschritte (vorliegend die Kontrollerlangung und Entscheidung) oder auf das angestrebte und hinreichend wahrscheinliche Ergebnis (vorliegend der zukünftige indirekte Börsengang) abstellt.[806]

(3)   Reverse Merger (ohne Kontrollerwerb)

Wird der indirekte Börsengang dagegen ohne vorherigen Kontrollerwerb an der Zielgesellschaft, sondern ausschließlich durch einen *Reverse Merger* vollzogen, muss von einem kursrelevanten Umstand dann ausgegangen werden, wenn ein *Business Combination Agreement* bzw ein Verschmelzungsvertrag zwischen den beteiligten Parteien geschlossen wurde.[807] Dies gilt insbesondere dann, wenn sich die Mehrheit der Aktionäre der Zielgesellschaft im BCA zum Beschluss der erforderlichen Maßnahmen verpflichtet hat bzw dem Verschmelzungsvertrag von den beteiligten Parteien bereits zugestimmt wurde. So ist davon auszugehen, dass ein verständiger Anleger das Vorliegen dieser Umstände bei seiner Anlageentscheidung berücksichtigen wird. Schließlich lassen diese ebenfalls einen Schluss auf einen anstehenden (wahrscheinlichen) indirekten Börsengang zu. Unter Umständen kann sogar schon ein *Letter of Intent*

---

[803] So wohl auch *Bösl*, FB 2003, 300.
[804] Vgl unter E.V.1.a)aa)(2).
[805] Vgl unter E.V.1.a)aa)(1)(b).
[806] Vgl ausführlich *Cahn*, Der Konzern 2005, 6; *Harbarth*, ZIP 2005, 1902; *Stoppel* in Grunewald/Schlitt, Kapitalmarktrecht² § 13 II 2a.
[807] Vgl *Aha*, BB 2001, 2233; BaFin, Emittentenleitfaden 2009, 56; wohl auch *Bösl*, FB 2003, 300.

bezüglich des *Reverse Mergers* für die Annahme eines kursrelevanten Umstands genügen.[808] Dies wird jedoch nur dann der Fall sein, wenn ein verständiger Anleger aufgrund des *Letter of Intent* auf die Umsetzung des *Cold IPO* schließen kann.

Da unter denselben Voraussetzungen – wie bereits dargestellt[809] – ebenfalls von einer hinreichenden Eintrittswahrscheinlichkeit des indirekten Börsengangs auszugehen ist, spielt es auch in der vorliegenden Konstellation keine Rolle, ob für die Annahme einer Insiderinformation auf die bereits verwirklichten Zwischenschritte oder den hinreichend wahrscheinlichen Eintritt des indirekten Börsengang abgestellt wird.

(4)   Weitere Zwischenschritte

Aber auch die weiteren – der Umsetzung des indirekten Börsengangs dienenden – Ereignisse können für sich genommen Kursrelevanz aufweisen und daher als Insiderinformationen qualifiziert werden. Zu denken ist hierbei unter anderem an die einzelnen Restrukturierungs- und Neuausrichtungsmaßnahmen, die Einbringung des Börsenkandidaten, die Aufnahme der neuen Kerngeschäftsfelder, Eingliederungen und weitere Kapitalmaßnahmen,[810] wobei sich die tatsächliche Kursrelevanz dieser Umstände wohl in Grenzen halten wird. Schließlich wurde deren zukünftiger Eintritt regelmäßig schon in einer vorangegangenen Ad-hoc-Meldung anlässlich des geplanten indirekten Börsengangs publiziert, so dass diese Ereignisse häufig schon im Aktienkurs der Zielgesellschaft eingepreist sind.

Auch die erfolgreiche Umsetzung des indirekten Börsengangs stellt einen kurserheblichen Umstand dar, wobei dessen Veröffentlichung vorliegend keine Rolle spielt. Schließlich kann eine diesbezügliche Ad-hoc-Mitteilung die Umsetzung der Transaktion nicht mehr beeinflussen.

---

[808] So wohl auch *Bösl*, der bei einer Grundlagenvereinbarung bzgl eines *Reverse Mergers* einen kursrelevanten Umstand annimmt (*Bösl*, FB 2003, 300); oder die BaFin, welche eine Insiderinformation bei *Mergers & Acquisitions* bereits bei Vorliegen eines *Letter of Intent* vermutet (BaFin, Emittentenleitfaden 2009, 63 f).

[809] Vgl unter E.V.1.a)aa)(1)(a).

[810] Vgl BaFin, Emittentenleitfaden 2009, 56.

b)   Zwischenergebnis

Im Zuge eines *Cold IPO* treten in der Regel verschiedene kursrelevante Umstände ein, die als Insiderinformation qualifiziert werden können. So liegt eine Insiderinformation vor, wenn sowohl ein Kontrollerwerb stattgefunden hat als auch ein Entschluss zur Durchführung des *Cold IPOs* vorliegt. Ist dagegen kein Kontrollerwerb erfolgt, ist von einem kursrelevanten Umstand bzw einer Insiderinformation regelmäßig dann auszugehen, wenn ein *Business Combination Agreement* bzw ein Verschmelzungsvertrag zwischen den beteiligten Parteien (Börsenkandidat, Zielgesellschaft, etc) geschlossen wurde.

Darüber hinaus können auch noch weitere – der Umsetzung des indirekten Börsengangs dienende – Ereignisse für sich genommen Kursrelevanz aufweisen und daher als Insiderinformationen qualifiziert werden.

2.   Ergebnis

Es kann festgehalten werden, dass sowohl ein hinreichend wahrscheinlicher *Cold IPO* als auch die für dessen Umsetzung erforderlichen Zwischenschritte als Insiderinformation(en) zu qualifizieren sind. Da diese Informationen die börsennotierte Zielgesellschaft ferner unmittelbar betreffen, ist diese gemäß § 15 Abs 1 S 1 WpHG / § 48d Abs 1 BörseG verpflichtet, diese unverzüglich zu veröffentlichen.[811]

3.   Auswirkungen auf den Cold IPO

Die Veröffentlichung eines hinreichend wahrscheinlichen *Cold IPOs* bzw eines auf einen solchen hindeutenden Zwischenschritts gemäß § 15 Abs 1 S 1 WpHG / § 48d Abs 1 BörseG kann sich jedoch negativ auf dessen Umsetzung auswirken.[812] So führt eine derartige Veröffentlichung regelmäßig dazu, dass der Aktienkurs der Zielgesellschaft ansteigt,[813] obwohl der

---

[811] Im Ergebnis wohl zustimmend *Schanz*, Börseneinführung[3] § 14 Rz 38 Fn 64.
[812] Vgl zu dieser Problematik *Bösl*, FB 2003, 300; *Hettich*, GoingPublic 2006, 118 f. Ausführlich hierzu im Folgenden.
[813] Vgl *Bösl*, FB 2003, 300; *Hettich*, GoingPublic 2006, 119.

eigentliche Grund für den Kursanstieg erst später eintritt.[814] Als Beispiel hierfür kann wiederum der indirekte Börsengang der *Reinecke + Pohl Solare Energien GmbH* herangezogen werden.[815] So veröffentlichte die als Börsenvehikel dienende BK *Grundbesitz & Beteiligungs AG* bereits im Vorfeld des indirekten Börsengangs das geplante Vorhaben mittels einer Ad-hoc-Mitteilung[816], was einen erheblichen Kursanstieg zur Folge hatte.[817]

Ein solcher Kursanstieg ist bei einem *Cold IPO* jedoch aus transaktionstechnischen Gründen unerwünscht. So kann hierdurch zum einen die Umsetzung des indirekten Börsengangs gefährdet werden, zum anderen kann sich die Transaktion aufgrund des Kursanstiegs erheblich verteuern.

a) Veränderung der Bewertungsrelation

Der Kursanstieg und der damit verbundene Anstieg des Marktwerts der Zielgesellschaft führt insbesondere bei einem *Reverse Merger* zu dem problematischen Effekt, dass die der Transaktion ursprünglich zu Grunde gelegte Bewertungsrelation (*Reverse-Konstellation*) zwischen dem Börsenkandidaten und der Zielgesellschaft ungünstig beeinflusst wird, was unter Umständen das Scheitern des Vorhabens nach sich ziehen kann.[818] Zu denken ist zum Beispiel an den Fall, dass die Marktkapitalisierung der börsennotierten Zielgesellschaft aufgrund der Ad-hoc-Meldung derart ansteigt, dass die Eigentümer des Börsenkandidaten durch die Verschmelzung ihres Unternehmens auf die Zielgesellschaft bzw dessen Einbringung im Rahmen einer Sachkapitalerhöhung nicht (mehr) die gewünschte oder erforderliche Kontrollmehrheit an der fusionierten Gesellschaft erlangen können.[819] Dies kann im schlimmsten Fall sogar dazu

---

[814] Vgl *Hettich*, GoingPublic 2006, 119.
[815] Vgl zum Sachverhalt *Hock/Meier*, Der große Mantelaktien-Report 35 f http://www.amiculum.de/Diverse-Archiv.html (18.4.2011).
[816] Vgl die Ad-hoc-Meldung der BK *Grundbesitz & Beteiligungs AG* gemäß § 15 WpHG vom 22.12.2004. Die Durchführung der Transaktion wurde jedoch erst zu einem späteren Zeitpunkt veröffentlicht vgl Ad-hoc-Meldung der BK *Grundbesitz & Beteiligungs AG* gemäß § 15 WpHG vom 18.03.2005.
[817] Vgl Abbildung 11.
[818] Vgl *Hettich*, GoingPublic 2006, 119.
[819] Dieses Problem dürfte in der Regel jedoch nur in solchen Fällen relevant werden, in denen im Vorfeld noch nicht die gewünschte Kontrollmehrheit erworben wurde.

führen, dass die Initiatoren des indirekten Börsengangs von ihrem Vorhaben Abstand nehmen, da es zwischen den Parteien zu Uneinigkeiten hinsichtlich der Bewertungsrelation und des damit verbundenen Umtauschverhältnisses kommt.

Zu beachten ist allerdings, dass dieses Problem in der Regel nur dann relevant werden dürfte, wenn die Veröffentlichung des hinreichend wahrscheinlichen *Cold IPOs* bzw eines auf einen diesen hindeutenden Zwischenschritts zu einem Zeitpunkt erfolgt, zu dem die beschlussfähigen Organe der beteiligten Gesellschaften dem Verschmelzungsvertrag noch nicht zugestimmt haben bzw noch kein der Einbringung dienender Sachkapitalerhöhungsbeschluss vorliegt. Schließlich wird das ursprünglich zu Grunde gelegte Umtauschverhältnis mit diesen Beschlüssen verbindlich[820], so dass eine erst danach stattfindende Veröffentlichung (bzw der daraus resultierende Kursanstieg) die Transaktion nicht mehr gefährden kann. Vor diesem Hintergrund sind nur solche Veröffentlichungen relevant, die anlässlich eines *Letter of Intent,* eines *Business Combination Agreements* oder eines noch nicht zugestimmten Verschmelzungsvertrags erfolgen.

Bei den übrigen Einbringungsvarianten im Rahmen eines indirekten Börsengangs dürfte der Kursanstieg – zumindest aus transaktionstechnischer Sicht – keine Auswirkungen haben. Schließlich haben die Eigentümer des Börsenkandidaten zum einen die gewünschte bzw erforderliche Kontrollmehrheit an der Zielgesellschaft bereits durch einen Aktienerwerb erlangt, zum anderen kommt es in diesen Fällen nicht zu einer Kapitalerhöhung, so dass die Bewertungsrelation und die Kontrollverhältnisse durch die Einbringung nicht beeinflusst werden.

---

[820] Etwas anderes kann jedoch dann gelten, wenn gegen die jeweiligen Beschlüsse Anfechtungsklage erhoben wird.

b)   Verteuerung des Pflichtangebots

Darüber hinaus kann der Kursanstieg unter Umständen dazu führen, dass sich das Pflichtangebot im Zuge eines etwaigen Übernahmeverfahrens[821] erheblich verteuert.[822] Dies ist zumindest dann der Fall, wenn die zur Kurssteigerung führende Ad-hoc-Mitteilung vor der Veröffentlichung der Kontrollerlangung (§ 35 Abs 1 WpÜG / § 5 Abs 3 Z 2 ÜbG) erfolgt. Schließlich bemisst sich der Mindestpreis für die Gegenleistung in der Regel nach dem gewichteten durchschnittlichen Börsenkurs während der letzten drei Monate[823] vor der Veröffentlichung der Kontrollerlangung.[824] Ist die Ad-hoc-Mitteilung dagegen erst nach der Veröffentlichung der Kontrollerlangung erforderlich, wirkt sich ein etwaiger Kursanstieg nicht mehr auf die Höhe der Gegenleistung aus.

Relevant wird dieses Problem insbesondere bei einem *Reverse Merger* bei dem die Kontrollerlangung nicht durch einen Aktienerwerb an der Zielgesellschaft, sondern allein durch die Umsetzung der Verschmelzung bzw Sachkapitalerhöhung erreicht wird.[825] Schließlich erfolgt die Veröffentlichung des hinreichend wahrscheinlichen *Cold IPOs* bzw eines auf diesen hindeutenden Zwischenschritts in einem solchen Fall häufig schon anlässlich eines *Letter of Intent*, eines *Business Combination Agreements* oder eines Verschmelzungsvertrags. Wohingegen die Kontrollerlangung im Zuge der Verschmelzung bzw Sachkapitalerhöhung und die diesbezügliche Veröffentlichungspflicht erst (wesentlich) später eintreten.[826] Dies gilt selbst dann, wenn die Ad-hoc-Pflicht im Einzelfall erst mit dem Vorliegen der verbindlichen Aktionärs- bzw Gesellschafterbeschlüsse angenommen werden kann.

Steigt nun der Aktienkurs der Zielgesellschaft aufgrund einer solchen Ad-hoc-Meldung an, wirkt sich dies konsequenterweise auf die Höhe der

---

[821] Vgl unter E.III.

[822] Vgl *Bösl*, FB 2003, 300; *Hettich*, GoingPublic 2006, 119.

[823] Vgl § 31 Abs 7 WpÜG iVm § 5 Abs 1 WpÜGAngebV bzw für Ö während der letzten sechs Monate (vgl § 26 Abs 1 S 3 ÜbG).

[824] Vgl *Schlitt* in MüKo AktG^2 § 35 WpÜG Rz 205; *Meyer* in *Geibel/Süßmann* WpÜG^2 § 35 Rz 65. Für Ö vgl *Kalss/Oppitz/Zollner*, Kapitalmarktrecht I § 23 Rz 166.

[825] Vgl unter D.IV.1 und D.IV.2.

[826] Vgl *Hettich*, GoingPublic 2006, 119.

Gegenleistung im Rahmen des Übernahmeverfahrens aus.[827] Dies gilt zumindest für solche Kursgewinne, die bis zur Veröffentlichung der Kontrollerlangung eintreten. Im Ergebnis führt dies zu einem Anstieg der Transaktionskosten.[828] Die Kosten können unter Umständen sogar derart steigen, dass die Initiatoren des indirekten Börsengangs von dessen Durchführung Abstand nehmen.[829]

Keine Relevanz dürfte die Veröffentlichung des hinreichend wahrscheinlichen *Cold IPOs* bzw eines auf diesen hindeutenden Zwischenschritts dagegen in solchen Fällen haben, bei denen im Vorfeld des indirekten Börsengangs ein Kontrollerwerb erfolgt. Dies hängt in erster Linie damit zusammen, dass eine diesbezügliche Ad-hoc-Pflicht (§ 15 Abs 1 S 1 WpHG / § 48d Abs 1 BörseG) in einer solchen Konstellation grundsätzlich nicht vor der Veröffentlichung der Kontrollerlangung, sondern allenfalls gleichzeitig oder erst im Anschluss an diese entstehen kann. Schließlich liegt eine hierfür erforderliche Insiderinformation – wie bereits dargestellt[830] – erst vor, wenn eine Kontrollerlangung schon eingetreten ist und neben diese ein Entschluss zur Durchführung eines *Cold IPO* tritt. Denkbar sind vor diesem Hintergrund zwei Konstellationen:

aa) Konstellation 1

Die Kontrollerwerb erfolgt zunächst ohne konkrete Absicht zur Durchführung eines indirekten Börsengangs. Ein diesbezüglicher Entschluss wird jedoch zu einem späteren Zeitpunkt getroffen, wodurch eine Ad-hoc-Pflicht begründet wird. Eine diesbezügliche Ad-hoc-Meldung hat allerdings, auch wenn sie zu einem Kursanstieg führt, keine Auswirkung mehr auf die Höhe der Gegenleistung, da sie erst nach der Veröffentlichung der Kontrollerlangung erfolgt ist.

---

[827] Vgl *Bösl*, FB 2003, 300.
[828] Vgl *Bösl*, FB 2003, 300.
[829] So wohl auch *Brandi/Süßmann*, AG 2004, 652 f.
[830] Vgl unter E.V.1.a)aa)(1)(b) und E.V.1.a)ab)(2).

ab)   Konstellation 2

Der Entschluss zur Durchführung des indirekten Börsengangs besteht schon zum Zeitpunkt des Kontrollerwerbs oder tritt zeitgleich mit diesem ein, so dass ab diesem Moment sowohl eine Veröffentlichung der Kontrollerlangung (§ 35 Abs 1 WpÜG / § 5 Abs 3 Z 2 ÜbG) als auch eine Veröffentlichung der Ad-hoc-Meldung hinsichtlich des geplanten *Cold IPOs* (§ 15 Abs 1 S 1 WpHG / § 48d Abs 1 BörseG) zu erfolgen hat. Da diese Veröffentlichungen jedoch jeweils „unverzüglich" – also mehr oder weniger zeitgleich – erfolgen müssen, dürfte ein etwaiger aus der Ad-hoc-Meldung resultierender Kursanstieg regelmäßig nicht mehr relevant sein. Schließlich wird für die Ermittlung der Gegenleistung nur der Kursverlauf vor der Veröffentlichung der Kontrollerlangung berücksichtigt.

c)   Zwischenergebnis

Es kann vor diesem Hintergrund festgehalten werden, dass sich die Veröffentlichung eines hinreichend wahrscheinlichen *Cold IPOs* bzw eines auf einen solchen hindeutenden Zwischenschritts nur dann negativ auf dessen Umsetzung auswirken kann, wenn es sich um einen *Reverse Merger* handelt. Dies ist zum einen darauf zurückzuführen, dass der aus der Veröffentlichung der Ad-hoc-Meldung resultierende Kursanstieg die der Transaktion zu Grunde gelegte Bewertungsrelation negativ beeinflussen kann, zum anderen kann der Kursanstieg zu einer Erhöhung des regelmäßig anfallenden Pflichtangebots führen, wobei hiervon nur solche *Reverse Merger* betroffen sind, bei denen im Vorfeld der Transaktion kein Kontrollerwerb erfolgt.

4.   **Befreiung von der Veröffentlichungspflicht**

Aufgrund der oben dargestellten Problematik soll im Folgenden geprüft werden, ob die Zielgesellschaft von der Veröffentlichung eines hinreichend wahrscheinlichen *Reverse Mergers* bzw eines auf diesen hindeutenden Zwischenschritts befreit werden kann.[831] Eine Befreiung bzw Aufschiebung

---

[831] Vgl hierzu auch *Bösl*, FB 2003, 300; *Hettich*, GoingPublic 2006, 119.

von der Veröffentlichungspflicht kommt gemäß § 15 Abs 3 WpHG / § 48d Abs 2 BörseG dann in Betracht, wenn berechtigte Interessen des Emittenten dies erfordern, keine Irreführung der Öffentlichkeit zu befürchten ist und der Emittent die Vertraulichkeit der Insiderinformation gewährleisten kann.[832]

a) Berechtigtes Interesse

Zu klären ist dabei insbesondere, ob ein berechtigtes Interesse an der Befreiung von der Veröffentlichung eines hinreichend wahrscheinlichen *Reverse Mergers* bzw eines auf diesen hindeutenden Zwischenschritts besteht. Ein berechtigtes Interesse ist grundsätzlich dann anzunehmen, wenn das Geheimhaltungsinteresse des Emittenten (Zielgesellschaft) das Interesse der Kapitalmarktteilnehmer – also der aktuellen und potentiellen Aktionäre des Emittenten[833] – an einer vollständigen und zeitnahen Veröffentlichung überwiegt.[834]

Das Geheimhaltungsinteresse bei einem *Reverse Merger* besteht vorliegend darin, die oben genannten negativen Auswirkungen der Ad-hoc-Veröffentlichung auf die Umsetzung der Transaktion zu vermeiden. Das Interesse der Kapitalmarktteilnehmer an einer vollständigen und zeitnahen Veröffentlichung ist dagegen insbesondere in der daraus resultierenden Markttransparenz zu sehen. So wird durch die möglichst rasche Einbeziehung aller relevanten Informationen eine effiziente Preisbildung gefördert.[835] Diese (wiederum) versetzt die Marktteilnehmer in die Lage, möglichst rasch auf geänderte Umstände zu reagieren und nur solche Wertpapiere zu erwerben oder zu verkaufen, die die Preisveränderung bereits verarbeitet haben.[836] Welches Interesse vorliegend überwiegt ist im Folgenden zu klären.

---

[832] Vgl *Assmann* in *Assmann/Schneider*, WpHG[5] § 15 Rz 133; *Stoppel* in *Grunewald/Schlitt*, Kapitalmarktrecht[2] § 14 II 1c; *Harbarth*, ZIP 2005, 1903; *Lehberz*, WM 2010, 158; Zum öRecht vgl *Kalss/Oppitz/Zollner*, Kapitalmarktrecht I § 14 Rz 30.
[833] Vgl *Assmann* in *Assmann/Schneider*, WpHG[5] § 15 Rz 156.
[834] Vgl § 15 Abs 7 WpHG iVm § 6 WpAIV; vgl *Assmann* in *Assmann/Schneider*, WpHG[5] § 15 Rz 136; *Stoppel* in *Grunewald/Schlitt*, Kapitalmarktrecht[2] § 14 II 1c; Für Ö vgl *Kalss/Oppitz/Zollner*, Kapitalmarktrecht I § 14 Rz 32.
[835] Vgl *Kalss/Oppitz/Zollner*, Kapitalmarktrecht I § 14 Rz 2.
[836] Vgl *Kalss/Oppitz/Zollner*, Kapitalmarktrecht I § 14 Rz 2.

aa)   Bewertungsrelation

Im Hinblick auf den negativen Einfluss der Ad-hoc-Meldung auf das Umtauschverhältnis und der daraus resultierenden Problematik dürfte die Annahme eines berechtigten Interesses regelmäßig möglich sein. Schließlich wird ein solches insbesondere dann angenommen, wenn die Ad-hoc-Veröffentlichung mit überwiegender Wahrscheinlichkeit den Erfolg, den Eintritt oder die Durchführbarkeit des Ereignisses, auf das sich die Insiderinformation bezieht, gefährdet und dem Emittenten daraus ein nicht unerheblicher Nachteil entsteht.[837] Was im Rahmen eines *Reverse Mergers* aufgrund der oben dargestellten Problematik durchaus wahrscheinlich ist.

Hierfür spricht auch, dass das Geheimhaltungsinteresse bei einem *Reverse Merger* grundsätzlich auch das Veröffentlichungsinteresse überwiegt. Dies ist insbesondere darauf zurück zu führen, dass die eigentlich dem Schutz der potentiellen Anleger dienende Veröffentlichungspflicht in der vorliegenden Konstellation ebenfalls nicht in deren Interesse liegt. So besteht bei der Veröffentlichung eines hinreichend wahrscheinlichen *Reverse Mergers* bzw eines auf diesen hindeutenden Zwischenschritts – wie bereits dargestellt – die Gefahr, dass Anleger in Erwartung des Eintritts des indirekten Börsengangs Aktien der Zielgesellschaft erwerben, der daraus resultierende Kursanstieg jedoch gleichzeitig dazu führt, dass die Transaktion nicht zustande kommt. Im Ergebnis wird die Umsetzung des indirekten Börsengangs also durch die Anlageentscheidung der potentiellen Anleger gefährdet, obwohl diese eigentlich nur unter der Annahme getroffen wurde, dass dieser tatsächlich gelingt. Letztlich führt die Ad-hoc-Veröffentlichung also zu einer Irreführung der potentiellen Anleger, obgleich diese die Irreführung mit zu verantworten haben. Diese Irreführungsgefahr dürfte dabei die Annahme eines berechtigten Interesses rechtfertigen.[838]

Aber auch aus Sicht der bereits beteiligten Aktionäre ist von einem berechtigten Interesse auszugehen. Schließlich dürfte ein mögliches Scheitern der Transaktion ebenfalls ihren Interessen entgegenstehen, da sie

---

[837] Vgl *Assmann* in *Assmann/Schneider*, WpHG[5] § 15 Rz 150.
[838] So wohl auch *Brandi/Süßmann*, AG 2004, 652 f.

in einem solchen Fall nicht von der Reaktivierung der Zielgesellschaft und den damit verbundenen Kurssteigerungen profitieren können. Ein berechtigtes Interesse ist insofern ebenfalls anzunehmen.

Vor diesem Hintergrund ist vorliegend davon auszugehen, dass die Geheimhaltung nicht nur im Interesse der Zielgesellschaft sondern vielmehr auch im Interesse der potentiellen und der bereits beteiligten Anleger liegt. Ein überwiegendes bzw berechtigtes Interesse an der Geheimhaltung dürfte im Rahmen eines *Reverse Mergers* also grundsätzlich vorliegen.

ab)   Erhöhung des Pflichtangebots

Fraglich ist ferner, ob auch die Vermeidung der Erhöhung der Gegenleistung im Rahmen des Pflichtangebots als berechtigtes Interesse in Betracht kommt. Zwar kommt die Vermeidung unverhältnismäßiger Kostensteigerungen für die Annahme eines berechtigten Interesses an der Aufschiebung einer Ad-hoc-Meldung grundsätzlich in Betracht,[839] die Verteuerung des Übernahmeangebots im Rahmen von Anteils- und Unternehmenserwerbsvorgängen (*M&A* Transaktionen) und eine unter Umständen daraus resultierende Gefährdung der Transaktion vermag den Aufschub der entsprechenden Veröffentlichung jedoch regelmäßig nicht zu begründen.[840] *„Hierfür müssen vielmehr konkrete Umstände vorliegen, die die Annahme als wahrscheinlich erscheinen lassen, eine Veröffentlichung werde die diesbezüglichen Verhandlungen und damit den Erfolg der Transaktion gefährden oder nicht akzeptable Preisveränderungen nach sich ziehen."*[841]

Auf Grund des Neubewertungspotenzials bei indirekten Börsengängen scheint das Erreichen einer unakzeptablen Preisveränderung vorliegend zumindest als wahrscheinlich. Zudem kann die daraus resultierende Verteuerung des Pflichtangebots sogar dazu führen, dass die Initiatoren des

---

[839] Vgl *Assmann* in *Assmann/Schneider*, WpHG⁵ § 15 Rz 151; *Stoppel* in *Grunewald/Schlitt*, Kapitalmarktrecht² § 14 II 1c aa).
[840] Vgl *Assmann* in *Assmann/Schneider*, WpHG⁵ § 15 Rz 153.
[841] *Assmann* in *Assmann/Schneider*, WpHG⁵ § 15 Rz 153.

187

indirekten Börsengangs von ihrem Vorhaben wieder Abstand nehmen.[842] Insofern besteht auch hier die bereits oben dargestellte Irreführungsgefahr bei einer frühzeitigen Veröffentlichung, so dass vor diesem Hintergrund ebenfalls ein berechtigtes Interesse an der Aufschiebung der Ad-hoc-Meldung anzunehmen ist.[843]

b)   Zwischenergebnis

Es kann demnach festgehalten werden, dass ein berechtigtes Interesse an der Befreiung von der Ad-hoc-Pflicht sowohl im Hinblick auf die Veränderung der Bewertungsrelation also auch hinsichtlich der Verteuerung des Pflichtangebots besteht. Ist darüber hinaus keine Irreführung der Öffentlichkeit zu befürchten und kann die Zielgesellschaft die Vertraulichkeit der Insiderinformation gewährleisten, kommt eine Befreiung von der Ad-hoc-Pflicht grundsätzlich in Betracht.

---

[842] So wohl auch *Brandi/Süßmann*, AG 2004, 652 f.
[843] So wohl auch *Brandi/Süßmann*, AG 2004, 652 f.

5. Zusammenfassung

Es kann festgehalten werden, dass sowohl ein hinreichend wahrscheinlicher *Cold IPO* als auch die, für dessen Umsetzung erforderlichen kursrelevanten Zwischenschritte als Insiderinformation(en) zu qualifizieren und gemäß § 15 Abs 1 S 1 WpHG / § 48d Abs 1 BörseG unverzüglich zu veröffentlichen sind.

Eine entsprechende Veröffentlichung wirkt sich dabei negativ auf die Umsetzung eines *Reverse Mergers* aus. Dies ist darauf zurückzuführen, dass der aus der Veröffentlichung der Ad-hoc-Meldung typischerweise resultierende Kursanstieg die der Transaktion zu Grunde gelegte Bewertungsrelation negativ beeinflusst und zu einer Erhöhung der Gegenleistung im Rahmen der (Pflicht-) Übernahme führt, wobei von letzterem nur solche *Reverse Merger* betroffen sind, die ohne vorherigen Kontrollerwerb vollzogen werden.

Es kommt in diesen Fällen jedoch eine Befreiung (bzw Aufschiebung) von der Veröffentlichungspflicht gemäß § 15 Abs 3 WpHG / § 48d Abs 2 BörseG in Betracht.

VI. Nachbesserungspflichten

Im Rahmen eines *Cold IPO* stellt sich ferner die Frage, ob für die Eigentümer des Börsenkandidaten eine Nachbesserungspflicht gemäß § 31 Abs 5 WpÜG / § 16 Abs 7 ÜbG besteht, welche die Transaktion erheblich verteuern kann.[844]

Eine Nachbesserungspflicht gemäß § 31 Abs 5 WpÜG besteht dann, wenn ein Bieter im Rahmen eines Übernahmeangebots innerhalb eines Jahres nach Abschluss des Angebotsverfahrens[845] außerhalb der Börse Aktien der Zielgesellschaft erwirbt und hierfür wertmäßig eine höhere als die im Angebot genannte Gegenleistung gewährt oder vereinbart wird.[846] Die Bieter sind in einem solchen Fall verpflichtet den (ehemaligen) Inhabern der Aktien, die das Angebot angenommen haben, einen Ausgleich in Höhe des Differenzbetrages durch eine Nachzahlung zu leisten.[847]

Eine vergleichbare Regelung enthält auch § 16 Abs 7 ÜbG. Demnach besteht eine Nachbesserungspflicht immer dann, wenn ein Bieter innerhalb von neun Monaten nach Ablauf der Frist für die Annahme des Angebots (§ 19 Abs 1 ÜbG)[848] Aktien der Zielgesellschaft erwirbt und hierfür wertmäßig eine höhere als die im Angebot genannte Gegenleistung gewährt oder vereinbart wird.[849]

1. Problemstellung

Die Frage, ob die Eigentümer des Börsenkandidaten im Rahmen eines *Cold IPO* zur Nachbesserung ihres (Pflicht-) Übernahmeangebots verpflichtet sind, wird vor allem dann relevant, wenn der Börsenkandidat im Anschluss an einen im Vorfeld vollzogenen Kontrollerwerb mittels eines *Reverse*

---

[844] Vgl *Schanz*, Börseneinführung[3] § 14 Rz 38; ausführlich hierzu *Renzenbrink/Holzner*, NZG 2003, 200 ff.

[845] Genau genommen innerhalb eines Jahres nach Veröffentlichung des Übernahme- bzw Pflichtangebotsergebnisses gemäß § 23 Abs 1 S 1 Nr 2 WpÜG (vgl *Noack* in *Schwark/Zimmer*, KMRK[4] WpÜG § 31 Rz 87).

[846] Vgl *Noack* in *Schwark/Zimmer*, KMRK[4] WpÜG § 31 Rz 74.

[847] Vgl *Noack* in *Schwark/Zimmer*, KMRK[4] WpÜG § 31 Rz 90.

[848] Bei Verlängerung der Angebotsfrist (§ 19 Abs 3 ÜbG) innerhalb von neun Monaten nach Ablauf dieser Frist.

[849] Vgl *Zollner* in *Huber*, ÜbG § 16 Rz 33; *Fragner/Schulz*, GesRZ 5/10, 261.

Mergers in die börsennotierte Zielgesellschaft eingebracht wird und es sich bei dieser um eine sog *Penny-Stock-Gesellschaft* – also um eine solche Gesellschaft, deren Aktien unter 1 € notieren – handelt.[850] Grund hierfür ist, dass im Anschluss an den Kontrollerwerb regelmäßig ein Pflichtangebot[851] an die Aktionäre der Zielgesellschaft abgegeben werden muss,[852] wobei sich dieses aufgrund des *Penny-Stock-Status* der Zielgesellschaft ebenfalls im Cent-Bereich bewegen wird.[853] Schließlich orientiert sich die Höhe des Pflichtangebots idR am durchschnittlichen Börsenkurs, der vor der Veröffentlichung der Kontrollerlangung festgestellt wurde,[854] wobei aufgrund der Tatsache, dass die Eigentümer des Börsenkandidaten ihre gewünschte Beteiligungshöhe im Zuge des Kontrollerwerbs bereits erlangt haben, davon auszugehen ist, dass sie wenn überhaupt nur einen geringen Aufschlag auf den gesetzlich vorgeschriebenen Mindestbetrag anbieten werden.[855] Wird nun aber der Börsenkandidat nach Abschluss des Übernahmeverfahren mittels eines *Reverse Mergers* in die Zielgesellschaft eingebracht, müssen die im Rahmen der damit einhergehenden Kapitalerhöhung neu zu schaffenden Aktien[856] wegen des Verbots der *Unter-pari-Emission*[857] – trotz des eigentlich niedrigeren Börsenkurses – zu einem Ausgabebetrag von mindestens 1 € emittiert werden.[858] Dabei stellt sich die Frage, ob die Erlangung der neu geschaffenen Aktien durch die (ehemaligen) Eigentümer des Börsenkandidaten als Nacherwerb[859] im Sinne des § 31 Abs 5 WpÜG / § 16 Abs 7 ÜbG qualifiziert werden kann. Dies würde nämlich dazu führen, dass die Aktionäre, die das Pflichtangebot angenommen haben, gegenüber den Eigentümern des Börsenkandidaten einen Anspruch auf Nachbesserung in Höhe des Differenzbetrags zwischen dem tatsächlich gezahlten Preis pro

---

[850] Vgl *Schanz*, Börseneinführung³ § 14 Rz 38; *Renzenbrink/Holzner*, NZG 2003, 200.
[851] Die gleiche Problematik ergibt sich jedoch auch, wenn im Vorfeld des *Reverse Merger* ein freiwilliges Übernahmeangebot abgegeben wird (vgl *Renzenbrink/Holzner*, NZG 2003, 200 ff insb Fn 12). Die Anwendung von § 31 Abs 5 WpÜG auf Pflichtangebote wird dabei gemäß § 39 WpÜG ermöglicht.
[852] Vgl unter E.III.1.
[853] Vgl *Renzenbrink/Holzner*, NZG 2003, 200.
[854] Vgl unter E.V.3.b).
[855] Vgl *Renzenbrink/Holzner*, NZG 2003, 200.
[856] Vgl unter C.II.1.
[857] Vgl § 8 Abs 2 u 3 iVm § 9 Abs 1 dAktG / § 8 Abs 2 u 3 iVm § 9 Abs 1 öAktG.
[858] Vgl *Renzenbrink/Holzner*, NZG 2003, 200.
[859] Ein Parallelerwerb iSd § 31 Abs 4 WpÜG / § 16 Abs 1 ÜbG und eine daraus resultierende Erhöhung des Pflichtangebots kommt regelmäßig nicht in Betracht, da die Zeichnung der aus der Kapitalerhöhung stammenden Aktien typischerweise erst nach Ablauf der Annahmefrist des Pflichtangebots erfolgt.

Aktie und dem Preis, der im Zuge Nacherwerbs bezahlt wurde (also dem Ausgabebetrag der neuen Aktien), hätten.[860]

2. Beispiel

Das folgende Beispiel[861] soll diese Problematik noch einmal verdeutlichen: Die börsennotierte Zielgesellschaft verfügt über ein Grundkapital in Höhe von 10 Mio €, welches in 10 Mio Stückaktien mit einem rechnerischen Anteil am Grundkapital von 1 € pro Aktien eingeteilt ist. Die Aktie der Zielgesellschaft notiert zu einem Kurs von 0,50 € an der Börse. Im Vorfeld des *Reverse Mergers* erwerben die Eigentümer des Börsenkandidaten 75% der Stimmrechte von einem ausscheidenden Mehrheitsaktionär der Zielgesellschaft. Das aus diesem Kontrollerwerb resultierende Pflichtangebot gegenüber den Restaktionären führt zu einer weiteren Anteilsaufstockung, so dass die Eigentümer des Börsenkandidaten im Ergebnis 90% der Stimmrechte bzw 9 Mio Aktien der Zielgesellschaft halten, wobei den das Angebot annehmenden Aktionären ein Preis von 0,60 € je Aktie gezahlt wird. Im Anschluss daran wird der Börsenkandidat mittels einer Sachkapitalerhöhung unter Ausschluss der Bezugsrechte (bzw einer Verschmelzung durch Aufnahme) in die Zielgesellschaft eingebracht, wobei das Grundkapital im Zuge der Kapitalerhöhung von 10 Mio € um 20 Mio € auf nunmehr 30 Mio € durch die Ausgabe von 20 Mio neu geschaffener Aktien zu einem Mindestausgabebetrag von 1 €[862] pro Aktie gegen Einbringung des Börsenkandidaten erhöht wird. Nach dem erfolgreichen Abschluss der Kapitalerhöhung machen diejenigen Aktionäre, die das Pflichtangebot zu 0,60 € angenommen haben, einen Nachbesserungsanspruch gemäß § 31 Abs 5 WpÜG / § 16 Abs 7 ÜbG geltend und verlangen von den Eigentümern des Börsenkandidaten die Zahlung der Differenz zwischen dem Angebotspreis (0,60 €) und dem Ausgabebetrag (1 €), also 0,40 € pro Aktie. Da die Eigentümer des Börsenkandidaten im Zuge des Pflichtangebots 1,5

---

[860] Vgl *Süßmann* in *Geibel/Süßmann* WpÜG² § 31 Rz 60.

[861] Dieses entspricht im Wesentlichen dem Beispiel von *Renzenbrink/Holzner* (vgl NZG 2003, 201). Wobei diese ein freiwilliges Übernahmeangebot zu Grunde legen.

[862] Müsste der *Reverse Merger* vorliegend als Mantelverwendung qualifiziert werden und entspräche der Aktienkurs (0,50 €) dem tatsächlich noch vorhandenen Eigenkapital der Zielgesellschaft, läge vorliegend eine Unterbilanz vor. Diese müsste im Rahmen der Offenlegung der Mantelverwendung ausgeglichen werden (vgl unter E.I.3.b)aa) und E.I.3.c)). Um die Kapitallücke (=5 Mio €) schließen zu können, könnten die neuen Aktien alternativ auch mit einem Aufgeld iHv 0,25 €, also zu 1,25 € pro Stück, ausgegeben werden (vgl Fn 629).

Mio Aktien zu 0,60 € pro Aktie, also für insgesamt 900 T€ übernommen haben, könnten Nachbesserungsansprüche ihv 600 T€ (1,5 Mio Aktien x 0,40 €) auf sie zu kommen.

Darüber hinaus stellt sich die Frage nach dem Vorliegen einer Nachbesserungspflicht auch dann, wenn nach Abschluss des Übernahmeverfahren für die im Zuge der Kapitalerhöhung neu ausgegebenen Aktien zu Gunsten der verbliebenen Aktionäre freiwillig (und nicht aufgrund des Verbots der *Unter-pari-Emission*) mehr gezahlt wird als aufgrund der Bewertungsrelation und des Angebotspreises eigentlich erforderlich wäre.[863]

3. Bestehen einer Nachbesserungspflicht nach WpÜG

Zu klären ist zunächst, ob in dem oben geschilderten Fall eine Nachbesserungspflicht gemäß WpÜG besteht. Voraussetzung hierfür wäre, dass die Erlangung der im Zuge des *Reverse Mergers* neu entstandenen Aktien einen Nacherwerb im Sinne des § 31 Abs 5 WpÜG darstellt. Zur Beantwortung dieser Frage muss dabei unterschieden werden, ob der *Reverse Merger* mittels einer Sachkapitalerhöhung oder einer Verschmelzung durch Aufnahme erreicht wird.

a) Sachkapitalerhöhung

Gegen die Annahme eines Nacherwerbs bei einem *Reverse Merger* mittels einer Sachkapitalerhöhung könnte unter Umständen § 31 Abs 6 S 2 WpÜG sprechen. Danach gilt die Ausübung eines gesetzlichen Bezugsrechts auf Grund einer Erhöhung des Grundkapitals der Zielgesellschaft nicht als Nacherwerb im Sinne des § 31 Abs 5 WpÜG. Gerechtfertigt wird diese Privilegierung vom Gesetzgeber damit, dass die Ausübung eines gesetzlichen Bezugsrechts (§ 186 Abs 1 dAktG) lediglich der Aufrechterhaltung der Beteiligungsquote der Bieter dient (Verwässerungsschutz) und der in diesem Zusammenhang erfolgende

---

[863] Vgl *Fragner/Schulz*, GesRZ 5/10, 263. Dabei handelt es sich in beiden Fällen genau genommen um eine Form der disquotalen Einlage (vgl unter D.IV.4.c)aa)).

Aktienerwerb gerade nicht darauf abzielt, die Beteiligungsquote zu erhöhen.[864]

Zu beachten ist allerdings, dass ein *Reverse Merger* mittels einer Sachkapitalerhöhung in der Regel unter **Ausschluss der gesetzlichen Bezugsrechte** erfolgt[865], so dass der Erwerb der neuen Aktien nicht auf der Ausübung eines gesetzlichen Bezugsrechts sondern allein auf der ausschließlichen Zulassung der Bieter (= Eigentümer des Börsenkandidaten) zur Zeichnung der neu ausgegebenen Anteile beruht.[866] Die Ausnahmeregelung des § 31 Abs 6 S 2 WpÜG greift in diesem Fall also grundsätzlich nicht, so dass ein Nacherwerb und die daraus resultierende Nachbesserungspflicht wohl angenommen werden müssen.[867]

Dies wird jedoch teilweise mit dem Hinweis darauf kritisiert, dass die Annahme einer Nachbesserungspflicht in dieser Konstellation sachlich nicht gerechtfertigt ist.[868] Teilweise wird daher auch eine **analoge Anwendung** des § 31 Abs 6 S 2 WpÜG auf Kapitalerhöhungen außerhalb der Bezugsrechtsausübung gefordert.[869] Das Argument der fehlenden sachlichen Rechtfertigung ist (zwar) zutreffend.

aa)   Fehlende sachliche Rechtfertigung

Schließlich besteht der Sinn und Zweck des § 31 Abs 5 WpÜG in erster Linie darin, die **Gleichbehandlung** der Aktionäre im Rahmen einer Übernahme nach dem WpÜG zu gewährleisten.[870] Wie im folgenden zu zeigen sein wird, besteht bei einem Nacherwerb im Zuge einer Kapitalerhöhung jedoch keine Gefahr der Ungleichbehandlung der Aktionäre.

---

[864] Vgl RegBegr, BT-Drs 14/7034, 57; *Renzenbrink/Holzner*, NZG 2003, 202; *Süßmann* in *Geibel/Süßmann* WpÜG² § 31 Rz 72. So auch *Noack* in *Schwark/Zimmer*, KMRK⁴ WpÜG § 31 Rz 95, allerdings kritisch, da die Regelungen des § 31 Abs 3-5 WpÜG in erster Linie vom Gedanken der Gleichbehandlung (vgl unter E.VI.3.a)aa)) getragen werden und nicht dem Verwässerungsschutz dienen sollen (vgl *Noack* in *Schwark/Zimmer*, KMRK⁴ WpÜG § 31 Rz 96).
[865] Vgl unter D.IV.1.c).
[866] Vgl *Süßmann* in *Geibel/Süßmann* WpÜG² § 31 Rz 74.
[867] Vgl *Renzenbrink/Holzner*, NZG 2003, 202.
[868] Vgl mwN *Noack* in *Schwark/Zimmer*, KMRK⁴ WpÜG § 31 Rz 96; *Renzenbrink/Holzner*, NZG 2003, 202 ff.
[869] Vgl mwN *Noack* in *Schwark/Zimmer*, KMRK⁴ WpÜG § 31 Rz 96.
[870] Vgl *Noack* in *Schwark/Zimmer*, KMRK⁴ WpÜG § 31 Rz 74; *Renzenbrink/Holzner*, NZG 2003, 203.

Hält man sich zunächst die typische Konstellation des Nacherwerbs iSd § 31 Abs 5 WpÜG vor Augen – gemeint ist der Fall, bei dem ein Bieter den Aktionären der zu übernehmenden Gesellschaft zunächst ein öffentliches Angebot (§§ 29 ff WpÜG) macht, welches einige Aktionäre annehmen, und im Anschluss den verbleibenden Aktionären (bzw einem Teil von diesen) außerbörslich eine höhere Gegenleistung zahlt – erscheint eine Nachbesserungspflicht im Hinblick auf das **Gleichbehandlungsgebots** durchaus zweckmäßig.[871] Schließlich „dürfen die ehemaligen Aktionäre nicht gegenüber den verbleibenden Aktionären dadurch benachteiligt werden, dass sie schon das vorangegangene, ungünstigere öffentliche Angebot angenommen haben."[872]

(1) Keine direkte Ungleichbehandlung

Fraglich ist allerdings, ob die Aktionäre, die das (Pflicht-) Angebot angenommen haben, auch bei einem Nacherwerb im Rahmen einer Kapitalerhöhung unter Ausschluss der Bezugsrechte in gleichem Maße schutzwürdig sind. Hiergegen spricht, dass bei einem solchen Nacherwerb keine Aktien von den verbliebenen Aktionären erworben werden, sondern der Erwerb vielmehr „originär" im Zuge der Kapitalerhöhung der Zielgesellschaft erfolgt.[873] Es wird also insbesondere keine zweite Ausstiegsmöglichkeit für die in der Zielgesellschaft verbliebenen Aktionäre zu besseren Konditionen geschaffen.[874] Vielmehr fließt das für den Erwerb der Aktien gezahlte Geld ausschließlich der Gesellschaft zu.[875] Eine (direkte) Bevorzugung der in der Gesellschaft verbliebenen Aktionäre bzw eine (direkte) Ungleichbehandlung der ausgestiegenen Aktionäre – wie im typischen Anwendungsbereich des § 31 Abs 5 WpÜG – liegt in dieser Konstellation also gerade nicht vor.[876] Die unterschiedlichen Erwerbspreise der Aktien sind vielmehr ausschließlich auf die aktienrechtlichen Vorgaben

---

[871] Vgl *Renzenbrink/Holzner*, NZG 2003, 203.
[872] *Renzenbrink/Holzner*, NZG 2003, 203.
[873] Vgl *Renzenbrink/Holzner*, NZG 2003, 203; wohl auch *Noack* in *Schwark/Zimmer*, KMRK[4] WpÜG § 31 Rz 96.
[874] Wohl auch *Fragner/Schulz*, GesRZ 5/10, 262.
[875] Vgl *Noack* in *Schwark/Zimmer*, KMRK[4] WpÜG § 31 Rz 96. Wohl auch *Fragner/Schulz*, GesRZ 5/10, 262.
[876] Vgl *Noack* in *Schwark/Zimmer*, KMRK[4] WpÜG § 31 Rz 96.

195

bezüglich des Mindestausgabebetrags[877] zurück zu führen.[878] Von einer Ungleichbehandlung bzw einer daraus resultierenden Schutzbedürftigkeit der ehemaligen Aktionäre ist vor diesem Hintergrund also nicht auszugehen.[879]

(2) Indirekte Ungleichbehandlung

Eine Ungleichbehandlung könnte sich jedoch indirekt aufgrund der *Zu-pari-Emission* ergeben.[880] So führt die Kapitalerhöhung zu 1 € mittelbar zu einer „inneren" Werterhöhung der alten Aktien, von der insbesondere die verbliebenen Aktionäre profitieren.[881] Der Wertzuwachs für die Altaktionäre resultiert dabei daraus, dass die im Zuge der Kapitalerhöhung neu entstehenden Aktien zum Nennbetrag bzw zum rechnerischen Anteil am Grundkapital ausgegeben werden (1 €). Wohingegen die alten Aktien unter pari (0,50 €) notieren.[882] Dies führt quasi zu einer Umverteilung des neu eingebrachten Vermögens, wobei diese ausschließlich den verbliebenen Aktionären zu Gute kommt.

Dieser Vorgang lässt sich an dem eingangs dargestellten Beispiel verdeutlichen. So belief sich der Börsenkurs der Zielgesellschaft vor der Einbringung des Börsenkandidaten auf 0,50 € pro Aktie, so dass der Gesamtwert (Börsenkurs x Aktienanzahl) der Zielgesellschaft 5 Mio € (0,50 € x 10 Mio Aktien) betrug. Das Grundkapital der Zielgesellschaft belief sich gleichwohl auf 10 Mio € (10 Mio Stückaktien zu je 1 €). Mit der Einbringung des Börsenkandidaten im Zuge der Sachkapitalerhöhung (bzw Verschmelzung) wurde das Grundkapital zwar um 20 Mio € (20 Mio Aktien zu je 1 €) erhöht und lautete somit im Ergebnis zumindest nominell auf 30 Mio €. Tatsächlich betrug der innere Wert der Zielgesellschaft nach der Transaktion jedoch nur 25 Mio € (Gesamtwert der alten Aktien = 5 Mio € + Gesamtwert der neuen Aktien = 20 Mio €). Der innere Wert pro Aktie lag nach der Kapitalerhöhung also bei 0,83 € (25 Mio € : 30 Mio Aktien). Aus

---

[877] Bzw einer freiwilligen Zuzahlung.
[878] Vgl *Renzenbrink/Holzner*, NZG 2003, 203.
[879] Vgl *Renzenbrink/Holzner*, NZG 2003, 203; *Noack* in *Schwark/Zimmer*, KMRK[4] WpÜG § 31 Rz 96.
[880] Gleiches würde auch bei einer freiwilligen *Über-pari-Emission* gelten.
[881] Vgl *Renzenbrink/Holzner*, NZG 2003, 203; *Noack* in *Schwark/Zimmer*, KMRK[4] WpÜG § 31 Rz 96. Wohl auch *Fragner/Schulz*, GesRZ 5/10, 262.
[882] Vgl *Renzenbrink/Holzner*, NZG 2003, 203.

Sicht der in der Zielgesellschaft verbliebenen Aktionäre ergibt sich aufgrund der Kapitalerhöhung also im Vergleich zum vorherigen Wert (=Börsenkurs=0,50 €) ein Wertzuwachs von 0,33 € bzw im Vergleich zum Pflichtangebot (0,60 €) ein Zuwachs von 0,23 €.

Fraglich ist allerdings, ob in diesem Wertzuwachs eine Ungleichbehandlung der ehemaligen Aktionäre gesehen werden kann und diese durch eine Nachbesserung der Eigentümer des Börsenkandidaten ausgeglichen werden muss. Dabei ist zunächst festzustellen, dass eine solche – wenn überhaupt – nur in Höhe des tatsächlichen Wertzuwachses (0,23 €) und nicht in Höhe der gesetzlichen Vorgabe (0,40 €) sachlich gerechtfertigt erscheint.[883] Gegen die Annahme einer Ungleichbehandlung spricht jedoch, dass der oben dargestellte Wertzuwachs nicht zwingend eintreten muss. So kann der Börsenkurs – trotz der Einbringung – durchaus auch unter den Angebotspreis fallen.[884] Gleichwohl der innere Wert je Aktie eigentlich erhöht wird. Zu denken ist zum Beispiel an den Fall, dass die Zielgesellschaft trotz der Neuausrichtung im Zuge des indirekten Börsengangs den Kapitalmarkt nicht von einer erfolgversprechenden wirtschaftlichen Perspektive überzeugen kann und der Börsenkurs von den Anlegern daher abgestraft wird. An diesem Risiko haben die verbleibenden Aktionäre bewusst festgehalten. Wohingegen die ehemaligen Aktionäre den sicheren Ausstieg über das Pflichtangebot gewählt haben. Die Annahme einer Ungleichbehandlung und einer daraus resultierenden Nachbesserungspflicht erscheint vor diesem Hintergrund also (ebenfalls) nicht sachlich gerechtfertigt.[885] Schließlich kann es nicht sein, dass die ehemaligen Aktionäre zwar auf der einen Seite von der positiven Entwicklung des Börsenkurses profitieren, auf der anderen Seite – im Falle einer negativen Kursentwicklung – jedoch aufgrund der Annahme des Pflichtangebots nach unten hin abgesichert sind.

---

[883] Vgl *Renzenbrink/Holzner*, NZG 2003, 203.
[884] Vgl *Renzenbrink/Holzner*, NZG 2003, 204.
[885] So wohl auch *Renzenbrink/Holzner*, NZG 2003, 204; *Noack* in *Schwark/Zimmer*, KMRK[4] WpÜG § 31 Rz 96; *Fragner/Schulz*, GesRZ 5/10, 262.

(3)   Zwischenergebnis

Die Annahme einer Nachbesserungspflicht bei einem Erwerb von Aktien aus einer (Sach-) Kapitalerhöhung unter Ausschluss der Bezugsrechte im Rahmen eines *Reverse Merger* ist insbesondere im Hinblick auf das § 31 Abs 5 WpÜG zu Grunde liegende Gleichbehandlungsgebot sachlich nicht gerechtfertigt.

ab)   Analoge Anwendung des § 31 Abs 6 S 2 WpÜG

Eine direkte Anwendung des § 31 Abs 6 S 2 WpÜG auf die Kapitalerhöhung mit Bezugsrechtsausschluss ist im Hinblick auf den eindeutigen Wortlaut, die Gesetzessystematik und die ebenfalls eindeutige Gesetzesbegründung[886] – wie bereits dargestellt – nicht möglich.[887] So ist die Vorschrift primär als Verwässerungsschutz ausgestaltet und greift daher nur bei der Ausübung eines gesetzlichen Bezugsrechts iSd § 186 Abs 1 dAktG. Zu klären ist allerdings, ob aufgrund der fehlenden sachlichen Rechtfertigung eine analoge Anwendung des § 31 Abs 6 S 2 WpÜG in Betracht kommt.[888] Hiergegen spricht jedoch, dass es bereits an einer – für eine Analogie erforderlichen – planwidrigen Regelungslücke mangelt. Schließlich geht aus der Gesetzesbegründung eindeutig hervor, dass der Gesetzgeber ausschließlich die Ausübung eines gesetzlichen Bezugsrechts privilegieren wollte.[889]

Das Bestehen eines Nacherwerbs und einer daraus resultierenden Nachbesserungspflicht muss bei einem *Reverse Merger* mittels einer Sachkapitalerhöhung unter Ausschluss der Bezugsrechte also angenommen werden. Gleichwohl die Annahme einer Nachbesserungspflicht in einem solchen Fall sachlich eigentlich nicht gerechtfertigt ist.

---

[886] Vgl RegBegr, BT-Drs 14/7034, 57.
[887] Vgl *Renzenbrink/Holzner*, NZG 2003, 202; *Süßmann* in *Geibel/Süßmann* WpÜG[2] § 31 Rz 74.
[888] So zB *Noack* in *Schwark/Zimmer*, KMRK[4] WpÜG § 31 Rz 96.
[889] Vgl RegBegr, BT-Drs 14/7034, 57.

ac)   Kein Bezugsrechtsausschluss

Etwas anderes gilt jedoch dann, wenn **kein Bezugsrechtsausschluss**
erfolgt und der Börsenkandidat mittels einer gemischten Kapitalerhöhung[890]
in die Zielgesellschaft eingebracht wird. Insofern erwerben die Eigentümer
des Börsenkandidaten die neu entstehenden Aktien nämlich auf Grund ihres
gesetzlichen Bezugsrechts (§ 186 Abs 1 dAktG), so dass kein Nacherwerb
und somit auch keine Nachbesserungspflicht besteht.[891]

ad)   Zwischenergebnis

Es kann demnach festgehalten werden, dass eine Nachbesserungspflicht in
dem vorliegend zu Grunde gelegten Fall immer dann besteht, wenn der
Börsenkandidat mittels einer Kapitalerhöhung gegen Sacheinlage unter
Ausschluss der Bezugsrechte in die Zielgesellschaft eingebracht wird. Erfolgt
die Kapitalerhöhung dagegen ohne Bezugsrechtsausschluss besteht keine
Nachbesserungspflicht.

b)   Verschmelzung durch Aufnahme

Fraglich ist, ob ein Nacherwerb und eine daraus resultierende
Nachbesserungspflicht auch dann anzunehmen ist, wenn der
Börsenkandidat durch eine Verschmelzung durch Aufnahme in die
Zielgesellschaft eingebracht wird und seine Eigentümer infolgedessen Aktien
an dieser erhalten.

aa)   Irrelevanter Nacherwerb gemäß § 31 Abs 5 S 2 Var 2 WpÜG

Hiergegen könnte zunächst § 31 Abs 5 S 2 Var 2 WpÜG sprechen. Hiernach
sind die Annahme einer Nachbesserungspflicht und damit auch die Annahme
eines relevanten Nacherwerbs immer dann ausgeschlossen, wenn das
Vermögen der Gesellschaft, an der die Kontrolle erlangt wurde
(Zielgesellschaft iSd WpÜG), durch eine Verschmelzung erworben wird. Die

---

[890] Vgl unter D.IV.1.c)ac)(2).
[891] Vgl RegBegr, BT-Drs 14/7034, 57; *Renzenbrink/Holzner*, NZG 2003, 201.

Ausnahmeregelung wird also nur bei solchen Verschmelzungen relevant, bei denen die Zielgesellschaft als übertragender Rechtsträger in Erscheinung tritt. Da die übertragende Gesellschaft in diesen Fällen jedoch keine Aktien ausgibt, sondern vielmehr erlischt, können die Bieter im Zuge der Verschmelzung auch keine Aktien an dieser (nach-) erwerben.[892] § 31 Abs 5 S 2 Var 2 WpÜG kann demnach nur als Klarstellung der sowieso geltenden Rechtslage verstanden werden.[893]

Im Falle eines *Reverse Merger* mittels einer Verschmelzung durch Aufnahme tritt die Zielgesellschaft dagegen als aufnehmende Gesellschaft in Erscheinung. Die Zielgesellschaft überträgt in dieser Konstellation also kein Vermögen, sondern nimmt vielmehr solches auf. Sie stellt also die aufnehmende Gesellschaft dar, welche im Zuge der Verschmelzung neue Aktien ausgeben muss. Diese müssen wiederum den Eigentümern des Börsenkandidaten (übertragender Rechtsträger) als Gegenleistung zugeteilt werden, so dass die Ausnahmeregelung des § 31 Abs 5 S 2 Var 2 WpÜG folglich nicht einschlägig ist und prinzipiell die Annahme eines relevanten Nacherwerbs durch die Bieter in Frage kommt.

ab)   Ausnahmeregelung gemäß § 31 Abs 6 S 2 WpÜG

Gegen die Annahme eines Nacherwerbs könnte jedoch auch in diesem Fall § 31 Abs 6 S 2 WpÜG sprechen, wonach die Ausübung eines gesetzlichen Bezugsrechts auf Grund einer Erhöhung des Grundkapitals der Zielgesellschaft – wie bereits gezeigt – keinen Nacherwerb im Sinne des § 31 Abs 5 WpÜG darstellt. Schließlich stammen die im Zuge der Verschmelzung neu entstehenden Aktien ebenfalls aus einer mit dieser einhergehenden (Sach-) Kapitalerhöhung.[894] Fraglich ist hierbei allerdings, ob die Eigentümer des Börsenkandidaten diese Aktien durch Ausübung eines gesetzlichen Bezugsrechts erwerben. Hiergegen könnte zunächst sprechen, dass auch bei der Verschmelzung durch Aufnahme das Bezugsrecht der Altaktionäre ausgeschlossen ist. Womit man auch hier

---

[892] Vgl *Noack* in *Schwark/Zimmer*, KMRK⁴ WpÜG § 31 Rz 91.
[893] Vgl RegBegr, BT-Drs 14/7034, 56; *Noack* in *Schwark/Zimmer*, KMRK⁴ WpÜG § 31 Rz 91; *Renzenbrink/Holzner*, NZG 2003, 202; *Fragner/Schulz*, GesRZ 5/10, 262.
[894] Vgl unter D.IV.2.

davon ausgehen könnte, dass der Erwerb der neuen Aktien nicht auf der Ausübung eines gesetzlichen Bezugsrechts, sondern allein auf der Zulassung zur Zeichnung beruht.[895] Zu beachten ist jedoch vorliegend, dass das Bezugsrecht bei einer Verschmelzung von Gesetzes wegen ausgeschlossen ist (§ 69 Abs 1 S 1 UmwG) und die neu entstandenen Aktien kraft Gesetzes (§ 20 Abs 1 Nr 3 UmwG) erworben werden.[896] Insofern könnte man vorliegend von der Ausübung eines gesetzlichen Bezugsrechts ausgehen.

Wie aus der Gesetzesbegründung hervorgeht, soll die Ausnahmeregelung des § 31 Abs 6 S 2 WpÜG jedoch nur solche Aktienerwerbe im Zuge von Kapitalerhöhungen erfassen, die der Aufrechterhaltung der Beteiligungsquote dienen (Verwässerungsschutz). Dies ist jedoch bei einer Kapitalerhöhung im Zuge einer Verschmelzung gerade nicht der Fall. Schließlich werden die neuen Aktien bei einer Verschmelzung ausschließlich den Gesellschaftern des übertragenden Rechtsträgers zugeteilt, deren Beteiligungsquote sich dadurch zwangsläufig erhöht. Es ist daher davon auszugehen, dass sich § 31 Abs 6 S 2 WpÜG nur auf das gesetzliche Bezugsrecht gemäß § 186 Abs 1 dAktG bezieht. Die Ausnahmeregelung greift daher nicht im Falle einer Erlangung von Aktien im Zuge einer Verschmelzung durch Aufnahme. Vielmehr muss ein solcher Erwerb als Nacherwerb qualifiziert werden, welcher in der vorliegenden Konstellation eine Nachbesserungspflicht nach sich zieht. Gleichwohl eine solche aus denselben Gründen wie bei der Kapitalerhöhung unter Ausschluss der Bezugsrechte sachlich nicht gerechtfertigt ist. Schließlich mangelt es auch hier an einer Ungleichbehandlung.

c)   Zwischenergebnis

Nach deutschem WpÜG besteht daher sowohl bei einem *Reverse Merger* mittels einer Sachkapitalerhöhung unter Ausschluss der Bezugsrechte als auch bei einem *Reverse Merger* mittels einer Verschmelzung eine Nachbesserungspflicht.

---

[895] Vgl unter E.VI.3.a).
[896] Vgl unter D.IV.2.a)ac).

4. Bestehen einer Nachbesserungspflicht nach ÜbG

Fraglich ist, ob in dem zugrunde gelegten Fall auch eine Nachbesserungspflicht nach § 16 Abs 7 ÜbG besteht. Um diese Frage beantworten zu können, muss auch hier zunächst nach dem Vorliegen eines Nacherwerbs gefragt werden, wobei insofern ebenfalls unterschieden werden muss, ob der *Reverse Merger* mittels einer Sachkapitalerhöhung oder einer Verschmelzung durch Aufnahme vollzogen wird.

a) Sachkapitalerhöhung

Gegen die Annahme eines Nacherwerbs und einer daraus resultierenden Nachbesserungspflicht im Falle der Sachkapitalerhöhung könnte zunächst § 16 Abs 7 S 2 Alt 1 ÜbG sprechen. Diese Vorschrift entspricht inhaltlich § 31 Abs 6 S 2 WpÜG, so dass im Hinblick auf die Frage, ob § 16 Abs 7 S 2 Alt 1 ÜbG der Annahme eines Nacherwerbs im Wege steht, im Wesentlichen auf das bereits zu § 31 Abs 6 S 2 WpÜG Festgestellte verwiesen werden kann.[897] Demnach liegt nur dann kein Nacherwerb vor, wenn die neuen Aktien durch die Ausübung eines gesetzlichen Bezugsrechts erlangt werden. Ein solcher Fall ist bei einer Kapitalerhöhung unter Ausschluss der Bezugsrechte jedoch nicht gegeben.[898] Ferner dürfte auch eine analoge Anwendung des § 16 Abs 7 S 2 Alt 1 ÜbG mangels einer planwidrigen Regelungslücke scheitern. Schließlich privilegiert das Gesetz ausschließlich die Ausübung von gesetzlichen Bezugsrechten (§ 153 Abs 1 öAktG) im Zuge von Kapitalerhöhungen (Verwässerungsschutz)[899] und es ist davon auszugehen, dass der Gesetzgeber sich wohl darüber im Klaren war, dass eine Ausnahme iSd § 16 Abs 7 S 2 Alt 1 ÜbG auch bei Kapitalerhöhungen außerhalb der Bezugsrechtsausübung in Betracht gekommen wäre.[900] Insofern ist also von einer planmäßigen Regelungslücke auszugehen.

Demnach ist ein Nacherwerb und damit auch eine Nachbesserungspflicht immer dann anzunehmen, wenn die Sachkapitalerhöhung unter Ausschluss

---

[897] Vgl unter E.VI.3.a).

[898] Vgl unter E.VI.3.a). Wohl auch *Zollner* in *Huber*, ÜbG § 16 Rz 45; *Fragner/Schulz*, GesRZ 5/10, 262.

[899] Wohl auch *Zollner* in *Huber*, ÜbG § 16 Rz 45; *Fragner/Schulz*, GesRZ 5/10, 262.

[900] Wohl auch *Fragner/Schulz*, GesRZ 5/10, 262.

der Bezugsrechte der Altaktionäre erfolgt. Gleichwohl die Annahme einer Nachbesserungspflicht mangels eines Verstoßes gegen das **Gleichbehandlungsgebot**[901] auch hier sachlich nicht gerechtfertigt ist.[902]

Wird die Einbringung des Börsenkandidaten dagegen (ausnahmsweise) durch eine **gemischte Kapitalerhöhung** erreicht, greift § 16 Abs 7 S 2 Alt 1 ÜbG, so dass kein Nacherwerb und somit auch keine Nachbesserungspflicht vorliegen.[903]

Eine Nachbesserungspflicht besteht im Ergebnis daher nur dann, wenn der Börsenkandidat mittels einer Sachkapitalerhöhung unter Ausschluss der gesetzlichen Bezugsrechte in die Zielgesellschaft eingebracht wird.

b)   Verschmelzung durch Aufnahme

Fraglich ist, ob ein Nacherwerb iSd § 16 Abs 7 ÜbG bzw eine damit einhergehende Nachzahlungspflicht auch dann anzunehmen ist, wenn der Börsenkandidat durch eine Verschmelzung durch Aufnahme in die Zielgesellschaft eingebracht wird und seine Eigentümer infolgedessen Aktien an dieser erhalten, wobei das Bestehen einer Nachbesserungspflicht mangels einer relevanten Ungleichbehandlung auch hier sachlich nicht gerechtfertigt wäre.[904]

Eine **§ 31 Abs 5 S 2 Var 2 WpÜG** entsprechende Ausnahmevorschrift existiert im ÜbG nicht,[905] wobei eine solche aus den bereits genannten Gründen[906] auch hier nicht einschlägig wäre.

Gegen die Annahme eines Nacherwerbs könnte jedoch auch vorliegend (wie nach deutscher Rechtslage § 31 Abs 6 S 2 WpÜG) **§ 16 Abs 7 S 2 Alt 1 ÜbG** sprechen. Schließlich geht die Verschmelzung durch Aufnahme nach

---

[901] Der Sinn und Zweck des § 16 Abs 7 ÜbG besteht ebenfalls (wie bei § 31 Abs 5 WpÜG) in erster Linie darin, die **Gleichbehandlung** der Aktionäre im Rahmen einer Übernahme nach dem ÜbG zu gewährleisten (vgl *Zollner* in *Huber*, ÜbG § 16 Rz 2; *Fragner/Schulz*, GesRZ 5/10, 261).
[902] So wohl auch *Fragner/Schulz*, GesRZ 5/10, 262.
[903] So wohl auch *Fragner/Schulz*, GesRZ 5/10, 262.
[904] So wohl auch *Fragner/Schulz*, GesRZ 5/10, 262.
[905] Vgl *Fragner/Schulz*, GesRZ 5/10, 262.
[906] Vgl unter E.VI.3.b)aa).

öAktG ebenfalls mit einer Sachkapitalerhöhung einher, wobei die Bezugsrechte auch von Gesetzes wegen ausgeschlossen sind (§ 223 Abs 1 S 1 öAktG) und die neu entstandenen Aktien kraft Gesetzes (§ 225a Abs 2 Nr 3 öAktG) erworben werden, so dass auch hier von der Ausübung eines gesetzlichen Bezugsrechts ausgegangen werden könnte. Hiergegen spricht jedoch, dass § 16 Abs 7 S 2 Alt 1 ÜbG – entsprechend der deutschen Rechtslage – nur dann die Ausübung gesetzlicher Bezugsrechte privilegiert, wenn diese auf die Aufrechterhaltung einer bestehenden Beteiligungsquote abzielt.[907] Erfasst werden also ausschließlich Fälle des § 153 Abs 1 öAktG.

Ferner kommt mangels einer planwidrigen Regelungslücke auch keine **analoge Anwendung** des **§ 16 Abs 7 S 2 Alt 2 ÜbG**, welcher die Annahme eines Nacherwerbs bei einer Abfindungszahlung im Rahmen eines *Squeeze-out* ausschließt, in Betracht.[908]

Im Ergebnis ist daher auch bei einer Verschmelzung von einem Nacherwerb und einer daraus resultierenden Nachbesserungspflicht auszugehen.[909]

---

[907] Vgl unter E.VI.3.b)ab). Wohl auch *Zollner* in *Huber*, ÜbG § 16 Rz 45; *Fragner/Schulz*, GesRZ 5/10, 262.
[908] Vgl ausführlich *Fragner/Schulz*, GesRZ 5/10, 262 f.
[909] Im Ergebnis zustimmend *Fragner/Schulz*, GesRZ 5/10, 263.

5. Ergebnis

Im Ergebnis bleibt festzuhalten, dass bei einem *Reverse Merger* mittels einer Sachkapitalerhöhung unter Ausschluss der Bezugsrechte bzw mittels einer Verschmelzung durch Aufnahme sowohl nach deutschem WpÜG als auch nach österreichischem ÜbG eine Nachbesserungspflicht besteht. Dies gilt jedoch nur dann, wenn im Vorfeld der Einbringung des Börsenkandidaten ein Übernahmeverfahren eingeleitet bzw ausgelöst wird (idR aufgrund des Kontrollerwerbs) und der in diesem Zusammenhang gewährte Angebotspreis unter dem Ausgabepreis der im Zuge der Kapitalerhöhung neu entstehenden Aktien liegt. Eine solche Konstellation kommt dabei insbesondere auf Grund des Verbots der *Unter-pari-Emission* bei der Verwendung von *Penny-Stock-Gesellschaften* in Betracht.

Zu beachten ist allerdings, dass weder eine direkte noch eine indirekte Ungleichbehandlung der im Zuge des Pflichtangebots ausgestiegenen Aktionäre vorliegt. Eine Nachbesserungspflicht gemäß § 31 Abs 5 WpÜG / § 16 Abs 7 ÜbG ist daher eigentlich sachlich nicht gerechtfertigt. Angesichts der klaren gesetzlichen Vorgaben und mangels der Möglichkeit einer analogen Anwendung muss jedoch derzeit von einem Bestehen einer Nachbesserungspflicht ausgegangen werden und zwar in vollem Umfang – also in Höhe des vollständigen Differenzbetrags zwischen Erst- und Zweiterwerb.[910]

Wird im Zuge eines *Reverse Merger* eine Nachbesserungspflicht ausgelöst, kann dies folglich zu einer erheblichen Erhöhung der Transaktionskosten führen.

---

[910] Vgl *Renzenbrink/Holzner*, NZG 2003, 205. Diese fordern den Gesetzgeber daher auf, diese offenbar übersehene Unzulänglichkeit des WpÜG zu beheben, um insbesondere die Übernahme und Sanierung von *Penny-Stock-Unternehmen* zu erleichtern (vgl ebenfalls *Renzenbrink/Holzner*, NZG 2003, 205).

F. SPACs

Unter einem SPAC (Special Purpose Acquisition Company) wird allgemein eine unternehmenslose Aktiengesellschaft (Mantelgesellschaft) verstanden, die im Rahmen eines regulären IPOs an die Börse gebracht wird, um im Anschluss daran ein noch nicht börsennotiertes Unternehmen zu übernehmen, mit dem Ziel diesem einen *Cold IPO*[911] zu ermöglichen.[912] SPACs stammen ursprünglich aus den USA und zählen dort schon seit einigen Jahren zum festen Bestandteil des Kapitalmarktes.[913] So wurden in den USA seit dem Jahre 2003 etwa 160 SPACs emittiert.[914] Im Jahre 2007 handelte es sich in den Vereinigten Staaten sogar bereits bei über einem ¼ aller Börsengänge um SPACs.[915] Auch in Europa haben sich SPACs mittlerweile etabliert.[916] Als erster deutscher SPAC sorgte im Sommer 2008 insbesondere die *Germany 1 Acquisition Limited,* welche inzwischen den Leistungselektronikspezialisten *AEG Power Solutions* übernommen hat und seitdem als *3W Power Holdings firmiert*[917], für großes mediales Aufsehen.[918] Darüber hinaus sind mit der *Helikos SE*[919] und der *European Cleantech 1*[920] mittlerweile zwei weitere SPACs an der Frankfurter Börse notiert. Ob sich der

---

[911] Im Unterschied zu einem regulären *Cold IPO* stellt bei einem *Cold IPO* mittels eines SPACs (wie im Folgenden noch deutlich wird), diese die treibende Kraft dar. So sucht die SPAC idR aktiv nach einem Börsenkandidaten. Wohingegen bei einem regulären *Cold IPO* eher der Börsenkandidat nach dem geeigneten Börsenvehikel Ausschau hält.

[912] Vgl *Just,* ZIP 2009, 1698; *Selzner,* ZHR 174 (2010), 318.

[913] Vgl *Feldman/Dresner,* Reverse Mergers 179 ff; *Harrer/Janssen,* FB 2009, 46. *Just,* ZIP 2009, 1698.

[914] Vgl *Just,* ZIP 2009, 1698; *Weber,* IRZ 2010, 71; *Ilberg/Neises,* GoingPublic Kapitalmarktrecht 2008, 54.

[915] Vgl *Just,* ZIP 2009, 1698; *Ilberg/Neises,* GoingPublic Kapitalmarktrecht 2008, 54; *Harrer/Janssen,* FB 2009, 46.

[916] Für einen Überblick zu den bisher in Europa notierten SPACs vgl *Benz/Wulf,* GoingPublic Sonderbeilage SPACs 2008, 15.

[917] Vgl *Lahnstein/Homann,* GoingPublic Kapitalmarktrecht 2010, 38; *Wendenburg,* GoingPublic 10/09, 32; „Alter Wein in neuen Schläuchen", Börsen-Zeitung vom 24.7.2009, 8.

[918] Vgl „Erster Spac für Deutschland will rasch akquirieren", Börsen-Zeitung vom 1.7.2008, 11; „Blind Date mit einem Unternehmen", Euro am Sonntag vom 20.7.2008, 32; „Unternehmensfinanzierung – Einkaufsbummel mit Bulle und Bär", Markt und Mittelstand vom 1.8.2008; „Blankoschecks made in America", Wirtschaftsblatt.at vom 4.7.2008, 19; „Mit leerer Hülle aufs Börsenparkett", VDI Nachrichten vom 11.6.2008, 15; „Börsenmantel Germany1 legt Paketdebüt hin", WELT ONLINE http://www.welt.de/ print/article2237203/Boersenmantel Germany1 legt Parkettdebuet hin.ht ml (18.4.2011); „Der sanfte Weg aufs Parkett", Handelsblatt.com http://www.handelsblatt.com/unternehmen/mittelstand aktuell/der-sanfte-weg-aufs-parkett;2006664 (18.4.2011); „Neuer Börsenmantel soll deutsche Unternehmen kleiden", Reuters http://de.reuters.com/article/marketsNews/idDEBUC04080820080630 (18.4.2011).

[919] Vgl *Bozicevic,* GoingPublic 2/10, 16 ff.

[920] Vgl „Börsenmantel soll den Weg zur Notierung ebnen", FAZ.NET http://www.faz.net/s/RubF3F7C1F630AE4F8D8326AC2A80BDBBDE/Doc~EFDCACD5F42A340A3 99BB122A9D88C3F9~ATpl~Ecommon~Scontent.html (18.4.2011); „European Cleantech geht per Handstreich an die Börse", FTD http://www.ftd.de/finanzen/maerkte/:boersengang-von-vehikel-european-cleantech-geht-per-handstreich-an-die-boerse/50184921.html#utm source=rss2&utm medium=rss feed&utm campaign=/ (18.4.2011).

SPAC-Trend auch in Österreich durchsetzen wird, bleibt allerdings abzuwarten. Bislang kam es jedenfalls noch zu keinem Börsengang eines solchen Börsenvehikels.

Im Folgenden soll zunächst der typische Ablauf einer SPAC-Transaktion (I) dargestellt werden, anhand dessen insbesondere auch auf die typischen Wesensmerkmale eines SPAC eingegangen werden soll. Zudem werden die Vorteile einer solchen Transaktion (II) dargestellt. Im Anschluss daran soll erörtert werden, ob bzw unter welchen Voraussetzungen die Börsenzulassung eines SPAC in Deutschland und Österreich möglich ist (III). Daran anschließend soll geklärt werden, ob als Rechtsträger für einen SPAC auch eine deutsche bzw österreichische Aktiengesellschaft herangezogen werden kann (IV). Dabei geht es insbesondere um die Frage, inwieweit sich die typischen SPAC-Strukturen auch nach deutschem bzw österreichischem Aktienrecht abbilden lassen. Zu guter Letzt sollen potentielle rechtliche Probleme, die im Rahmen einer SPAC-Transaktion auftreten können diskutiert werden (V).

I.   Ablauf einer SPAC –Transaktion

Der Ablauf einer SPAC -Transaktion lässt sich grob in fünf Schritte einteilen:

- Die Gründung und der Börsengang des SPAC.

- Die Identifizierung des Übernahmeziels (Börsenkandidat).

- Die Abstimmung der SPAC-Aktionäre über die Übernahme.

- Die Übernahme des Zielunternehmens.

- Die Integration des Zielunternehmens.

207

1. Gründung und Börsengang

Die Gründung des SPAC erfolgt durch die sog Gründungsaktionäre[921], die im weiteren Verlauf typischerweise auch die Geschäftsführung des SPAC (sog SPAC-Management) übernehmen.[922] Dabei handelt es sich in der Regel um renommierte Manager, die über umfassende Erfahrungen im Hinblick auf die Auswahl von Investitionsobjekten und Investoren verfügen und einen entsprechenden Track-Record mit erfolgreichen Transaktionen vorweisen können.[923] Ihre Aktivitäten konzentrieren sich dabei zunächst insbesondere auf die Vorbereitung und Durchführung des folgenden IPOs.[924] Das im Zuge der Gründung von den Gründern bereitgestellte Startkapital[925] dient dabei der Deckung der hierfür anfallenden Transaktionskosten.[926] Da ein SPAC im Zeitpunkt seiner Gründung über kein Unternehmen verfügt – also als Mantelgesellschaft zu qualifizieren ist – stellt die Gründung eine sog Vorratsgründung dar.[927]

Im Anschluss an die Gründung wird der SPAC mittels eines IPOs an die Börse gebracht. Im Rahmen des IPOs werden sog *Units*[928] – bestehend aus einer Aktie und einem Optionsrecht[929] – potentiellen Investoren zur Zeichnung angeboten,[930] wobei die angebotenen Aktien durch eine Kapitalerhöhung geschaffen werden müssen.[931] Zu beachten ist allerdings, dass der im Zuge eines erfolgreichen IPOs erzielte Emissionserlös mit

---

[921] Diese werden häufig auch als Sponsoren bezeichnet (vgl *Weber*, IRZ 2010, 72).
[922] Vgl *Selzner*, ZHR 174 (2010), 322.
[923] Vgl *Weber*, IRZ 2010, 71; *Just*, ZIP 2009, 1698. Bei der *Germany 1 Acquisition Limited* bestand das Management-Team insbesondere auch aus – der Wirtschaftspresse hinlänglich bekannten – Persönlichkeiten wie Thomas Middelhoff (ehem Vorstand der *Arcandor AG* sowie der *Bertelsmann AG*) und Roland Berger (Gründer und Aufsichtsratsmitglied der gleichnamigen Unternehmensberatung), vgl Prospekt der *Germany 1 Acquisition Limited*, G-7.
[924] Vgl *Selzner*, ZHR 174 (2010), 324.
[925] Bzw Grundkapital.
[926] Vgl *Weber*, IRZ 2010, 72.
[927] So wohl auch *Blättchen*, GoingPublic 8-9/08, 30. Eine Ausnahme stellte insofern die *Deutsche SPAC AG* dar. Hierbei handelt es sich um eine gewöhnliche Mantelgesellschaft (ehem *Helio Biotech AG*; inzwischen firmiert sie als *Aureum Realwert AG*) und nicht um einen SPAC im eigentlichen Sinne (vgl *Zeiss*, GoingPublic Sonderbeilage SPACs 2008, 30). Vermutlich sollte mit der Bezeichnung als SPAC lediglich das derzeitige Interesse an diesen Vehikeln genutzt werden (so *Just*, ZIP 2009, 1698).
[928] Engl für Einheiten.
[929] Dabei handelt es sich um Optionsscheine, die zum Bezug von weiteren Anteilen an der SPAC-Gesellschaft zu einem späteren Zeitpunkt berechtigen. Zweck der Optionen ist es, den Anlegern eine möglichst hohe Investitionsflexibilität sowie eine Spekulationsmöglichkeit zu bieten (vgl *Selzner*, ZHR 174 (2010), 323. Vor diesem Hintergrund sehen SPACs idR vor, dass die Aktien und Optionsscheine **getrennt** voneinander an der Börse gehandelt werden können).
[930] Vgl *Selzner*, ZHR 174 (2010), 323.
[931] Vgl *Selzner*, ZHR 174 (2010), 331. Vgl hierzu auch Abbildung 16.

Ausnahme der für den laufenden Geschäftsbetrieb erforderlichen Mittel[932], zunächst auf einem Treuhandkonto hinterlegt wird.[933] Diese Regelung dient dabei dem Zweck, die Aktionäre vor etwaigen Missbräuchen durch das SPAC-Management zu schützen. Vor diesem Hintergrund wird der Emissionserlös zunächst dem Einfluss des Managements entzogen und erst bei Genehmigung einer Übernahme durch die Aktionäre freigegeben.

Zu beachten ist, dass bei einem SPAC grundsätzlich zwischen Gründer- und Publikumsaktien unterschieden werden muss. Bei Ersteren handelt sich um die Aktien, die den Gründern als Gegenleistung für ihre Einlage im Rahmen der Gründung zugeteilt werden,[934] bei Zweiteren um die Aktien, die durch eine Kapitalerhöhung im Zuge des IPOs geschaffen und im Anschluss von den Investoren gezeichnet werden.[935] Der wesentliche Unterschied besteht dabei darin, dass die Publikumsaktien (bzw *Units*) im Vergleich zu den Gründungsaktien mit einem erheblichen Aufgeld angeboten werden.[936] So beträgt der Angebotspreis pro Publikumsaktie regelmäßig ein Vielfaches des eigentlichen Nennbetrags bzw des auf jede (Stück-) Aktie entfallenden Anteils am Grundkapital.[937] Die Gründer erwerben ihre Aktien im Rahmen der SPAC-Gründung dagegen zum Nennbetrag bzw erhalten pro (Stück-) Aktie einen dem Erwerbspreis entsprechenden Anteil am Grundkapital.[938] Das Aufgeld dient dabei der Vergütung der Gründer bzw des SPAC-Managements für die Zurverfügungstellung des Startkapitals sowie die Suche nach dem geeigneten Börsenkandidaten,[939] wobei die Vergütung aus Sicht der Gründungsaktionäre darin besteht, dass es ihnen – im Vergleich zu den Publikumsaktionären – ermöglicht wird, mit einem relativ geringen Kapitaleinsatz eine in der Regel ca 20%-ige Beteiligung[940] am SPAC bzw der

---

[932] bis zu 5% des Emissionserlöses
[933] Vgl *Harrer/Janssen*, FB 2009, 46.
[934] Vgl *Selzner*, ZHR 174 (2010), 323. Vgl hierzu auch Abbildung 16.
[935] Vgl ebenfalls Abbildung 16.
[936] Vgl *Selzner*, ZHR 174 (2010), 323 f.
[937] So betrug der Angebotspreis pro *Unit* (Publikumsaktie + Optionsschein) bei der *Helikos SE* zB 10 €. Wohingegen sich der auf jede Publikumsaktie entfallende Anteil am Grundkapital nur auf 0,0152 € belief und der nominelle Ausgabebetrag des Optionsscheins nur 0,01 € betrug. Das Aufgeld belief sich demnach auf 9,9748 € (vgl Prospekt der *Helikos SE*, 38).
[938] Vgl *Weber*, IRZ 2010, 72; *Shobi/Lorenz*, GoingPublic Sonderbeilage SPACs 2008, 20. So erwarben die Gründer der *Helikos SE* ihre Aktien zu einem Stückpreis von 0,0152 € (vgl Prospekt der *Helikos SE*, 41).
[939] Vgl *Röder/Walkshäusl*, FB 2008, 643; *Weber*, IRZ 2010, 72.
[940] Vgl Abbildung 16.

daraus im weiteren Verlauf neu entstehenden operativen Gesellschaft[941] zu erlangen.[942]

Zudem sind die Gründer verpflichtet aus eigenen Mitteln sog Gründeroptionen zu erwerben, die sie zu einem späteren Zeitpunkt zum Kauf weiterer SPAC-Anteile berechtigen,[943] wobei der hierdurch aufgebrachte Erlös ebenfalls dem Treuhandkonto gutgeschrieben wird.[944] Darüber hinaus erhält das SPAC-Management jedoch kein Gehalt oder sonstige Kompensationen.[945] Wichtig ist ferner, dass die Gründeraktien und -optionen im Falle einer Liquidation des SPAC wertlos verfallen. Insbesondere erhalten deren Inhaber – im Gegensatz zu den Inhabern der Publikumsaktien – keine Rückzahlung aus dem Treuhandvermögen.[946]

2. Identifizierung des Übernahmeziels

Nach erfolgtem Börsengang macht sich das SPAC-Management auf die Suche nach einem geeigneten Übernahmekandidaten.[947] Bei den potentiellen Übernahmekandidaten handelt es sich dabei ausschließlich um private nicht börsennotierte Unternehmen[948], die ihrerseits eine Börsennotierung anstreben.[949] In der Regel wird das Spektrum der in Frage kommenden Unternehmen noch weiter eingegrenzt. So liegt der Focus der

---

[941] Wobei sich der prozentuale Anteil noch verringern kann (Verwässerung), wenn im Zuge der Übernahme des Börsenkandidaten neue Aktien ausgegeben werden oder die SPAC-Aktionäre ihre Optionen einlösen (vgl Abbildung 16).

[942] Die auf diesem Wege erfolgte Vergütung wird auch als „Sponsors Promote" bezeichnet (vgl Weber, IRZ 2010, 72). Dieser Vorgang wird auch am Beispiel der Helikos SE deutlich. So war in deren Prospekt vorgesehen, dass die Gründer im Rahmen der Gründung 9.473.684 Aktien zu je 0,0152 € (ca 144.000 €) erwerben. Wohingegen dem Publikum 25.000.000 neue Aktien aus einer Kapitalerhöhung zu je 10 € (Emissionserlös = 250.000.000 €) angeboten werden sollten (der tatsächliche Emissionserlös wich hiervon jedoch ab). Wobei bei einer Zeichnung aller angebotenen Aktien das Grundkapital nach dem IPO folglich aus 34.473.684 Aktien zu je 0,0152 € bestanden hätte. Der prozentuale Anteil der Gründer am Grundkapital hätte demnach ca 27% betragen. Gleichwohl sie hierfür nur 144.000 € aufgebracht hätten. Wohingegen die Publikumsaktionäre für einen Anteil iHv 73% des Grundkapitals 250.000.000 € aufbringen hätten müssen (vgl Prospekt der Helikos SE, 38 u 41).

[943] Vgl Röder/Walkshäusl, FB 2008, 643.

[944] Vgl Röder/Walkshäusl, FB 2008, 643.

[945] Vgl Röder/Walkshäusl, FB 2008, 643.

[946] Vgl Röder/Walkshäusl, FB 2008, 643.

[947] Vgl Selzner, ZHR 174 (2010), 322. Wobei sie im Anschluss daran auch die Planung und den Vollzug der Übernahme verantworten.

[948] Weber hält dagegen grundsätzlich auch den Erwerb eines börsennotierten Unternehmens für möglich (vgl IRZ 2010, 71). Wobei dies aus Sicht des Zielunternehmens eigentlich keinen Sinn ergibt.

[949] Vgl Just, ZIP 2009, 1698.

meisten SPACs auf bestimmten Sektoren, Branchen[950] oder Regionen[951], welche bereits im Vorfeld im Prospekt des SPACs festgelegt werden.[952] Zudem sehen SPACs in der Regel vor, dass der Marktwert des Börsenkandidaten im Zeitpunkt der Übernahme mindestens 80% des Treuhandvermögens (= Emissionserlös) umfasst.[953] *„Hierdurch soll verhindert werden, dass durch eine vergleichsweise kleine Transaktion die Mittel vom Treuhandkonto abfließen, sonstige Schutzbestimmungen, die an die erste Übernahmetransaktion anknüpfen [...], ausgehebelt werden oder sogar bei drohendem Fristablauf[954] die Liquidation verhindert wird."[955]*

Zu beachten ist ferner, dass die Übernahme des Börsenkandidaten innerhalb eines vorgegebenen Zeitraums erfolgen muss. In der Regel sehen SPACs hierfür einen Zeitraum von 12, 18 oder 24[956] Monaten vor,[957] wobei die Frist in der Regel mit dem Tag der Handelsaufnahme beginnt.[958] Dem SPAC-Management muss es daher zunächst gelingen, innerhalb des vorgegebenen Zeitraums einen geeigneten Übernahmekandidaten zu identifizieren und zumindest einen *Letter of Intent* hinsichtlich dessen Übernahme zu unterzeichnen.[959] Ansonsten wird der SPAC liquidiert und das noch vorhandene Vermögen, das sich im Wesentlichen aus dem Treuhandvermögen zusammensetz, anteilig an die SPAC-Aktionäre ausgeschüttet.[960] Kann jedoch ein passender Börsenkandidat ausfindig gemacht werden, muss dieser den SPAC-Aktionären als Erwerbsobjekt

---

[950] Vgl zB die *European Cleantech 1*, welche ausschließlich die Übernahme von Unternehmen im Bereich der Umwelttechnologie vorsieht. Vgl „Börsenmantel soll den Weg zur Notierung ebnen", FAZ.NET http://www.faz.net/s/RubF3F7C1F630AE4F8D8326AC2A80BDBBDE/Doc~EFDCACD5F42A340A3 99BB122A9D88C3F9~ATpl~Ecommon~Scontent.html (18.4.2011).

[951] Vgl zB die *Germany I*, die auf die Übernahme von Unternehmen mit einem Haupttätigkeitsgebiet in Deutschland, Österreich oder der Schweiz ausgerichtet war (vgl Prospekt der *Germany I*, G-8).

[952] Vgl *Ilberg/Neises*, GoingPublic Sonderbeilage SPACs 2008, 26; *Selzner*, ZHR 174 (2010), 319.

[953] Vgl *Ilberg/Neises*, GoingPublic Kapitalmarktrecht 2008, 54. So auch bei der *Helikos SE* (vgl Prospekt der *Helikos SE*, 36) und der *Germany I* (vgl Prospekt der *Germany I*, G-11).

[954] Vgl im Folgenden.

[955] *Selzner*, ZHR 174 (2010), 326.

[956] So zb im Fall der *Germany I* (vgl Prospekt der *Germany I*, G-8,9) oder der *Helikos SE* (vgl Prospekt der *Helikos SE*, 35).

[957] Vgl *Just*, ZIP 2009, 1698; *Just/Seiler*, GoingPublic Sonderbeilage SPACs 2008, 18.

[958] Vgl zB Prospekt der *Helikos SE*, 36.

[959] Vgl *Ilberg/Neises*, GoingPublic Sonderbeilage SPACs 2008, 26; *Ilberg/Neises*, GoingPublic Kapitalmarktrecht 2008, 54. Bei der *Helikos SE* muss die Übernahme zB innerhalb von 24 Monaten seit der Handelsaufnahme erfolgen, wobei bei Vorliegen eines *Letter of Intent* eine Nachfrist von 6 Monaten eintritt (vgl Prospekt der *Helikos SE*, 36).

[960] Vgl *Harrer/Janssen*, FB 2009, 46; *Ilberg/Neises*, GoingPublic Sonderbeilage SPACs 2008, 26; *Ilberg/Neises*, GoingPublic Kapitalmarktrecht 2008, 54. Vgl auch Prospekt der *Helikos SE*, 37.

vorgeschlagen werden.[961] Diese haben dann das Recht über den Erwerb zu entscheiden.[962]

3. Abstimmung über die Übernahme

Die Entscheidung über die Übernahme des ausgewählten Börsenkandidaten erfolgt im Rahmen einer zu diesem Zwecke einberufenen Aktionärsversammlung. Diese hat im Wege einer Abstimmung darüber zu befinden, ob das vom SPAC-Management ausgewählte Zielunternehmen tatsächlich übernommen werden soll. Die SPAC-Aktionäre haben dabei die Möglichkeit entweder für oder gegen die Übernahme zu stimmen. Entscheidet sich ein Aktionär für ersteres, behält er – im Idealfall – seine Anteile am SPAC und wird nach der Übernahme des Börsenkandidaten automatisch Anteilseigner einer operativ tätigen und börsennotierten Gesellschaft. Stimmt er jedoch gegen die Übernahme, hat er das Recht seine Aktien zurückzugeben (sog Rückgaberecht) und seine erbrachte Einlage zurückzufordern.[963] Der Sinn dieses Rückgaberechts besteht dabei darin, den SPAC-Aktionären die Möglichkeit zu geben, bei Zweifeln hinsichtlich der wirtschaftlichen Attraktivität des vom Management auserkorenen Börsenkandidaten von ihrer Beteiligung zurückzutreten und ihren Kapitaleinsatz in der Regel ganz oder zumindest zum größten Teil zurückzuerhalten.[964]

Für das Zustandekommen der Übernahme ist grundsätzlich ein Beschluss erforderlich, der die einfache Mehrheit der von den Aktionären abgegebenen Stimmen umfasst,[965] wobei die Gründeraktien in der Regel nicht stimmberechtigt sind und daher bei der Feststellung der Mehrheit nicht berücksichtigt werden.[966] Zu beachten ist ferner, dass auch bei einem Vorliegen einer einfachen Stimmmehrheit eine Übernahme nur dann zustande kommt, wenn die Stimmen, die sich gegen die Übernahme richten,

---

[961] Vgl *Weber*, IRZ 2010, 72.
[962] Vgl *Weber*, IRZ 2010, 72.
[963] Vgl Prospekt der *Helikos SE*, 36 f; vgl auch *Ilberg/Neises*, GoingPublic Kapitalmarktrecht 2008, 54.
[964] Vgl *Ilberg/Neises*, GoingPublic Sonderbeilage SPACs 2008, 26.
[965] Vgl *Röder/Walkshäusl*, FB 2008, 643; vgl auch Prospekt der *Helikos SE*, 36.
[966] Vgl Prospekt der *Helikos SE*, 36; Prospekt der *Germany I*, G-10.

212

eine bestimmte Schwelle nicht überschreiten.[967] Im Falle der *Helikos SE* liegt diese Schwelle zb bei 35% der stimmberechtigten (Publikums-) Aktien.[968]

Vor diesem Hintergrund ergeben sich bei der Abstimmung über die Übernahme des Börsenkandidaten folgende Konstellationen:

- Stimmt die einfache Mehrheit der (Publikums-) Aktionäre des SPAC für die Übernahme des Zielunternehmens und betragen die Gegenstimmen weniger als 35%[969] der stimmberechtigten Aktien gilt die Übernahme als beschlossen.[970] Das Treuhandvermögen wird dem Management zur Verfügung gestellt.[971] Dieses befriedigt damit zunächst die Anteilseigner, die gegen die Übernahme gestimmt haben (Rückgaberecht). Der Rest wird für die Finanzierung der Übernahme und die (Wachstums-) Finanzierung des neuen operativen Geschäfts verwendet.

- Stimmen dagegen mehr als 35% der SPAC-Aktionäre gegen die Übernahme des Zielunternehmens oder liegt keine Stimmmehrheit vor, gilt die Übernahme als nicht beschlossen. Der SPAC wird aufgelöst und das gesamte Treuhandvermögen anteilig an alle Aktionäre abzüglich angefallener Kosten zurückgezahlt.[972] Etwas anderes kann jedoch unter Umständen dann gelten, wenn es dem Management gelingt, innerhalb der Übernahmefrist einen weiteren Börsenkandidaten ausfindig zu machen und der Aktionärsversammlung zur Abstimmung vorzuschlagen, wobei die hierfür verbleibende Zeit in der Regel nicht ausreichen dürfte.

4. Übernahme des Zielunternehmens

Wird die Übernahme des Zielunternehmens von den Aktionären des SPAC beschlossen, folgt in einem nächsten Schritt deren Durchführung. Obwohl häufig der Eindruck hinterlassen wird, dass die SPAC den Emissionserlös

---

[967] Vgl *Harrer/Janssen*, FB 2009, 46.
[968] Vgl Prospekt der *Helikos SE*, 36. Im Falle der *Germany I* liegt die Schwelle dagegen bei 30% (vgl Prospekt der *Germany I*, G-11).
[969] Diese Schwelle soll im Folgenden zu Grunde gelegt werden.
[970] Vgl *Röder/Walkshäusl*, FB 2008, 643.
[971] Vgl *Röder/Walkshäusl*, FB 2008, 643.
[972] Vgl *Röder/Walkshäusl*, FB 2008, 643.

ausschließlich für den Kauf des Zielunternehmens verwendet[973], dürfte diese Vorgehensweise in der Praxis wohl eher eine Ausnahme darstellen. Schließlich sind die potentiellen Zielunternehmen zum einen oft so hoch bewertet, dass der dem SPAC zur Verfügung stehende Emissionserlös für eine Übernahme alleine nicht ausreicht (*Reverse-Konstellation*).[974] Im Zuge der Übernahme müssen demnach regelmäßig auch neue Anteile als Gegenleistung gewährt werden. Zum anderen wird der Emissionserlös zumindest teilweise für die (Wachstums-) Finanzierung der neuen operativen Geschäftstätigkeit benötigt.[975]

Die Übernahme kann demnach nicht durch einen Erwerb unter der Verwendung von Barmitteln sondern vielmehr auch durch eine Sachkapitalerhöhung, Verschmelzung (*Reverse Merger*) oder eine Mischform[976] dieser Übernahmevarianten erfolgen,[977] wobei sowohl die einzelnen Vermögenswerte (*Asset Deal*) des Zielunternehmens als auch dessen Geschäftsanteile (*Share Deal*) erworben werden können.[978] Im Hinblick auf die einzelnen Transaktionsvarianten gelten dabei die bereits oben dargestellten Verfahrensschritte,[979] wobei bei einem SPAC grundsätzlich kein Kontrollerwerb durch den Börsenkandidaten bzw dessen Eigentümer erfolgt.

---

[973] So zB bei *Röder/Walkshäusl*, FB 2008, 641.
[974] Die *Helikos SE* plant zB die Übernahme eines Unternehmens, dessen Wert zwischen 300 Mio und 1 Mrd € liegt (vgl Prospekt der *Helikos SE*, 32). Der zur Verfügung stehende Emissionserlös beträgt dagegen nur ca 200 Mio €
http://www.helikosgroup.com/index.php?option=com_content&view=section&layout=blog&id=14&ltemid=59&lang=de (18.4.2011).
[975] Vgl *Schweizer/Mietzner*, GoingPublic 10/09, 55.
[976] Die Eigentümer des Börsenkandidaten erhalten als Gegenleistung im Zuge der Übernahme also sowohl Geld als auch Anteile am SPAC (vgl *Shobi/Lorenz*, GoingPublic Sonderbeilage SPACs 2008, 20). Diese Vorgehensweise wurde auch bei der Übernahme der *AEG Power Solutions* durch die *Germany 1 Acquisition Limited* gewählt. So wurde der Kaufpreis iHv 392 Mio € durch eine Barleistung iHv 200 Mio € und die Ausgabe von 19.208.931 Aktien an der *Germany 1* beglichen (vgl *Schweizer/Mietzner*, GoingPublic 10/09, 55).
[977] Vgl Prospekt der *Helikos SE*, 31 u 35; *Weber*, IRZ 2010, 71 f; *Just*, ZIP 2009, 1698; *Selzner*, ZHR 174 (2010), 325.
[978] Vgl *Selzner*, ZHR 174 (2010), 325.
[979] Vgl unter D.IV. Voraussetzung hierfür ist jedoch, dass es sich bei der SPAC um eine d bzw ö Aktiengesellschaft handelt. Ob dies grundsätzlich möglich ist, muss allerdings noch geklärt werden.

214

5. Integration des Börsenkandidaten

Die Integration des Börsenkandidaten in den SPAC kann durch die bereits oben dargestellten Verfahrensweisen erfolgen.[980] Dabei kann ein SPAC wie ein gewöhnlicher Börsenmantel neuausgerichtet werden. So besteht ebenfalls die Möglichkeit den Namen (idR wird der Name des Börsenkandidaten übernommen) und den Unternehmensgegenstand des SPAC der neuen operativen Tätigkeit anzupassen. Ferner kann der Sitz des SPAC an den ursprünglichen Hauptsitz des Börsenkandidaten verlegt werden. Zudem können die Verwaltungsorgane des SPAC neubesetzt werden, wobei es in der Regel zu einer Aufnahme der Eigentümer des Börsenkandidaten bzw deren Vertreter in das Management-Team (Vorstand) oder in den Aufsichtsrat der neuen Gesellschaft (ehem SPAC) kommen dürfte. Darüber hinaus besteht auch die Möglichkeit den SPAC nach der Übernahme des Börsenkandidaten als Holding Gesellschaft auszugestalten.[981]

---

[980] Vgl unter D.III. Wobei wieder das Vorliegen einer d/ö AG unterstellt werden muss.
[981] So wurde auch die *Germany I* nach der Übernahme der *AEG Power Solutions* zu einer Holding (*3W Power Holdings*) umfunktioniert (vgl *Lahnstein/Homann*, GoingPublic Kapitalmarktrecht 2010, 38; *Wendenburg*, GoingPublic 10/09, 32; „Alter Wein in neuen Schläuchen", Börsen-Zeitung vom 24.7.2009, 8).

Abbildung 15: Ablauf einer SPAC-Transaktion

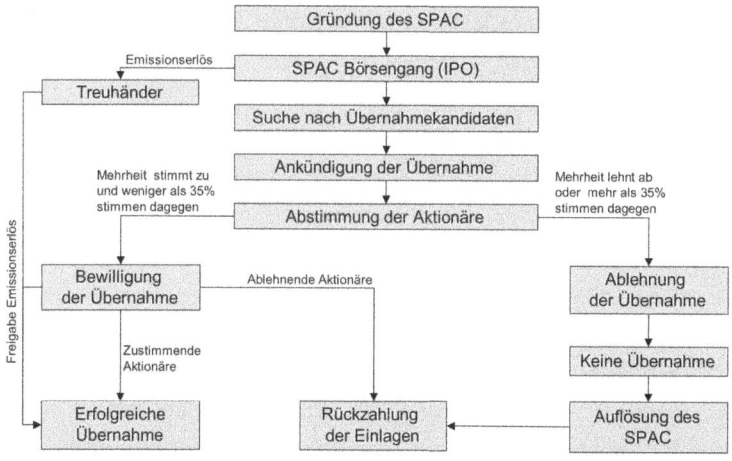

Abbildung 16: Entwicklung der Beteiligungsverhältnisse an einem SPAC. [982]

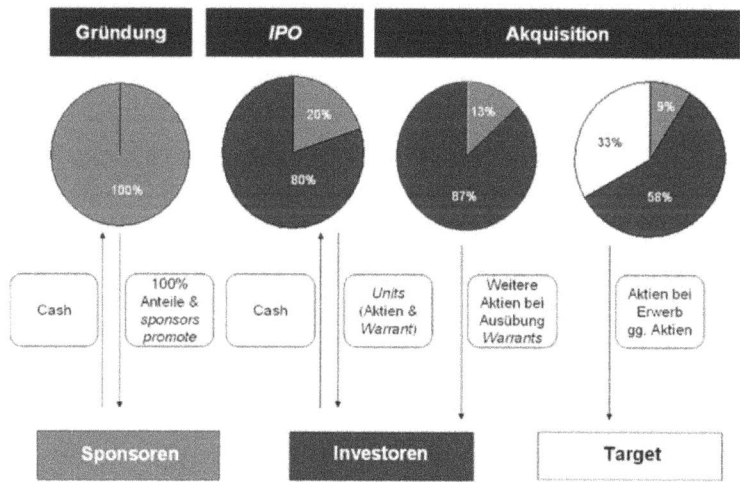

---

[982] Quelle: Weber, IRZ 2010, 72.

II. Vorteile

Im Folgenden sollen die Vorteile eines SPAC für den Börsenkandidaten, dessen Eigentümer und die Investoren dargestellt werden.

1. Aus Sicht des Börsenkandidaten

Aus Sicht des Börsenkandidaten ergeben sich bei einem *Cold IPO* unter der Verwendung eines SPAC gegenüber einem klassischen Börsengang (IPO) grundsätzlich die gleichen Vorteile[983] wie bei einem *Cold IPO* unter der Verwendung eines herkömmlichen Börsenmantels, wobei die Tatsache, dass der SPAC – aufgrund des durchgeführten IPOs – bereits über entsprechende finanzielle Mittel verfügt, zu gewissen Unterschieden führt. So dürfte die Zeit- und Kostenersparnis gegenüber einem regulären IPO bei einem *Cold IPO* via SPAC wesentlich deutlicher ausfallen, als bei der Verwendung eines gewöhnlichen Mantels (bzw Zielgesellschaft).[984] Dies gilt zumindest dann, wenn nicht nur die Börsenzulassung sondern auch eine Kapitalaufnahme angestrebt wird. Ferner kann mittels eines SPACs nicht nur die Börsenzulassung[985] sondern auch die Kapitalbeschaffung unabhängig vom Marktumfeld erfolgen. Dies ist insbesondere dann von Vorteil, wenn der Börsenkandidat in einem schlechten Kapitalmarktumfeld an die Börse gebracht werden soll. So ist sowohl das für die Finanzierung der Übernahme als auch das für den Börsenkandidaten benötigte Kapital bereits vorhanden.[986] Insofern bietet ein *Cold IPO* mittels eines SPAC auch eine höhere **Transaktionssicherheit**.[987] Zudem besteht nicht die Gefahr, dass ein von langer Hand geplanter IPO aufgrund einer plötzlich eintretenden Verschlechterung des Marktumfelds abgesagt[988] werden muss oder dass die

---

[983] Vgl unter C.IV. Die Nutzung von Synergieeffekten, Verlustvorträgen oder der Reputation der Zielgesellschaft kommt bei einem *Cold IPO* mittels eines SPACs naturgemäß jedoch nicht in Betracht.

[984] Vgl bereits unter C.IV.5 und C.IV.6.

[985] Vgl unter C.IV.4.

[986] Es besteht also keine weitere Abhängigkeit von Fremd- oder Eigenkapital (so wohl auch *Lahnstein/Homann*, GoingPublic Kapitalmarktrecht 2010, 38).

[987] Vgl *Shobi/Lorenz*, GoingPublic Sonderbeilage SPACs 2008, 20; *Lahnstein/Homann*, GoingPublic Kapitalmarktrecht 2010, 38.

[988] Vgl *Sundermann/Seidel*, GoingPublic 2/09, 20.

auszugebenen Aktien nicht zum gewünschten Kurs platziert[989] werden können.

Die Befreiung von der Marktmacht der emissionsbegleitenden Banken und die Umgehung der Börsenzulassungsvoraussetzungen dürfte bei einem *Cold IPO* mittels eines SPAC dagegen eher eine untergeordnete Rolle spielen. Schließlich ist davon auszugehen, dass die vom SPAC-Management in Betracht gezogenen Zielunternehmen sowohl über die erforderliche Börsenreife (insb eine spannende *Equity-Story*) verfügen als auch in rechtlicher Hinsicht die Börsenzulassungsvoraussetzungen erfüllen. Es dürfte daher insbesondere nicht die Gefahr bestehen, dass ein in wirtschaftlicher Hinsicht nicht börsenreifes Unternehmen (zB ein *Start-Up*) mittels eines SPACs an die Börse gelangt. Gleichwohl profitiert der Börsenkandidat auch bei einer SPAC-Transaktion von der Umgehung der Börsenzulassungsvoraussetzungen. Insbesondere erspart er sich die mit erheblichen Kosten- und Zeitaufwand verbundene Erstellung eines Wertpapierprospektes.[990]

2. Aus Sicht der Eigentümer des Börsenkandidaten

Aus Sicht der Eigentümer des Börsenkandidaten ergeben sich bei einer SPAC-Transaktion ebenfalls Vorteile gegenüber einem regulären IPO. So haben sie insbesondere die Möglichkeit sich komplett von ihrer Beteiligung am Börsenkandidaten zu trennen, ohne – wie bei einem regulären IPO – an langfristige Veräußerungsgebote gebunden zu sein.[991] Darüber hinaus besteht für die Eigentümer des Börsenkandidaten jedoch auch die Option – wie typischerweise bei einem *Cold IPO* – eine wesentliche Beteiligung an ihrem Unternehmen zu behalten.[992] Dies kann – wie bereits dargestellt – dadurch erreicht werden, dass die Übernahme nicht ausschließlich unter der Verwendung von Barmitteln, sondern zumindest auch durch die Ausgabe neuer Aktien an der SPAC-Gesellschaft (Aktientausch) erfolgt.

---

[989] Vgl „Blind Date mit einem Unternehmen", Euro am Sonntag vom 20.7.2008, 32.
[990] Dies gilt zumindest dann, wenn der Börsenkandidat ohne die Ausgabe zulassungsbedürftiger Aktien übernommen wird, wobei stattdessen idR ein *Proxy Statement* verfasst wird (vgl unter E.II.4.c)).
[991] Vgl *Lahnstein/Homann*, GoingPublic Kapitalmarktrecht 2010, 39.
[992] Vgl *Lahnstein/Homann*, GoingPublic Kapitalmarktrecht 2010, 39.

3. Aus Sicht der Investoren

Aus Investorensicht ähnelt eine SPAC-Beteiligung einer *Private Equity Investition.*[993] So haben sie mittels eines SPACs ebenfalls die Möglichkeit, sich an einem privaten, bisher nicht börsennotierten Unternehmen zu beteiligen,[994] wobei im Zeitpunkt der Investition in gleicher Weise keine Klarheit darüber besteht, in welches Unternehmen letztendlich investiert wird.[995] Im Gegensatz zu klassischen *Private Equity Fonds* bieten SPACs aus Anlegersicht jedoch einige Vorteile, was nicht zuletzt auf die SPAC-typischen Anlegerschutzmechanismen zurück zuführen ist.[996] So kommt den Anlegern bei einem SPAC insbesondere ein unmittelbares Mitbestimmungsrecht im Hinblick auf die Investitionsentscheidung zu.[997] Zudem sind börsennotierte Aktien eines SPAC leichter und schneller veräußerbar als illiquide Anteile an einem Fond.[998] Ferner sind SPACs transparenter als herkömmliche *Private Equity Fonds.*[999]

---

[993] Vgl *Busch/Brandtner,* GoingPublic 10/10, 56; *Selzner,* ZHR 174 (2010), 320.
[994] Vgl *Lahnstein/Homann,* GoingPublic Kapitalmarktrecht 2010, 39.
[995] Vgl *Selzner,* ZHR 174 (2010), 320.
[996] Vgl *Selzner,* ZHR 174 (2010), 320.
[997] Vgl *Ilberg/Neises,* GoingPublic Kapitalmarktrecht 2008, 56.
[998] Vgl *Ilberg/Neises,* GoingPublic Kapitalmarktrecht 2008, 56; *Selzner,* ZHR 174 (2010), 320.
[999] Vgl *Ilberg/Neises,* GoingPublic Kapitalmarktrecht 2008, 56; *Selzner,* ZHR 174 (2010), 320.

III. Börsenzulassung

In Deutschland wurden mit der *Helikos SE* und der *European Cleantech 1* bisher nur zwei SPACs zum regulierten Markt der Frankfurter Wertpapierbörse zugelassen. Der Börsengang des „eigentlichen" ersten deutschen SPAC (*Germany 1 Acquisition Limited*) erfolgte dagegen noch an der NYSE Euronext in Amsterdam.[1000] Dies ist insbesondere darauf zurückzuführen, dass die NYSE Euronext zum damaligen Zeitpunkt bereits einige SPAC-IPOs durchgeführt hatte und daher für die geeignetere Börse angesehen wurde.[1001] Zwar ist auch die *Germany 1 Acquisition Limited* mittlerweile im regulierten Markt der Frankfurter Börse zugelassen.[1002] Die Zulassung erfolge jedoch erst nach der Übernahme der *AEG Power Solutions*, so dass es sich hierbei genau genommen nicht um die Börsenzulassung eines SPACs handelte. Schließlich firmierte die Gesellschaft zu diesem Zeitpunkt bereits als *3W Power Holdings* und übte ihre neue operative Tätigkeit aus.

In Deutschland wurde die Möglichkeit der Zulassung von SPACs zum regulierten Markt insbesondere vor den Börsengängen der *Helikos SE* und der *European Cleantech 1* diskutiert.[1003] Als problematisch wurden dabei insbesondere die für die Börsenzulassung grundsätzlich erforderliche Mindestbestandsdauer der zuzulassenden Gesellschaft und die Erstellung eines Prospekts erachtet.[1004] Auf diese Problematik soll im Folgenden noch einmal ausführlich eingegangen werden. Dabei soll insbesondere auch gezeigt werden, inwieweit eine Zulassung trotz dieser vermeintlichen Hürden rechtlich möglich ist. Ferner soll geprüft werden, ob die Zulassung eines SPACs zu einem geregelten Markt in Österreich möglich ist.

[1000] Vgl NYSE Euronext News: Vgl http://www.euronext.com/news/press_release/press_release-1731-EN.html?docid=559957 (18.4.2011).
[1001] Vgl *Just*, ZIP 2009, 1698.
[1002] Vgl Regulatory News zu *3W Power Holdings* http://www.finanzen.net/nachricht/3W-Power-AEG-Power-Solutions-notiert-im-Regulierten-Markt-der-Deutschen-Boerse-Gerhard-Henschel-neuer-CFO-neben-weiteren-Ernennungen-im-Top-Management-der-Gruppe-986683 (18.4.2011).
[1003] Vgl hierzu *Just*, ZIP 2009, 1698 ff; *Harrer/Janssen*, FB 2009, 46 f; *Just/Seiler*, GoingPublic Sonderbeilage SPACs 2008, 18 f.
[1004] Auf die Frage, ob ein SPAC auch in den Freiverkehr einbezogen werden kann (so *Just*, ZIP 2009, 1700) oder ob dessen Einbeziehung in einen organisierten Markt in D oder Ö möglich ist, wenn bereits eine Zulassung an einer anderen Börse vorliegt, soll hier nicht eingegangen werden. Gleiches gilt für die Frage, ob die Nostrifizierung eines bereits vorliegenden SPAC-Prospekts möglich ist (vgl hierzu *Just*, ZIP 2009, 1700).

1. Mindestbestandsdauer

Wie bereits dargestellt handelt es sich bei einem SPAC um eine Mantelgesellschaft. Die Zulassung solcher Gesellschaften ist jedoch – wie bereits gezeigt – insbesondere im Hinblick auf § 3 BörsZulV bzw §§ 66a Abs 1 Z 3, 68 Abs 1 Z 3 BörseG problematisch.[1005] Demnach darf eine Gesellschaft bzw deren Aktien grundsätzlich nur dann zum Börsenhandel zugelassen werden, wenn das mit ihr verbundene Unternehmen eine Mindestbestandsdauer von drei Jahren[1006] und eine entsprechende Bilanzpublizität vorweisen kann.[1007]

Insofern stellt sich auch bei einem SPAC die Frage, ob eine Zulassung überhaupt möglich ist. Schließlich fehlt es für die Zulassung genaugenommen bereits an einer grundlegenden Voraussetzung, nämlich am Vorliegen eines Unternehmens.[1008] Aber selbst wenn man bei einem SPAC das Vorliegen eines Unternehmens annimmt – denkbar wäre zB die Qualifikation des SPAC als ein Beteiligungs- bzw Akquisitionsunternehmen – dürfte die Zulassung regelmäßig an der erforderlichen Mindestbestandsdauer scheitern.[1009] Schließlich werden SPACs als Vorratsgesellschaften mit dem Ziel neugegründet diese relativ zeitnah im Zuge eines IPOs an die Börse zu bringen, so dass zumindest der Nachweis einer dreijährigen Bestandsdauer[1010] regelmäßig nicht möglich sein wird.[1011] Die Börsenzulassung eines SPACs ist demnach eigentlich nicht möglich. Etwas anderes kann jedoch dann gelten, wenn die Voraussetzungen des § 3 Abs 2 BörsZulV bzw § 66a Abs 1 Z 3 S 2 u 3 BörseG vorliegen.

[1005] Vgl unter D.I.2.b)aa).
[1006] Für die Zulassung zum geregelten Freiverkehr in Ö ist jedoch eine Mindestbestandsdauer von einem Jahr ausreichend (vgl § 68 Abs 1 Z 3 BörseG).
[1007] Vgl *Groß*, Kapitalmarktrecht § 3 BörsZulV Rz 4; für Ö vgl *Kalss/Oppitz/Zollner*, Kapitalmarktrecht I § 12 Rz 34 ff; gleichwohl der Wortlaut der §§ 66a Abs 1 Z 3, 68 Abs 1 Z 3 BörseG eigentlich auf die Mindestbestandsdauer der zuzulassenden Aktiengesellschaft abstellt.
[1008] Vgl unter D.I.2.b)aa).
[1009] Vgl *Just*, ZIP 2009, 1699.
[1010] Die Einhaltung einer Mindestbestandsdauer von einem Jahr für die Zulassung zum geregelten Freiverkehr in Ö wäre dagegen grundsätzlich denkbar.
[1011] Vgl *Selzner*, ZHR 174 (2010), 330.

a)   Ausnahmetatbestand nach dBörsZulV

Gemäß des § 3 Abs 2 BörsZulV kann die Geschäftsführung der Börse abweichend von Abs 1 Aktien zulassen, wenn dies im Interesse des Emittenten und des Publikums liegt.[1012] Dieses Erfordernis dürfte im Hinblick auf den Emittenten vorliegend zweifellos erfüllt sein. Schließlich benötigt der SPAC die Börsenzulassung zwingend, um sich mittels eines IPO finanzielle Mittel für die Übernahme eines Zielunternehmens zu verschaffen und so seinen Gründungszweck zu verwirklichen, wobei dieses Interesse auch durch die Stellung des Zulassungsantrags dokumentiert wird.[1013] Fraglich ist allerdings, ob die Zulassung eines SPAC auch im Interesse des Publikums liegt. Hiergegen könnte zunächst sprechen, dass es sich bei einem SPAC um eine Mantelgesellschaft handelt, deren Börsenzulassung aus Gründen des Anlegerschutzes grundsätzlich auf Bedenken stößt.[1014] Insbesondere wissen die Investoren im Zeitpunkt ihrer Anlageentscheidung noch gar nicht, an welchem Unternehmen sie letztlich beteiligt sein werden.[1015] Zu beachten ist in diesem Zusammenhang allerdings, dass ein SPAC mit diversen – dem Anlegerschutz dienenden – Schutzmechanismen ausgestattet ist. So steht es einem SPAC-Investor insbesondere frei gegen eine geplante Übernahme zustimmen und seine Einlagen zurück zu fordern. Im Ergebnis ergibt sich demnach kein höheres Risiko als bei einem IPO einer bereits über ein Unternehmen verfügenden Gesellschaft. Schließlich kann der Anleger seine Anlageentscheidung im Zeitpunkt der Abstimmung über die Übernahme des konkretisierten Zielunternehmens erneut prüfen und sich gegebenenfalls gegen ein weiteres Investment entscheiden. Insofern befindet sich der SPAC-Investor spätestens dann – insbesondere im Hinblick auf die Transparenz[1016] – in derselben Situation wie ein Anleger bei der Zeichnungsentscheidung im Rahmen eines regulären IPOs. Die Interessenlage ist daher derart vergleichbar, dass das Interesse des Publikums an der Zulassung eines SPAC im gleichen Maße gegeben ist, wie

---

[1012] *Harrer/Janssen* (vgl FB 2009, 47) halten dagegen alleine das Interesse des SPAC an der Börsenzulassung für ausreichend. Dies ergebe sich aus auf Grund der richtlinienkonformen Auslegung der EU Koordinierungsrichtlinie (vgl Art 44 der RL 79/279/EWG).
[1013] Vgl *Harrer/Janssen*, FB 2009, 47.
[1014] Vgl unter D.I.2.b).
[1015] Vgl „Deutschland verpasst SPAC-Boom", FTD.de http://www.ftd.de/finanzen/derivate/:neue-anlageform-deutschland-verpasst-spac-boom/373833.html (18.4.2011).
[1016] Dies gilt insbesondere dann, wenn vor der Übernahme ein *Proxy Statement* veröffentlicht wird.

bei einem regulären IPO. Dies gilt insbesondere auch im Hinblick darauf, dass es sich bei dem Zielunternehmen regelmäßig nicht um ein *Start-Up* sondern vielmehr um ein bereits etabliertes und seit langem bestehendes Unternehmen in einer im Vorfeld festgelegten Branche handelt.[1017] Eine Umgehung der vorgeschriebenen Mindestbestandsdauer ist demnach grundsätzlich nicht zu befürchten. Das Interesse des Publikums an der Zulassung des SPAC ist also ebenfalls anzunehmen. Die Anwendung der Ausnahmevorschrift (§ 3 Abs 2 BörsZulV) dürfte also in der Regel möglich sein.

b) Ansicht der Deutschen Börse

Auch die Deutsche Börse steht einer Anwendung des § 3 Abs 2 BörsZulV im Hinblick auf SPACs grundsätzlich offen gegenüber.[1018] Dies gilt zumindest dann, wenn im Rahmen des Zulassungsantrags bestimmte Nachweise erbracht werden.[1019] So müssen insbesondere die Einzahlung des Emissionserlöses auf ein verzinstes Treuhandkonto, die detaillierte Darstellung des Verwendungszwecks im Prospekt sowie die zeitliche Befristung des SPAC samt Rückzahlungsverpflichtung des Treuhandvermögens im Falle der Liquidation nachgewiesen werden.[1020] Ferner muss ein Nachweis darüber erfolgen, dass die Entscheidung über die Verwendung des Treuhandvermögens der Hauptversammlung obliegt und hierfür ein Mehrheitserfordernis von mehr als 50% erforderlich ist.[1021] Liegen diese Nachweise vor, steht der Zulassung eines SPACs auch aus Sicht der Deutschen Börse grundsätzlich nichts im Wege.[1022] Dies hat sie jüngst mit

---

[1017] Vgl etwa den SPAC *European Cleantech SE.*
http://www.ectse.com/index.php?option=com_content&view=article&id=87&Itemid=201&lang=de (18.4.2011).
[1018] Vgl *Steinbach/Rieß*, GoingPublic Sonderbeilage SPACs 2008, 13; *Just*, ZIP 2009, 1699; *Heidelbach* in *Schwark/Zimmer*, KMRK[4] § 3 BörsZulV Rz 3.
[1019] Vgl *Steinbach/Rieß*, GoingPublic Sonderbeilage SPACs 2008, 13. Wobei der Nachweis durch einen Verweis auf die im Prospekt vorhandenen Angaben erfolgen kann.
[1020] Vgl *Steinbach/Rieß*, GoingPublic Sonderbeilage SPACs 2008, 13; *Just*, ZIP 2009, 1699.
[1021] Vgl *Steinbach/Rieß*, GoingPublic Sonderbeilage SPACs 2008, 13; *Just*, ZIP 2009, 1699.
[1022] Vgl *Steinbach/Rieß*, GoingPublic Sonderbeilage SPACs 2008, 13; *Just*, ZIP 2009, 1699; *Heidelbach* in *Schwark/Zimmer*, KMRK[4] § 3 BörsZulV Rz 3.

der Zulassung der *Helikos SE* und der *European Cleantech 1* auch bestätigt.[1023]

c) Ausnahmetatbestand nach öBörseG

Fraglich ist, ob die Zulassung eines SPAC auch in Österreich möglich ist. Zwar kann gemäß § 66a Abs 1 Z 3 S 2 BörseG ebenfalls vom Erfordernis der Mindestbestandsdauer abgesehen werden, wenn dies im Interesse des Emittenten und des Publikums liegt.[1024] Zu beachten ist allerdings, dass eine Befreiung von der Mindestbestandsfrist darüber hinaus nur dann möglich ist, wenn der Emittent dem Publikum Unterlagen zur Verfügung stellt, deren Informationsgehalt dem der letzten drei Jahresabschlüsse im Hinblick auf die Beurteilung der wirtschaftlichen und rechtlichen Verhältnisse des Emittenten im Wesentlichen gleichwertig ist, und zumindest ein Jahresabschluss für ein volles Geschäftsjahr veröffentlicht wird.[1025] Gerade Letzteres dürfte bei einem SPAC jedoch wiederum nicht möglich sein, so dass eine Zulassung auch beim Vorliegen einer entsprechenden Interessenlage grundsätzlich nicht in Betracht kommt.[1026] Etwas anderes kann nur dann gelten, wenn zwischen der Gründung des SPAC und der Börsenzulassung bereits ein Jahr liegt.[1027]

2. Prospekt

Die Zulassung von Wertpapieren zu einem organisierten Markt[1028] ist – wie bereits dargestellt – prospektpflichtig.[1029] Dies gilt grundsätzlich auch für die Zulassung der Aktien eines SPAC,[1030] wobei sich die Prospektpflicht auch aus dem öffentlichen Angebot dieser Wertpapiere ergibt.[1031] Der Prospekt muss dabei neben den allgemeinen Vorgaben des WpPG bzw des KMG

[1023] So auch *Selzner,* ZHR 174 (2010), 330. Die Börsenzulassung der im Rahmen der *Units* ebenfalls ausgegebenen Optionsscheine stellt darüber hinaus auch kein Problem dar (vgl *Just,* ZIP 2009, 1700).
[1024] Vgl *Erbler,* ecolex 2008, 964.
[1025] Vgl § 66 a Abs 1 Z 3 S 2 u 3 BörseG; vgl auch *Erbler,* ecolex 2008, 964.
[1026] Dies entspricht dem derzeitigen Standpunkt der Wiener Börse.
[1027] Dies entspricht ebenfalls dem derzeitigen Standpunkt der Wiener Börse.
[1028] Bzw geregelten Markt.
[1029] Vgl § 32 Abs 3 Z 2 BörsG / § 74 BörseG. Vgl hierzu bereits unter E.II.1.a)ab) bzw E.II.1.b)ac).
[1030] Vgl *Just,* ZIP 2009, 1699; *Harrer/Janssen,* FB 2009, 46 f.
[1031] Vgl unter E.II.4.a).

insbesondere die Mindestangaben der ProspektVO[1032] beinhalten.[1033] Problematisch könnte in diesem Zusammenhang insbesondere sein, dass der Prospekt in der Regel (geprüfte) historische Finanzinformationen, die die letzten drei Geschäftsjahre abdecken, sowie einen Bestätigungsvermerk eines Abschlussprüfers für jedes Geschäftsjahr enthalten muss.[1034] Die Bereitstellung solcher Informationen wird einem SPAC jedoch in der Regel nicht möglich sein.[1035] Schließlich verfügt dieser naturgemäß nicht über eine so weit zurück reichende Finanzhistorie. Zu beachten ist allerdings, dass der dreijährige Berichtszeitraum nicht zwingend ist.[1036] Vielmehr kann sich die Informationspflicht auch auf einen kürzeren Zeitraum, in dem der Emittent tätig war, erstrecken.[1037] Dabei ist es für Emittenten, die weniger als ein Jahr unternehmerisch tätig sind, sogar ausreichend, wenn zumindest eine Eröffnungsbilanz und ein Zwischenabschluss in das Prospekt aufgenommen werden.[1038] Insofern ist auch die erforderliche Aufnahme von Finanzinformationen in das Prospekt eines SPAC möglich, wobei im Hinblick auf das Erfordernis des „Tätigseins" bei einem SPAC auf die Durchführung der im Unternehmensgegenstand der Satzung festgelegten Vorbereitungsmaßnahmen für den im Anschluss an den Börsengang geplanten Unternehmenserwerbs abgestellt werden kann.[1039]

Zu beachten ist aber, dass ein SPAC aufgrund seiner regelmäßig unter drei Jahren liegenden Bestandsdauer als eine *Start-Up-Gesellschaft* qualifiziert wird[1040], für die nach den Empfehlungen des *Committee of the European Securities Regulators* (CESR) spezielle Angaben im Prospekt zu machen sind.[1041] So muss ein entsprechendes Prospekt insbesondere Angaben in Bezug auf den Business-Plan und die strategischen Ziele der Gesellschaft einschließlich der diesen zugrunde liegenden Annahmen beinhalten,[1042]

[1032] Verordnung (EG) Nr 809/2004 der Kommission vom 29. April 2004 zur Umsetzung der Richtlinie 2003/71/EG des Europäischen Parlaments und des Rates (ProspektVO).
[1033] Vgl § 7 WpPG / § 7 Abs 8 KMG.
[1034] Vgl Punkt 20.1, Anhang I ProspektVO; vgl auch *Just*, ZIP 2009, 1699; *Harrer/Janssen*, FB 2009, 46 f; *Selzner*, ZHR 174 (2010), 329.
[1035] Vgl *Just*, ZIP 2009, 1699; *Selzner*, ZHR 174 (2010), 329.
[1036] Vgl *Harrer/Janssen*, FB 2009, 47.
[1037] Vgl Punkt 20.1, Anhang I ProspektVO.
[1038] Vgl Punkt 20.1, Anhang I ProspektVO; *Harrer/Janssen*, FB 2009, 47; *Just*, ZIP 2009, 1699.
[1039] Vgl *Harrer/Janssen*, FB 2009, 47.
[1040] Vgl Anhang XIX ProspektVO; *Selzner*, ZHR 174 (2010), 329.
[1041] Vgl CESR/05-54b, Rz 135-139; *Harrer/Janssen*, FB 2009, 47.
[1042] Vgl CESR/05-54b, Rz 136; *Harrer/Janssen*, FB 2009, 47.

wobei keine Geschäftszahlen oder ein Bewertungsgutachten eines unabhängigen Sachverständigen hinzugefügt werden müssen.[1043] Sofern der Business-Plan jedoch eine Gewinnprognose enthält, ist ein Bericht eines unabhängigen Abschlussprüfers notwendig.[1044]

Ferner muss das Prospekt zwingend Angaben bezüglich der Ausgestaltung der verschieden – im Rahmen von SPACs typischerweise ausgegebenen – Wertpapiere, des für die SPAC-Gesellschaft geltenden Rechtssystems, der im Rahmen von SPACs typischerweise bestehenden Risikofaktoren und der wesentlichen Beziehungen zu den, der Gesellschaft nahestehenden, Personen sowie etwaiger Interessenkonflikte enthalten.[1045]

Darüber hinaus ist fraglich wie die Beschreibung der operativen Historie[1046] in das Prospekt eines SPAC integriert werden soll.[1047] Schließlich sind Angaben zur operativen Vergangenheit einer Mantelgesellschaft, die ihr zukünftiges Geschäft erst noch akquirieren muss, naturgemäß nicht möglich.[1048] Zu beachten ist allerdings, dass auf Angaben nach der ProspektVO verzichtet werden kann, wenn sie auf den Emittenten nicht anwendbar sind (sog Blankoklausel[1049]).[1050] Demnach stellt dieser Punkt ebenfalls kein Hindernis für die Erstellung des Prospekts für den SPAC dar.

3. Ergebnis

Die Untersuchung hat gezeigt, dass die Börsenzulassung eines SPAC grundsätzlich möglich ist. In Österreich kann die Börsenzulassung eines SPAC – aufgrund der zwingenden gesetzlichen Regelungen – dagegen erst ein Jahr nach dessen Gründung erfolgen. Die Erstellung eines Wertpapierprospekts ist für einen SPAC ebenfalls möglich.

[1043] Vgl CESR/05-54b, Rz 137 u 139; *Harrer/Janssen*, FB 2009, 47.
[1044] Vgl CESR/05-54b, Rz 137; Punkt 13.2, Anhang I ProspektVO; *Just*, ZIP 2009, 1699; *Selzner*, ZHR 174 (2010), 329.
[1045] Vgl *Selzner*, ZHR 174 (2010), 330.
[1046] Vgl Punkt 6.1, Anhang I ProspektVO.
[1047] Vgl *Just*, ZIP 2009, 1699.
[1048] Vgl *Just*, ZIP 2009, 1699.
[1049] Vgl CESR/03-209, Rz 300; CESR/03-300, Rz 125.
[1050] Vgl *Just*, ZIP 2009, 1699.

IV. Gesellschaftsrechtliche Übertragung der SPAC-Strukturen

Betrachtet man die bisher in Deutschland in Erscheinung getretenen SPACs
– also die *Germany 1 Acquisition Limited*, die *Helikos SE* und die *European
Cleantech 1* – fällt auf, dass als Rechtsträger für diese SPACs jeweils eine
ausländische Aktiengesellschaft herangezogen wurde. So handelt es sich bei
der *Germany 1 Acquisition Limited* um eine nach dem Recht Guernseys
gegründete Aktiengesellschaft.[1051] Bei der *Helikos SE* und der *European
Cleantech 1 SE* handelt es sich dagegen jeweils um eine Europäische
(Aktien-) Gesellschaft (*Societas Europaea*), die nach luxemburgischem
Recht gegründet wurde.[1052] Vor diesem Hintergrund stellt sich vorliegend die
Frage, ob als Rechtsträger für einen SPAC auch eine deutsche (bzw
österreichische) Aktiengesellschaft herangezogen werden kann.[1053] Hierfür
müssten sich die typischen SPAC-Strukturen – insbesondere die dem
Anlegerschutz dienenden Schutzmechanismen – auch nach deutschem (bzw
österreichischem) Aktienrecht abbilden lassen. Inwieweit dies möglich ist,
soll im Folgenden geprüft werden.

1. Mindestausgabebetrag

Gegen die Verwendung einer Aktiengesellschaft könnte zunächst das nach
deutschem und österreichischem Aktienrecht vorgesehene Verbot der *Unter-
pari-Emission*[1054] sprechen.[1055] Hiernach dürfen nur solche Aktien
ausgegeben werden, deren Nennbetrag mindestens 1 € beträgt[1056] bzw auf
deren jeweiligen Anteil am Grundkapital mindestens 1 € entfällt[1057].
Demnach müssten die im Zuge einer SPAC-Gründung ausgegebenen
(Gründungs-) Aktien ebenfalls auf 1 € lauten bzw einen entsprechenden
Anteil am Grundkapital verbriefen. Dies könnte jedoch im Hinblick auf die –
der Vergütung dienenden – Beteiligung (idR ca 20%) des Managements am

---

[1051] Vgl Prospekt der *Germany I*, G-7.

[1052] Vgl Prospekt der *Helikos SE*, 35; vgl Pressemitteilung der *European Cleantech 1 SE* vom
18.10.2010
http://www.ectse.com/images/stories/ect/presse/ECT1_Pressemeldung%20Ergebnis%20Boerseng
ang_dt_101018_175377_7_FF.pdf (18.4.2011).

[1053] So auch *Just*, ZIP 2009, 1700 ff; *Harrer/Janssen*, FB 2009, 47 f; *Shobi/Lorenz*, GoingPublic
Sonderbeilage SPACs 2008, 21.

[1054] Vgl unter E.VI.1.

[1055] Vgl *Harrer/Janssen*, FB 2009, 48.

[1056] Im Falle von Nennbetragsaktien.

[1057] Im Falle von Stückaktien.

SPAC problematisch sein.[1058] Schließlich müssen die Publikumsaktien (bzw *Units*) zu diesem Zwecke mit einem Aufgeld ausgegeben, welches regelmäßig ein Vielfaches[1059] des Nominalbetrags bzw des auf jede Aktien entfallenden Anteils am Grundkapital beträgt. Der Angebotspreis der Publikumsaktien (bzw *Units*) würde sich bei einem Ausgabebetrag von 1 € daher regelmäßig auf einen hohen dreistelligen € Betrag[1060] belaufen. Ein derart hoch angesetzter Angebotspreis wirkt jedoch nicht nur optisch teuer und daher unattraktiv auf potentielle Kleinanleger sondern dürfte auch im Hinblick auf die Handelsliquidität regelmäßig nicht erwünscht sein.

Eine ausländische Aktiengesellschaft, deren Nenn- oder Ausgabebetrag pro Aktie zB auf 0,001 € festgesetzt werden kann, eignet sich daher prinzipiell besser für die Abbildung dieser SPAC-Eigenschaft, was nicht zuletzt der Grund dafür sein dürfte, dass als Rechtsträger für einen SPAC in der Regel eine ausländische Aktiengesellschaft herangezogen wird.[1061]

2. Hinterlegung auf Treuhandkonto

Wie bereits dargestellt, wird der Großteil des Emissionserlöses aus dem IPO des SPACs zunächst auf einem Treuhandkonto hinterlegt.[1062] Im Hinblick auf die Verwendung einer deutschen oder österreichischen Aktiengesellschaft stellt sich jedoch die Frage, wie sich in diesem Zusammenhang die § 188 Abs 2 iVm § 36 Abs 2 dAktG / § 155 Abs 2 iVm § 28 Abs 2 Z 1 öAktG auswirken.[1063] Hiernach kann die Durchführung einer Kapitalerhöhung erst dann im Handelsregister (Firmenbuch) angemeldet werden, wenn das eingezahlte Kapital zur freien Verfügung des Vorstands steht. Andernfalls ist die Einlageschuld nicht erfüllt und die Anmeldung kann nicht erfolgen.[1064] Da bei einem SPAC-IPO für das öffentliche Angebot zwingend neue Aktien

---

[1058] Vgl *Harrer/Janssen*, FB 2009, 48.

[1059] Bei der *Helikos SE* betrug der Angebotspreis in Bezug auf eine Publikumsaktie (10 € bzw abzgl des Optionspreises 9,99 €) das ca **657-fache** des Ausgabebetrags (0,0152 €), vgl Prospekt der *Helikos SE*, 38. Bei der *Germany I* sogar das ca **7690-fache** (vgl Prospekt der *Germany I*, G-4,7).

[1060] Im Fall der *Helikos SE* hätten die Publikumsaktien (bzw *Units*) demnach zu einem Preis von ca 657 € angeboten werden müssen, um dasselbe Emissionsvolumen zu erreichen und den Gründern die erforderliche Beteiligung zu gewähren, ohne dass diese gleichzeitig ihren Kapitaleinsatz hätten erhöhen müssen.

[1061] Vgl *Harrer/Janssen*, FB 2009, 48.

[1062] Vgl unter F.I.1.

[1063] Vgl *Shobi/Lorenz*, GoingPublic Sonderbeilage SPACs 2008, 21; *Selzner*, ZHR 174 (2010), 332.

[1064] Vgl *Selzner*, ZHR 174 (2010), 332.

mittels einer Kapitalerhöhung ausgegeben werden müssen und der daraus resultierende Emissionserlös direkt auf ein Treuhandkonto überwiesen werden soll, stellen diese Vorschriften jedoch ein Hindernis dar.[1065] So kann auf Grund dieser Regelungen die Kapitalerhöhung nicht erfolgreich abgeschlossen werden. Schließlich bewirkt die Zahlung des Emissionserlöses auf ein Treuhandkonto nicht die Erfüllung der Einlageverpflichtung, so dass bereits die Anmeldung der Durchführung der Kapitalerhöhung nicht möglich ist.[1066]

Insofern ist eine Aktiengesellschaft ebenfalls nicht für die Abbildung eines SPACs geeignet.

3. Entscheidungskompetenz der Hauptversammlung

Die Entscheidung darüber, ob das vom SPAC-Management auserkorene Unternehmen übernommen wird, liegt bei einem SPAC – wie bereits gezeigt – bei der Haupt- bzw Aktionärsversammlung. Im Hinblick auf die Verwendung einer deutschen bzw österreichischen Aktiengesellschaft stellt sich jedoch die Frage, ob die Festsetzung einer solchen absoluten Entscheidungshoheit der Aktionäre (idR in der Satzung) nicht gegen die Kompetenzzuweisungen des deutschen bzw österreichischen Aktienrechts verstößt.[1067] Zu beachten ist in diesem Zusammenhang insbesondere § 76 Abs 1 dAktG / § 70 Abs 1 öAktG. Hiernach leitet der Vorstand die Gesellschaft unter eigener Verantwortung.[1068] Danach ist grundsätzlich davon auszugehen, dass die eigenverantwortliche Leitung auch die Entscheidung über die Übernahme von Unternehmen umfasst.[1069]

Etwas anderes kann gemäß § 119 Abs 1 dAktG / § 103 Abs 1 öAktG jedoch dann gelten, wenn sich eine entsprechende Entscheidungskompetenz der

---

[1065] Vgl *Selzner*, ZHR 174 (2010), 332.
[1066] Vgl *Selzner*, ZHR 174 (2010), 331.
[1067] Vgl *Just*, ZIP 2009, 1701; *Selzner*, ZHR 174 (2010), 333.
[1068] Wobei er nach öAktR zusätzlich dem Wohl des Unternehmens, den Interessen der Aktionäre und Arbeitnehmer sowie dem öffentlichen Interesse verpflichtet ist (vgl § 70 Abs 1 öAktG).
[1069] Vgl *Just*, ZIP 2009, 1701; *Selzner*, ZHR 174 (2010), 334.

Hauptversammlung ausdrücklich aus dem Gesetz oder der Satzung[1070] ergibt. Obwohl die insofern zugeteilten Entscheidungskompetenzen grundsätzlich als abschließend zu betrachten sind[1071], kommt darüber hinaus unter Umständen eine ungeschriebene Hauptversammlungszuständigkeit nach der Rechtsprechung des BGH („Holzmüller"/„Gelatine") oder eine freiwillige Übertragung der Zuständigkeit durch den Vorstand gemäß § 119 Abs 2 dAktG / § 103 Abs 2 öAktG in Betracht.

a) Verschmelzung / Sachkapitalerhöhung

Eine gesetzliche Entscheidungskompetenz der Hauptversammlung besteht im Hinblick auf eine Unternehmensübernahme insbesondere dann, wenn das Zielunternehmen mittels einer Verschmelzung oder einer Sachkapitalerhöhung akquiriert wird.[1072] Schließlich bedarf es in beiden Fällen einer Zustimmung durch einen Hauptversammlungsbeschluss.[1073] Die im Rahmen eines SPAC vorgesehene Entscheidungsbefugnis der SPAC-Aktionäre hinsichtlich der Übernahme ist insofern nach dAktR und öAktR schon gesetzlich vorgeschrieben. Eine Abbildung dieser Entscheidungsbefugnis ist damit auch bei einer deutschen bzw österreichischen Aktiengesellschaft möglich,[1074] wobei das gesetzlich vorgesehene (qualifizierte) Mehrheitserfordernis bei der Ausgestaltung der Entscheidungsbefugnis mittels einer zusätzlichen Satzungsbestimmung zwar über- aber nicht unterschritten werden darf.[1075]

b) Ausschließlicher Einsatz des Emissionserlöses

Fraglich ist allerdings, ob eine Entscheidungskompetenz der SPAC-Aktionäre nach dAktR / öAktR auch dann angenommen werden kann, wenn die Übernahme nicht durch die Ausgabe neuer Aktien im Zuge einer

---

[1070] Wobei diese solche Zuständigkeiten nur in den engen Grenzen gesetzlicher Ermächtigung begründen kann (vgl *Bachner* in *Doralt/Nowotny/Kalss*, AktG § 103 Rz 16).
[1071] Vgl *Becker* in *Picot/Mentz/Seydel*, II C Rz 87. Zum öAktG vgl *Bachner* in *Doralt/Nowotny/Kalss*, AktG § 103 Rz 1.
[1072] Vgl *Harrer/Janssen*, FB 2009, 48; *Selzner*, ZHR 174 (2010), 333.
[1073] Vgl für den Fall der Sachkapitalerhöhung unter D.IV.1.b) für den Fall der Verschmelzung unter D.IV.2.a)ab) bzw für Ö unter D.IV.2.b).
[1074] Vgl *Harrer/Janssen*, FB 2009, 48.
[1075] Für den Verschmelzungsbeschluss vgl § 65 Abs 1 UmwG / § 221 Abs 2 öAktG. Für den Kapitalerhöhungsbeschluss vgl § 182 Abs 1 dAktG / § 149 Abs 1 öAktG.

230

Verschmelzung oder Sachkapitalerhöhung, sondern ausschließlich unter Einsatz des Emissionserlöses erfolgen soll.[1076] Eine gesetzliche Entscheidungsbefugnis könnte sich dabei gemäß § 179a Abs 1 dAktG / § 237 Abs 1 öAktG ergeben. Hiernach ist ein qualifizierter Hauptversammlungsbeschluss immer dann erforderlich, wenn die Aktiengesellschaft ihr gesamtes Gesellschaftsvermögen überträgt bzw sich hierzu vertraglich verpflichtet.[1077] Die für einen SPAC erforderliche Entscheidungsbefugnis der Aktionäre wäre nach dAktR / öAktR demzufolge immer dann gegeben, wenn der SPAC eine Übernahme des Zielunternehmens unter Verwendung des gesamten Emissionserlöses vorsehen würde. Schließlich stellt der Emissionserlös bei einem SPAC das gesamte Gesellschaftsvermögen dar.

c) Nachgründung

Wird die Übernahme dagegen nicht unter Verwendung des gesamten Emissionserlöses durchgeführt, kann sich eine Entscheidungsbefugnis der Hauptversammlung auch aus § 52 dAktG / § 45 öAktG ergeben. Demnach bedürfen Verträge die eine Aktiengesellschaft mit ihren Gründern oder mit Aktionären, die mit mehr als 10% an der Gesellschaft beteiligt sind, nach denen sie vorhandene oder herzustellende Anlagen oder andere Vermögensgegenstände für eine den zehnten Teil des Grundkapitals übersteigende Vergütung erwerben soll, und die in den ersten zwei Jahren seit der Eintragung der Gesellschaft in das Handelsregister (Firmenbuch) geschlossen werden, der Zustimmung der Hauptversammlung. Zwar dürften zwischen der Gründung des SPAC und der Übernahme des Zielunternehmens idealerweise weniger als zwei Jahre liegen und auch der Kaufpreis des Zielunternehmens dürfte die 10% Schwelle regelmäßig überschreiten. Zu beachten ist jedoch, dass es sich bei den Veräußerern des Zielunternehmens regelmäßig nicht um Gründungsmitglieder oder Aktionäre des SPAC handelt, so dass eine Entscheidungskompetenz der Hauptversammlung auf diesem Wege letztlich nicht begründet werden kann.

[1076] Vgl *Selzner*, ZHR 174 (2010), 333.
[1077] Vgl unter D.IV.3.e).

Eine analoge Anwendung der Nachgründungsvorschriften nach der Rechtsprechung des BGH zur Mantelverwendung[1078] scheitert bei einem SPAC aus denselben Gründen, so dass eine Hauptversammlungskompetenz auch auf diesem Wege nicht begründet werden kann.

d) Ungeschriebene Hauptversammlungszuständigkeit („Holzmüller"/„Gelatine")

Eine Entscheidungskompetenz der Hauptversammlung könnte sich außerhalb des Anwendungsbereichs des § 179a Abs 1 dAktG / § 237 Abs 1 öAktG jedoch aus der „Holzmüller" und „Gelatine" Rechtsprechung[1079] des BGH ergeben.[1080] Hiernach ist der Vorstand verpflichtet,[1081] Geschäftsführungsmaßnahmen, die die Mitgliedsrechte der Aktionäre ganz wesentlich beeinträchtigen, der Hauptversammlung zur Beschlussfassung vorzulegen.[1082] Eine wesentliche Beeinträchtigung ist jedoch nur dann anzunehmen, *„wenn eine von dem Vorstand in Aussicht genommene Umstrukturierung der Gesellschaft an die Kernkompetenz der Hauptversammlung, über die Verfassung der Aktiengesellschaft zu bestimmen, rührt, weil sie Veränderungen nach sich zieht, die denjenigen zumindest nahe kommen, welche allein durch eine Satzungsänderung herbeigeführt werden können."[1083]*

Von einer solchen Konstellation ist wiederum nur dann auszugehen, wenn entweder eine Ausgliederung eines Betriebsteils auf eine Tochtergesellschaft[1084] oder eine Umstrukturierung einer Tochter- in eine

---

[1078] Vgl unter E.I.3.b)ab).

[1079] BGHZ 83, 122; BGH NJW 1982, 1703 (Holzmüller); BGH ZIP 2004, 1001; BGH NZG 2004, 575 (Gelatine I) und BGH ZIP 2004, 993; BGH NJW 2004, 1860 (Gelatine II). Dieser Rechtsprechung hat sich im Wesentlichen auch die Literatur in Ö angeschlossen (vgl mwN *Fida/Steidl,* RdW 2005, 145; *Fida/Rechberger,* RdW 2007, 328; vgl *Kubis* in MüKo AktG² § 119 Rz 174).

[1080] Vgl *Just,* ZIP 2009, 1702; *Selzner,* ZHR 174 (2010), 334.

[1081] Dogmatisch wird diese Verpflichtung teilweise aus § 119 Abs 2 dAktG (§ 103 Abs 2 öAktG) hergeleitet. Wobei das von dieser Vorschrift eigentlich vorgesehene Ermessen des Vorstands in diesem Fall auf null reduziert ist (vgl BGHZ 83, 122; BGH NJW 1982, 1703). Mittlerweile wird die Hauptversammlungszuständigkeit als Ergebnis einer offenen Rechtsfortbildung angesehen (vgl BGH ZIP 2004, 997; BGH NZG 2004, 578). Zur diesbzgl Diskussion in Ö vgl mwN *Fida/Steidl,* RdW 2005, 145.

[1082] Vgl BGH NJW 1982, 1703.

[1083] BGH ZIP 2004, 1001; BGH NZG 2004, 575 (Gelatine I) und BGH ZIP 2004, 993; BGH NJW 2004, 1860 (Gelatine II).

[1084] So etwa im Fall „Holzmüller" (vgl BGHZ 83, 122; BGH NJW 1982, 1703).

Enkelgesellschaft[1085] (sog Mediatisierungseffekt[1086]) vorliegt, und dabei in quantitativer Hinsicht die Ausmaße des "Holzmüller-Falls" erreicht werden.[1087] Dies ist dann der Fall, wenn 80 % des Gesellschaftsvermögens von der Ausgliederungs- oder Umstrukturierungsmaßnahme betroffen ist.[1088] Liegen diese Voraussetzungen vor, muss die Ausgliederungs- oder Umstrukturierungsmaßnahme von der Hauptversammlung der Gesellschaft mit einer ¾ Mehrheit beschlossen werden.[1089]

Zu klären ist, ob nach den Grundsätzen der „Holzmüller" und „Gelatine" Rechtsprechung auch dann eine ungeschriebene Hauptversammlungszuständigkeit angenommen werden kann, wenn eine Aktiengesellschaft keinen wesentlichen Betriebsbestandteil ausgliedert, sondern vielmehr – wie im Falle eines SPACs – ein Unternehmen erwirbt (bzw eingliedert).

Hierfür müsste der Erwerb des Unternehmens sowohl in qualitativer als auch quantitativer Hinsicht den „Holzmüller-Maßstäben" entsprechen. Im Falle einer SPAC-Transaktion wird in der Regel ein wesentlicher Bestandteil des Gesellschaftsvermögens (=Emissionserlös) für den Erwerb des Börsenkandidaten herangezogen. Dabei sehen SPACs – wie bereits dargestellt[1090] – häufig sogar vor, dass der Wert des Zielunternehmens mindestens 80% des Emissionserlöses entsprechen muss, so dass bei einem Erwerb unter ausschließlichem Einsatz von Barmitteln[1091] in

---

[1085] So etwa im Fall „Gelatine" (vgl BGH ZIP 2004, 1001; BGH NZG 2004, 575; BGH ZIP 2004, 993; BGH NJW 2004, 1860).
[1086] Unter einer Mediatisierung wird in diesem Zusammenhang die Verlagerung des Einflusses der Aktionäre auf das von der Gesellschaft betriebene Unternehmen auf die Verwaltungsorgane der Gesellschaft durch eine Ausgliederung verstanden.
[1087] Vgl BGH ZIP 2004, 1001; BGH NZG 2004, 575; BGH ZIP 2004, 993; BGH NJW 2004, 1860.
[1088] So verneinte der BGH zB die Annahme der Entscheidungskompetenz der Hauptversammlung im Fall „Gelatine", da die 80% Schwelle nicht erreicht wurde (vgl BGH DNotI-Report 2004, 105).
[1089] Vgl BGH DNotI-Report 2004, 105; BGH ZIP 2004, 1001; BGH NZG 2004, 575; BGH ZIP 2004, 993; BGH NJW 2004, 1860.
[1090] Vgl unter F.I.2.
[1091] Wird die Übernahme dagegen nicht nur durch Barmittel sondern auch durch die Ausgabe neuer Aktien finanziert (mittels einer Verschmelzung oder Sachkapitalerhöhung) kommt eine Anwendung der „Holzmüller" und „Gelatine" Rechtsprechung nicht in Betracht. Schließlich besteht dann bereits die Notwendigkeit eines HV-Beschlusses (vgl unter F.IV.3.a)), so dass die Aktionäre der Gesellschaft nicht übergangen werden können bzw nicht schutzwürdig sind (vgl *Aha*, BB 2001, 2231).

quantitativer Hinsicht die Annahme eines „Holzmüller-Falls" (80%-Schwelle) in Betracht kommt.[1092]

Fraglich ist allerdings, ob auch in **qualitativer Hinsicht** eine Qualifizierung als „Holzmüller-Fall" in Betracht kommt. Hierfür könnte zunächst sprechen, dass sich im Zuge der Übernahme des Zielunternehmens das Betätigungsfeld des SPAC grundlegend ändert und daher erhebliche Umstrukturierungen und Veränderungen für die SPAC-Gesellschaft anstehen.[1093] Schließlich wandelt sich diese von einem reinen Börsenmantel zu einer unternehmerisch aktiven Gesellschaft (sog Despacing[1094]).[1095] Zu beachten ist jedoch, dass es in qualitativer Hinsicht – anders als bei einer Ausgliederung – nicht zu einem **Mediatisierungseffekt** zu Lasten der Aktionäre kommt.[1096] Eine ungeschriebene Hauptversammlungs-zuständigkeit kann nach der „Holzmüller" und „Gelatine" Rechtsprechung demnach nicht begründet werden.[1097]

Vielmehr ist die Übernahme des Zielunternehmens im Rahmen einer SPAC-Transaktion als Beteiligungserwerb einzuordnen.[1098] Ein solcher wird überwiegend als reine Geschäftsführungsmaßnahme eingestuft.[1099] Dem ist zuzustimmen. Schließlich handelt es sich beim Erwerb einer Beteiligung um eine Investitionsentscheidung, welche als Maßnahme der Vermögensverwendung allein dem Vorstand obliegt.[1100] Ein Beteiligungserwerb ist demnach nicht zustimmungspflichtig.[1101]

e)   Übertragung der Entscheidungsbefugnis

Der Vorstand des SPAC könnte die Übernahme jedoch als Frage der Geschäftsführung gemäß § 119 Abs 2 dAktG / § 103 Abs 2 öAktG der

---

So wohl auch *Just*, ZIP 2009, 1702.
[1093] Vgl *Just*, ZIP 2009, 1702.
[1094] Vgl *Zanner*, GoingPublic 10/09, 56.
[1095] Vgl *Just*, ZIP 2009, 1702.
[1096] Vgl auch *Just*, ZIP 2009, 1702.
[1097] Vgl auch *Just*, ZIP 2009, 1702; nicht in jedem Fall zustimmend *Selzner*, ZHR 174 (2010), 334.
[1098] Vgl *Just*, ZIP 2009, 1702.
[1099] Vgl mwN *Beisel* in *Beisel/Klumpp*, Der Unternehmenskauf⁶, Kap 8 Rz 83.
[1100] Vgl *Beisel* in *Beisel/Klumpp*, Der Unternehmenskauf⁶, Kap 8 Rz 83.
[1101] Vgl *Beisel* in *Beisel/Klumpp*, Der Unternehmenskauf⁶, Kap 8 Rz 83.

Hauptversammlung zur Entscheidung vorlegen.[1102] Die Vorlage muss dabei in Antragsform erfolgen, da die HV ansonsten nicht darüber beschließen kann.[1103] Die Entscheidung über die Vorlage steht grundsätzlich im freien Ermessen des Vorstands.[1104] Voraussetzung ist allerdings, dass es tatsächlich um eine Maßnahme der Geschäftsführung handelt.[1105] Dies ist – wie bereits festgestellt – bei einer Übernahme des Zielunternehmens im Rahmen einer SPAC-Transaktion der Fall, so dass die Vorlage dieser Maßnahme grundsätzlich in Frage kommt.

Zu beachten ist jedoch, dass die Ermessensfreiheit des Vorstands bzgl der Vorlageentscheidung dort endet, wo eine vollständige Verlagerung der Leitungskompetenz auf die HV erfolgt.[1106] Einen solchen Fall hält *Just* bei einer Übertragung der Entscheidungskompetenz bzgl der Übernahme des Zielunternehmens auf die HV im Rahmen einer SPAC-Transaktion zumindest für möglich:

„Bei einer SPAC, deren Funktion die Akquisition von Unternehmen ist, verbleiben Zweifel, ob jegliche Vorlage von Akquisitionen mit dem Leitbild des § 76 Abs 1 AktG vereinbar wäre; ansonsten würde dem Vorstand nur eine sehr rudimentäre Restkompetenz bei einer SPAC verbleiben."[1107]

Von einer vollständigen Verlagerung der Leitungskompetenz auf die HV gehen auch *Thiergart/Olbertz* aus:

„Da die Funktion [eines SPAC] gerade darin liegt, ein Zielunternehmen zu erwerben, würde eine Vorlage dieser Frage an die Hauptversammlung im Ergebnis zu einer vollständigen Verlagerung der Geschäftsführungsbefugnis des Leitungsorgans [des SPAC] auf die Hauptversammlung führen."[1108]

[1102] Vgl *Just*, ZIP 2009, 1702.
[1103] Vgl *Hüffer*, AktG[9] § 119 Rz 14.
[1104] Vgl *Hüffer*, AktG[9] § 119 Rz 13.
[1105] Vgl *Hüffer*, AktG[9] § 119 Rz 13.
[1106] Vgl *Kubis* in MüKo AktG[2] § 119 Rz 22.
[1107] *Just*, ZIP 2009, 1702.
[1108] *Thiergart/Olbertz*, BB 2010, 1550.

235

Ob dem zuzustimmen ist, bleibt fraglich. Schließlich würde der Vorstand in einem solchen Fall seine Zuständigkeit für die Übernahme von Unternehmen nicht gänzlich, sondern lediglich für den einmaligen Fall der Einbringung des Börsenkandidaten abgeben. Alle anderen Kompetenzen blieben ihm also erhalten. Es scheint daher überzogen in diesem Fall lediglich von einer rudimentären Restkompetenz auszugehen. Die Entscheidung dieser Frage kann vorliegend jedoch dahin stehen. Schließlich kann die für einen SPAC erforderliche Einbeziehung der Hauptversammlung – wie im Folgenden zu zeigen sein wird – auch auf andere Weise erreicht werden.[1109]

f) Ausgestaltung der Satzung

So kann durch bestimmte Formulierungen im Rahmen der Ausgestaltung der Satzung eine zwingende Einbeziehung der Hauptversammlung konstruiert werden.[1110] Dies kann dadurch erreicht werden, dass der Unternehmensgegenstand[1111] der SPAC-Aktiengesellschaft zunächst dahingehend ausgestaltet wird, dass er nur die Verwaltung des eigenen Vermögens, die Vorbereitung und Durchführung des Börsengangs sowie die Vorbereitung der Übernahme umfasst.[1112] Die Entscheidung über den Vollzug der Übernahme bzw deren Umsetzung darf dagegen nicht Bestandteil des Unternehmensgegenstands sein.[1113] Folge dieser Satzungsgestaltung ist, dass der Vorstand (SPAC-Management) grundsätzlich nicht zur Durchführung einer Übernahme befugt ist.[1114] Schließlich steckt der Unternehmensgegenstand den konkreten Tätigkeitsbereich der Gesellschaft ab, nach dessen Vorgaben sich insbesondere auch der Vorstand zu richten hat.[1115] Die Befugnis zur Übernahme kann jedoch im Zuge einer Satzungsänderung nachträglich in den Unternehmensgegenstand aufgenommen werden,[1116] wobei hierfür gemäß § 179 Abs 2 dAktG / § 146 Abs 1 öAktG ein Hauptversammlungsbeschluss erforderlich ist, der mindestens einer ¾

[1109] Vgl *Selzner*, ZHR 174 (2010), 335.
[1110] So zB *Selzner*, ZHR 174 (2010), 336 f.
[1111] § 23 Abs 3 Nr 2 dAktG / § 17 Z 2 öAkG.
[1112] Vgl *Selzner*, ZHR 174 (2010), 336.
[1113] Vgl *Selzner*, ZHR 174 (2010), 336.
[1114] Vgl *Selzner*, ZHR 174 (2010), 337.
[1115] Vgl § 82 Abs 2 dAktG / § 74 Abs 1 öAkG. Vgl auch *Selzner*, ZHR 174 (2010), 336.
[1116] Vgl bereits unter D.III.

Mehrheit des bei der Beschlussfassung vertretenen Grundkapitals bedarf.[1117] Im Ergebnis kann auf diesem Wege eine zwingende Einbeziehung der Hauptversammlung erreicht werden.[1118] Schließlich muss ein nach deutschem bzw österreichischem Aktienrecht ausgestalteter SPAC, verfügt er über eine entsprechende Einschränkung des Unternehmensgegenstands, zwingend einen satzungsändernden Hauptversammlungsbeschluss herbeiführen, um eine Übernahme durchführen zu können.[1119]

g) Zwischenergebnis

Im Ergebnis kann festgehalten werden, dass die für einen SPAC typische Zustimmungspflicht der Hauptversammlung hinsichtlich der Übernahme auch auf eine deutsche bzw österreichische Aktiengesellschaft übertragbar ist. Dies ist immer dann unproblematisch, wenn die Übernahme mittels einer Sachkapitalerhöhung oder Verschmelzung erfolgen soll. Schließlich ist ein Hauptversammlungsbeschluss in diesen Fällen bereits gesetzlich vorgeschrieben. Wird hingegen allein der Emissionserlös für die Übernahme verwendet, kann sich die Einbeziehung der Hauptversammlung aus § 179a Abs 1 dAktG / § 237 Abs 1 öAktG ergeben, wobei dies nur dann der Fall ist, wenn das gesamte Vermögen der Gesellschaft verwendet wird. In allen anderen Fällen liegt die Entscheidungskompetenz im Hinblick auf Übernahmen grundsätzlich beim Vorstand. Insbesondere besteht bei einer Übernahme durch einen SPAC keine ungeschriebene Hauptversammlungszuständigkeit nach der „Holzmüller" und „Gelatine" Rechtsprechung des BGH. Ferner wird die Übertragung der Entscheidungsbefugnis auf die Hauptversammlung gemäß § 119 Abs 2 dAktG / § 103 Abs 2 öAktG im Falle von SPACs überwiegend abgelehnt. Die Einbeziehung der Hauptversammlung kann nach deutschem bzw österreichischem Aktienrecht jedoch durch eine spezielle Ausgestaltung der Satzung gewährleistet werden. Dabei wird der Unternehmensgegenstand so gefasst, dass daraus keine Kompetenz zur Übernahme von Unternehmen abgeleitet werden kann. Infolgedessen muss im Vorfeld einer geplanten

---

[1117] Vgl bereits unter D.III.
[1118] Vgl *Selzner*, ZHR 174 (2010), 337.
[1119] Vgl *Selzner*, ZHR 174 (2010), 337.

Übernahme zunächst ein satzungsändernder Hauptversammlungsbeschluss erfolgen, welcher diese Einschränkung behebt.

4. Rückzahlung an die ablehnenden Aktionäre

Fraglich ist ferner, wie sich nach deutschem bzw österreichischem Aktienrecht die Einlagenrückzahlung an die SPAC-Aktionäre gestalten lässt, die gegen die Übernahme gestimmt haben.[1120] Zu beachten ist in diesem Zusammenhang insbesondere, dass sowohl nach deutschem als auch nach österreichischem Aktienrecht grundsätzlich jede Rückzahlung von Einlagen an die Aktionäre eine verbotene Einlagenrückgewähr darstellt.[1121] Eine Rückzahlung der Einlagen könnte jedoch mittels eines Erwerbs eigener Aktien durch die Gesellschaft erfolgen.[1122] Ein solcher stellt gemäß § 57 Abs 1 S 2 dAktG / § 52 S 2 öAktG keine Einlagenrückgewähr dar und ist daher zulässig.[1123] Der Erwerb eigener Aktien richtet sich grundsätzlich nach den §§ 71 ff dAktG / §§ 65 ff öAktG. In Betracht käme vorliegend zunächst der Erwerb eigener Aktien aufgrund einer durch die Hauptversammlung erteilten Ermächtigung gemäß § 71 Abs 1 Z 8 dAktG / § 65 Abs 1 Z 8 öAktG. Zu beachten ist hierbei jedoch, dass das Erwerbsvolumen maximal 10% des vorhandenen Grundkapitals betragen darf.[1124] Diese Beschränkung dürfte bei einem SPAC regelmäßig zu Problemen führen.[1125] Dies gilt zumindest dann, wenn sich die Anteile der Publikumsaktionäre, die von ihrem Rückgaberecht Gebrauch machen, auf mehr als 10% des Grundkapitals des SPACs belaufen[1126] – ein Szenario, das aufgrund einer möglichen Rückgabequote von regelmäßig über 30% der Publikumsaktien (im Fall der *Helikos SE* < 35%) durchaus in Betracht kommt. Folglich kann die Rückzahlung der Einlagen an die ablehnenden Aktionäre des SPAC durch den Erwerb eigener Aktien gemäß § 71 Abs 1 Z 8 dAktG / § 65 Abs 1 Z 8 öAktG nicht mit der gebotenen Sicherheit gewährleistet werden.[1127] Diese

---

[1120] Vgl *Just*, ZIP 2009, 1702; *Selzner*, ZHR 174 (2010), 337.
[1121] Vgl § 57 Abs 1 S 1 dAktG / § 52 S 1 öAktG.
[1122] Vgl *Just*, ZIP 2009, 1702.
[1123] Vgl *Selzner*, ZHR 174 (2010), 338.
[1124] Vgl § 71 Abs 1 Z 8 iVm Abs 2 S 1 dAktG / § 65 Abs 1 Z 8 iVm Abs 2 S 1 öAktG.
[1125] Vgl *Busch/Brandtner*, GoingPublic 10/10, 57.
[1126] Vgl *Just*, ZIP 2009, 1702; *Harrer/Janssen*, FB 2009, 48.
[1127] Vgl *Just*, ZIP 2009, 1702.

Vorgehensweise ist daher abzulehnen.[1128] Eine Abbildung des Rückgaberechts eines SPACs kann auf diese Weise also nicht erfolgen.

In Betracht kommt ferner ein Erwerb eigener Aktien gemäß § 71 Abs 1 Z 6 dAktG / § 65 Abs 1 Z 6 öAktG.[1129] Hiernach kann die Gesellschaft auf Grund eines Beschlusses der Hauptversammlung eigene Aktien erwerben und einziehen,[1130] wobei hierbei die Vorschriften über die ordentliche Kapitalherabsetzung[1131] zu beachten sind.[1132] Zwar gilt die 10%-Schwelle bei dieser Erwerbsvariante nicht[1133], so dass auch bei einer darüber hinausgehenden Ablehnung der Übernahme eine vollständige Rückzahlung der Einlagen gewährleistet werden könnte.[1134] Zu beachten ist jedoch, dass eine Rückzahlung einer Sperrfrist[1135] unterliegt. Demnach können Einlagen erst dann zurückgezahlt werden, wenn seit der Bekanntmachung der Eintragung des Kapitalherabsetzungsbeschlusses in das Handelsregister (Firmenbuch) sechs Monate verstrichen sind. Diese zeitliche Verzögerung dürfte bei einem SPAC – insbesondere im Hinblick auf das Interesse der ablehnenden Anteilsinhaber an einer zeitnahen Rückzahlung – jedoch regelmäßig nicht erwünscht sein.[1136]

Eine Abbildung des Rückgaberechts eines SPACs kommt nach dAktR bzw öAktR im Ergebnis also nicht in Betracht.

5. Liquidation des SPAC

Ein weiteres Problem bei der Verwendung einer Aktiengesellschaft zur Abbildung eines SPAC könnte sich im Falle einer Liquidation ergeben. Eine solche muss bei einem SPAC – wie bereits gezeigt – immer dann erfolgen, wenn es innerhalb des vorgeschriebenen Zeitraums nicht zur Übernahme

---

[1128] Vgl *Just*, ZIP 2009, 1702; *Selzner*, ZHR 174 (2010), 338.
[1129] Vgl *Just*, ZIP 2009, 1702; *Harrer/Janssen*, FB 2009, 48; *Selzner*, ZHR 174 (2010), 338.
[1130] Vgl § 237 ff dAktG / § 192 ff öAktG.
[1131] Vgl § 222 ff dAktG / § 175 ff öAktG.
[1132] Vgl § 237 Abs 2 S 1 dAktG / § 192 Abs 2 S 1 öAktG.
[1133] Vgl § 71 Abs 2 S 1 dAktG / § 65 Abs 2 S 1 öAktG.
[1134] Vgl *Just*, ZIP 2009, 1702.
[1135] Vgl § 225 Abs 2 dAktG / § 178 Abs 2 öAktG.
[1136] Vgl *Just*, ZIP 2009, 1703; *Selzner*, ZHR 174 (2010), 339.

eines Unternehmens kommt.[1137] Zwar lässt sich eine Auflösung und eine daran anschließende Abwicklung grundsätzlich auch bei einer Aktiengesellschaft gestalten, insbesondere kann in der Satzung der Aktiengesellschaft festgelegt werden, dass diese nach dem Ablauf einer bestimmten Frist aufgelöst wird.[1138] Darüber hinaus kann die Auflösung auch durch einen Hauptversammlungsbeschluss bewirkt werden.[1139] Problematisch ist allerdings, dass bei einem SPAC in der Regel eine sehr zeitnahe Auflösung und Rückzahlung der Emissionserlöse an die SPAC-Aktionäre notwendig ist.[1140] Eine solche ist bei einer Aktiengesellschaft jedoch grundsätzlich nicht möglich.[1141] Schließlich sind bei einer Aktiengesellschaft die zwingenden Gläubigerschutzvorschriften einzuhalten.[1142] Zu denken ist dabei insbesondere an die Sperrfrist hinsichtlich der Rückzahlung des Vermögens.[1143] So darf dieses erst dann verteilt werden, wenn seit dem Tag, an dem die Gläubiger zur Anmeldung ihrer Ansprüche aufgefordert wurden[1144], ein Jahr verstrichen ist,[1145] wobei die Einhaltung der Sperrfrist zwingend ist und auch bei einer Zustimmung sämtlicher Gläubiger nicht von ihr abgesehen werden kann.[1146] Ausländische Gesellschaften bieten dagegen auch in dieser Hinsicht mehr Flexibilität.[1147] Vor diesem Hintergrund dürfte die Verwendung einer deutschen bzw. österreichischen Aktiengesellschaft also ebenfalls nicht in Frage kommen.[1148]

[1137] Vgl unter F.I.2.

[1138] Vgl § 262 Abs 1 Z 1 dAktG / § 203 Abs 1 Z 1 öAktG. Wobei zu beachten ist, dass diese Satzungsbestimmung im Falle einer stattfindenden Übernahme durch einen entsprechenden Beschluss wieder aufgehoben werden muss. Ansonsten käme es trotz der Übernahme zu einer Auflösung der Gesellschaft, was in diesem Fall jedoch gerade nicht erwünscht ist. Zu beachten ist insbesondere, dass § 262 Abs 1 Z 1 dAktG / § 203 Abs 1 Z 1 öAktG nicht die Auflösung der Gesellschaft aufgrund des Eintritts einer Bedingung ermöglicht. Gleichwohl eine solche Auflösungsbedingung den Anforderungen des SPAC-Models am ehesten gerecht werden würde (vgl hierzu *Selzner*, ZHR 174 (2010), 345).

[1139] Vgl § 262 Abs 1 Z 1 dAktG / § 203 Abs 1 Z 1 öAktG. Zur Frage, ob die Aktionäre des SPACs im Falle eines Ablaufs der Übernahmefrist verpflichtet werden können, die Auflösung im Rahmen einer Hauptversammlung zu beschließen vgl *Selzner*, ZHR 174 (2010), 345.

[1140] Vgl *Just*, ZIP 2009, 1703; *Selzner*, ZHR 174 (2010), 345.

[1141] Vgl *Busch/Brandtner*, GoingPublic 10/10, 57.

[1142] Vgl *Harrer/Janssen*, FB 2009, 48.

[1143] Vgl *Just*, ZIP 2009, 1703; *Harrer/Janssen*, FB 2009, 48.

[1144] Vgl § 267 dAktG / § 208 öAktG. Nach öAktR müssen sogar drei Gläubigeraufrufe erfolgen.

[1145] Vgl § 272 Abs 1 dAktG / § 213 Abs 1 öAktG. Nach öAktR beginnt diese Frist erst nach dem dritten Gläubigeraufruf.

[1146] Vgl *Just*, ZIP 2009, 1703.

[1147] Vgl *Just*, ZIP 2009, 1703.

[1148] Wohl auch *Just*, ZIP 2009, 1703; *Harrer/Janssen*, FB 2009, 48; *Selzner*, ZHR 174 (2010), 346.

6. Einteilung in Gründer- und Publikumsaktien

Darüber hinaus ist fraglich, ob die für SPACs typischerweise vorgesehene Einteilung in Gründer- und Publikumsaktien nach deutschem und österreichischem Aktienrecht möglich ist.[1149] Dabei geht es insbesondere um die Frage, ob die unterschiedlichen Funktionsweisen der jeweiligen Aktientypen nach dem jeweils einschlägigen Aktienrecht übernommen werden können.

Die Unterschiede zwischen Gründer- und Publikumsaktien betreffen im Wesentlichen drei Bereiche: So erhalten die Inhaber der Gründeraktien – im Vergleich zu den Inhabern der Publikumsaktien – im Falle einer Liquidation des SPAC keinen ihrer Beteiligung entsprechenden Anteil am Liquidationserlös zurück.[1150] Zudem soll ihnen auch kein Rückgaberecht oder ein Stimmrecht im Hinblick auf die Übernahmeentscheidung zustehen.[1151]

Eine unterschiedliche rechtliche Ausstattung von Gründer- und Publikumsaktien im Hinblick auf den Liquidationserlös und das Rückgaberecht ist gemäß § 11 dAktG / § 11 öAktG grundsätzlich möglich.[1152] Demnach können Aktien einer Gesellschaft in verschiedene Gattungen eingeteilt werden, die insbesondere auch im Hinblick auf die Verteilung des Gesellschaftsvermögens verschiedene Rechte gewähren können.

Fraglich ist allerdings, ob eine unterschiedliche rechtliche Ausstattung von Gründer- und Publikumsaktien auch im Hinblick auf die Stimmrechte bezüglich der Abstimmung über die Übernahme erfolgen kann. In Betracht kommt zunächst die Ausgestaltung der Gründeraktien als stimmrechtslose Vorzugsaktien gemäß §§ 12 Abs 1, 139 ff dAktG / § 12a öAktG.[1153] Hiergegen spricht jedoch, dass in diesem Falle die Gründeraktien hinsichtlich der Gewinnverteilung bevorzugt werden müssten. Dies entspricht jedoch gerade nicht der typischen Interessenlage zwischen den Sponsoren und den

---

[1149] Vgl *Selzner*, ZHR 174 (2010), 339.
[1150] Vgl unter F.I.1.
[1151] Vgl unter F.I.3.
[1152] Vgl *Selzner*, ZHR 174 (2010), 339.
[1153] Vgl *Selzner*, ZHR 174 (2010), 340.

241

Investoren im Falle eines im Rahmen eines SPAC.[1154] Die Ausgestaltung der Gründeraktien als stimmrechtslose Vorzugsaktien kommt daher vorliegend nicht in Betracht. Ein Ausschluss der Stimmrechte der Gründungsaktionäre ist demnach nicht möglich.

Trotz des nicht ausschließbaren Stimmrechts der Gründer, kann die für das SPAC-Modell vorgesehene alleinige Kompetenz der Publikumsaktionäre hinsichtlich der Übernahmeentscheidung dadurch erreicht werden, dass neben dem Änderungsbeschluss hinsichtlich des Unternehmensgegenstands[1155] zwingend ein allein von den Publikumsaktionären zu fassender Sonderbeschluss treten muss.[1156]

Die differenzierte Ausgestaltung der Gründer- und Publikumsaktien soll jedoch nach dem typischen SPAC-Modell nur solange bestehen bis die Übernahme vollzogen ist. Danach sollen die Gründeraktien mit denselben Rechten ausgestattet sein wie die Publikumsaktien. Dies kann zum einen durch eine Satzungsänderung erreicht werden,[1157] zum anderen können die gattungsbegründenden Rechte der Gründeraktien auch von vornherein durch eine Befristung oder eine auflösende Bedingung zeitlich limitiert werden.[1158]

Es kann damit festgehalten werden, dass die typischerweise für SPACs vorgesehene Einteilung in Gründer- und Publikumsaktien trotz ihrer unterschiedlichen rechtlichen Ausgestaltung nach deutschem und österreichischem Aktienrecht grundsätzlich möglich ist.

7. Ausgabe von Optionsrechten

Fraglich ist ferner, ob die – im Rahmen von SPACs typischerweise vorgesehene – Ausgabe von Optionsrechten an die Investoren und das Management nach deutschem bzw österreichischem Aktienrecht möglich ist.[1159]

[1154] Vgl *Selzner*, ZHR 174 (2010), 340.
[1155] Vgl unter F.IV.3.f).
[1156] Vgl ausführlich *Selzner*, ZHR 174 (2010), 341.
[1157] Vgl *Selzner*, ZHR 174 (2010), 342.
[1158] Vgl *Selzner*, ZHR 174 (2010), 342.
[1159] Vgl *Selzner*, ZHR 174 (2010), 343; *Just*, ZIP 2009, 1701; *Thiergart/Olbertz*, BB 2010, 1549.

Diese berechtigen – wie bereits dargestellt – ihre Inhaber zum Bezug weiterer (neuer) Anteile an der SPAC-Gesellschaft, wobei es sich dabei um sog selbständige Optionsrechte (*naked warrants*) handelt, da sie insbesondere nicht mit Schuldverschreibungen verknüpft sind.[1160] Selbständige Optionsrechte sind weder im deutschen noch im österreichischen Aktienrecht geregelt.[1161]

Teilweise wird daher eine Ausgabe selbständiger Optionsrechte gemäß § 221 dAktG / § 174 öAktG[1162] vorgeschlagen.[1163] Ob eine derartige Ausgabe, ohne sie mit einer Schuldverschreibung zu verknüpfen, möglich ist, wird heftig diskutiert und von der wohl **hM** abgelehnt.[1164] Dabei werden im Wesentlichen zwei Argumente gegen die Zulässigkeit von selbständigen Optionsrechten angeführt. So wird zum einen argumentiert, dass durch deren Ausgabe das Regel-Ausnahme-Verhältnis des § 187 Abs 2 dAktG / § 153 Abs 2 öAktG zu § 221 Abs 1 S 1 dAktG / § 174 Abs 1 S 1 öAktG und § 192 Abs 2 dAktG / § 159 Abs 2 öAktG außer Kraft gesetzt wird.[1165] Zum anderen wird angeführt, dass die in § 221 Abs 1 dAktG / § 174 Abs 1 öAktG geregelten Instrumente nur zu Finanzierungs- und nicht zu Vergütungszwecken ausgegeben werden dürfen.[1166]

Aber selbst wenn die Ausgabe von selbständigen Optionsrechten zulässig wäre, würde sich folgende Problematik ergeben: Die aufgrund der Ausübung der Optionsrechte neu zu schaffenden Aktien müssten zunächst im Zuge einer bedingten Kapitalerhöhung (§§ 192 ff dAktG / §§ 159 ff öAktG) – gegebenenfalls durch Ausübung eines genehmigten Kapitals (§ 202 ff dAktG / § 169 ff öAktG) – geschaffen werden.[1167] Hierbei stellt sich das Problem, dass SPACs in der Regel vorsehen, dass für jede ausgegebene Aktie auch

---

[1160] Vgl *Selzner*, ZHR 174 (2010), 343.

[1161] Für D vgl *Selzner*, ZHR 174 (2010), 343.

[1162] Diese Vorschriften ermöglichen die Emission von Bezugsrechten auf Aktien (Wandelschuldverschreibungen) und Gewinnschuldverschreibungen an die Gläubiger der Aktiengesellschaft (Abs 1). Zudem wird die Ausgabe von Genussrechten ermöglicht (Abs 3).

[1163] Vgl für D mwN *Selzner*, ZHR 174 (2010), 343; *Just*, ZIP 2009, 1701; *Thiergart/Olbertz*, BB 2010, 1549.

[1164] Vgl für D mwN *Selzner*, ZHR 174 (2010), 343; *Just*, ZIP 2009, 1701 (insb auch zur Gegenansicht); *Thiergart/Olbertz*, BB 2010, 1549.

[1165] Vgl für D mwN *Selzner*, ZHR 174 (2010), 343; *Just*, ZIP 2009, 1701.

[1166] Vgl für D mwN *Selzner*, ZHR 174 (2010), 343; *Just*, ZIP 2009, 1701.

[1167] Vgl *Selzner*, ZHR 174 (2010), 344.

ein Optionsschein (*Units*) emittiert wird.[1168] Dies ist jedoch im Hinblick auf die in Deutschland und Österreich geltenden Volumengrenzen für das bedingte und genehmigte Kapital nicht darstellbar.[1169] So sehen § 192 Abs 3 dAktG / § 159 Abs 4 öAktG und § 202 Abs 3 dAktG / § 169 Abs 3 öAktG jeweils vor, dass der Nennbetrag des bedingten oder genehmigten Kapitals die Hälfte des bei der Beschlussfassung vorhandenen Kapitals nicht übersteigen darf.

Die Ausgabe selbständiger Optionsrechte an das **Management** des SPACs (Vorstand) ist dagegen unproblematisch und lässt sich grundsätzlich gemäß § 192 Abs 2 Z 3 dAktG / § 159 Abs 2 Z 3 öAktG mittels sog Stock Options gestalten.[1170] Zu beachten ist allerdings, dass die Ausgabe solcher Optionsrechte nur im Umfang von bis zu 10% des Grundkapitals möglich ist.[1171] Zudem können die Optionsrechte – zumindest nach deutschem Aktienrecht – erst nach einer **Wartezeit von vier Jahren** ausgeübt werden.[1172] Dies dürfte jedoch wiederum nicht dem typischen SPAC-Konzept[1173] entsprechen und daher zumindest der Verwendung einer deutschen Aktiengesellschaft entgegenstehen.[1174]

[1168] Vgl Prospekt der *Helikos SE*, 38.

[1169] Vgl *Selzner*, ZHR 174 (2010), 344.

[1170] Vgl *Just*, ZIP 2009, 1701; *Selzner*, ZHR 174 (2010), 344.

[1171] Vgl § 192 Abs 3 dAktG / § 159 Abs 4 öAktG.

[1172] Vgl § 193 Abs 2 Z 4 dAktG.

[1173] So ist die Ausübung der Optionsrechte bei SPACs idR schon wesentlich früher vorgesehen (vgl Prospekt der *Germany 1*, G-8).

[1174] Vgl *Just*, ZIP 2009, 1701; *Selzner*, ZHR 174 (2010), 344.

8. Ergebnis

Es kann festgehalten werden, dass sich die verschiedenen Wesensmerkmale eines SPAC nicht vollständig mittels einer deutschen bzw österreichischen Aktiengesellschaft abbilden lassen. Zwar lässt sich die Einbeziehung der Hauptversammlung in die Übernahmeentscheidung sowie die Aufteilung der Aktien in Gründer- und Publikumsaktien auch nach deutschem bzw österreichischem Aktienrecht gestalten, Probleme ergeben sich jedoch bei der Übertragung der weiteren SPAC-typischen Schutzmechanismen:

So lässt sich die Übertragung des Emissionserlöses auf ein Treuhandkonto nicht mit den Kapitalaufbringungsvorschriften in Einklang bringen.

Die Ausgestaltung eines Rückgaberechts für die ablehnenden Aktionäre ist zwar grundsätzlich mittels eines Kapitalherabsetzungsbeschlusses möglich, problematisch ist jedoch, dass die Rückzahlung auf diesem Wege nicht schnell genug realisiert werden kann (Sperrfrist).

Ähnlich verhält es sich auch bei der Liquidation einer Aktiengesellschaft. Diese ist zwar grundsätzlich auch nach deutschem oder österreichischem Recht vorgesehen. Die für die Rückzahlung zwingend einzuhaltende Wartezeit, wird allerdings nicht den Anforderungen eines SPACs gerecht.

Ferner ist die Ausgabe von selbständigen Optionsrechten an die SPAC-Investoren nach der hM nicht möglich. Etwas anderes gilt für die Ausgabe von selbständigen Optionsrechten an das Management (Vorstand). Diese ist grundsätzlich möglich, allerdings nur im Umfang von maximal 10% des Grundkapitals. Wobei sich nach deutschem Aktienrecht zudem das Problem ergibt, dass die Ausübung der Optionsrechte erst nach vier Jahren erfolgen kann, was sich wiederum nicht mit den Anforderungen eines SPAC vereinbaren lässt.

Darüber hinaus ist auch der nach deutschem und österreichischem Aktienrecht bei der Ausgabe von Aktien zwingend einzuhaltende Mindestausgabebetrag iHv 1 € im Hinblick auf die Ausgestaltung der Vergütung des SPAC-Managements (in Form einer idR 20%-igen Beteiligung) von Nachteil.

Per Saldo eignet sich also weder eine deutsche noch eine österreichische Aktiengesellschaft als Rechtsträger für einen SPAC.[1175]

[1175] Zur Frage, ob sich als Rechtsträger für einen SPAC eine SE mit Sitz in Deutschland eignet, vgl ausführlich *Thiergart/Olbertz*, BB 2010, 1547 ff. Diese kommen jedoch im Wesentlichen zu demselben Ergebnis, was insb darauf zurück zu führen ist, dass eine SE mit Sitz in Deutschland im Wesentlichen denselben aktienrechtlichen Bestimmungen unterliegt. Gleiches gilt auch für eine SE mit Sitz in Österreich.

V. Rechtliche Probleme

In rechtlicher Hinsicht ergeben sich bei einer SPAC-Transaktion grundsätzlich[1176] dieselben Probleme wie bei einem klassischen *Cold IPO*, wobei sich auch einige Unterscheide ergeben.

Im Hinblick auf die Gründung eines SPAC muss zunächst festgestellt werden, dass eine solche nur dann zulässig ist, wenn der Vorratscharakter offen gelegt wird. Mangels eines vorgeschalteten Kontrollerwerbs durch die Eigentümer des Börsenkandidaten liegt jedoch kein Mantelkauf vor.

Was die Einbringung des Börsenkandidaten mittels einer Sachkapitalerhöhung betrifft, muss bei einem SPAC beachtet werden, dass der **Ausschluss der Bezugsrechte** zwingend erforderlich ist, um die Eigentümer des Börsenkandidaten mit an Bord zu holen, wobei dieser aus denselben Gründen sachlich gerechtfertigt ist.

Ferner liegt bei der Einbringung des Börsenkandidaten in den SPAC mittels einer Sachkapitalerhöhung oder Verschmelzung ebenfalls ein **Anfechtungsrisiko** vor. Wobei auch die Gefahr besteht, dass die Anfechtungsklage als Druck- oder Erpressungsmittel missbraucht wird.

Darüber besteht auch die Gefahr des sogenannten „*Greenmailings*".[1177] Hierbei verweigern bestimmte Aktionäre des SPAC zunächst die Zustimmung zur Unternehmensübernahme, um sich diese in einem nächsten Schritt vom Management oder den Hauptaktionären abkaufen zu lassen.

Auch die **BGH-Rechtsprechung zur Mantelverwendung** muss bei der Neuausrichtung des SPAC (Despacing) beachtet werden. Schließlich liegt nach den oben dargestellten Grundsätzen eine Mantelverwendung (wirtschaftliche Neugründung) vor. Diese muss daher insbesondere vor dem zuständigen Handelsregister (bzw Firmenbuchgericht) offen gelegt werden.

[1176] Die Darstellung der gesellschaftsrechtlichen Fragen ist dabei rein theoretischer Natur, da (wie festgestellt) die Abbildung eines SPAC nach deutschem oder österreichischem Aktienrecht eigentlich nicht möglich ist.
[1177] Vgl *Ilberg/Neises*, GoingPublic Sonderbeilage SPACs 2008, 27.

247

Ansonsten drohen auch bei einem SPAC die bereits dargestellten **Haftungsrisiken.**

Eine Umgehung der Börsenzulassungsvoraussetzungen liegt auch bei einem *Cold IPO* mittels eines SPAC vor. Dies gilt zumindest dann, wenn der Börsenkandidat ausschließlich unter Einsatz des Emissionserlöses übernommen wird. Eine analoge Anwendung der Börsenzulassungsvoraussetzungen kommt jedoch aus denselben Gründen nicht in Betracht. Eine Prospektpflicht besteht ebenfalls nicht. Aus Gründen der Transparenz wird bei einem SPAC in der Regel jedoch ein prospektähnliches *Proxy Statement* erstellt.

Ein Pflichtangebot nach WpÜG / ÜbG durch die Eigentümer des Börsenkandidaten kann auch bei einer SPAC-Transaktion erforderlich werden. Dies gilt zumindest dann, wenn die Übernahme des Börsenkandidaten zumindest teilweise durch die Ausgabe neuer Aktien finanziert wird, und die Eigentümer infolgedessen einen Anteil von ≥ 30% am SPAC (bzw De-SPAC) halten.

Eine Veröffentlichung eines hinreichend wahrscheinlichen *Cold IPOs* bzw eines für dessen Umsetzung erforderlichen kursrelevanten Zwischenschritts gemäß § 15 Abs 1 S 1 WpHG / § 48d Abs 1 BörseG muss auch bei einem SPAC erfolgen. Dabei kann es auch bei SPACs zu den oben dargestellten Problematiken[1178] kommen. Diese werden idR jedoch nicht dieselbe Relevanz haben. Schließlich sind SPACs in der Regel fair und relativ hoch bewertet, so dass das Neubewertungspotenzial und die daraus resultierenden – zu Problemen führenden – Kurssteigerungen in der Regel nicht die oben dargestellten Ausmaße[1179] annehmen wird (werden).

Die Frage, ob bei einer SPAC-Transaktion eine **Nachbesserungspflicht** ausgelöst wird, dürfte vorliegend schon am Nichtvorliegen eines hierfür erforderlichen Nacherwerbs scheitern. Schließlich kann die Ausgabe neuer

---

[1178] Vgl unter E.V.3.
[1179] Vgl unter E.V.1.a)aa)(2).

Aktien an die Eigentümer des Börsenkandidaten im Zuge der Übernahme schon deshalb nicht als Nacherwerb qualifiziert werden, weil es – mangels eines vorgeschalteten Kontrollerwerbs – bereits an einem diesbezüglichen Vorerwerb fehlt. Ein Nacherwerb kann logischerweise jedoch nur dann vorliegen, wenn vorher bereits ein Erwerb stattgefunden hat.

VI. Ergebnis

Im Ergebnis kann folgendes festgehalten werden: Die Börsenzulassung eines SPAC in Deutschland und Österreich ist grundsätzlich möglich. Weder eine deutsche noch eine österreichische Aktiengesellschaft ist als Rechtsträger für einen SPAC geeignet.

G. Fazit

In der vorliegenden Arbeit wurden unter D die einzelnen Verfahrensschritte des *Cold IPO* und die damit einhergehenden rechtlichen Fragen ausführlich dargestellt. Dabei wurde zunächst auf die Notwendigkeit einer börsennotierten Zielgesellschaft als Börsenvehikel eingegangen. Hierbei hat sich gezeigt, dass hierfür insbesondere eine börsennotierte Mantelgesellschaft in Betracht kommt. Die gesellschafts- und kapitalmarktrechtliche Zulässigkeit solcher Börsenmäntel konnte dabei im Grundsatz bejaht werden (D.I.2). Ferner konnte gezeigt werden, dass der im Zuge eines *Cold IPO* häufig erfolgende Kontrollerwerb im Falle der Verwendung eines Börsenmantels als Mantelkauf zu qualifizieren ist (D.II.1), wobei sich daraus keine Rechtsfolgen ergeben.

Darüber hinaus wurden die einzelnen Neuausrichtungsmaßnahmen (D.III) dargestellt, wobei sich die Darstellung insbesondere auf die verschiedenen Arten der Einbringung des Börsenkandidaten in das Börsenvehikel und die in diesem Zusammenhang bestehenden rechtlichen Fragen (D.IV) konzentriert hat. In diesem Zusammenhang konnte festgestellt werden, dass sich ein *Cold IPO* auf vier verschiedenen Wegen erreichen lässt: So kann der Börsenkandidat mittels einer Sachkapitalerhöhung (D.IV.1) in die Zielgesellschaft eingebracht oder auf diese verschmolzen (D.IV.2) werden. Zudem besteht die Möglichkeit, dass der Börsenkandidat durch die Zielgesellschaft unter dem Einsatz von Barmitteln erworben (D.IV.3) oder durch eine Sacheinlage ohne Anteilsgewährung (D.IV.4) in diese eingebracht wird.

In rechtlicher Hinsicht konnte dabei insbesondere festgestellt werden, dass ein Bezugsrechtsausschluss bei einer Einbringung mittels Sachkapitalerhöhung im Zuge eines *Cold IPO* grundsätzlich sachlich gerechtfertigt ist (D.IV.1.c)) und bei der Einbringung mittels Verschmelzung (D.IV.2.c)) oder Sachkapitalerhöhung (D.IV.1.e)) Anfechtungsrisiken bestehen.

Unter E wurden ausgewählte gesellschafts- und kapitalmarktrechtliche Probleme im Rahmen von *Cold IPOs* thematisiert. Aus gesellschaftsrechtlicher Sicht konnten dabei insbesondere die Auswirkungen der BGH-Rechtsprechung zur Mantelverwendung auf den *Cold IPO* aufgezeigt werden (E.I). Demnach liegt bei einem *Cold IPO* grundsätzlich[1180] eine Mantelverwendung vor, auf die die der Gewährleistung der Kapitalausstattung dienenden Gründungsvorschriften einschließlich der registergerichtlichen Kontrolle entsprechend anzuwenden sind. Zudem finden die Grundsätze der Unterbilanz- und Handelndenhaftung entsprechende Anwendung, woraus sich diverse Haftungsrisiken ergeben.

In kapitalmarktrechtlicher Hinsicht konnte zunächst festgestellt werden, dass die Börsenzulassungsvoraussetzungen im Zuge eines *Cold IPO* nur dann umgangen werden können, wenn der Börsenkandidat unter der Verwendung von Barmitteln erworben wird oder durch eine Sacheinlage ohne Anteilsgewährung in die Zielgesellschaft eingebracht wird (E.II). Eine analoge Anwendung der Börsenzulassungsvoraussetzungen kommt in diesen Fällen jedoch nicht in Betracht, da die hierfür erforderlichen Voraussetzungen nicht vorliegen. Insbesondere muss im Zuge eines *Cold IPO* auch kein Prospekt erstellt werden.

Ferner wurde gezeigt, dass im Zuge eines *Cold IPO* die Pflicht zur Abgabe eines Übernahmeangebots entsteht (E.III).

Darüber hinaus konnte herausgearbeitet werden, dass die börsennotierte Zielgesellschaft hinsichtlich des *Cold IPOs* zur Veröffentlichung von Ad-hoc-Mitteilungen verpflichtet ist (E.V.1), und dass solche Veröffentlichungen – im Falle eines *Reverse Merger* – den indirekten Börsengang erheblich verteuern und unter Umständen sogar unmöglich machen können (E.V.3), wobei vor diesem Hintergrund eine Befreiung von der Veröffentlichungspflicht möglich ist (E.V.4).

[1180] Es sei denn der Börsenkandidat knüpft an den bisherigen Geschäftsbetrieb der Zielgesellschaft an (E.I.2.a)ab)).

Zudem wurde geklärt, ob und unter welchen Voraussetzungen es im Zuge eines *Cold IPO* zu übernahmerechtlichen Nachzahlungspflichten kommen kann (E.VI).

Unter F wurden die sog SPACs thematisiert. In rechtlicher Hinsicht konnte dabei insbesondere gezeigt werden, dass die Börsenzulassung solcher Börsenvehikel grundsätzlich möglich ist (F.III). In gesellschaftsrechtlicher Hinsicht wurde ferner ausführlich diskutiert, ob sich die typischen Wesensmerkmale eines SPAC auch mittels einer deutschen bzw österreichischen Aktiengesellschaft abbilden lassen (F.IV). Hierbei konnte festgestellt werden, dass dies nicht in ausreichendem Maße möglich ist. Im Ergebnis eignet sich daher weder eine deutsche noch eine österreichische Aktiengesellschaft als Rechtsträger für einen SPAC.

253

Literaturverzeichnis

Aha, Vorbereitung des Zusammenschlusses im Wege der Kapitalerhöhung gegen Sacheinlage durch ein Business Combination Agreement, BB 2001, 2225.
Zit: *Aha,* BB 2001.

Auer, Existenz, Gründung und Verwendung von Mantelgesellschaften, wbl 2001, 245.
Zit: *Auer,* wbl 2001.

Beck'scher Bilanz-Kommentar, *Ellrott/Förschle/Kozikowski/Winkeljohann* (Hrsg), 7. Auflage (2010).
Zit: *Autor* in Beck'scher Bilanz-Kommentar[7] § (_) Rz (_).

Beck'scher Online-Kommentar zum BGB, *Bamberger/Roth* (Hrsg), 18. Edition (2010).
Zit: *Autor* in Beck'scher Online-Kommentar BGB[Ed18] § (_) Rz (_).

Beck'sches Steuer- und Bilanzrechtslexikon (2010).
Zit: *Autor* in Beck'sches Steuer- und Bilanzrechtslexikon („Stichwort") Rz (_).

Beisel/Klumpp (Hrsg), Der Unternehmenskauf, 6. Auflage (2009).
Zit: *Autor* in *Beisel/Klumpp,* Unternehmenskauf[6] Kap (_) Rz (_).

Benz/Wulf, Wie viel SPAC darf's denn sein? – Erfolgsfaktoren für Emissionen an europäischen Börsen, GoingPublic Sonderbeilage SPACs 2008, 14.
Zit: *Benz/Wulf,* GoingPublic Sonderbeilage SPACs 2008.

Bertl/Hirschler, Verdeckte Einlage für im Privatvermögen gehaltenen Beteiligungen, ÖStZ 1997, 284.
Zit: *Bertl/Hirschler,* ÖStZ 1997.

Birnbaum, Der Streit um die disquotale Einlage, ZEV 2009, 125.
Zit: *Birnbaum,* ZEV 2009.

Blättchen, Private Equity sucht jetzt den sanften Weg an die Börse, GoingPublic 8-9/08, 30.
Zit: *Blättchen,* GoingPublic 8-9/08.

Blättchen/Götz, Übernahmen börsennotierter Unternehmen in Deutschland im ersten Halbjahr 2002, FB 2002, 660.
Zit: *Blättchen/Götz,* FB 2002.

Blättchen/Nespethal, Cold IPOs - Motive und Techniken, VentureCapital Magazin „Mittelstandsfinanzierung" 2003, 66.
Zit: *Blättchen/Nespethal*, VentureCapital Magazin „Mittelstandsfinanzierung" 2003.

Blättchen/Nespethal, Wege zur Erlangung der Börsennotierung: IPO und Cold IPO: in *Wiedemann* (Hrsg), Ganzheitliches Corporate Finance Management, 599.
Zit: *Blättchen/Nespethal* in *Wiedemann*.

Bloß/Schneider, Prospektfreie Teilzulassung für später ausgegebene Aktien, WM 2009, 879.
Zit: *Bloß/Schneider*, WM 2009.

Bösl, Gestaltungsformen und Grenzen eines indirekten Börsengangs, FB 2003, 297.
Zit: *Bösl*, FB 2003.

Bösl, Kosten des Börsengangs – Ein Überblick, Real Estate Magazin 3/07, 29.
Zit: *Bösl*, Real Estate Magazin 3/07.

Bournet, Börsengang mittels Reverse Takeover – Analyse der Schweizer Praxis (2003).
Zit: *Bournet*, Reverse Takeover.

Bozicevic, Kopf statt Zahl – Akquisitionsvehikel Helikos will die IPO-Starre knacken, GoingPublic 2/10, 16.
Zit: *Bozicevic*, GoingPublic 2/10.

Brandi/Süßmann, Neue Insiderregeln und Ad-hoc-Publizität – Folgen für Ablauf und Gestaltung von M&A-Transaktionen, AG 2004, 642.
Zit: *Brandi/Süßmann*, AG 2004.

Busch/Brandtner, SPACs aus Investorensicht – eine Zwischenbilanz, GoingPublic 10/10, 56.
Zit: *Busch/Brandtner*, GoingPublic 10/10.

Cahn, Das neue Insiderrecht, Der Konzern 2005, 5.
Zit: *Cahn*, Der Konzern 2005.

Deutschlands erstes Internet-Emissionshaus an der Börse, GoingPublic 9/98, 46.
Zit: GoingPublic 9/98.

Diregger/Kalss/Winner, Das österreichische Übernahmerecht, 2. Auflage (2007).
Zit: *Diregger/Kalss/Winner*, öÜbR^2 Kap (_) Rz (_).

Eder, Die rechtsgeschäftliche Übertragung von Aktien, NZG 2004, 107.
Zit: *Eder*, NZG 2004.

Erbler, Der Gang an die Börse – Vorbereitung eines IPO und
Börsenzulassung, ecolex 2008, 962.
Zit: *Erbler*, ecolex 2008.

Feldman/Dresner, Reverse Mergers – Taking a company public without an
IPO (2006).
Zit: *Feldman/Dresner*, Reverse Mergers.

Fida/Rechberger, Ungeschriebene Zuständigkeit der Hauptversammlung bei
Beteiligungsveräußerungen?, RdW 2007, 328.
Zit: *Fida/Rechberger*, RdW 2007.

Fida/Steidl, Ungeschriebene Zuständigkeiten der Hauptversammlung –
Auswirkungen des „Gelatine"-Urteils des BGH für Österreich, RdW 2005,
145.
Zit: *Fida/Steidl*, RdW 2005.

Fleischer, Börsenmantel – Lukratives Instrument?, Creditreform 9/00, 14.
Zit: *Fleischer*, Creditreform 9/00.

Fragner/Schulz, Verschmelzungen innerhalb der übernahmerechtlichen
Nachfrist, GesRZ 5/10, 261.
Zit: *Fragner/Schulz*, GesRZ 5/10.

Gaggl, Anwendbarkeit des NeuFöG auf Mantelgründung und –kauf, ecolex
2007, 36.
Zit: *Gaggl*, ecolex 2007.

Groh, Schenkung durch disquotale Einlagen?, DStR 1999, 1050.
Zit: *Groh*, DStR 1999.

Groß, Kapitalmarktrecht, 4. Auflage (2009).
Zit: *Groß*, Kapitalmarktrecht[4] § (_) Rz (_).

Grub/Streit, Börsenzulassung und Insolvenz, BB 2004, 1397.
Zit: *Grub/Streit*, BB 2004.

Grunewald/Schlitt (Hrsg), Einführung in das Kapitalmarktrecht, 2. Auflage
(2009).
Zit: *Autor* in *Grunewald/Schlitt*, Kapitalmarktrecht[2] § (_) Abschnitt (_).

Gunßer, Ad-hoc-Veröffentlichungspflicht bei zukunftsbezogenen
Sachverhalten, NZG 2008, 855.
Zit: *Gunßer*, NZG 2008.

256

Gutschlag/Nespethal, Kosten und Nutzen einer Börsennotierung, GoingPublic 12/03, 10.
Zit: *Gutschlag/Nespethal*, GoingPublic 12/03.

Handbuch des Wirtschafts- und Steuerstrafrechts, *Wabnitz/Janovsky* (Hrsg), 3. Auflage (2007).
Zit: *Autor* in *Wabnitz/Janovsky*, Handbuch des Wirtschafts- und Steuerstrafrechts[3] Kap (_) Rz (_).

Harbarth, Ad-hoc-Publizität beim Unternehmenskauf, ZIP 2005, 1898.
Zit: *Harbarth*, ZIP 2005.

Harrer/Janssen, Rechtliche Aspekte von Special Purpose Acquisition Companies in Deutschland, FB 2009, 46.
Zit: *Harrer/Janssen*, FB 2009.

Hasenauer, Beteiligungspublizizät und Stake Building, RdW 1/09, 3.
Zit: *Hasenauer*, RdW 1/09.

Heerma, Mantelverwendung und Kapitalaufbringungspflichten (1997).
Zit: *Heerma*, Mantelverwendung.

Herzig/Bohn, Das Wachstumsbeschleunigungsgesetz als Umsetzung des Sofortprogramms der Koalitionsparteien zum Unternehmenssteuerrecht, DStR 2009, 2341.
Zit: *Herzig/Bohn*, DStR 2009.

Hettich, Reverse IPO – Der Umweg an die Börse – Typische Aufgabenstellungen, GoingPublic „Biotechnologie 2006", 118.
Zit: *Hettich*, GoingPublic 2006.

Hock/Meier, Der große Mantelaktien-Report (2007).

Hüffer, Aktiengesetz, 9. Auflage (2010).
Zit: *Hüffer*, Aktiengesetz[9] § (_) Rz (_).

Hüffer, Gesellschaftsrecht, 7. Auflage (2007).

Ilberg/Neises, IPOs von SPACs – Special Purpose Acquisition Companies kommen jetzt sogar in Europa an, GoingPublic Kapitalmarktrecht 2008, 54.
Zit: *Ilberg/Neises*, GoingPublic Kapitalmarktrecht 2008.

Ilberg/Neises, Vorsicht Fallstricke – Schutzvorschriften im Rahmen eines SPAC sollten vorsichtig gestaltet werden, GoingPublic Sonderbeilage SPACs 2008, 26.
Zit: *Ilberg/Neises*, GoingPublic Sonderbeilage SPACs 2008.

Jung, Registergerichtliche Prüfung und Haftungsfragen bei der Mantel- und Vorrats-GmbH, 1. Auflage (2008).

Just, Special Purpose Acquisition Companies (SPACs) – Börsengang durch die Hintertür, ZIP 2009, 1698.
Zit: *Just*, ZIP 2009.

Just/Seiler, Börsengang durch die Hintertür – Kapitalmarktrechtliche Besonderheiten bei SPACs, GoingPublic Sonderbeilage SPACs 2008, 18.
Zit: *Just/Seiler*, GoingPublic Sonderbeilage SPACs 2008.

Kalss/Nowotny/Schauer (Hrsg), Österreichisches Gesellschaftsrecht, 6. Auflage (2008).
Zit: *Autor* in *Kalss/Nowotny/Schauer*, ÖGesR[6] Rz (_).

Kalss/Oppitz/Zollner, Kapitalmarktrecht Band I – System, 1. Auflage (2005).
Zit: *Kalss/Oppitz/Zollner*, Kapitalmarktrecht I § (_) Rz (_).

Kapitalmarktgesetz Kommentar, *Zib/Russ/Lorenz* (Hrsg), 1. Auflage (2008).
Zit: *Autor* in *Zib/Russ/Lorenz*, KMG § (_) Rz (_).

Kapitalmarktrechts-Kommentar, *Schwark/Zimmer* (Hrsg), 3. Auflage (2004).
Zit: *Autor* in *Schwark/Zimmer*, KMRK[3] § (_) Rz (_).

Kapitalmarktrechts-Kommentar, *Schwark/Zimmer* (Hrsg), 4. Auflage (2010).
Zit: *Autor* in *Schwark/Zimmer*, KMRK[4] § (_) Rz (_).

Kirchner/Sailer, Rechtsprobleme bei Einbringung und Verschmelzung, NZG 2002, 308.
Zit: *Kirchner/Sailer*, NZG 2002.

Kittel/Pleyer, Erleichterung "schwerer" Aktien - Kapitalerhöhung bei (börsennotierten) AGs, deren Nominale über dem Börsenkurs liegt?, GesRZ 2009, 334.
Zit: *Kittel/Pleyer*, GesRZ 2009.

Klepsch/Kiesewetter, Befreiung vom Pflichtangebot beim Erwerb zur Sanierung, BB 2007, 1403.
Zit: *Klepsch/Kiesewetter*, BB 2007.

Knop/Mühlhaus, Investieren in Small Caps: Auswahlmethoden und Anlagestrategien (2002).
Zit: *Knop/Mühlhaus*, Small Caps.

Kober, Sonderformen des Beteiligungskaufes: der Mantelkauf (1995).

Kommentar Aktienrecht und Kapitalmarktrecht, *Heidel* (Hrsg), 2. Auflage (2007).
Zit: *Autor* in *Heidel*, AktR KMR[2] § (_) Rz (_).

Kommentar Bürgerliches Gesetzbuch, *Jauernig* (Hrsg), 13. Auflage (2009).
Zit: *Autor* in *Jauernig*, BGB[13] § (_) Rz (_).

258

Kommentar Einkommensteuergesetz, Körperschaftsteuergesetz, Gewerbesteuergesetz, *Blümich* (Hrsg), 108. Auflage (2010).
Zit: *Autor* in *Blümich*, EStG, KStG, GewStG[104] § (_) Rz (_).

Kommentar Erbschaftsteuer- und Schenkungssteuergesetz: ErbStG, *Troll/Gebel/Jülicher* (Hrsg), 40. Auflage (2010).
Zit: *Autor* in *Troll/Gebel/Jülicher*, ErbStG[40] § (_) Rz (_).

Kommentar Handelsgesetzbuch (HGB) Band 2, *Ebenroth/Boujong/Joost/Strohn* (Hrsg), 2. Auflage (2009).
Zit: *Autor* in *Ebenroth/Boujong/Joost/Strohn*, HGB II^2 § (_) Rz (_).

Kommentar Übernahmegesetz, *Huber* (Hrsg), 1.Auflage (2007).
Zit: *Autor* in *Huber*, ÜbG § (_) Rz (_).

Kommentar Umwandlungsgesetz Umwandlungssteuergesetz, *Schmitt/Hörtnagl/Stratz* (Hrsg), 5. Auflage (2009).
Zit: *Autor* in *Schmitt/Hörtnagl/Stratz*, UmwG, UmwStG^5 § (_) Rz (_).

Kommentar Umwandlungssteuergesetz, *Haritz/Menner* (Hrsg), 3. Auflage (2010).
Zit: *Autor* in *Haritz/Menner*, UmwStG^3 § (_) Rz (_).

Kommentar Wertpapiererwerbs- und Übernahmegesetz: WpÜG, *Geibel/Süßmann* (Hrsg), 2. Auflage (2008).
Zit: *Autor* in *Geibel/Süßmann*, WpÜG^2 § (_) Rz (_).

Kommentar Wertpapierhandelsgesetz (WpHG), *Assmann/Schneider* (Hrsg), 5. Auflage (2009).
Zit: *Autor* in *Assmann/Schneider*, WpHG^5 § (_) Rz (_).

Kommentar zum Aktiengesetz, *Doralt/Nowotny/Kalss* (Hrsg), 1. Auflage (2003).
Zit: *Autor* in *Doralt/Nowotny/Kalss*, AktG^1 § (_) Rz (_).

Kommentar zum Aktiengesetz, *Jabornegg/Strasser* (Hrsg), 4. Auflage (2001).
Zit: *Autor* in *Jabornegg/Strasser*, AktG^4 § (_) Rz (_).

Korts/Korts, Der Weg zur börsennotierten Aktiengesellschaft, 2. Auflage (2001).

Krauel, Reverse Merger – Ein Weg an die Börse in schwieriger Zeit?, Börsen-Zeitung vom 26.3.02, 14.

Kraus, Angebotspflicht durch Angebotsverhinderung bei Standstill-Vereinbarungen?, wbl 2010, 64.
Zit: *Kraus*, wbl 2010.

Labbé, Going Public mittels eines Reverse Takeover, GoingPublic 1/02, 94.
Zit: *Labbé*, GoingPublic 1/02.

Lahnstein/Homann, Übernahmevehikel der Zukunft? – Erfahrungen mit einer Special Purpose Acquisition Company in Deutschland, GoingPublic Kapitalmarktrecht 2010, 38.
Zit: *Lahnstein/Homann*, GoingPublic Kapitalmarktrecht 2010.

Langenbucher, Aktien- und Kapitalmarktrecht (2008).

Larenz/Canaris, Methodenlehre der Rechtswissenschaft 3. Auflage (1995).

Lebherz, Publizitätspflichten bei der Übernahme börsennotierter Unternehmen, WM 2010, 154.
Zit: *Lebherz*, WM 2010.

Lehder, Vorrats- und Mantelgesellschaften (2005).

Lenz/Hasselbring, Börsenmanteltransaktion als Alternative zum IPO, Die Bank 2001, 872.
Zit: *Lenz/Hasselbring*, Die Bank 2001.

Lüdike/Sistermann (Hrsg), Unternehmenssteuerrecht, 1. Auflage (2008).
Zit: *Autor* in *Lüdike/Sistermann*, Unternehmenssteuerrecht § (_) Rz (_).

Luschin/Warzecha/Salcher, Der Gang an die Börse, 1.Auflage (2004).

Marenbach, Konsequenzen von verdeckten Einlagen bei einer GmbH mit mehreren Gesellschaftern, DStR 2006, 1919.
Zit: *Marenbach,* DStR 2006.

Massoner, Der Mantelkauf im Abgabenrecht (2006).

Münchner Kommentar zum Aktiengesetz, Band 1, 3. Auflage (2008).
Zit: *Autor* in MüKo AktG^3 § (_) Rz (_).

Münchner Kommentar zum Aktiengesetz, Band 3, 2. Auflage (2004).
Zit: *Autor* in MüKo AktG^2 § (_) Rz (_).

Münchner Kommentar zum Aktiengesetz, Band 4, 2. Auflage (2004).
Zit: *Autor* in MüKo AktG^2 § (_) Rz (_).

Münchner Kommentar zum Aktiengesetz, Band 9a, 2. Auflage (2004).
Zit: *Autor* in MüKo AktG^2 § (_) Rz (_).

Münchner Kommentar zum BGB, Band 3, 5. Auflage (2007).
Zit: *Autor* in MüKo BGB^5 § (_) Rz (_).

Nadler, Indirektes Going Public durch Mantelkauf, FB 2001, 38.
Zit: *Nadler*, FB 2001.

Neuroth, Umweg an die Börse, Finance 12/01, 24.
Zit: *Neuroth*, Finance 12/01.

Neyer, Der Mantelkauf – Neuregelungen durch das Unternehmenssteuerreformgesetz 2008 (2008).
Zit: *Neyer*, Der Mantelkauf.

Nowotny, Übernahmen durch Umgründungen – Zusammenspiel oder Widerspruch zwischen Übernahme- und Gesellschaftsrecht, wbl 2001, 379.
Zit: *Nowotny*, wbl 2001.

Picot/Mentz/Seydel (Hrsg), Die Aktiengesellschaft bei Unternehmenskauf und Restrukturierung, 1.Auflage (2003).
Zit: *Autor* in *Picot/Mentz/Seydel*, Teil (_) Kapitel (_) Rz (_).

Priester, Mantelverwendung und Mantelgründung bei der GmbH, DB 1983, 2291.
Zit: *Priester*, DB 1983.

Quantschnigg/Renner/Schellmann/Stöger (Hrsg), Die Körperschaftsteuer - KStG 1988 1. Auflage, 1988.
Zit: *Autor* in *Quantschnigg/Renner/Schellmann/Stöger*, Die Körperschaftsteuer - KStG 1988, § (_) Rz (_).

Renzenbrink/Holzner, Nachbesserungspflichten des Bieters beim Reverse IPO von Penny-Stock-Unternehmen, NZG 2003, 200.
Zit: *Renzenbrink/Holzner*, NZG 2003.

Rieder/Huemer, Gesellschaftsrecht, 1.Auflage (2009).

Röder/Walkshäusl, SPACs: Struktur, Performance und Bewertung, FB 2008, 641.
Zit: *Röder/Walkshäusl*, FB 2008.

Rohles-Puderbach, Vorrats- und Mantelgesellschaften? Entwicklung, Haftungsrisiken und Umsetzung in der Praxis?, RNotZ 2006, 274.
Zit: *Rohles-Puderbach*, RNotZ 2006.

Schander/Schinogl, Börsennotierung insolventer Gesellschaften, ZinsO 1999, 202.
Zit: *Schander/Schinogl*, ZinsO 1999.

Schanz, Börseneinführung – Recht und Praxis des Börsengangs, 3. Auflage (2007).
Zit: *Schanz*, Börseneinführung[3] § (_) Rz (_).

Schaub, Vorratsgesellschaften vor dem Aus?, NJW 2003, 2125.
Zit: *Schaub*, NJW 2003.

Schellenberger, Von schlechten Gemälden, alten Mänteln und einem Wasserwerk – Handel in Mantelwerten und indirekter Börsengang, Aktienkultur & BVH-News 1/97, 10.
Zit: *Schellenberger*, Aktienkultur & BVH-News 1/97.

Scherer, Mit neuem Mantel in die Sonne – Reverse-IPO der Reinecke + Pohl Sun Energy AG, GoingPublic 3/05, 22.
Zit: *Scherer*, GoingPublic 3/05.

Schmidt, Gesellschaftsrecht, 4. Auflage (2002).

Schmidt, Vorratsgründung, Mantelkauf und Mantelverwendung, NJW 2004, 1345.
Zit: *Schmid*, NJW 2004.

Schroth, Firmenmäntel – Begehrte Ladenhüter, WERTPAPIER 16/06, 24.
Zit: *Schroth*, WERTPAPIER 16/06.

Schweizer/Mietzner, Investitionen mit „Geld-zurück-Garantie"? – Special Purpose Acquisition Companies in Europa, GoingPublic 10/09, 55.
Zit: *Schweizer/Mietzner*, GoingPublic 10/09.

Selzner, SPAC Transaktionen in Deutschland – Unternehmensübernahmen durch Special Purpose Acquisition Companies, ZHR 174 (2010), 318.
Zit: *Selzner*, ZHR 174 (2010).

Seppelfricke/Seppelfricke, Der Reverse Merger – Eine attraktive Form des Going Public?, M&A Review 2002, 184.
Zit: *Seppelfricke/Seppelfricke*, M&A Review 2002.

Seppelfricke/Seppelfricke, Der Reverse Merger – Eine attraktive Form des Going Public? (Erwiderung zur Erwiderung von *Seyferth/Vater*), M&A Review 2002, 451.
Zit: *Seppelfricke/Seppelfricke*, M&A Review 2002.

Seppelfricke/Seppelfricke, Durch die Hintertür an die Börse – Going Public im Rahmen eines Reverse Mergers, GoingPublic 3/02, 94.
Zit: *Seppelfricke/Seppelfricke*, GoingPublic 3/02.

Seppelfricke/Seppelfricke, Going Public im Rahmen eines Reverse Mergers – eine Analyse am Beispiel der Broadnet Mediascape Communications, BB 2002, 365.
Zit: *Seppelfricke/Seppelfricke*, BB 2002.

Seppelfricke/Seppelfricke, Reverse Merger am Neuen Markt – Ein schneller und preiswerter Börsengang durch die Hintertür?, FB 2001, 581.
Zit: *Seppelfricke/Seppelfricke*, FB 2001.

Seyferth/Vater, Reverse Merger – Eine attraktive Form des Going Public?, M&A Review 2002, 326.
Zit: *Seyferth/Vater*, M&A Review 2002.

Sistermann/Brinkmann, Die neue Sanierungsklausel in § 8c KStG Vorübergehende Entschärfung der Mantelkaufregelung für Unternehmen in der Krise, DStR 2009, 1453.
Zit: *Sistermann/Brinkmann*, DStR 2009.

Sohbi/Lorenz, Ein SPAC kombiniert die Vorteile eines klassischen Börsengangs mit denen eines Trade Sale, GoingPublic Sonderbeilage SPACs 2008, 21.
Zit: *Sohbi/Lorenz*, GoingPublic Sonderbeilage SPACs 2008.

Steinbach, Der Börsengang light wird häufig auch als Vorstufe für ein späteres IPO gesehen, GoingPublic Corporate Finance & Private Equity Guide 2009, 28.
Zit: *Steinbach*, GoingPublic Corporate Finance & Private Equity Guide 2009.

Steinbach/Rieß, SPACs an der Deutschen Börse – Chancen und Herausforderungen für Investoren und mittelständische Unternehmen, GoingPublic Sonderbeilage SPACs 2008, 12.
Zit: *Steinbach/Rieß*, GoingPublic Sonderbeilage SPACs 2008.

Strnad, Die verdeckte Einlage als zivilrechtliche Schenkung, NZG 2004, 28.
Zit: *Strnad*, NZG 2004.

Sundermann/Seidel, Cold IPOs – Cool bleiben in heißen Zeiten – Verzweifeln oder eigenständig handeln?, GoingPublic 2/09, 20.
Zit: *Sundermann/Seidel*, GoingPublic 2/09.

Thiergart/Olbertz, Börsengang leicht gemacht? - Übernahme und Verschmelzung eines Zielunternehmens auf die SPAC in der Rechtsform der SE, BB 2010, 1547.
Zit: *Thiergart/Olbertz*, BB 2010.

Tolksdorf, Schenkungsteuer bei disquotalen Einlagen und Gewinnausschüttungen, DStR 2010, 423.
Zit: *Tolksdorf*, DStR 2010.

Umwandlungsgesetz, *Semler/Stengel* (Hrsg), 2. Auflage (2007).
Zit: *Autor* in *Semler/Stengel*, UmwG[2] § (_) Rz (_).

Vater, Bilanzielle und steuerliche Aspekte des Reverse IPO – Gestaltungsmöglichkeiten der kontrovers diskutierten Alternative zum klassischen Börsengang, DB 2002, 2445.
Zit: *Vater*, DB 2002.

Weber, Sanierung, Denotierung und De*listing* – Fragen zu Insolvenz börsennotierter Gesellschaften, ZInsO 2001, 385.
Zit: *Weber*, ZInsO 2001.

Weber, Special Purpose Acquisition Companies aus Sicht der Bilanzierung nach IFRS, IRZ 2010, 71.
Zit: *Weber*, IRZ 2010.

Weiser, Die bilanzielle Abbildung umgekehrter Unternehmenserwerbe im Rahmen der Rechnungslegung nach IFRS – Hintergrund und Funktionsweise der Reverse Consolidation nach IFRS 3, KoR 11/05, 487.
Zit: *Weiser*, KoR 11/05.

Wendenburg, In Europa ist Platz für 10-15 SPACs, GoingPublic 10/09, 32.
Zit: *Wendenburg*, GoingPublic 10/09.

Wimmer, Gesellschaftsrechtliche Maßnahmen zur Sanierung von Unternehmen, DStR 1996, 1249.
Zit: *Wimmer*, DStR 1996.

Winkel/Zeiss, Der etwas andere Börsengang – Börsenmäntel kommen en vogue, GoingPublic 5/07, 50.
Zit: *Winkel/Zeiss*, GoingPublic 5/07.

Winnefeld, Bilanz-Handbuch, 4. Auflage (2006).
Zit: *Autor* in *Winnefeld* Bilanz-Handbuch[4] Kap (_) Rz (_).

Worch, IPO-Marktanalyse – Eine Brise kommt auf, GoingPublic 11/10
Zit: *Worch*, IPO-Marktanalyse, GoingPublic 11/10.

Zanner, Ein entscheidendes Dokument für den Erfolg – Das Proxy Statement bei der SPAC Business Combination, GoingPublic 10/09, 56.
Zit: *Zanner*, GoingPublic 10/09.

Zeiss, Die Differenzierung soll auch im Unternehmensnamen deutlich werden, GoingPublic Sonderbeilage SPACs 2008, 30.
Zit: *Zeiss*, GoingPublic Sonderbeilage SPACs 2008.

Zusammenfassung

Die vorliegende Dissertation beschäftigt sich mit den rechtlichen Erscheinungs- und Gestaltungsformen von *Cold IPOs* und den in diesem Zusammenhang bestehenden gesellschafts- und kapitalmarktrechtlichen Fragen in Deutschland und Österreich. Vor diesem Hintergrund werden die einzelnen Verfahrensschritte des *Cold IPOs* und die damit einhergehenden rechtlichen Fragen aufgezeigt. Aus gesellschaftsrechtlicher Sicht werden insbesondere die Auswirkungen der BGH-Rechtsprechung zur Mantelverwendung auf einen *Cold IPO* besprochen. In kapitalmarktrechtlicher Hinsicht wird die Frage behandelt, inwieweit die Börsenzulassungsvoraussetzungen mittels eines *Cold IPOs* umgangen werden und welche Konsequenzen eine etwaige Umgehung nach sich zieht. Zudem wird geklärt, ob im Zuge eines *Cold IPOs* die Pflicht zur Abgabe eines Übernahmeangebots entsteht. Darüber hinaus wird untersucht, ob die als Börsenvehikel dienende Gesellschaft im Vorfeld des *Cold IPOs* eine Ad-hoc-Meldung veröffentlichen muss und inwieweit sich eine entsprechende Veröffentlichung auf die Umsetzung der Transaktion auswirkt. Ferner wird die Frage behandelt, ob und unter welchen Voraussetzungen es im Zuge eines *Cold IPOs* zu übernahmerechtlichen Nachzahlungspflichten kommen kann. Abschließend werden die sog SPACs (*Special Purpose Acquisition Companies*) thematisiert. Dabei werden zunächst die typischen Wesensmerkmale eines SPACs und der Ablauf einer SPAC-Transaktion dargestellt. In rechtlicher Hinsicht wird insbesondere die Frage behandelt, ob ein SPAC in Deutschland und Österreich zur Börse zugelassen werden kann. Ferner wird geklärt, ob sich die spezifischen Merkmale einer SPAC-Gesellschaft auch mittels einer deutschen bzw österreichischen Aktiengesellschaft abbilden lassen.

Lightning Source UK Ltd.
Milton Keynes UK
UKHW040742010219
336544UK00001B/200/P